# フランス革命という鏡

十九世紀ドイツ歴史主義の時代

熊谷英人

白水社

# フランス革命という鏡——十九世紀ドイツ歴史主義の時代

装幀＝小林剛　組版＝鈴木さゆみ

# フランス革命という鏡＊目次

# 序

「一九一四年の理念」という言葉が流行った時代があった。[1] 一九一四年は、後世、「第一次世界大戦」とよばれる戦争がはじまった年である。泰平の世を享受しながらも、刺激にとぼしい日常に倦んでいた人々は開戦の報に熱狂した。どの当事国でも、知識人たちは自国の倫理的正当性を訴え、敵国を罵った。とりわけ英仏の文人は、ドイツの「野蛮さ」を責めた。

一方で、ドイツ知識人がもちだしたのが「一七八九年の理念」と「一九一四年の理念」の対立図式である。[2]「自然法」や「議会主義」の時代はすでに過ぎ去った。「無制約の自由」は厭うべきである。「義務」感情に突き動かされた「全体」への参与にこそ、真の自由、すなわち「ドイツ的自由」はある。「自発的な労働」を通じて、「より大いなる生」と一体化するあり方こそ、理想的なのである。これに対して、フランス革命とともに生まれた「一七八九年の理念」(「自由・平等・博愛」)は、「虚偽」そのものであり、「自然の真実と完全に矛盾している」。なぜなら、それは「不服従・不敬・憎悪」に、さらに「暴政・凡庸・不誠実」へと「必然的に」変化してゆくからである。フランス革命は、もう終わったことなのだ。[3]

この対立図式の起源は、一八七一年のドイツ帝国建国にまでさかのぼる。ドイツの代表的な歴史家のひとり、レオポルト・フォン・ランケの発言もそれを示唆している。少年時代にイェナ・アウエルシュタット会戦の砲声を聞き、第二帝政期まで長命を保ったランケは、十九世紀ドイツ史の生き証人だった。彼によれば、「一七九二年に始まったフランス革命戦争は、少なくとも対外関係の面では一八七〇年にはじめて決着した」のである（『フランス革命戦争の起源と開始』(4)）。普仏戦争における決定的な勝利と帝国建国によって、フランス革命以来の動乱にもようやく終止符が打たれた。こうした意識は、次世代の歴史家たちにも共有されることとなる。その結果、第二帝政時代から二十世紀初頭に至るまで、ドイツにおけるフランス革命史研究は低調であった(5)。オラールなどによるフランス本国の研究成果についても否定的な反応がみられた。フランス革命はもはや、ドイツ知識人の主たる関心事ではありえなかった。

だが、一八四八年の三月革命以前では状況が異なっていた。自由派の歴史家ホイザーによれば、「国民精神の解放」を通じて、フランス革命の「政治的社会的成果」を徐々に獲得していったドイツでは、革命当時から一貫して高い関心が革命史研究に寄せられたのだという(6)。とりわけ、翻訳熱にはめざましいものがあった。革命史研究の本場フランスで公刊された革命史著作・回想録・史料集はただちにドイツで書評され、そのうち重要なものは翻訳された。そのため、一八四八年までは、フランス作家による主要な著作は、ほぼドイツ語で読むことができたのである。三月革命後、この翻訳熱は冷めてゆく。

歴史的認識への関心は、十九世紀欧州における一般的な現象であった。それまでの歴史学は神学・法学・政治学といった学知の補助学問にすぎないとされた(7)。つまり、時間とともに刻々と変化してゆく事象（歴史的世界）と、そこに適用されるべき超越的な規範とは別々のものとされていたのである。十八世紀の哲学的歴史や帝国国法学、神学をめぐる論争を想起すればよい。しかし、フランス革命によって既成秩序が崩壊し、世界への認識そのものが、規範そのものが歴史的に相対化されてしまう。この認識の転換は、専門的な歴史学の分野に限られるものではなかった。いまや、あらゆる文化領域――社会学・政治学・経済学・法学・神学など――が歴史的に把握されねばならない。マルクスもコントもトクヴィルも、グリムやランケの同時代人であった。「歴史主義」の問題である。

とりわけドイツでは、「歴史主義」的な転換が徹底的に遂行された（SKS, 1: 346-9）。[8] 転換期の歴史家たちにとって、ナポレオン戦争を契機とする「国民性」（「国民的原理」・「祖国」・「国民」）への関心の高まりや、ニーブーアやランケによる「史料批判」の発明は決定的だった。特に「史料批判」は、歴史家の「党派的立場」を止揚して「不偏不党」の歴史叙述を可能にした。また、従来は「専門家の実務目的」に従属していた「文化史」的領域も、歴史学の対象とされるようになる（グリム兄弟や歴史法学派）。ドイツにおけるフランス革命史研究の流行も、こうした事情からある程度説明できるかもしれない。

しかし、さらに根本的な理由がある。つまり、当時のドイツ知識人にとって、フランス革命史は、ありうるかもしれない未来世界を映しだす鏡にほかならなかったのである。自由派であれ、保守派であれ、急進派であれ、フランス革命をめぐる議論は特有の熱気をおびた。同時代の議論に目を通すならば、それは明らかである。

　国家に関する事柄への時代精神 Zeitgeist の傾斜という点に関して言えば、フランス革命は今までのところ、もっとも重要な事件である。したがって、現在の人類の位置づけ、人類の陶冶のあり方や方向性を包括的に概観しようとする者は、より精確に、かつ核心に至るまで、フランス革命史に精通せねばならない。単に、個々の人物や事件について知るためだけではなく——こうした知識からいかに汲み取るべきものが多いにせよ、これらは、革命史研究から得られる利益全体の中では、それほど重要ではない部分なのだから——革命史において、現在の時代精神から将来生じるべき結果を判断できるようになるためである。フランス革命とは、時代精神がかつて顕現した、恐るべき現実なのだ。（ロベルト・モール）[9]

ドイツ知識人にとって、フランス革命とは昨日の、すでに終わった事件ではなかった。まだつづいている事件な

のである。フランス革命の是非を論じることは、そのまま政治的信条の告白を意味した。(10)

本書が対象とする自由派のドイツ知識人(「自由主義」(11))にとって、目指すべき国制像はすでに存在していた。十七世紀末以来の混合政体を保持する英国、革命を通じて中央集権化したフランス、歴史的基礎なしに連邦国家を作りあげた新興国家アメリカがモデルとされた。それゆえ、当時の政論家たちが抱いた国制構想はいずれも類型的だった。問題は、いかに実現するか、だった。「後見」的性格を残す「官僚的貴族制」から脱却するための「改革」は避けられない(ムールハルト)。だが、「革命」もまた、避けねばならない。そのとき、フランス革命史は無限の教訓を与えてくれる素材集となった。

無論、この素材集がドイツ知識人にとって、アンビヴァレントな性格をもっていたことは、いうまでもない。フランス革命当時の反応にも、それはよくあらわれている。ようやく目障りになってきた身分制社会の残滓――「特権」――を一掃し、議会制を通じた政治参加への途を拓いた点で、革命は「中間層」にとって疑いなく、偉大な達成であった。だが、一方で革命はまもなく暗転、一気に急進化し、果ては欧州中に侵略の手を広げ、ドイツ政治社会の構造を根底から揺るがすこととなった。いうなれば、フランス革命とは、巨大な失敗例だった。「中間層」を主体とするドイツ自由派の中に、フランス革命を手放しで礼讃できるほどに楽観的な人物は存在しない。逆に問題となるのは、なぜ、どのように革命が失敗したか、なのである。破局を防ぐためにはどうすればよかったのか。功罪は誰に帰すべきか。それは歴史学の問題であると同時に、政治学の問題でもあった。(12)「生の導き手としての歴史」historia magistra vitae の理念は生きていた。

本書の目的は、自由派知識人による、フランス革命史の政治学を分析することにある。(13)分析対象となる「三月前期」(14)の歴史家は、ダールマン(一七八五～一八六〇)、ドロイゼン(一八〇八～一八八四)、ジーベル(一八一七～一八九五)である。

なぜ、この三人なのか。正当な疑問といってよい。なぜなら、彼らの間に共通点がまったく無いとすれば、三人をまとめて分析する意味がなくなってしまうだろうから。また逆に、三人の思想の間に相違点を見出すことができないならば、それは思想史叙述としては冗漫にすぎよう。彼らの人と思想における共通点と相違点こそが、この思想史叙述を意義深いものにしてくれるはずだ。

共通点を述べよう。各人の人と著作については各論でくわしくあつかうので、ここではしばし措く。

まず共通しているのは、ダールマン、ドロイゼン、ジーベルのいずれもが、近代ドイツの正統な知識人型ともいうべき大学教授層に属していた点である。三人の人生行路と思想の展開は、大学教授という職業によって規定された。商業ジャーナリズムが早期に発達した英国とフランスにおいて、大学知識人はあくまで言論界の一部を占めるにすぎなかった。実際、十八・十九世紀の英仏を代表する知識人たちは、大学組織に属していない。とくに十八世紀の大学は、知的停滞の代名詞ですらあった。対して、時代の先端を走る知識人の活動を支えたのは、彼らの作品を味読し、批評する能力をもった知的公衆にほかならない。しかし、ドイツの事情はちがった。十八世紀後半に長足の発展をとげたとはいえ、十九世紀前半のドイツの知的公衆は、いまだ未熟であった。職業的文士として生計を立てることは困難を極めた。一方で、前世紀の啓蒙主義的大学改革の結果、ベルリンやゲッティンゲンをはじめとするいくつかのドイツ大学は、圧倒的に高い学問的水準を誇った。いきおい、知的才能にめぐまれた青年たちは大学に集うこととなった。ダールマンも、ドロイゼンも、ジーベルも、大学において高等教育を受け、研究をつづけ、知識人の正統なコースたる大学教授として人生をまっとうしたのである。

だが、大学教授たることはかならずしも、象牙の塔への籠城を意味しない。カント、フィヒテ、ヘーゲルらの名を挙げるまでもなく、近代ドイツのもっともすぐれた政治思想の担い手は、大学教授たちであった。いわゆる「政治的教授」politischer Professor の問題である。後進地帯ドイツにかがやかしい未来を保証すべき立憲君主政構想をかかげ、自由派として言論界に雄飛した人びとの多くは、教養市民層出身の大学知識人であった。ダールマン、ドロイゼン、ジーベルはその先端をゆく思想的指導者にちがいなかった。そして、言論戦のみならず、この三人は政治の実践にもあえて踏み込み、保守派と革命派双方からの十字砲火に身を曝すことさえ辞さなかった。一八四八年、三月革命の嵐がドイツ全土に吹き荒れるやいなや、三人は自由派の議会政治家として立ち上がる。また、このほかにも三人は各々の人生行路において、政治実践の場に身を置くのだった。ダールマンはハノーファー王国の憲法の擁護者として、ドロイゼンはドイツ国民意識の鼓吹者として、ジーベルはプロイセン政府と議会の調停者として。

そして、彼らはいずれも、みずからの政治思想を世に問うとき、あるいは政治家として党派抗争に飛び込んでゆくとき、フランス革命史論を導き手とすることだろう。十九世紀ドイツが歴史学の時代だったこと、当時の知識人にとって近代史が「政治的歴史叙述[15]」politische Geschichtsschreibung の主戦場となったこと、そして、なによりもフランス革命史論が高度に政治性を帯びたこと、これらはすでにみてきたとおりである。ダールマン、ドロイゼン、ジーベルの三人とも狭義の歴史家であると同時に、政治学者でもあった。当時にあって政治学と歴史学のむすびつきは不自然どころか、必然的でさえあった。それゆえ、革命史の分析に際しても、絶えず同じ著者による政論が参照されねばならない。

最後の、そして、もっとも重要な共通点として、「改革」の政治学への献身が挙げられよう。この「改革」の政治学こそが、本書の主題である。すでに述べたように、当時のドイツ自由派の間では、目指すべき国制像については大まかな合意が存在していた。ダールマン、ドロイゼン、ジーベルの三人も、基本的に思い描く国制は同質のものであり、実際に彼らもそのように意識していた。つまり、問題はいかに政治的目標を達成するか、なのである。そして、この「いかに」を独自の史論を通じて明確にしようとした点で、この三人には卓越した地位が与えられねばならない。古典古代以来の政治学史の課題の一つが、理想のあるべき政体像の構想にあったことは疑いない。だが、いまひとつの課題、すなわち、理想の政体にいかにして到達しうるかという問題もまた、政治学史にとって本質的なものであった。とりわけ、古典古代以来の史論的伝統はこの課題を担ってきた。その意味で「改革」の政治学という課題は伝統的なものと言うこともできよう。フランス革命という未曾有の断絶を前にして、三人の歴史家はこの「改革」の政治学の伝統に立ち戻る。彼らが自然法論に代表される抽象的な国家論——「政治的ユートピア」論——を拒否したという事実も、こうした文脈のうえで捉えなおされる必要がある。「自由」よりも「秩序」が優先されるべきである。そのためにはまず、国家が歴史的基礎を尊重し、「中間層」を拠りどころとせねばなるまい。このように彼らは考えた。というのも、「改革」はつねに、政治的現実に対する冷静な認識と、あるべき秩序の構想、そして両者を媒介する想像力と情熱によってのみ、達成されうるものなのだから。「歴史的権利」を楯にした現状への安住も、「革命」の理想へむけた死の跳躍も、等しく断罪されることとなろう。ダールマン、ドロイゼン、ジーベルは、フランス革命史を分析することによって——無論、分析の光は、英国国制へと反射する——「改革」の政治学を摑み取ろうとしたのだ。

三人の思想的生涯を以上のごとき共通点がつらぬいているとすれば、なにが彼らをわかつのか。つぎに相違点をみてゆこう。

まず、世代の問題がある。ダールマン、ドロイゼン、ジーベルと順を追って、世代が若くなってゆくのである。ナポレオン戦争中に青年期を迎えたダールマンは、復旧期の到来（一八一五年）とともに自由派の論客として積極的な活動をはじめ、世紀中葉にはすでに自由派の重鎮として認知されていた。これに対して、復旧期にベルリン大学で古典文献学を学んだドロイゼンが政論をひっさげて言論界に登場するのは、一八四〇年代を待たねばならない。さらに年少のジーベルに至っては、ほとんどの代表作が三月革命（一八四八年）以降に執筆されているという具合である。

さらに、以上の世代問題とも密接に関連しているのだが、彼らの問題関心にも大きな相違があった。この問題関心のちがいは、十九世紀ドイツの革命史論のより多面的な考察につながってゆくだろう。ダールマンは「憲法」、ドロイゼンは「国民」、ジーベルは「社会問題」を主題とする革命史をつむぎだした。問題関心の違いは、彼ら自身の個性以上に、歴史的環境に由来していた。ダールマン・ドロイゼン・ジーベルという世代の順序にしたがって、問題関心が「憲法」・「国民」・「社会問題」と変遷してゆく過程にこそ、十九世紀ドイツ政治社会のダイナミズムは見事に表現されているのである。言い換えるならば、ダールマンからドロイゼンを経て、ジーベルへと政治思想の流れをたどる作業は、ナポレオン戦争からドイツ帝国建国に至るドイツ精神史遍歴の旅にひとしいものとなろう。これは、彼ら三人が、同時代の政治的・精神的状況を誠実に受け止め、みずからの政治学・歴史学の学知の限りを尽くして、現実と格闘したことの証左でもある。思想と歴史的状況との相互作用の理解こそが、いまや問題とされねばならないのだ。十九世紀を生きた歴史家たちの物語は、同時に、十九世紀ドイツの物語でもある。「小ドイツ主義的歴史叙述」ないし「市民的歴史叙述」などという安易なレッテル貼りは、およそ無意味である。(16)

さらに、十九世紀ドイツにおける革命史論の展開は、歴史学的認識の進展とも連動していた。この点で、ダールマンもドロイゼンもジーベルも、古典古代以来の史論的伝統とは一線を画している。というのも、彼らはいずれも、自身の政治的問題関心に即した歴史叙述を可能にするため、歴史学的方法――「歴史主義」――を洗練させていったからである。史料批判を熟知していたダールマンは「憲法」に関する独自の考察を経て、フランス流革命史論の偏向を正そうとした。ドロイゼンは近代史をめぐる、およそ不毛な史料環境の只中にありつつも、歴史認識論（「史学論」）を彫琢し、その枠組をもって「国民」が躍動する「解放戦史」を描き出そうとする。ジーベルは史料批判の技法を革命史に適用することによって、「社会革命」としての側面を浮き彫りにした。彼らは同時代の政治的関心に引きずられた結果、恣意的な歴史叙述に陥ったわけでも、単純に歴史学的方法を革命史に適用したわけでもない。政治意識と歴史学的認識が、彼らのうちで車の両輪のごとく、相互に促進しあう関係にあったことを、本書は明らかにする。

本書は四部構成をとる。また、各部内は、第一章で当該歴史家の国家観・歴史観を概観し、第二章で革命史理解の軸を描写し、第三章では同時代に対する歴史家の展望を提示するという構成になっている。

第Ⅰ部ではまず、フランス革命勃発当時におけるドイツ知識人の反応と革命史の誕生経緯が主題となる。いうなれば、第Ⅱ部以下で展開される個々の歴史家を対象とした思想分析の前提条件あるいは出発点が、第Ⅰ部では明らかにされるのである。よく知られているように、ドイツ知識人は当初、フランス革命を熱狂的に歓迎したが、革命の急進化にともなって革命讃美は幻滅へと変わっていった。これは、フランス革命の目標を高く評価しつつも、その実現手段や展開を拒否する意識のあらわれであった。フランス革命の推移を見守る中で、ドイツ知識人の一部はフランス革命を歴史的に「原因」から考察することで、より深く事態を把握――革命に対する是認であれ、批判であれ――しようとする。無論、まだ「歴史学」は問題にならない。彼らの革命史叙述は伝統的な史論の枠を出るものではなく、いかに網羅的な史料を駆使しようとも、方法的には未熟であった。ナポレオン戦争後も事情はかわらない。フランス革命はいまだ歴史からの断絶として理解されていた。だが、フランス革命を「世界史」の連続性のなかに位置づけようとするこころみもまた、この時代にはじまるのである。こうした志向はヘーゲルやシュロッサーに顕著だった。そして最終的には、フランスの作家たち――とりわけミニェの『フランス革命史』――によって、本格的な革命史がつむぎだされる。ミニェの革命史はまたたくまに欧州全土に広まり、ドイツにも大きな影響をおよぼした。こうして、フランス革命は初めて「歴史」のなかに組み込まれたのである。だが、ドイツ知識人によるフランス革命史を得るためには、優れた歴史家たちの登場を待たねばならなかった。

第Ⅱ部の主題は、ダールマンのフランス革命史論である。ここから第Ⅳ部までが、本書の議論の中心をなす。

ダールマンはミニェとその追随者（ロテック）の革命史理解と批判的に向き合うことによって、三月前期のドイツ知識人にとって典型的なフランス革命史論を完成させた。それは、十九世紀前半のドイツ諸邦共通の課題であった「憲法」問題を軸とする歴史叙述である。ダールマンはドイツ知識人として、フランス革命と距離を置きつつ、主著『政治学』で展開される国家論のモデル・ケースとして革命史を扱った。フランス革命史の諸事件を批評するとき、ダールマンは、つねに理想の政体としての英国国制を基準とした。ダールマンの革命史は、その後のドイツ知識人のフランス革命理解の基本的な枠組を形成した。その意味でドロイゼンとジーベルの革命史は、ダールマンの革命史理解への挑戦でもあった。

第Ⅲ部では、ドロイゼンのフランス革命理解が扱われる。ドロイゼンは固有の意味でのフランス革命史を書くことはなかった。むしろ、そのことが彼の視点を特徴づけていると見るべきである。つまり、ダールマンがドイツの中小邦の地平からフランス革命を眺めたのに対して、ドロイゼンは「世界史」と「ドイツ」という道具立て——すぐれて一八四〇年代的な枠組——をもってフランス革命を分析する。ドロイゼンにとって、フランス革命は近世以来つづく「世界史的」発展——「国家の理念」の生成と「国民」形成——の結節点であると同時に、失敗例でもあった。だが、彼はフランス革命を断罪してすませはしないのであり、フランス革命が果たせなかった「世界史的」使命はいまや「ドイツ」、諸邦の集合体としてのドイツ連盟にではなく、「連邦国家」としての、「平和国家」としての「ドイツ」に託されねばならなかった。ドロイゼンの歴史叙述のなかで、フランス革命は真の意味での「世界史的」位置を与えられるのだ。

第Ⅳ部の主人公は、歴史家ジーベルである。ジーベルの問題関心を規定したのは、一八四八年の三月革命だった。フランクフルト国民議会議員に選出されたダールマンとドロイゼンは、フランス革命史分析によって得た教訓をもとに、現実政治の舞台に躍り出る。だが、彼らの闘いは思わぬ方面からの反撃に出くわすこととなった。それまで政治的主体としては全く無視されてきた「第四身分」、すなわち「社会」の領域がいまや前面に現れてくる。三月革命をつぶさに観察したジーベルは、ダールマンとドロイゼンの問題関心――憲法問題とドイツ統一問題――を綜合したうえで、「社会問題」を持続低音としたフランス革命史を手がけることとなる。ジーベルは膨大な著述を通じて、フランス革命を一貫して「社会革命」として分析した。無論、それは好事家的研究などではありえなかった。来るべき政治闘争の教訓を彼はそこから得ようとしたのであり、実際にそれをもとに帝国建国期の政治世界を駆け抜けてゆくだろう。ダールマンとドロイゼンという先人の革命史の達成を踏まえた、自由派革命史の決定版となる『革命時代史』を著したジーベルは、政治闘争の果てにいかなる光景を目にしたのだろうか。ジーベルの後、ドイツ歴史学界は見るべき革命史叙述を生み出さなかった。それは単に個々の歴史家たちの力量の問題ではない。十九世紀後半のドイツにも、優れた歴史家は数多いた。だが、彼らはフランス革命史を書かなかった。関心がなかった。時代が変わっていたのである。

しばしば革命史叙述の「客観性」は、ドイツの歴史家たちを悩ませた。通常の歴史的事件とは異なり、時が経てば経つほど、党派色が鮮明になってくるようにさえ感じられた[17]。とりわけ、フランスの文人たちの革命史論は、著者の政治的立場を露骨に反映しているため、「客観的」叙述からほど遠いとされた[18]。もちろん、それは、対象自体に由来する困難でもある。フランス知識人たちはいまだ革命の影響下にあるがゆえに、「客観的」叙述は困難とならざるをえない[19]。だが、ドイツの歴史家たちの作品も「客観的」ではなかった。以下で見てゆくように、彼らの歴史叙述には各人の政治的立場や利害が、色濃く影を落としている。その「主観性」を非難する者もいるだろう。だが、同時にそこには彼らの理想、現実認識、そして時代の精神が息づいていることを忘れてはならない。革命史叙述に混入した「主観性」のゆえに、それは朽ちることのない、時代の記憶となりうるのである。それは、記憶の鏡といいかえてもよいかもしれない。そうした記憶の海に身をひたすとき、まばゆい光のなかで精神の劇は鮮やかにその輪郭をあらわしてくることだろう。

# I　フランス革命史論の誕生（一七八九〜一八三〇）

バスティーユ要塞の襲撃

# 第一章　フランス革命とドイツ

## 第一節 「哲学の勝利」？——ラインハルト

以下はパリ滞在中のあるドイツ人旅行者による、一七八九年八月九日の記録である。

バスティーユはいまや廃墟だ。跡地には自由の最終的な勝利の記念碑が建てられている。信じられない速さで解体作業は進行している。何百人もの人々が毎日従事し、日曜日だけは一般の人も廃墟を見学することができる。壁の先からもっとも深いアーチに至るまで、人で溢れかえっている〔中略〕バスティーユは専制の砦だった。身の毛もよだつような牢獄としてのみならず、パリ全体を支配する要塞という意味でも、それは専制の砦だった。(『日記』(1))

報告者の名は、ヴィルヘルム・フォン・フンボルト。後年、プロイセンの統治官僚として、はたまた希代のディレッタントとして歴史に名を残すこととなる人物である。元家庭教師カンペとともに当時二十二歳の青年が「欧州の首都」に足を踏み入れたのは、八月三日のことであった。もちろん、このパリ旅行が単なる物見遊山であるはずがなかった。フンボルトを旅行に誘ったカンペに言わせれば、「フランス専制主義の埋葬式に参列する」ことが目的だったのだから。[2]

バスティーユ要塞の解体作業の開始から、まだひと月も経っていなかった。[3] そもそも、この要塞が「廃墟」となるなどと誰が予測できたろうか。すべては劇的に進行していた。一七八九年五月、深刻な財政難を新税によって打開するため、フランス王権は聖職者（第一身分）・貴族（第二身分）・平民（第三身分）の代表者からなる全国三部会をヴェルサイユで開会したものの、採決形式をめぐる「特権身分」と第三身分との争いにより議事は停滞した。国王の調停工作もむなしかった。そして六月十七日、第三身分代表はついに、みずからを「国民」nation の代表とみなして「憲法制定国民議会」Assemblée nationale constituante となることを宣言する。その後、一旦は譲歩したものの、軍隊動員によって主導権回復を狙う政府に対して、パリの民衆が蜂起し、政治犯収容施設であったバスティーユ要塞を制圧した。七月十四日のことである。

フンボルトとカンペのような旅行者はけっして例外ではない。七月十四日直後から、陸続としてドイツ人旅行者がパリを訪れた。[4] そして、彼らの多くは当地での出来事をつぶさに観察し、十八世紀後半に興隆した雑誌や旅行記を通じて、最新の情報をドイツにもたらしたのである。なかでも、カンペの『パリ書簡』（一七九〇年）はその代表例である。ドイツ出版界の話題はフランスでの「革命」一色となった。[5]「ほぼ全ドイツにおいて、国民の圧倒的多数は革命に対して好意的であった。しかも、それは当初は市民層のみにかぎられなかった」（NGR, 1: 244）。四十年近く後、歴史家ニーブーアは当時の熱気について、このように回想している。プロイセンの新人官僚であったフリードリヒ・ゲンツは「実践における哲学の勝利」を拍手喝采した（GGS, 11-1: 178-9)。

なぜ、これほどまでにフランスでの「革命」はドイツ中で賛同を得られたのか。ゲンツの後年の分析によれば、原因は現場からの距離にある。つまり、現地パリでさえさまざまな情報や噂が錯綜していたのだから、他国にあっ

バスティーユ要塞の解体

て精確かつ詳細な情報は望むべくもなかった。したがって、七月十四日のバスティーユ事件が、外国人の目には「従来の政府のあらゆる紐帯が突然解消した」ようにみえたとしても不思議はない。この「事件の誤解された偉大さ」は、外国人の判断に「あらゆるところで等しく決定的な転回」をもたらした。こうして「魅惑的で、感覚的で、劇的な関心」が支配的となり、人びとは「自由の幻想」で満たされてしまったのである（GGS, 5: 504-7）。

ただし、ドイツを含めた欧州の知識層が、なぜ、かくもたやすく「自由の幻想」に魅了されたのか。ゲンツはこの点を説明していない。そこには、ゲンツにとって、むしろ当時の欧州知識人にとってあまりにも自明であるがゆえに意識されていなかった要因がある。各国における「名士層」élite の同質性である。中・上層市民から一部の貴族におよぶ、「財産と教養」によって区別される同質的な集団の形成は、十八世紀後半の欧州における一般的な現象であった。たしかに英国・フランス・ドイツの「中間層」の性格はそれぞれ微妙に異なっているものの、少なくとも当時の知識層にとっては、そうした差異に比べて共通性の割合のほうがはるかに高いように思われた。ドイツの「中間層」（貴族・市民を含めて）がフランス革命にむけたまなざしは、同じ「中間層」が政治参加を獲得したことに対する共感と羨望のまなざしにほかならなかった。

そして、革命関連の出版物が氾濫するなか、フランス革命史論という作品類型も生まれてくる。めまぐるしい時事情報に振りまわされるのではなく、まず革命の「原因」を究明することによって、変転する状況の深部をみきわめること。無論、そこで意図される歴史叙述は、およそ学問的な歴史研究とは異なる代物だった。それはより政論に近い性質の史論だった。

当時のドイツ教養層にとって、歴史叙述とはむしろ政治的文藝に属するものであった。十九世紀に隆盛を迎える「歴史学」をそこに投影しては、事態を見誤ることになる。こうした史論としての歴史叙述を代表する人物が、ヨハネス・フォン・ミュラーである。彼の手になる『スイス史』（一七八〇～一八〇八年）と『諸侯同盟史』（一七八七年）は十八世紀から十九世紀初頭にかけて、教養人の必読書であった。[6]古典文献学から歴史学へという、現代の標準的な史学史の枠組――ニーブーアからランケを経てドロイゼンに至る――から、ミュラーの同時代における圧倒的な影響力を想像することはおよそ困難である。だが、当時の歴史家たちのほぼ全員が、直接間接にミュラーの歴史叙述を意識し、また影響を受けていた。[7]「後代のドイツ人の誰が、この名人に影響されなかった青年時代を想うことができようか」。[8]

同時代の歴史家たちにおよぼしたミュラーの影響のうち、とりわけ重要なのは、歴史叙述の目的に関する見解である。ミュラーは歴史叙述を厳密な学問とはみなさない。「すべては我々の時代の要求に還元され、模倣あるいは反面教師にするために描かれねばならない。これ無くして、歴史は死せる言葉にすぎないのだ」。[9]歴史叙述、すなわち史論とはあくまで過去の描写を通じて、著者の政治的主張を間接的に表現する手段にちがいなかった。『スイス史』の序文では、歴史叙述による祖国愛の喚起という目的がくりかえし表明される。『諸侯同盟史』は言うまでもなく、諸侯同盟への政治的援護射撃である。さらに、歴史叙述が読者の教化を目指すものである以上、その叙述法には細心の注意が払われねばならないだろう。重箱の隅をつつく、「学識」ぶった史料批判などは、むしろ邪魔になる。古典古代に心酔し、絢爛たるレトリックを駆使したミュラーが、ポリュビオスやタキトゥスといった古典作家の熱烈な信奉者だったことはよく知られている。歴史叙述が「実用的」pragmatisch（ヘーゲル）であるのは、自明の前提だった。[10]「大学教授としてではなく、政治家として、歴史家は歴史を描くべきなのだよ」。[11]

したがって、同時代のドイツ知識人が、フランス革命理解にミュラー的な史論形式を応用したとしても、なんら不自然ではない。[12]革命当初の史論にはふたつの立場が存在した。ひとつは革命讃美の史論であり、いまひとつは革命に懐疑的な立場の史論である。前者の代表格がフリードリヒ・ラインハルト（一七六一～一八三七）、少数派の後者にはブランデスやシュピットラーといった「ハノーファー学派」の人々がいた。支配的な世論を反映したのが前者であったことはいうまでもない。[13]

ラインハルトの史論「フランスにおける国家変革のいくつかの準備的原因の概観」（一七九一年）は、シラー主幹の雑誌『ターリア』第十二号に掲載された（BD: 1314-5）。[14]そこで描きだされる図式は単純明快である。

ラインハルトによれば、旧体制下のフランス、特にルイ十五世の治世において、法は恣意的だった。「浪費」と「卑しく軽蔑すべき悪徳」が至るところで蔓延っていた（BD: 197-8）。本来は「貴族という専制君主たち」に対する「人民の擁護者」として「共通の利益」を守るはずの国王は、リシュリューの登場以来、「王の意志の執行者」たる宮廷貴族に取り巻かれ、「名誉と官職、そして俸給の源泉」となってしまった。いまや「君主の唯一の器官」、すなわち「すべてを呑み込む恐るべきアリストクラシー」（宮廷）が国家を支配する（BD: 190-3）。名目は消えたにもかかわらず、「特権身分」は富を独占し、「浪費」と「贅沢」（「奢侈」）はいや増すばかり。

一方で「手工業・農業・商業」といった「もっとも有用かつ社会に不可欠な生業」（BD: 192）にたずさわる「平民」、とりわけ「市民層」は、宮廷という「アリストクラシー」から除外された「大多数の貴族」と同様、官職から締め出されてしまう（BD: 193-5）。ラインハルトはそこに、「特権のカースト」による「共同の抑圧」を見る。官職売買を通じて「特権のカースト」に参入できるのは一部の富裕者のみであるがゆえに、「カースト」そのものへの不信、「非特権層」の「怒り」が湧き起こってくるのである（BD: 195-7）。

だが、そのとき「ひと筋の閃光」がきらめく。「啓蒙」Aufklärung である。ラインハルトにとって、「啓蒙」とそれに導かれる「公論」öffentliche Meinung は、旧体制下の「失策」や「偏見」を駆逐する「光」Licht そのものであった。かのニュートンに比すべき「政治世界の立法者」、アリストテレスに勝る「人類の恩人」モンテスキュー、「あらゆる偏見」に対して「嘲笑」の文藝をもって決闘を挑んだ勇敢なるヴォルテールの尊さよ（BD: 202-5）。だが、なにより彼を忘れてはならない。ありとあらゆる「悪徳」に対して「怒りと同情」を向け、『エミール』によって「家庭生活と教育の分野で革命」を起こし、『社会契約論』によって「能力の不平等」とも両立しうる「原初的平等」の理念を打ちたてたジャン・ジャック・ルソーを忘れてはならない（BD: 205-7）。「モンテスキューはもっとも直接的に、ヴォルテールはもっとも広く、ルソーはもっとも深く〔同時代に〕影響をおよぼした」のである。

ルイ十六世――「悪徳」とは無縁だが、「偉大で自立した精神」（BD: 213-4）を欠く国王――の治下において、「啓蒙」と「公論」は、ネッケルによる『財政報告書』公刊やアメリカ独立戦争の影響を通じて、ますます浸透してゆく（BD: 209-12）。[15] 大臣たちもいまや「人民」Volk の声を無視することはできず、「啓蒙された熱意」に駆られて改革に着手する。そして、カロンヌが財政再建案について支持を取りつけるために名士会を召集するやいなや、「国民」は全国三部会を望み、「この瞬間から国家の変革は不可避となった」のである（BD: 214-5）。「啓蒙」と「公論」が高等法院を突き動かし、旧体制に不満を抱いていた兵卒の心をとらえるのは時間の問題だった（BD: 215ff.）

このようにラインハルトは、フランスで進行中の「国家変革」を一貫して、文明の「光」である「啓蒙」と「公論」の所産とみる。それは「啓蒙による作品であり、哲学の勝利である。そのもっとも強力な原動力は、公開性 Publizität と公論であった」（BD: 221）。ラインハルトが革命史論を展開した一七九一年は、その意味で革命が成功を約束された瞬間に思われた。

だが、革命の行く末には次第に暗雲がたちこめる。同年春には早くも聖職者民事基本法をめぐって党派対立が激化し、六月には宮廷を脱走した国王一家がヴァレンヌで捕縛されるという衝撃的な事件が起きる。八月には立憲君主政派が共和派の請願運動を武力で制圧し、憲法は制定されたものの国内の亀裂は深まる一方だった。また、フランスと列強との関係は緊張し、ついに一七九二年四月二十日、好戦派に導かれた立法議会はオーストリアに対して宣戦布告する。革命が急進化するにつれて、ドイツ知識人たちは革命から遠ざかっていった。

とりわけ元国王「ルイ・カペー」の処刑（一七九三年一月二十一日）は、ドイツの反革命世論を決定的にした。シュピットラーの史論『欧州各国史構想』（一七九三年）には、この変化があざやかにあらわれている。シュピットラー自身は当初、同じ「ハノーファー学派」のレーベルクやブランデスよりも革命に対して同情的であった[16]。革命的暴力を是認することはなかったが、他方で、革命の原因が、古来の秩序を破壊する絶対君主政や「アリストクラシー」の頑迷さにあることも否定しなかった。だが、『欧州各国史構想』の論調は革命批判の色彩をはるかに強めている[17]。シュピットラーによれば、誠実で改革意欲に溢れたルイ十六世は三部会開会後も独り「共通善」のために尽力していた。しかし、「民衆の煽動」と「兵士の教唆」によって王位転覆を謀る「党派」Faction や「アメリカ民主派」の策動の前にはむなしかった。バスティーユ事件後、「自由という魔法」に浮かされた暴徒が宮廷と議会を強制的にパリへと移動させる（ヴェルサイユ行進）。この悪逆の所業の後、国王には「もはや軍隊も財力も権威もなかった」。立法議会において「革命の嵐はますます悪しき人々を放り込み、諸党派は一層粗野になり、当然最後にはつねにもっとも粗野な党派が勝利をおさめた」。そして、「幽囚の国王の裁判を介した殺戮は、全欧州に憤激を巻き起こした」のである。ニーブーアの心にも、国王の処刑は深い傷跡を残した。「処刑というよりむしろ殺戮」の日のありさまを叙することは、後年になっても耐えがたく感じられたという（NGR, 1: 317-8）。

## 第二節　「攻撃的革命」の恐怖——ゲンツ

一七九三年は、プロイセンの官僚、フリードリヒ・ゲンツ（一七六四～一八三二）にとっても転機だった。[18] 二十九歳だった。「私が、はじめて自分自身と世界についての明瞭な意識に達したのは、ほぼ三十歳のときでした。この幸運な地点に自分自身ではなく、他者を通じて達したのです」(GGS, 11-2: 360)。この「他者」とはエドマンド・バークを指す。この年、ゲンツはバークの『フランス革命についての省察』（一七九〇年）を翻訳することによって、革命忌避の風潮が強まるドイツ論壇に「数多の政論が煌く夜空に現れた彗星」（ファルンハーゲン）のごとく迎えられたのである。

『省察』の翻訳後、ゲンツはさまざまな視点から革命批判を展開してゆく。とりわけ、彼はフランス革命史論に一貫して関心をもちつづけた。ゲンツにとって、革命とは政治的事件を超えたなにかであり、それゆえ一七九七年から一七九九年の期間は政論執筆を控えてまでも、独自のフランス革命史構想に取り組まねばならなかった。[19] 国民議会の議事進行を中心とした革命史叙述は未完におわったものの、革命の全体像はいまや鮮明となる。直観は確信へと変わる。

『歴史雑誌』（一七九九～一八〇〇年）に掲載された、旧体制下の改革から国民議会の成立までを詳細に跡づける史論「フランス革命に関する欧州の公論の推移」（一七九九年）ほど、ゲンツの革命史への沈潜を示すものはない。彼もまた、ヨハネス・フォン・ミュラーの影響圏内にいる。[20] ゲンツは、ミュラーの『スイス史』序文を「二十回」読んだという（GGS, 8-4: 75)。「歴史家」Geschichtsschreiber としての習作『マリア・ステュアート』（一七九八年）

のみならず、のちの『反革命戦争の起源と性格』（一八〇一年）、『開戦前の英西関係実録』（一八〇五年）、『欧州の政治的均衡の現代史断章』（一八〇六年）といった現代政治分析も、ゲンツにとっては間違いなく、ミュラー的意味における――『諸侯同盟史』は当時のゲンツの愛読書だった（GGS, 8-4: 13ff.）――歴史叙述にちがいなかった。ほぼ同時代史に属するフランス革命史も「歴史」なのである。彼の歴史叙述を突き動かす原動力は、単なる研究者的関心ではない。ゲンツは「実践的歴史家」（GGS, 5: 512）として、欧州の政治社会全体をおびやかす革命と対決し、徹底的に批判せんとする。そのためには、まず革命そのものを「連動して理解されるべき全体」として把握し、さらには国民議会を「真の世界史的重要性」の観点から分析せねばならなかったのである（GGS, 5: 514-5）。

ゲンツは、革命の「原因」を「この世紀〔十八世紀〕における進歩」という「間接原因」と、王権側の失策という「直接原因」との連動に求める（GGS, 5: 78-9, 104）。「偶然の要因」を絶対視する、流行の「陰謀論」[21]――革命をフリーメーソンや啓明団（イルミナティ）といった秘密結社の「陰謀」とみる――は論外である。革命の「世界史的な巨大さと意義」を理解していないからである（GGS, 5: 77ff.）。一方で革命を「人間精神の自然な進歩の純粋な産物」、いわば「必然の作用」とみなす「革命の友」たちは、政府による「予測不能かつ本質的で決定的な失敗」の重要性と革命派の政治責任を見過ごしている（GGS, 5: 83-5, 106-9）。たしかに変化は必要だった。だが、「穏やかな移行」と「改善」こそ、望ましかったのではなかろうか。

フランス革命を規定する特殊十八世紀的な要因は、出版物の影響力の激増にある。それは、「世界の諸事件の推移」に、「現代のあらゆる特徴のうち」で「もっとも決定的」な影響をおよぼした。「政論」への異常な関心の高まりに、ゲンツは「近代の際立った特質」をみる。

おのれの知識と才能を公共世界に示したいという渇望は、政治社会の仕組みからして、以前は少数の人々だけに限られていた。しかし、この渇望は、文化の増大とともにますます多くの人々の心をとらえるようになった。〔中略〕今回〔フランス革命〕は、独占的な支配を求める個々人の野心ではなく、無数の人々の野心が政治社会の紐帯を引き裂き、人間性を犠牲にし、大地を血で浸したのである。こうした人々はみな一様に、自分こそ国政に参加する資格があると思い込んでいた。（「フランス革命に関する欧州の公論の推移」）（GGS, 5: 299-300）

「民衆の蜂起」以前にすでに「人心の大蜂起」が起きていたと言い換えてもよいだろう（GGS, 5: 297-8, 302-3）。「代表制」や「共和政」といった政体は、「限りなき多数者の野心」や「虚栄心」と相性がよい（GGS, 5: 299-302）。そこでは誰もが、一見、「権力と名声」への機会を与えられているかのような幻想を抱くことができるからだ。「尽きせぬ快活さ」と「幸せな軽薄」という愛すべきフランス人の「国民性」は、革命前夜にはすでに「敵対的で陰鬱で、うじうじとした、悲劇的な」ものに変化していた。「挫折した希望」の憂鬱、「権力と威信」への憎悪、「破壊的な革新への不安な憧憬」を、ゲンツは「文化の進歩」[22]の陰にかぎつける（GGS, 5: 304-7）。ひとことでいえば、革命とは「支配への情念 Leidenschaft の産物」にちがいなかった。

だが、こうした「人心の大蜂起」を賢明な統治によって鎮めることは、可能だった。旧体制の「改革」が不可能であったなどと、ゲンツにはどうしても思えなかった。現実の旧体制は、「法律によって統治された君主政」であった。「所有権」・「人身の自由」[23]・「個人の自由」は保証されていた。なにより、王令登録権と諫奏権をもつ高等法院の存在は、あらゆる「無制約」の権力行使を不可能にしていた（GGS, 5: 111-2）。国民のうちには「君主政への熱狂」がはぐくまれ（GGS, 5: 112-3）、「国内の福祉状態」[24]にも「文化」・「完全性」・「進歩」がみられた（GGS, 5: 114-5）。「人民を幸福にしたいという願いを生涯の思想」とした国王ルイ十六世が、前代未聞の国難に対処する「性格の堅固さ」と「深い洞察と包括的視野」を欠いていたことは否めない。それでも、国王は「厳格な道徳」と「統治者の美徳」を兼ね備え、つねに「よりよきもの」を目指していた（GGS, 5: 148-51）。

革命派が最大の革命原因とみる、「身分制の不平等」でさえ、大惨禍を招くほどのものだったろうか。そもそも、いわゆる「封建的権利」は貴族専有ではなかったし、市民層の「富」は相当なものだった。タイユ税免税・道路賦役免除といった「実利的特権」（GGS, 5: 127-9）、帯剣などの「名誉的特権」（GGS, 5: 129-32）は、革命の直接的な原因になるほど深刻だったとは思えない。貴族と第三身分の利益対立という前提そのものを、ゲンツは問いなおしてゆく。官職売買によって、市民層にも「権威」と「影響力」への途は開かれていたし、貴族になることすら可能だった。[25] なにより、「文化」・「福祉」・「習俗の洗練」によって「社会的平等」は広まり、「個人的功績」Verdienst の原則、「陶冶された悟性」、さらには「才能 Talente の権威」が認知されることで、「あらゆる身分の漸進的な混合」がすすんでいたのである。こうしたゲンツの分析は、ラインハルトの史論とは比較にならぬほど、当時の現実を捉えていた。

なぜ、安定した旧体制は破局にいたってしまったのか。ゲンツは、国王の助言者たる大臣たちの失政を仮借なく批判する。

ゲンツ

まずは、国政を「気晴らしの一時的な遊び」のようにあつかい、「不思慮と軽率」によって王を「無為」に眠らせた助言者モールパは、革命の責任者のひとりである（GGS, 5: 151-3）。国王の即位時から、彼は「許しがたき失策」を犯した。王権にとって最大の抵抗勢力である高等法院がルイ十五世末期のモプーの改革によって弱体化していたにもかかわらず、完全に廃止するどころか、新王の一時的な「人気」取りという「誤解された不幸な努力」によって復活させてしまう

(GGS, 5: 159-60)。高等法院を廃止していたら、革命は防げたかもしれなかった。[26]

次に、「凡庸なる頭脳」のわりに「陰謀の巧みさ」にだけは長じている外務大臣ヴェルジェンヌ。大仰で「深遠な秘密」主義の背後には「凡庸な準則」が隠れていた (GGS, 5: 165-7)。「保身および世界を掻き乱すこと。これこそがフランスにとって不幸な、ヴェルジェンヌ外交の原動力および対象」だったのである。「政治体系の完全な欠如」こそ、人心の動揺と財政悪化を招いたアメリカ独立戦争参戦の原因にほかならない (GGS, 5: 161-4)。

政権担当者たちに対する痛烈な批判の背後には、改革のチャンスを生かせなかったことに対する苛立ちがある。[27]三部会召集の直接の原因である財政破綻についても、財政畑出身のゲンツは、深刻な赤字が革命の「契機」となったことを認めつつも、財政再建の好機は十分にあったとする (GGS, 5: 133ff.)。とりわけ、国民的支持を得るために諮問機関として召集された名士会に対する、カロンヌの財政再建案の重要性が指摘されている。それは「あらゆる現実的な要求」を満足させ、行財政の「本質的な欠陥」を除去するに足るはずだった。「もしも善き守護霊がこの計画に完遂を許していたならば、ひょっとすると、フランス以上に幸福な国制を享受する国はなかったかもしれないのに」[28](「フランス国家行政の全面的改革計画」)。この「全行政体系の全面的改革」の好機も、「構成員の選出にあたっての多くの慎重さと賢い熟慮」および「粘り強さと堅固さ」を欠いたために挫折してしまう (GGS, 5: 171-4)。ゲンツは、名士会の失敗に「不幸と失敗の恐るべき連鎖」(GGS, 5: 168) の始点、すなわち終わりのはじまりを見るのである。

三部会開会後も政府は無力だった。その結果、特権身分代表と第三身分代表は資格審査の形式、さらには採決形式（身分別か頭数か）をめぐって激しく対立し、二カ月以上が空費されることとなる。それは単なる形式をめぐる争いではなかった。採決形式の問題は、従来の身分制を堅持するのか、あるいは身分制を超えた「国民」の議会を作り出すのかという、原理的問題を内包していたからである。頭数採決を恐れる特権身分代表の行動は、「厳格な法」・

「国家に対する義務」・「賢慮」のいずれの観点からも非難されえない。そうであるがゆえに、もはや頭数採決が不可避の情勢であることを考慮して、政府が主導権を取るべきだった。だが、ここでも「大臣たちの無能」に阻まれる(GGS, 5: 346-8)。

一方、たとえ大臣たちが無能だったとしても、第三身分側の責任が軽減されるわけではない。彼らは頑なに妥協を拒み、国王の調停案を拒否し、ついには単独で国民議会を宣言した。ゲンツにとって、国民議会の宣言は、「正当」どころか「弁解の余地なき明白な簒奪」Usurpation を意味した(GGS, 5: 395-6)。そもそも「真の意味における国民」Nation の議会には、「政治社会における諸関係」・「あらゆる所有状態」・「富、権力、個人的威信」も「代表」されねばならないからだ(GGS, 5: 398-400)。マルーエやムーニエら「調和と平和」を尊重する「穏健派」(「誠実で啓蒙された人々」)の声は、ミラボーやシェイエスといった「破壊的党派」の怒号によって掻き消される(GGS, 5: 337-9, 407-9)。球戯場の誓いは、「王権への公然たる宣戦布告」であり、「六月十七日の宣言で暗黙のうちにはじめられた反乱 Rebellion の正式な開幕」にちがいなかった(GGS, 5: 450)。ゲンツによれば、こうした第三身分代表の行動のうちに、革命の急進化の萌芽はすでにひそんでいた(GGS, 5: 514-5)。

その後のバスティーユ事件はもはや、「〔政治的〕機械全体の破壊へのとどめの一撃」(「二次的事件」)にすぎない(GGS, 5: 487-8, 489ff., 504)。こうして「パリが君主政の都から、革命権力の中心地と化した」ことをゲンツは確認する(GGS, 5: 496)。パリの先例に倣った地方でも自治体の既成権力は倒壊し、「フランスは突然、民主政となった。その後の革命のあらゆる時期よりも本来的かつ完全な民主政となった」。そして無数の「大小の共和国」の頂点に、「連合中央主権」をもつ「無制約の国民議会」が君臨する(GGS, 5: 503-4)。今後、あらゆる統治の「責任」は国民議会にある。そして、そこからとびだしたのは、「自由の理念」と「善き政体の理念」ではなく、「あらゆる犯罪」・「全面的破壊」・「民衆協会の支配」だった(GGS, 5: 510-1, 512-4)。

ゲンツは、フランス革命の本質を「攻撃的革命」とする（「アメリカ革命とフランス革命の起源および根本原理の比較」）[29]。それは、「目的」の「極度の曖昧さ」ゆえに「想像力と大胆さの果て」まで突き進む革命である。「反対派」に対する暴力と弾圧の連鎖がつづいてゆく革命である。だが、すでにみたように、ゲンツは決してそれを不可避の結果とは見ない。七月十四日の時点で、すでに大臣の無能によって革命は起きていた。臣民の側からの革命が正当化されることはありえないが、「経験」にもとづく「穏健な国家変革」を導くことができなかった統治者の側にも責任はあろう（GGS, 5: 291）。たとえ現状がいかに欠陥多きものであろうとも、少しずつ「改善することによって保守 Erhalten する」ということ（GGS, 5: 287）。この「政治学のもっとも高貴かつ最高の目的」を疎かにしたがゆえに、旧体制は黙示録的な破局を迎えざるをえなかったのだ。

## 第三節　ネッケル問題

実質上の政権担当者であったジャック・ネッケルは一七九〇年九月、辞任した。三部会開会のころには絶大であった人気もいまや地に堕ちていた。デモに繰り出す群衆は彼を街頭に吊るすことを要求していたし、議会の敵対的な姿勢にも嫌気がさしていた。辞任に際して書かれた手紙が議会で読み上げられるや、議員たちは笑い出し、何事もなかったかのように議事に戻っていったという。

ネッケルほど当時にあって、評価の分かれた人物も珍しい。ジュネーヴ出身のプロテスタントでありながら、財政危機に瀕した旧体制下のフランスの、「カトリック」国家の財務長官[30]に就任したこの銀行家に、当初、公論は待望の救世主に対するがごとき期待を寄せた。一方で宮廷派のうちにはもちろんのこと、改革派のうちにもネッケルの振舞いや態度のうちに胡散臭さを嗅ぎとる人物は多かった。

ドイツの史論家たちにとってもネッケルの功罪は大問題となる。三部会開会時と同様に、本国フランスではもはや存在さえ忘れ去られていた時期にあっても、ネッケル問題は盛んに論じられた。そうした論争の目的は、単にネッケル個人の性格や財政能力を問うにとどまらなかった。そこでは保守派と急進派の間の均衡のとり方、公論に対する姿勢、求められる議会統御能力の本質が問題とされた。つまり、絶対主義政権を改革しようとする政治家のあるべきすがたが問題とされたのである。

ネッケルの政治的経歴はふたつの時期に分けることができる。政府に登用されてアメリカ独立戦争中および戦争直後の財政を担当した第一期と、三部会召集の勅諭を出して辞任したブリエンヌ内閣の後を継いで、三部会を準備し、開会後および国民議会成立後の政権運営を担当した第二期である。第一期においてネッケルの声望は確固たるものとなり、第二期のバスティーユ事件の際に人気は絶頂となり、国民議会に権力の重心が移ってゆくにつれて、人気は凋落していった。

ネッケル

とりわけ、彼の名を公論に印象づけ、名声を確立したのが、『財政報告書』（一七八一年）の出版である。[31] 第一期の在任中、戦時公債による財政運営のほか、官職売買の部分的廃止による倹約、間接税から直接税方式への切り替えによる増収策、さらには州議会改革など、さまざまな改革政策にネッケルは取り組んでいた。しかし、それらは『財政報告書』の衝撃に比べれば霞んでしまう。公債に頼らないかぎり平時の財政黒字は保証されるという内容もさることながら、なにより財政という従来の国家機密を公論に示し、監視と支持を求めたことが決定的だった。当然のことながら、政権・宮廷内の保守派は強い反発と嫌悪を示した。

ラインハルトにとって、ネッケルは「公論」と「公開性」原則の守護神だった（BD: 209-11）。旧体制下の「迷信」と抑圧に「公論」が苦しむなか、「ついにネッケルが立ち上がり、『財政報告書』はスローガンとなった」。「ネッケルの触れたもの」はすべて「高次の叡智と徳の刻印を帯びた」のである。「公論」の重要性をいち早く見抜いたネッケルにフランスのみならず欧州全体が感謝せねばならない。彼のおかげで「公開性は最初の勝利を得て、公論は決定的な方向性を得た」のだから。十八世紀後半の「啓蒙」の改革精神を継承するラインハルトにとって、「公開性は専制の死である。なぜならそれは公論を導くからである」。

他方で、ハノーファー選帝侯国の穏健改革派エルンスト・ブランデス（一七五八〜一八一〇）やシュピットラー（一七五二〜一八一〇）、そしてゲンツは、そこに一種のパフォーマンスを見る。たしかにネッケルは「絶対君主政下の最良の行政官」[32]（ブランデス）であった。「秩序と規則性の精神」を備え「思慮に富む熟練した銀行家」（GGS, 5: 235-8）として、「通常の行政職務」には申し分ない人材であり、堅実な財政手腕を備えていた。だが、『財政報告書』出版からは、その「途方もない虚栄心」Eitelkeit、つねに「自己弁明」と自画自賛に努める人物像、「虚栄心の男」（シュピットラー）という人間像が浮かび上がってはこないだろうか。この後も「虚栄心」は、ネッケル批判の常套句となる。

とりわけ、革命前後の「公論」の熱狂と革命戦争の悲惨を知るゲンツはもはや「公論」を全面的に信頼することなどできはしなかった。すでにみたように、「支配への情念」という人間にとって根源的な「衝動」が、公論と出版業を介して国民規模にまで拡大していったことに、革命の一因はあるのだから。革命前夜の出版物は「馬鹿げた理論や人心を惑わす準則」に満ちており、人々の「情念」を掻き乱す「陰謀の精神」の見本だった（GGS, 5: 288-9, 296-7, 302-3）。その根底にあるのは、ネッケルの本質と同じく「虚栄心」である。ゲンツにしてみれば、ネッケルの行動は「公論」に媚を売る態度以外のなにものでもなかった。

第二期におけるネッケルの三部会対策の貧困は、ドイツの史論家にとってもっとも許しがたいものであった。三部会召集の決定後、最大の政治的争点となった三部会の開会・審議形式をめぐる問題について、ネッケルは決定的な誤りを犯したとされるのである。三部会が最後に召集されたのは一六一四年であったため、時代状況や身分間関係の変化は当時の形式そのままの適用を許さなかった。[33] よって、いかなる形式を採るかは、ひとえに政府、そしてネッケルの決断にかかっていた。「リシュリューの政治力をもってしても慄くような職務」（GGS, 5: 238）に直面したネッケルは、第三身分の定数を倍増した。そこまではよかったが、肝心の採決形式（身分別か頭数か）という「はるかに重要」な問題については、「優柔不断と不首尾」を曝けだしてしまう（GGS, 5: 246-8）。

では、いかなる道がありえたのか。ゲンツとブランデスによれば、この時点で政府に審議形式を定める権利が属することを否定する者はいなかった。身分別採決が改革の実効性に乏しく「全面的不満」を引き起こしかねない以上、頭数採決を「穏健かつ合法的方法」で実現するという選択肢は十分に考えられた（GGS, 5: 248-50, 256-7）。たしかに頭数採決は「デマゴーグ」や「党派人の陰謀」に晒されはするだろうが、政府側が主導権を握ることができるのだから、「完全な無為」よりどれだけ望ましいことか。

より「決定的かつ大胆」な選択肢は二院制の導入である。ゲンツは連動する二院制を設けることこそ、「王権再生の唯一の方法」であったとする（GGS, 5: 252-6）。「一院制の御しがたい奔流」を防ぐこの案は、当時のフランスのもっとも優れた知識人たちが賛同していた案であった。とりわけ英国国制を「近代政治学の傑作」「啓蒙された人々にとって究極の希望」（GGS, 6: 212）と評価したゲンツ、当代きっての英国通と自他共に任じていたブランデスにとって、これは自然な結論だった。[34]二院制とは立法権と統治権の間の「摩擦」を回避するための「第一かつもっとも有効な方法」にちがいない（GGS, 7: 264）。審議形式問題は王権にとって危機であると同時に、従来の絶対君主政から英国流の混合政体に転換させる千載一遇の好機であったはずだ。

ここでゲンツたちが英国国制を引きあいにだすのは偶然ではない。英国国制をいかに評価するか。十八世紀後半のドイツ知識人にとって、それは切実な問いであった。大陸の絶対君主政とも共和政とも異なる、この海の向こうの国は、ある者の目には、「権力に参与する諸勢力同士の嫉妬と常なる争い」に支配された国（スヴァレツ）と、またある者の目には、「幸運に恵まれ、良識に導かれた偶然」が産んだ「〔国制の〕理想」（シュレーツァー）と映った。[35]好意的な意見が、多数を占めた。「アメリカ独立戦争までの間、この国制〔英国国制〕は至るところで、もっとも鋭敏な頭脳と偉大な政治家たちにとって賞賛の的であった」（GGS, 7: 289-90）。革命勃発後も、ハノーファー学派を筆頭に、フランス革命を批判する論者の多くは英国国制を賞賛した。英国国制の肯定は、そのままフランスの政情への批判を意味したのである（GGS, 7: 289-93）。英国国制の理想化は、この後もドイツ知識人の多く——改革派、保守派を問わず——に見られる、ひとつの型となる。

結局、ネッケルは「完全に受動的に」行動してしまう。採決形式を未決のまま開会を迎えるという「最悪」の道を選んでしまう（GGS, 5: 257-62）。

ネッケルが、フランス君主政を見舞うこととなるあらゆる災厄の第一の責任者となったのは、第三身分に二倍の定数を与えることによってではない。無責任な優柔不断によって、そう、まさしく、審議形式を未決のまま放置したことによって、ネッケルはその後の災厄の元凶となったのである。〔中略〕目をつぶり、臆病な諦念を抱きながら危機に臨むのか、それとも、思慮と自立性をもって危機に対処するのか。どちらを選ぶのか。

それこそが問題になっていた瞬間だったというのに。(「フランス革命に関する欧州の公論の推移」)(GGS, 5: 259-60)

また、「義務を忘れた無思慮」によって議会の立法参与権の範囲を確定しなかったことも、「許すべからざる失策」であった。こうしたネッケルの未熟な三部会対策のうちに、「時代精神」や「憲法に関する見通しや計画」の欠如、「人間知」の欠如を、ブランデスは見る。[36] 要するに、大国に「憲法」を与える資格など、ネッケルにはなかったのだ、「統治」の何たるかもわかっていなかったのだ。ひとたび三部会の招集、さらには「憲法」制定が不可避となった後もなお、「優柔不断」であることは、すなわち「統治」の放棄を意味していた。ゲンツにとって、ネッケルは「通常の行政職務」にいかに熟達していようと、君主の輔弼者としては失格だった。

ただし、ゲンツもブランデスも「憲法」を神聖視しているわけではない。この点は注意が必要である。たしかに、オーストリア仕官前のゲンツにとって、英国国制(二院制による制限君主政)は——独自の「政治的建築術」の観点からみて——最善の国制だった。また、ブランデスも、詳細な英国情報をもとに英国国制の機能性を高く評価していた。だが、彼らにとって「憲法」とは無条件に賞賛されるべきものでは、決してない。[37] あくまでフランスの状況に照らしてみた場合、英国流の国制の導入は可能であったし、また有用性の観点から望ましかったというにすぎない。「憲法」を同時代のドイツ諸邦にただちに導入すべきだなどと、彼らは決して考えなかった。内容の面において、ゲンツやハノーファー学派の英国国制観は、復旧期や三月前期の自由派の理解からそれほど隔たってはいない。大きく異なるのは、「憲法」(立憲制)という言葉に魔術的な魅力を感ずるか否かである。ナポレオン戦争とウィーン会議を経た後、ドイツ知識人、とりわけ自由派は、「憲法」を「時代精神」の要請とみるようになる。是が非でも達成されねばならない政治的目標となる。無条件的な賞賛の対象となるのである。

# 第二章　復旧期の革命恐怖——アンシヨンとヘーゲル

## 第一節　「均衡」の欧州

長年オーストリア宰相として欧州全土に影響力をふるった政治家、クレメンス・フォン・メッテルニヒの『回想録』は一八一五年の第二次パリ講和会議で終わっている。彼はその後三十年以上も政権を握ったが、とりわけ、一八〇六年から一八一五年までの「嵐」の九年間を政治生活のもっとも輝かしい瞬間としている。「嵐」の後、「我々は再び、一方では数多の些細な打算と意見が、他方では慎重さを欠く失敗と弱々しい打開策が日々の出来事となるような時代に戻ってしまったというわけさ」。みずから主宰したウィーン会議によって、「その後三十八年もつづいている政治的平和の基礎」が築かれたあとには、「平凡な歴史」と「単純な筋書き」simple storyがつづく。ひとことでいえば、それは「平和の時代」であった。[38]

とりわけ、一八一五年から七月革命勃発（一八三〇年）までのいわゆる「復旧期」Restaurationは、同時代人にとっても「静穏の時代」（ランケ）と感じられた。歴史家ゲルヴィヌスによれば、復旧期の「もっとも安定した十五年の平和」は学藝の動向にも大きな影響をおよぼした。[39] いまや学藝が「外的要求」や「物質的な影響」に左右されることはなくなり、「純粋な学問性のみ」が「決定的な原理」となる。それは「主観性」と「個性」に替わって、

ウィーン会議

「客観性」と「悟性的な観察」が重視される時代、「固有性」を発揮する「天才」の活躍を必要としない、「研究」の時代でもあった。「政治世界」が「無性格」だったことも、学藝にとってはむしろ「有益」だった。ベルリンにおけるゲーテ文学の大流行も、時代の空気をうかがわせる。[40]

　こうした思想状況にもっとも適合したのが、「経験」Empirieを素材とする堅実な学問としての「歴史学と自然学」である。とりわけ「歴史学」に関して、復旧期はしばしば史学史上の画期とされる。ランケによれば、「一八二〇年代には、もっと〔歴史の〕基礎に深く立ち入らなければ、将来の諸国家や帝国を満足させることができないという主張が起こってきた」。つまり、「歴史研究は本来、ナポレオン的理念の独占支配に対する抵抗から発展」したものなのだ。その証拠に、古代史に沈潜するニーブーアやオトフリート・ミュラーの著作が学界で高く評価され、スコットランドの文人ウォルター・スコットの歴史小説は欧州中で翻訳され、大人気となった。それは、「普遍的支配に対立する特殊な生、ひとつの大国の発展の内的条件」の擁護といってよいかもしれない（SKS, 1: 346-8）。[41] 錯雑たる史料状況を整理し、実証的に史実を明らかにしてゆく史料批判の技法が確立したのもこの時期である。

　「歴史学」の根源たる「特殊な生」（「国民性」・「祖国」・「民族全体の生」）に対する関心が高まった背景には、復旧期特有の秩序感覚がある。当時の知識層にとって、フランス革命とはまさしく、歴史的に基礎づけられてきた欧州の政治社会全体の転覆を意味した。それは歴史と伝統からの断絶であった。それゆえ、いまや再びその秩序を回復し、基礎づけ、確認せねばならない。メッテルニヒのような現実に統治を担う人々にとって、それは一層、切実な問題となろう。

そして、それはもはや一国でなしうる課題ではなかった。欧州全体の協調こそが求められてくる。第二次パリ講和条約に際して、過酷な懲罰的講和を要求する急進派は、ナポレオンの支配に苦しんだプロイセンに多かった。メッテルニヒの秘書官となったゲンツにとって、そうした急進派は、ようやくこぎつけた平和を動揺させる危険分子以外のなにものでもなかった。「連合国はフランスを分割し消耗させるためにやってきたのではない。欧州と根本的に和解させるためにやってきたのだ」(GGS, 8-2: 424)。「穏健化、自己規律、見せかけの獲得の放棄、熟慮された決断の成果」である講和条約が結ばれた「いまこそ、欧州の黄金時代への展望が単なるむなしい夢ではなくなった瞬間にちがいない」(GGS, 8-2: 410)。こうしてゲンツは、「全面的な平和の継続」を「あらゆる面から保証」する「列強間の調和」の絶頂として、ウィーン会議を讃えるのである。

だが、誰よりもゲンツ自身が「列強間の調和」に不信感を抱いていた人物であったことはおぼえておく必要がある。会議筆頭書記官としてウィーン会議をつぶさに観察していた彼には、「会議の真の目的」が「敗者から獲得した戦利品を勝者の間で分配すること」にあることは明らかだった(42)。それは、列強による「一種の独裁」であり、同時にまた列強間の「嫉妬と不和」が渦巻く舞台でもあった。「永遠平和の保証」や「黄金時代の再来」どころか、会議がもたらしたものといえば、「前もってすでに武力によって決定されていた償還、欧州における将来の均衡および平和の維持にさして資することのない大国間での取り決め、二流諸国の所有状態のまったく恣意的な変更にすぎない。しかし、高次の性質をもつ行動、公共秩序および共通善のための大胆な措置、人類の長き苦しみを部分的にでも埋め合わせることのできるような措置、そして将来について人心を安んじる措置といったようなものは、なにひとつみられなかった」のである。

ただし、ゲンツの辛辣な内部告発にもかかわらず、実際にウィーン会議が欧州秩序に「可能な範囲内で堅固かつ恒久的な平和」[43]（メッテルニヒ）をもたらしたことは否定できない。十八世紀的な弱肉強食の権力政治がナポレオン戦争で破綻した結果、各国の権利と中小国の独立の保証という前提が共有されることとなったからである。[44]タレーランによる「正統主義」の擁護やフランスへの懲罰的要求の放棄はそのあらわれである。そもそも、従来型の「勢力均衡」balance of power 自体が、英露という超大国の出現によって機能不全に陥っていた。オランダやイタリア諸国といった緩衝国の設置や、十八世紀最大の戦争原因だった海外植民地をめぐる紛争を欧州秩序から切り離すことによって、統治層の意図はどうあれ、欧州秩序は大きく変貌を遂げてゆくのである。

こうして再建された欧州秩序はしばしば「均衡」Gleichgewicht の語で形容された。「政治的均衡」とは、「互いに並立し、かつ多かれ少なかれ互いに結合する諸国家からなる体制であり」、そこでは強力な抵抗の危険なしには「いかなる国も他国の独立や本質的な権利を侵害することはできない」（ゲンツ）(GGS, 4: 1)。「政治的均衡」は、「文明諸国」の「政治文化の自然な帰結」であり、「低俗な利己主義」を超えて、中小国の地位を高めることによって「自主独立の感情」を各国に植えつけることができる（ヘーレン）[45]。メッテルニヒにとっても、「政治学とは、最高次の領域における諸国家の生存利害に関する学問である。孤立した国家はもはや存在しない」ので、「諸国家からなる社会 Gesellschaft——この現代世界の本質的な条件——がつねに前提されることとなる」。「既得権利と誓約尊重という保証のもと、相互性 Reciprocität の基礎に立った国際関係の確立こそ、現在は政

メッテルニヒ

治学の本質をなしている。外交術はその日常的な適用にすぎない」[46]。ここで「勢力均衡」の側面よりも「権利の均衡」の側面が強調されているのが、興味ぶかい。前者は後者を実現するためのひとつの手段として従属している。

しかし、なによりも大国会議体制と欧州協調こそが、この時期の欧州秩序論を十八世紀のそれから区別する。ゲンツが指摘したように、ウィーン会議自体、実質的には列強の「圧倒的優位」にもとづく「一種の独裁」であったが、四国同盟条約第六条はさらに「人民の静穏と繁栄および欧州の平和維持を目的とする」大国会議を規定していた。実際に復旧期を通じて大国会議は短期間のうちに四度も――アーヘン、トロッパウ、ライバッハ、ヴェローナ――開催されることとなる。同時代の論客たちはこの秩序の変動に十分に自覚的であった。以下のゲンツの批評は、彼が依然として当代欧州最高の政論家のひとりだったことを物語っている。

均衡の原理、言い換えるならば個別の同盟によって形成される勢力均衡の原理――三世紀にわたって欧州で支配的となったものの、あまりにもしばしば欧州を掻き乱し、血で汚した原理――の替わりに、一般的統合union général の原理が出現した。この原理は、五大国の指導のもと、連邦的紐帯によって国際秩序全体を統合する。〔中略〕欧州はついに巨大な政治的家族grande famille politique を形成したかの如くである。それは創設時の列強の指導下に統合され、構成国は相互に、あるいは独自の利害をもつ諸部分に、各々の権利の静穏な享受を保証している。(「現代欧州の政治体制についての考察」[47])

十八世紀とは異なり、いまや欧州協調という「世界史のなかでもとてつもない現象」(ゲンツ)が秩序の基礎となった。「列強によるアリストクラシーは、事物の本性から生じたものであるがゆえに必要かつ有用であり、公的であるがゆえに嫌疑を免れる」(ヘーレン)[48]。それは不完全ながらも「欧州の元老院」Europäischer Senat とよばれるにふさわしい。

また、欧州協調をみずからの政策の軸にすえたメッテルニヒと、欧州協調の意義を誰よりも熱心に、しかし報われることなく主張しつづけたゲンツが、オーストリアの統治層に属していたことは偶然ではない。オーストリアは「地政学的観点」からすると、確固たる「軍事国境線」のない防衛困難な「開かれた土地」を領土とし、ロシアとフランスという二大国に挟まれ、戦時に際してもっとも被害を蒙る帝国であった。[49] 戦後秩序におけるロシアの影響力増大に対する警戒心に加え、革命動乱によって「オーストリアは傷ついていた。いまだに二十二年間の戦争の苦しみに悩み、生命の源そのものがやられてしまっていた」[50]（メッテルニヒ）。それゆえ、オーストリアには「可能なかぎり長期間の現状維持について明白な利害関心」があった。つまり、欧州の平和は、オーストリアの国益に適っていたのである。「オーストリアは欧州同盟のなかで十分輝かしい地位を享受しているので、おそらく最後までこの同盟を見捨てることはないだろう」[51]（ゲンツ）。

そしてドイツこそが、欧州協調と平和維持の要であった。神聖ローマ帝国とライン連盟が解体した結果、いかなる戦後秩序をドイツに導入するかは、欧州全体の「均衡」の問題でもあった。ウィーン会議中の紆余曲折を経てドイツ問題が決着し、「ドイツ連盟」Deutscher Bund が発足したのは一八一五年六月八日のことである。旧帝国国制とは異なり、それは「主権をもった君主と自由都市」（連盟規約第一条）から構成される緩やかな連盟であり、その「目的はドイツの国内外の安全、ドイツ加盟国の独立と不可侵」であった（第二条）。フランクフルトに連盟議会を設けていたものの、制度的には「粗雑で未完成の構想」[52]（ゲンツ）にとどまっていた。

もちろん、ドイツ連盟に対する不満の声は大きかった。[53] 旧帝国国制に替わる統一的なドイツ国制を望んでいたシュタイン男爵ら旧帝国騎士層、陪臣化された旧帝国等族層、「解放戦争」の過程でドイツ統一の理念に興奮した学生たち、さらにはこうした学生を煽動するルーデンら大学知識人たちは、こぞって連盟の貧弱さを批判した。

「元首も裁判所ももたない、共同防衛のために弱くむすびついた」だけのドイツ連盟は、到底、「国民の期待」と戦争中の「尽力、苦しみ、実行力、精神の偉大さに沿った」ものとはいえないのではないか（シュタイン）[54]。

だが、そもそもドイツを「ひとつの国家へと改造」する企ては、「ドイツの文化と欧州の自由の墓場」となってしまうのではなかろうか。当時を代表する歴史家ヘーレンによれば、自立性の強い君主諸邦からなるドイツでは、「アメリカ合衆国のような連邦政府を備えた連邦国家」は不可能である。制度的欠陥は、今後の改革と「共通の祖国愛」で補うほかかない[55]。むしろ、「欧州秩序の中央国家」Centralstaat として、ドイツは旧帝国のように自衛に十分な武力を備えつつも、過度に強力であってはならない。ドイツ連盟の基本制度は、こうした「法の保護者」あるいは「平和の維持者」としての役割にじつによく適合している。それは連盟議会という「共通の中心点」（「政治的一体性」）を備えつつ、構成国の「多様性」と「独自性」を保証する「連邦的性格」をもっているのだから。ドイツ連盟にとって、「欧州の平和国家 Friedensstaat となることは高次の使命にちがいない」。ヘーレンにとって「ドイツの自由」と「欧州秩序」は不可分であった。

欧州協調と既成体制維持の重要性への認識、あるいは秩序への感覚は当時のドイツ圏の統治層に多かれ少なかれ共有されていた。ゲンツであれ、メッテルニヒであれ、ハルデンベルクであれ、そして後にカールスバート決議に賛同する中小邦の君主たちであれ、革命後の秩序再建を最優先課題とみた点では共通している。彼らは決して「神聖同盟」の讃美者ではなかった[56]。中世的秩序を夢想するロマン派（アダム・ミュラーやフリードリヒ・シュレーゲル）や、身分制とキリスト教秩序の復活を狙う復古派（ゲルラッハ兄弟やハラー）とは明確に一線を画していた。君主政改革の必要さえ認めていた[57]。だが、一方で彼らは急進的な学生同盟ブルシェンシャフトや、議会制を介した政治参加を要求する「自由主義」に対しては不信をいだかざるをえなかった。再興した秩序の脆弱さへの洞察をもつがゆえに、危機感をいだかざるをえなかった。おのれが担わねばならない秩序が時代遅れになってゆくことを知りながら、その巨大な秩序を守るために――信念への意地からであれ、主君への忠誠からであれ――ゲンツもメッテルニヒも「保守」Erhaltungすることを選びとる。革命後の世界で政治参加を求めて駆け出した人々の前に立ちはだかったのは、こうした歴史の重みを背負う「秩序の巌」たちであった。

## 第二節　アンシヨンの革命史論

「ルイ・カペー」が革命広場でギロチンの露と消えてから二十二年目となる、一八一五年一月二十一日、ウィーンのシュテファン教会において、国王「ルイ十六世」の追悼ミサがとりおこなわれた。オーストリア政府の全額出資による荘厳な式典に参加したのは、折柄のウィーン会議参加各国の貴顕の歴々であった。無論、この儀式は、ひとりの国王の追悼をはるかに超える意味をもっていた。報告記事を政府系雑誌に寄稿したゲンツの云うように、「世界史的観点からして、ルイ十六世の処刑は、個々の犯罪者の仕業、あるいは一国民の過ちというよりも、むしろ罰すべき不敵さによって幻惑された種族による共同行為だった」のだから（GGS, 8-3: 207-8）。それゆえ追悼ミサは、フランス革命を体験した世代全体による贖罪、同時に、秩序の再興――革命という断絶からの――を象徴する行為にちがいなかった。[58]「〔革命戦争という〕この恐怖に満ちた時代は過去のものとなった。新しい時代がはじまるのだ。新時代が幸福で明るいものとなるかどうかは、我々が今もって想像しているように、個々の成功にかかっているのではない。我々全員が経験によって、より賢く、苦しみによってより善くなったか、それだけが問題なのだ」。もしも各国の統治層が、より善き統治と欧州協調への決意をあらたにするならば、「ルイ十六世の流血も完全に無駄

ルイ 16 世の処刑

ではなかったということになる」。

だが、復旧期に再興された秩序は、革命戦争前の秩序と同質ではありえなかった。このことは制度以上に人心について、よくあてはまる。十八世紀後半に成立した「中間層」にとって、いまや議会における政治参加こそが最大の関心事となっていたからである。人身の自由・財産の自由・法の下での平等といった基本権の多くが十八世紀後半以来の改革政策によって保証されていたのに対して、議会による政治参加、すなわち「憲法」制定が、復旧期におけるドイツ教養層の宿願となるのである。出版の自由、討議公開、陪審制、自治制といった復旧期および三月前期の政治的論点は、それ自体で独立したものとしてみるべきではない。それらは議会制（政治参加）を軸に回転してゆくのだ。

議会制をめぐる論争の出発点となったのが、連盟規約第十三条（「すべての連盟加盟国では議会制的憲法 eine landesständische Verfassung が導入されるだろう」）である。加盟国の「主権」を明記する連盟規約内に組み込まれた、この内政事項を内容とする――しかも未来形の――条文はあまりに不自然で曖昧である。第十三条の不自然さの原因は成立事情にあるのだが、[59] 当時の人々はその理解に苦しんだ。果たして「議会制的憲法」とは何を意味するのか。身分制的な等族議会なのか、それとも王政復古後のフランスに導入された一八一四年憲章 Charte のような代議制なのか。そもそも、この規定は加盟国を拘束するのか、そうであるとすれば、「主権」規定と矛盾するのではないか。一八一五年直後のドイツに巻き起こった議会制（「憲法」）をめぐる活発な論争は、第十三条の解釈をめぐる論争でもあった。

こうした思想状況を背景に、メッテルニヒは加盟国に独自の制度構想を提案する。[60] 議会制と「憲法」を求める公論の高まりを十分に意識しつつも、メッテルニヒは議会によって統治が侵食される事態を慎重に避けようとする。まずなによりも、「憲法」は統治者と臣民との間の「契約」pactum としてではなく、君主の恩恵による「欽定成文憲法」Charte として理解されねばならない。[61] 制度的には、伝統的かつ等族的な州議会を維持、あるいは復活させたうえで、そこからさらに枢密院 Staatsrat（中央委員会）を選出する。[62] そして、この枢密院に予算審議権と立法参与権が与えられるというものである。

メッテルニヒは、等族的な州議会と枢密院の二段階構想を、晩年に至るまで持論とした。[63] この議論は、「気候、言語、習俗、慣習」を異にする多様な構成部分が「唯一かつ共通の君主」の下に統合される「連邦国家」[64] Föderativstaat オーストリアの国情を反映したものであった。フランス式の「中央代表制」、その背後に潜む「人民主権」論 Volkssouveränität は必ずや、「「諸民族」の集合体」たる帝国を解体してしまうにちがいない。[65] メッテルニヒはそう危惧した。連盟諸邦による「中央代表制」をできるだけ阻止したかった。だが、歴史的な紐帯を欠いた諸地方の寄せ集めである旧ライン連盟諸国（とりわけバイエルンとバーデン）にとって、逆に州議会の復活は国家統合の失敗を意味したのである。受け入れることはできなかった。憲法問題が連盟による内政干渉の口実となることを恐れた中小邦は、みずからの主導権で、フランスの一八一四年憲章を模範とした憲法を制定することとなる。[66] メッテルニヒの敗北だった。

だが、メッテルニヒとゲンツにとって、最大の標的はプロイセンであった。中小邦はまだしも、オーストリアと並ぶ連盟最大国のプロイセンが「中央代表制」を導入することだけは、なんとしてでも避けねばならない。プロイセン政府は「解放戦争」の最中に憲法制定の勅諭を発していたものの、実現されるべき憲法の性格をめぐっては、宰相ハルデンベルクを領袖とする改革派と、ヴィトゲンシュタイン侯ら保守派（「宮廷派」）との対立が戦後もつづいていた。一八一八年のアーヘン会議においてプロイセン国王に提出された憲法問題建白書は、メッテルニヒによる必死の説得（あるいは警告）とみることができる。「人民代表による中央代表制」の導入は、諸地方の「多様性」に特徴づけられる「プロイセン国家の解体」、すなわち「革命」を招くだろう。ここでもメッテルニヒは持論の二段階構想を代替案としている。

議会制、とりわけフランス式の「中央代表制」に対する保守派の病的な不信の根底には、革命の経験がある。三部会召集がフランス革命の直接の契機となったことは、統治者たちにとってあまりに生々しい記憶であった。それゆえ、一八一九年に開会したバイエルン下院が紛糾した際、ゲンツは政体が「君主政的民主政」königliche Demokratie に変質してしまうことを過敏なまでに恐れたのだ。[67] おそらく、三部会冒頭の混乱を想起したことだろう。バイエルン国王と側近は憲法停止を真剣に検討した。[68] 統治層は、国家統合のために「憲法」制定が不可欠であることを実感しつつも、つきまとう革命の幻影をふりはらうことができなかった。

当時の統治者たちの議会観をフランス革命史論のかたちで描き出したのが、フリードリヒ・アンシヨン（一七六七〜一八三七）である。[69] 移住ユグノーを祖先とし、一七九二年以来、陸軍大学校歴史学教授、王太子の守役、そして外相を歴任した彼は、復旧期プロイセンを代表する保守派知識人と目されていた。青年期をともに過した従兄のゲンツは、「すばらしい才能をもつ青年」（GGS, 11-1: 156）と評している。

アンシヨンはメッテルニヒの戦後秩序構想に賛同し、外相就任後はその忠実な駒として活動した。大国主導の欧州協調は彼にとって、十八世紀後半に破綻した「対抗力と相互作用の体系」（勢力均衡）の「完成化」を意味していたのである。五大国が協調して、「一国が他のすべての国のために、他のすべての国が一国のために」存在する体制、「暴力が所有とあらゆる国々の権利の保護者としてのみ登場する」、「合法的な枠内での全体および諸部分の保守が、世界平和のために政治活動の唯一の目的となった」体制こそ、「団結の体系」Solidalität とよばれるにふさわしい。[70]

他方で史論家アンシヨンにとって、革命現象への関心は一貫していた。革命は最終的には人間の行為、すなわち「自由意志」の産物であり、決して「必然」などではない。アンシヨンは革命を政治社会の全面的崩壊現象としてとらえていた。[71]近世の諸革命と欧州秩序の連動を分析した大著『十五世紀末以来の欧州政治体系における諸革命史』（初版一八〇三～五年、改版一八二三年）はフランス革命をあつかっていないが、『対立する両極端の見解の調停』（一八二八～三一年）ではフランス革命の原因分析に一章が割かれている。[72]

アンシヨンの革命原因論は、青年時代の知己であったゲンツのそれと多くの共通点をもっている。両者にとって、「情念」に突き動かされた第三身分議員による国民議会成立の宣言は、破壊的原理である「人民主権」をそのまま行動に移すものであるがゆえに許しがたかった。[73]一七八九年七月における第三身分議員と「パリの賤民」の所業によって「革命は決定的」となったのであり、その後の展開は自然な帰結にすぎない。つまり、バスティーユ事件後は国民議会が、「解き放たれた粗野な賤民」（「賤民の暴力」）によって「暴政下のように支配されて」ゆく過程、「情念」が「一種の必然性」に沿って果てしなく過激化してゆく過程にほかならなかった。[74]

さらにアンシヨンはゲンツと同様に、「いわゆる十八世紀哲学」に対しても仮借ない非難を浴びせている。[75]それは「なにも産み出すことのない、組み立てることのない原理」にちがいなかった。ヴォルテールに代表されるフィロゾーフどもは、人間を「純粋な感性的利己心」で動く「機械」ととらえることによって、「不可知なものへの信仰」、「人間本性の超感覚的傾向」、すなわち「宗教」の原理そのものを破壊してしまった。アンシヨンにとって、彼らは政治においても完全な「理想の政体」を追い求めて、あろうことか実験を行おうとする。また、こうした潮流が上層身分から下層身分にまで浸透していったことは、嘆かわしいことであった。

だが、アンシヨンの議論を特徴づけるのは、革命前の絶対君主政の統治構造に対する鋭い批判である。たしかにゲンツも革命前夜における大臣たちの失政に対して厳しいまなざしを向けていたが、統治構造そのものを疑うことはなかった。アンシヨンは個々の大臣の政治責任以前に、統治構造そのものに懐疑的なのである。[76] すなわち、リシュリューが「王権の確立という口実のもとで」基礎づけ、ルイ十四世のもとで「拡張され人工的に装飾された」体制は、「専制」Despotismus であった。「中世の闇から真の自由の灯台」のごとくあらわれた三部会、この「人民」と「王」の間の「中間権力」を無力化してしまったことは「大臣たち」による「犯罪」というほかない。「中間権力」の弱体化によって、「国家有機体 Staatsorganismus の本質的部分」が失われてしまったからである。たしかにルイ十四世は「理性・正義・天才の全能者」として君臨することで、臣民に事実上の「法の下での平等」と「自由」を与えはした。しかし、それはあまりにも「堕落」に弱く、君主の意向次第で瞬く間に抑圧的になってしまう体制ではなかったか。つづく摂政時代やルイ十五世の親政が酷評されていることはいうまでもない。[77]

それゆえ、アンシヨンは三部会召集を高く評価する。この「改革力」に満ちた決断こそ、「治癒活性化という有機的原理」による「改善」への唯一の途にほかならない。[78] それはまず、三部会停止「以前の国制への回帰」、あるいは「いくらかの修整をほどこした古き国制」の復活であるべきだった。「身分制的国制」（「諸身分相互の関係・分離・王権との関係」）が「根本原理」として維持されるべきだった。そうであるがゆえに一層、アンシヨンの目には政府による三部会準備の際の無為無策――開催形式について人民に問うたこと、開会時までに準備期間をとりすぎたこと、第三身分議員の定数倍加、開催地の選択、そして採決形式を未決に残したこと――が、「目的に適った、むしろ不可避の決断」を汚すようにみえたのである。[79]

ここに復旧期統治層の、議会制（政治参加）、すなわち「時代精神」Zeitgeist に対する姿勢を読みとることができる。彼らは、フランス革命を身分制によって基礎づけられてきた政治社会への攻撃、歴史の断絶とみる。しかし、その一方で、従来の統治構造をそのまま維持できると考えるには、あまりにその欠陥に敏感であった。身分制秩序に疑問を抱くことのないハラーや、調和的な神的秩序を夢想するロマン派と異なるのは、まさしくこの「時代精神」

へのアンビヴァレントな態度にほかならない。「時代精神」を――「悟性」や「理性」といった「高次の機関」による判定を必要とするとはいえ――無視することはできない。[80]「善き統治」は「公論」という支持基盤無しには到底持続できないのである。それゆえ、「自由を権利に、真理を自由に」基礎づけることによって、「純化された公共心の要求」と合致する「公論」を味方につける能力が求められてくる。「公論」に従属するのではなく、政府の側も臣民の権利を尊重して「時代精神」に理解を示す姿勢を見せていれば、フランス革命さえも防げたのではないか。アンシヨンはそう問いかける。

こうした文脈において、ゲンツが「役に立たない逸話」(GGS, 5: 440-3) と酷評した親臨会議への高い評価も理解されるべきである。国民議会成立の宣言（六月十七日）に対抗して開催された親臨会議（六月二十三日）において政府側が示した妥協案――全体に関わる議題は頭数採決、個別身分に関わる議題は身分別採決をおこなうというもの――は、「目的と内容の点で」「現行の〔フランスの〕一八一四年憲章と同じ」ものではなかったか。[81]

三身分制はもちろん維持されたものの、同時に本質的に修整されることとなった。この代表制の区分には多くの利点があった。この代表制は歴史的に基礎づけられた代表制であるがゆえに、フランスの伝統にふさわしいものであった。既存体制の保守と社会の進歩の両方に適した形式だった。そして、それは、あらゆる国家の存立に不可欠な永続性を、同様に不可欠な進歩的運動によって媒介する、そうした代表制であったのだ。(『対立する両極端の見解の調停』)[82]

「時代精神」と身分制秩序の岐路に立たされるアンシヨンが選ぶのは、伝統的な身分制秩序と抵触しないかぎりにおける、議会制を通じた政治参加である。一八一四年憲章への言及からもうかがえるように、彼は「時代精神」

への一定の譲歩を不可避とみている。身分制秩序はもはや自明な位階秩序、あるいは神的秩序ではありえないのである。「時代精神」の破壊的傾向に対する防波堤として、身分制は秩序の安定を担保する政治制度へと翻訳されている。英国国制評価において、アンシヨンが貴族院――「世襲大土地所有層」によって構成される――を重視した理由もここにあった。(83)

貴族院には、富と出生の点で卓越した世襲代表者たち――人民からも王権からも独立した大勢力――が居座っている。彼らこそ、人民と不和に陥ることもなく、それでいて王権とも親和的な性質を備えた存在であり、まさしく、自立的であるとともに感銘を与えもする集団を形成するのだ。それは完全な貴族制 wahre Aristokratie にほかならない。他国には存在していないし、また存在しえない貴族制、すなわちあらゆる社会勢力――血統・財産・教養――を包含し、かつ表現する貴族制なのである。こうした貴族制のうちにこそ、王権はもっとも確固たる支点を、国民〔人民〕は自由の強力な防波堤を見出すことだろう。そして、この防波堤の前では、人民の粗野な運動も、専制権力と同様に砕け散るのである。(『対立する両極端の見解の調停』(84))

身分制秩序、すなわち「中間権力」を容認する秩序を前提とすることによってのみ、「革命」と「専制」の双方を回避することができる。つまり、「運動的な革新原理」Erneuerungs-Princip たる「時代精神」の暴走を防ぐためには、身分制という「保守原理」Erhaltungs-Princip が堅持されねばならない。アンシヨンによれば、「貴族制」に適切な地位を割り振ることは、「政治的自由」と「政治権力」の正しき均衡を保つことを意味する。(85) このように、アンシヨンの議論は、前提から帰結に至るまで合理的であった。身分制に対するロマン派的憧憬とは無縁である。いかに彼が「国家有機体」Staatsorganismus 概念を振りまわそうとも、そこに情緒的なるものは介在しない。というのも、アンシヨンは国家を繰り返し「機械」Mechanismus になぞらえているからである。身分制や宗教への讃辞は、政治秩序を固定化する補助装置としての肯定にすぎない。

この意味で、親臨会議の際の妥協案は「自由の真の友のあらゆる要求」を満たしていたはずであったが、惜しくも「誤導された公論」に影響された第三身分議員たちによって拒否されてしまう。無論、親臨会議自体が「あまりにも遅く」「不適切なやり方」で行われたことは否定できない。だが、あのとき、なによりも欠けていたのは国王自身の「堅固さと活力」だった。ゲンツや後代の自由派知識人にもまして、アンシヨンのルイ十六世評は手厳しい。[86]ルイ十六世にはそもそも「政治的徳が完全に欠如」しており、とりわけ政策を断行する「意志の力」Willenskraft を欠いていた。ピューリタン革命におけるチャールズ一世とルイ十六世は、革命派による処刑という同じ悲劇的末路をたどりながらも、その原因は正反対のところにあった。前者が「人民の願いと欲求」を拒絶したのに対して、後者は積極的に応じ、抵抗が必要な局面でさえも「譲歩」を選んでしまった。つまり、「君主の権利はその義務にもとづ」かねばならない、何があろうとも「王権の正当な権力」を譲ってはならないという「君徳の基礎」を忘れてしまったのだ。アンシヨンにとって、こうした発言は抽象論にとどまらない、切実な問題意識の反映にちがいなかった。守役の務めを終えたのちも、大国の運命を背負うことになる王太子をつねに気にかけていた彼のことだから。

## 第三節　革命への恐怖、革命への希望

一八一九年三月二十三日、事件はおこった。ロシア皇帝のスパイ疑惑がかかっていた劇作家、コッツェブーはマ

ンハイムの自宅で大学生カール・ザントにより刺殺された。ザントはブルシェンシャフト内の急進派に属していた。斬奸状や声明文を用意したうえ、心臓を一刺しするために医学書を研究し、さらに鍛冶屋にみずから設計した短刀を作らせていた。計画的な確信犯だった。その後、逮捕されたザントの公開処刑がおこなわれたのは、五月二十日のことである。

ドイツ諸国内の政情は一変した。新聞・雑誌上における事件の反響はすさまじく、知識層の多くがザントの行動に対して同情的であった。(87) たしかに殺人という凶行は許されないことだ。だが、それほどまでに祖国の現状を憂い、みずから奮起したその意気やよし。真の問題は、これほどまでに志高き青年を絶望に追い込む現体制にこそあるのではないか。ザントの母親にむけて、動機の純粋性を讃える手紙を送った知識人さえいたのである。

一方で暗殺を目の当たりにしたドイツ諸国の政府関係者たちは恐慌状態に陥った。そこにはいつ兇刃が自分にむけられるかわからぬという不安もあったにちがいない。だが、それ以上に恐るべきは革命である。ブルシェンシャフトは一八一七年にもヴァルトブルク祝祭という示威活動をおこなったものの、あくまでも鬱屈した青年たちの乱痴気騒ぎにすぎないというのが、大方の見方だった。(88) 少なくとも革命の危険はあるまい。だが、いまやそのブルシェンシャフトに属する学生が、公然と体制を否定しはじめた。それは、地下で不気味な政治運動が展開され、知らぬ間に体制の基礎が穴だらけにされているのではないかという不安にほかならない。

当時の統治層にとって「秘密結社」は、革命勢力の「もっとも活動的で危険な道具」とみなされていた。(89) それは「道徳的な腐敗の根源」であり、もっとも恐ろしい存在である。こうした恐怖感の由来をたどってゆくならば、フランス革命戦争中にドイツで流行した、革命の原因をフリーメーソンや啓明団の「陰謀」に帰する議論に行き着くだろう。(90)

革命勢力はしばしば「疫病」に例えられた。メッテルニヒによれば、革命勢力に共通する特徴とは「うぬぼれ」

presomption である。[91] つまり、己の力量を絶対視し、「人類の解放」や「国民性」といった掛け声のもとに、社会全体の「個絶化」individualiser をすすめる輩。究極的には「政治と宗教の融合」、あらゆる「権威」からの解放と自立を目的とする輩。それはまさに社会の病理そのものにちがいない。「真の人民」たる一般民衆は日々の労働に従事して「休息と平穏」を望んでいる。一方で、「誤った野心に駆られた人々」(「真のコスモポリタン」)のほとんどは、「中間層」classe moyenne (intermediaire) に属しており、「道徳的な腐敗の根源」となっている。こうした「うぬぼれ」た連中の目指すところは、政治社会における「権威の転覆」・「魂の解放」・「個人の解放」にほかならない。つまり、体制そのものの転覆と「個絶化」である。

ザント事件

革命勢力といっても、そこにはさまざまな要素が含まれてこよう。フランス革命陰謀論でも、フリーメーソンの革命性以上に、しばしば急進的なフィロゾーフたちの責任が強調されていた。メッテルニヒは革命勢力を主に、理論的指導層である「教条主義者」(教師や文筆家)と「平等主義者」(弁護士、学生、官吏など)のふたつに分けている(GGS, 11-3-1: 465-6)。[92] 後者は革命状況における実働部隊である。対して、前者は平時にあって有害な教説をまきちらす。革命勢力、つまりは「不道徳な野心家や偽善者」(「誤れる精神」)はいつの時代、どの場所にもあらわれる。だが現代においては、出版技術の発達によって伝播力と連絡力が桁違いのものになってしまった。

こうした革命観にもとづいて、メッテルニヒとゲンツはザント事件を、革命防止策を実行に移す千載一遇の好機とみた。ザントに対して同情的な公論と凶行の背後に蠢いている「秘密結社」を、いまこそ徹底的に攻撃すべきなのである。事件に直面したゲンツは、ドイツが「革命」の危機に晒されていると確信する。学生たちよりも、その背後で「革命道徳」を「教育」している大学教師たちにこそ鉄槌が下されねばならない。そのためには個別分野での中途半端な統制ではなく、出版統制・大学統制・議会統制を組み合わせた包括的措置が必要となるのである。

一八一九年九月二十日のカールスバート決議はメッテルニヒとゲンツの外交的勝利であると同時に、ドイツ連盟にとっても決定的瞬間であった。ザント事件で恐慌状態に陥った各邦政府の求めを受けたうえで、メッテルニヒは主要邦国の代表をカールスバートに集めて、革命防止措置を決議したのである。そこでは、秘密結社の禁止と大学教師の厳重な監督、出版の自由の制限と検閲の導入、革命勢力を取締る中央捜査委員会の設置が参加邦国に義務づけられた。決議内容は連盟議会にも提出され、連盟法として全会一致で可決された。その結果、ドイツ諸邦では「デマゴーグ狩り」が行われ、ブルシェンシャフトは壊滅的な打撃を受けると同時に、アルントやヤーンといった反体制的な知識人は大学を追われることとなる。

カールスバート会議では議会制擁護の根拠となっていた連盟規約第十三条の公定解釈についても議論され、翌年のウィーン最終規約に結実した。この解釈を作成したのはゲンツだった。第十三条の「議会制」とは、「人民全体の代表」が「立法および国家行政の最重要案件に直接参与」する「代表制」Repräsentativ-Verfassung とは別物である。[93] それは、「諸身分や社団」相互の「身分制的関係と権利」にもとづいた「秩序ある政治社会」から生じる議会制、つまりは「自立した社団」の代表が立法権に参与する制度を意味しているというのである。それは、「あらゆる真の実定法と、国家内で可能なあらゆる真の自由の保守 Erhaltung」の要となるにちがいない。「漸進的完全化」を支えるにちがいない。

だが、教条的な言辞の背後には、透徹したまなざしが潜む。興味ぶかいことに、ゲンツはあるべき「議会制」landständische Verfassung よりもはるかに多くの紙幅を、「代表制」の分析にあてている。フランス革命を実際に体験し、なおかつ史論を通じて原因を探求したゲンツの結論は、「人民主権という珍妙な根本原理」に発する「代表制」は、秩序を「保守」すべき強力な権力の確立と矛盾するというものだった。(94) つまり、「代表制」においては、統治を担当する大臣の忠誠(「責任」)の対象が、君主と人民との間で分裂してしまうのである。そこから「必然的な属性」として、「議事公開」・「無制限の出版の自由」・「無制限の請願権」などが、「人民」への忠誠の証として際限なく要求されることだろう。さらに、「代表制」のもとでは君主が「無制限の主導権」をもつことはありえないため、連盟の決議を自国に即座に導入することはむずかしくなる。「平和」と「ドイツの自立性」を保証する「中心点」としてのドイツ連盟が成り立たなくなってしまう。

外交と内政両面で、メッテルニヒとゲンツは、「ドイツ連盟を可能な限りオーストリアの協力をもって救うこと」(95)に成功した。「デマゴーグ狩り」によって改革派が弱体化した結果、プロイセンではついに憲法の制定が無期限延期となる。ドイツ連盟の性格も革命防止措置の機関へと変質してゆく。欧州規模でも、二〇年代の諸革命は列強による「干渉権」を名目に次々と武力鎮圧されていった。(96) メッテルニヒは、右顧左眄するドイツ諸邦を陰で嘲笑し、「欧州協調」の美名に潜むロシアの野心を警戒し、世人からの憎悪と無理解を嘆きながら、巨大な秩序を支えつづける。「私の心はおのれだけのものですが、頭脳はちがいます。頭脳はつねに世界の出来事〔政治〕に携わっています。でもね、だからといって、自分が幸福というわけではないのですよ」。(97)

当時、ベルリン大学教授であったヘーゲルは、こうした欧州の政情を苛立たしげに眺めていた。「デマゴーグ狩り」が猛威を振るったプロイセンの王都にあって、ヘーゲルは困難な状況に立たされていた。(98) ザントの行動に共感することはなかったにせよ、ブルシェンシャフトに属する学生や、その関係者と友好関係にあったからである。ただでさえ改革派と政治信条を共有したために保守派と緊張関係に立たされていたヘーゲルの周囲では、親しい学生たちが「デマゴーグ」の嫌疑を受けて逮捕されていった。検閲に対する用心や二枚舌的な言動が効を奏して、自分が逮捕されることはなかったものの、警察の厳重な監視下に置かれた。要注意人物とみなされていた。

だが、二〇年代の閉塞感のなかにあってなお、ヘーゲルからフランス革命の記憶が失われることはなかった。もちろん、この時期のヘーゲルにとってフランス革命とは、青年期に感激をもって讃えたような「徳」を原理とする古代共和政の復活ではありえなかった。[99] また、彼が、革命政権下のフランスや、王政復古下のフランスをあるべき政治秩序と考えていたわけでもない。

むしろ、革命は具体的な政治過程としてよりも、「世界史的」な意義をもった現象として理解されねばならない。ヘーゲルはみずからの『歴史哲学講義』のなかでフランス革命に卓越した地位を与えている。[100] ここでの「世界史」とは通常の意味合いではない。ヘーゲルにとって、「世界史」とは人類規模における「自由」Freiheit の意識の発展史であり、同時に「精神」Geist の自己認識、自己形成の過程を意味していた。それはまさしく「神の御業」であり、「世界史」の展開そのものが「真の神義論」Theodizee、つまり「神」の意図を示している。[101]

ヘーゲルの言う「神」とは、一般的なキリスト教の人格神ではない。純粋な「精神」そのものなのである。純粋な「精神」としての父なる「神」に対して、「神人」イエスは人間存在の象徴——肉体（「自然性」）を備えた「精神」として——である。「神」と人間は「精神」という共通の本質をもつ。ただし、人間は「神」と異なり、純粋な「精神」たりえない。情念・本能・肉体といった「自然」的性質と不可分だからである。ヘーゲルにとっての「世界史」とは、「精神」と「自然」を合わせもつ両義的存在としての人間が、自己の真なる本性、すなわち「精神」に目覚めてゆく過程を意味した。とりわけ、宗教改革には巨大な「世界史」的意義が認められる。宗教改革こそ、「信仰」を介した「個人」と「神」との「和解」の達成にほかならない。宗教改革とは、カトリック教会制度によって抑圧されていた「無限の主体性」unendliche Subjektivität の解放であるとともに、個々の人間の「特殊性」を超えた、「主体」としての人間、すなわち「普遍的なるもの」の発見なのである。それゆえ、以後の「世界史」は、「自由で主体的な精神」の理念が現実化（受肉）してゆく過程として解釈されることとなろう。[102]

ヘーゲルによれば、十八世紀の「啓蒙」もこの文脈でのみ正しく把握されうる。[103]「啓蒙」とは、あらゆるものの内に――「自然」を「明晰に認識された諸法則の体系」とみなす経験科学であれ、「国家目的」から出発して政治社会を分析する政治学であれ――「理性」に合致する「法則」を見出そうとする思考様式である。根底には、宗教改革による「内面性」Innerlichkeit の覚醒の帰結としての「思考の原理」Denken が潜んでいる。「思考」を獲得した人間は、あらゆるものを「普遍性」の相のもとに捉え、「外的なもの」にも「主体」同様の「理性」が備わっているはずだという「和解」の確信をもって対象を観察しようとする。このようにヘーゲルは、「啓蒙」の本質を、ヴォルテールやルソーの活躍といった表面的現象のはるか深部に見出そうとする。「啓蒙」という理性主義的な思考の原型まで掘り下げてゆくのである。「啓蒙」作家を直接に革命とむすびつけたラインハルトとのちがいは歴然だろう。[104]

こうして「内面性」と「思考」が解放された結果、人間精神はついに、純粋な自律的な個人という意識へと到達する。ヘーゲルは、この意識を「形式的意志」、つまりは特定の内容（「規定」）から抽象された純粋な「意志それ自体」とよぶ。[105]「形式的意志」は、国家論の観点からみると「自然権」としての「自由」と「平等」であり、道徳論の観点からみると内面を判断基準にすえる義務道徳である。ヘーゲルは、ちょうどフランス革命前夜のドイツに登場したカント哲学を、この「形式的意志」の原理の定式化として位置づけている。

だが、フランスにあっては、「形式的意志」の原理は学問においてではなく、「実践」へと移されることとなった。これがフランス革命である。[106]

いまやはじめて、思想が精神的現実を支配することを認識するときがきた。それゆえ、これは輝かしい夜明けなのである。物事を考える人なら誰でも革命をともに祝った。高貴な感動がかの時代を支配し、精神の高揚が世界を満たした。神的なるものと世界との現実的な和解がとうとう実現したかのように。(『歴史哲学講義』)[107]

「形式的意志」理論は、残存する特権と無力な政府が支配する旧体制下のフランス(「ナンセンスな状態」・「不法の王国」)に導入されたとき、すさまじい破壊力を示すこととなろう。革命は「形式的意志」をむき出しで適用することによって、瞬く間に旧体制を消しさった。フランス革命の偉大さは、「思考の原理」、数世紀にわたって準備されてきた新しい人間観、いわば新思想が現実を乗り越えた点にある。この意味でヘーゲルはフランス革命を徹底的に思想史的に把握するのであり、現実の政治過程はその反映として位置づけられることとなる。

ヘーゲルは、革命が破綻した根本原因も思想史的に分析している。その原因とはカトリック精神である。「形式的意志」の原理は、それ自体ではいまだ「抽象的な思考」(「悟性」)の段階にとどまっている。つまり、「形式的意志」はあくまで方法論的仮設でしかないので、歴史的に形成された具体的な制度に組み込まれ、調和する必要がある。[108]「根はおなじ」でありつつも、異なる管轄分野をもつ「宗教」と「国家」が互いに補いあう必要がある。そうしてはじめて、政体や法律の維持に不可欠な遵法精神、すなわち「信条」Gesinnungが養われるのである。プロテスタンティズムが浸透したドイツはその理想例であった。逆にフランスにおいて、「形式的意志」の原理はカトリックと正面衝突し、過激化し、暴走してしまった。ヘーゲルはカトリックの下での「理性的政体」は不可能と診断した。

フランス革命の政治過程は、この診断を裏づけるものではなかったか。ヘーゲルはみずからの図式に沿って革命史を理解する。[109]「抽象的な哲学的根本定理」に寄りかかった一七九一年体制は「信条」と「宗教」という基盤を欠いたがゆえに、体制への「全面的な不信」にさらされ、崩壊した。公安委員会による統治は、制度的基盤を欠く「信条」、いわば「徳」Tugend のみを原理とする危うい支配であった。誰もが反革命という「嫌疑」Verdacht に怯え、「恐怖」によって統治された。ナポレオン戦争を経たのちも、革命を経験したラテン諸国（フランス・スペイン・イタリア諸国）はいずれもその成果を確立できていない。「宗教改革なくして、革命はありえない」のである。

とはいえ、ヘーゲルにとってフランス革命は「世界史」的事件として、燦然と輝きを放っている。キリスト教の啓示と宗教改革につづく、「歴史の最終段階」としての革命は、「形式的意志」の原理、すなわち自律的個人の原理を現実化した。実際、プロテスタンティズムの土壌のうえですでに「形式的意志」の原理が定着しつつあったドイツ諸国は、革命戦争中にフランス革命の影響を受けることによって、旧体制の残滓を見事に払拭することができたではないか。(110) ヘーゲルはみずからの神学的図式を通じて、革命を「世界史」に組み込んでいる。逆に、古代ではポリュビオスやタキトゥス、近代ではヨハネス・フォン・ミュラーに代表される「実用的」歴史叙述は退けられることとなる。(111) ゲンツやアンシヨンのようにフランス革命をそれまでの秩序や歴史からの断絶として恐怖する必要はない。なぜなら革命はそれまでの世界の歩みのひとつの帰結にほかならないのだから。また、ラインハルトのように革命を単なる直近の「啓蒙」と安直にむすびつけるわけでもない。革命も「啓蒙」もフランス一国のみに関わる現象ではないし、起源を遡れば宗教改革における「主観的意志」の覚醒にまでたどりつくからである。さらに、それらはいずれもキリスト教的真理の展開過程であった。このように「世界史」に革命を取り込むことで、革命の間接的正当化を果したにせよ、ヘーゲルは本来的な意味での革命史家ではなかった。本来の意味での「革命史」がはじめて生まれるのは本国フランスにおいてであった。

# 第三章　自由派史論の登場――ミニェとロテック

## 第一節　ミニェの衝撃

一八二七年の八月から十月にかけて、晩年のヘーゲルはパリに旅行している。[112] 生涯、ただ一度であった。教え子のひとり、フランスの自由派文士ヴィクトール・クザンの案内で、彼は各地を熱心に見学した。革命史由来の場所を訪れるたびに、激動の時代の逸話が脳裡に浮かんだという。そして、それと同時に、今は別れてしまったが「自由の樹」をともに植えた友人たち、彼らとすごした瑞々しい青年時代を思い起こしたにちがいない。

当時のパリは平穏ではなかった。一八二一年以来政権を維持してきたヴィレールを首班とする極右派内閣は、自由派議員の抵抗に加え、保守派内部における党派対立によって動揺していた。その隙をついて、ギゾーらの旧自由派に雑誌『グローブ』を拠点とする青年ロマン派知識人たちが合流し、活発な反政府言論戦を展開した。[113] ヘーゲルは、王政復古下の不安定な政情の原因を「カトリック原理」と、フランス革命で覚醒した「主観的意志」との不一致に求めている。[114] 形式上は立憲君主政となったものの、社会の根底では「信条」と「不信」の対立が渦巻く。ヘーゲルが「主観的意志」の立場を代表する「自由主義」Liberalismus の側に愛着を抱いているのは確かである。だが、その「自由主義」もドイツのそれとは異なり、「原子の原理・個別意志の原理」に固執して政府のあらゆる政策を

「恣意」として批判するだけで、建設的な意志に乏しいように見えた。

それでもヘーゲルはパリという「文明世界の首都」の活気に目を見張らざるをえない。絢爛たる宮殿や豪壮な邸宅の並ぶ街並に加えて、パリの華やかなモードを妻に仔細に報告している。王政復古期のパリは本格的な商業ジャーナリズムの勃興期にあり、流行やモードという現象が生まれた時代でもあった。[115] 田舎都市ベルリンとはなにからなにまでちがっていた。帰路につく数日前にはアカデミーの会食に参加している。席上、ヘーゲルが目に留めたのは、当時の流行文士、ティエールとミニェである。

フランソワ・ミニェ（一七九六～一八八四）は王政復古期のフランスを代表する自由派史論家である。[116] 中世史家として出発したのち、盟友ティエールとともに自由派の機関誌『クーリエ・フランセ』で保守派批判の論陣を張る。しかしなんといってもミニェの名を一躍有名にしたのが、『フランス革命史』（初版一八二四年）の出版である。ティエールもまた独自の視点から『フランス革命史』（一八二三～七年）を描いたため、ミニェとティエールは自由派を代表する革命史家として認められていた。当時すでに、スタール夫人による『フランス革命の考察』（一八一八年）が、自由派革命史論の先駆をなしていた。しかし、これは保守派の革命断罪論と鋭く対立したものの、本質的に歴史叙述とはいえず、回想録――父ネッケルに対する熱狂的賞賛からもうかがえるように――としての色彩が強い作品だった。これに対して、ミニェとティエールの作品は自由派によるフランス革命史誕生の画期といってよかった。ティエールの革命史が史実を詳細かつ雄弁に物語る長大な叙事詩（全十巻）の相貌をしめすのに対して、[117] ミニェの革命史は簡潔明晰な文体と分析的な視点に特徴がある。三年のうちに四版を重ねた。異例の売れ行きだった。[118]

ミニェやティエールの革命史出版は孤立した現象ではない。王政復古期のフランスは圧倒的な史論ブームによって知られている。[119] 膨大な群小史論家をのぞくとしても、オーギュスタン・ティエリ、ギゾー、トゥロノン、バラントなど、その後のフランス史学界の礎となる歴史家たちがあらわれた。ヘーゲルを案内したクザンは歴史家ではなかったが、師の影響を受けた歴史哲学によって史論ブームの一翼を担っていたのである。

こうした史論の興隆の根源にはフランス革命への関心が潜んでいた。[120] ティエリのように中世史を物語風に描きだすのであれ、ギゾーのように「文明」の発展を哲学的に議論する場合であれ、その奥にはフランス革命に対する関心があった。たしかに彼らは直接フランス革命史に取り組みはしなかったものの、問題意識は革命そのものの歴史化にほかならない。革命を巨大な犯罪行為として断罪する極右派の非難に抗するため、自由派の史論家たちは歴史を「自由」の発展史として構想し、具体的に描く必要があった。つまり、当時の自由派は革命を正面から擁護することができなかったがゆえに、史論によって革命を間接的に正当化したのである。革命は歴史からの断絶ではなく、長い発展史の帰結であり終着点なのだ。ミニェにとっても、フランス革命とは「新社会の時代」を拓き、「国民の内的存在すべてを変え」、「恣意」「社団」「特権」のかわりに「法律」「正義」「平等」をもたらした世界史的事件であった（HRF: 1-2）。

それゆえ、ギゾーが「文明史」における「第三身分」の役割を強調し、ティエリが「第三身分」の祖先たる被征服民や中世都市市民の歴史に生涯を賭けたとしても、偶然ではない。「第三身分」こそが歴史の展開を体現した存在であり、フランス革命の主体たりえたのだから。とりわけ下層民と区別された、財産と教養を備えた「中間層」classe moyenne こそが、その中核とされた。この点で、フランス知識人たちは、同じく「中間層」Mittelstand を政治社会の担い手としたドイツ知識人たちと共通している。[121] すでにみたように十八世紀の後半には欧州規模で市民層を中心とする「中間層」が形成されていたのであって、いまや知識人たちは国籍を問わずそのことを自覚する。ミニェもまた革命史における「中間層」の役割を強調することとなるが、中世史をあつかった初期の著作『封建制』（一八二二年）においても中世都市市民が「封建制」の障壁の突破口を拓く存在として描かれている。[122]

だが、自由派史論が盛んに出版されるなかでミニェの革命史を際立たせたのが、革命の「必然性」をめぐる教説であった。[123] ミニェはフランス革命を長い発展史の到達点として位置づけるにとどまらず、革命とその展開過程を因果連鎖の「必然的」な帰結とするのである。

革命の多様な段階はほとんど強制的なものであり、それほどまでにそれらを作り出した諸事件は抗しがたい力をもっていたのである。それでも事物の成り行きがほかにはありえなかったと確言するのは、軽率だろう。だが、革命を引き寄せた原因と革命が解放した情念を加えるならば、革命はこの経過をたどって、この結果に至るほかなかった。これは確かである。(『フランス革命史』)(HRF: 4)

「必然性」、あるいは因果関係の連鎖は「抗しがたい力」をもって政治過程を呪縛するのであり、いかに卓越した政治家といえども、この呪縛を逃れることはできない。ミニェにとって個人とは革命という巨大な演劇の役者にすぎないのであって、出番が終われば退場するほかはない。「これ以上鮮やかに人間の事物への従属が明らかとなる時代はほかにない」(HRF: 91-2)。[124] 革命はあらゆる個人を喰らい尽くす。

「必然性」の教説自体はミニェが発明したわけではない。「人間が革命を作るのではなく、革命が人間を作る」としたド・メーストルのように、「必然性」論はもともとは革命批判の側から生まれたものである。しかし、ミニェ、さらにはその立場を継承する自由派史論家たちにとって、「必然性」の教説は革命の成果を擁護する戦略の一環となる。[125] 立憲制・政治参加・法の下の平等・身分制の否定といった革命の成果を擁護したいが、一方で民衆暴動や恐怖政治といった急進化を、いわば恥部として成果から切断したい。これが王政復古期の自由派に共通した問題意識だった。「必然性」論はまさしくその格好の武器となろう。つまり、革命の到来が「自由」の歴史的発展の到達点となるならば、革命の急進化は「特権身分」の頑迷な抵抗と列強による干渉の「必然的」な帰結とされる。「特権層は革命を妨害しようとし、欧州は革命を服従させようとした。戦いを強いられた革命は活力を出し惜しみすることも、勝利を穏和なものにすることもできなかった。国内の抵抗勢力が多数者の主権を招いた。外部からの攻撃が軍事的支配を招いた」(HRF: 2-3)。

ミニェの著作は、簡潔さと分析の独自性のためにドイツ知識人にも熱狂的に迎えられることとなる。[126] 初版出版の翌年一八二五年にはイェナとヴィーズバーデンで翻訳が出版され、その後はフランスにおける改版に合わせて翻訳されていった。一八三五年には原著第五版の翻訳が四種も出版されている。フランスで出版された革命史文献は一八四八年以前のドイツではただちに翻訳されるのがつねだったが、ミニェの人気と影響力は群を抜くものがあった。「いくらかでも満足のゆく、古典的な革命史叙述は皆無である」[127]（モール）という復旧期ドイツにあって、ミニェは彗星の如く、舞台に踊り出たのである。『イェナ一般学藝新聞』の書評は「至るところで深遠さ、精神、著者の純粋な確信を感じさせる」と絶賛している。分析視角の独自性、とりわけ「必然性」の教説のためにミニェ評価をめぐっては賛否両論が展開されたものの、今後、フランス革命史に取り組むドイツ知識人にとって、ミニェの『革命史』は誰もが意識せねばならない必読書となった。

西南ドイツの邦国バーデンにおける自由派知識人の領袖カール・フォン・ロテック（一七七五～一八四〇）は、ミニェの革命史から大きな影響を受けた史論家のひとりである。[128] もともとバーデンはフランスとの国境沿いに位置することもあって、フランスの書籍が多く流入していた。また政治体制も当時のドイツにあっては二院制議会を備えた「代表制」憲法国の筆頭であり、フランスと同じ立憲政治が実現していた。ロテックはフライブルク大学教授であるとともに下院議員として政治活動に従事し、その声望は他邦にも轟いた。また、ロテックは多くの政論を発表する一方、僚友ヴェルカーとともに、政治的百科全書たる『国家事典』（初版一八三八～一八四八年）の編纂にも携わった。

そして、史論家としての主著『歴史的知識のはじまりから現代に至るまでの一般史』(以下、『一般史』)が、当時のドイツにおいて、もっとも読まれた歴史書のひとつであったことは疑いない。ロテックは史料批判を駆使する専門的歴史家ではなかったため、『一般史』は専門家筋(とりわけランケ)からは酷評された。[129] しかし、ロテックは歴史の効用を「感情と意志にさえも作用し、道徳力を高め、美徳への愛と悪徳への憎しみ、そして偉大な行為への感激を植えつける」ことにみる(RAG, 1: X-XI)。「歴史とは、賢慮・法・徳の教師以外のなにものでもありえない」。ロテックにとって――ヨハネス・フォン・ミュラー、さらにはポリュビオスにとってと同様――「歴史の効用」はあくまでも、その「実践的」Praktisch性格にあるのだ(RAG, 1: Einl., 8,§69-79)。[130] つまり、副題にあるように『一般史』は、なにより「歴史に関心をもつ教養層」のための歴史書だった。そして、見事な成功をおさめた。一八一二年の初版第一巻出版以来、合計二十五版、十万部を超える驚異的な売れ行きだったという。

フランス革命とナポレオン戦争は最終巻(第九巻)であつかわれているが、その叙述はミニェの影響下にある。ロテックはミニェの図式を踏襲し、フランス革命の功罪を論じるのである。[131] 革命史における「党派」の重要性、政治社会の中核としての「中間層」、議会制の意義、国民議会による改革への讃美、そして革命の急進化批判、いずれの点でもロテックはミニェを意識している。ミニェの『革命史』は「内容と叙述において」卓越し、「とりわけ明敏さと、変転する革命の経過の原因を展開するのに用いられる哲学的精神の点でずば抜け」た著作と激賞されている(RAG, 9: Que.,§7)。[132]

さらにロテックにとって、ミニェをはじめとするフランスの自由派知識人たちは政論家としての理想像だった。青年時代にフランス革命の精神を呼吸し、パリを訪れて感激したロテックにとって、フランスこそが現代における教養の源泉だった。一八二六年にみずから設立した「フライブルク歴史学協会」ほど多くのフランス知識人――ギゾー、クザン、ヴィルマン、コントら――を会員とした協会は当時ほかにない。ロテックは歴史や国家学に関する著作を多く手がけたのみならず、膨大な評論・演説・政治書簡をも残している。その著述量は当時の自由派のなかでも屈指のものである。そこでは理論と実践が完全に一致している。「理性」は存在するし、それは現実のものとならねばならない。学者として、文人として、そして政治家として精力的に活動するロテックを突き動かしたのは、まさしく自分が同時代のフランス知識人とともに時代の先端を駆け抜けているという高揚感にちがいなかった。

## 第二節　「国民派」と「民主政原理」

フランス革命の勃発を「必然性」（因果関係の連鎖）に還元するミニェとロテックにとって、旧体制は当然のことながら暗闇の世界として立ちあらわれてくる。旧体制下の「社会状態の腐敗」は、「宮廷による専制」Hofdespotismus と人民の窮乏によくあらわれている（RAG, 9: 1,§3-6）。ルイ十四世によって完成された「人民に対する専制的な抑圧」は、ルイ十五世治世末期には「完成した東洋的専制」と化し、「とてつもない習俗の腐敗」がはびこる。こうした国王と大臣による「恣意的支配」・特権層による「財産分配の不平等」・官職売買によって乱れた「悪しき統治」の結果、人民は租税の不平等と財政破綻によって虐げられる。「この隷属したフランスはさらに非常に悪しく組織されていた。権力の過剰はその不公正な配分に比べればまだしも忍びやすかった」。「国民は専制からのあらゆる攻撃と、不平等のあらゆる災厄にゆだねられていた」（HRF: 6-12）。とりわけ農民は「自力救済と無秩序時代」の名残たる封建的特権に抑圧され、「文化」の時代にあって「人格と所有権の抹殺」にも等しい扱いを受けていた。こうした旧体制像は、革命期の史論やヘーゲル、シュロッサーらの作品を通じてステレオタイプ化したものであり、さして新味はない。

むしろミニェやロテックの斬新さは革命の展開が内包する「必然性」の説明にある。「必然性」の教説によって個々の政治的行為者は無力となるかわりに、革命の進展を説明する道具立てとして、ミニェとロテックは「党派」parti / Partei 概念を持ち出してくる。国民議会は「光・純粋な意図・共通善への配慮に満ちていた」ものの、それでも内部には「不一致」があった（HRF: 97）。個々人ではなく「党派」、さらにはその「党派」の背後にある社会階層――いまだ明白に意識されてはいないものの――の対立こそ、革命を進めてゆく真の原動力にほかならない。こうした分析視角において、ミニェの革命史は画期的だった。(133)

ミニェもロテックも主要党派を三つに分けている。

第一の党派である「特権派」は、議事に積極的に参加せずに「体系的な方法で」あらゆる改革に抵抗した（HRF: 97-8）。ロテックによれば、こうした「アリストクラート」たちの中にはアルトワ伯のように祖国を去り、外国軍を率いて旧体制を復古しようとする人々が多かった。「特権層は革命のうちに貴族制の決定的な失墜、平民の自由と市民的幸福の表明をみた。こうした想像は彼らにとって耐え難いものであった」（RAG, 9: 2, §4）。

第二の党派は革命を過度に急進化させ、王権の転覆をはかる「不毛なデモクラット」たちである。オルレアン公に代表されるこの党派は国民議会初期にはほとんど見るべき勢力をもたなかったとミニェは結論する。一方で、騒乱に乗じておのれの野心を実現しようとする輩（「民衆の悪しき友」）をロテックは弾劾する。彼らは「賤民」Pöbelhaufen を煽動することで利己心を充足しようとする「偽善者の群れ」であり、革命派内の分裂の要因となったからである。革命派を内部分裂させた罪は「軽蔑」に値する。

これに対して、ミニェとロテックは、ラファイエットを中心とする穏健革命派を国民議会の中心勢力かつ原動力として高く評価する。ミニェは彼らをまさしく「国民派」parti national、「公正で鍛えられた、さらに卓越しているといってよい精神」とよぶ（HRF: 101-5)。ロテックは、「純粋な自由の友」――「国民意志」によって制限される立憲君主政を志向する――を国王ルイ十六世が信頼してさえいれば、彼は「フランスの自由の再興者」になれたとさえ論じている（RAG, 9: 2,§4)。ミニェによれば、「国民派」内部の派閥対立――「情熱的な愛国心」と「卓越した素質とすばらしい才能」をもつバルナーヴ・ラメト兄弟・デュポールの三頭派（「一種の民主的野党」）と、ミラボーやシェイエスに主導されるその他――さえも、「党派の分裂」というよりは「愛国心の競合」の様相を呈していた。[134]

この「国民派」を構成する中核的な社会層（「第三身分」）こそが、前節で述べた「中間層」にほかならない（HRF: 12-5)。「中間層」は封建制が支配する中世や絶対君主政下においては二次的な存在にすぎず、政治はつねに貴族身分に代表される特権層にゆだねられていた。しかし、絶対君主政によって、それまで中間権力として機能してきた貴族層が急速に弱体化してゆく。そして、十七世紀末から十八世紀にかけて新たな政治勢力としての市民層があらわれてくるのである。

> 第三身分――その人口・富・一貫性・叡智は日々増大していた――は権力と戦い、権力を奪うように運命づけられていた。〔中略〕〔王権讃美の〕歌声が尽きたとき、議論がはじまった。十八世紀のフィロゾーフたちが十七世紀の文学者の後につづいた。あらゆるものが探求と反省の対象となる。統治が、宗教が、法律が、そして濫用が。フィロゾーフたちは法を発見し、欲求を説明し、不正を告発した。強力で啓蒙された公論が形成された。政府はその攻撃を浴びることとなったし、大胆にもその声を沈黙させることなどできはしなかった。（『フランス革命史』）（HRF: 14-5)

ロテックもまた、興隆する市民層の武器を「啓蒙」Aufklärung のうちにみている（RAG, 9: 1,§7-8)。「啓蒙」とはいわば「第三身分」のうちに成長した「自己統治の理念」にほかならない。とりわけルソーの思想は誤りも含んでいたものの、「自由」と「真理」を体現していた。「ルソーの精神こそ、革命の高貴な指導者たちの魂となり、彼らを支配したものである」。「宮廷の専制」による「社会状態の腐敗」と「啓蒙」(「人民の知性」)が組み合わさることによってはじめて、前代未聞の革命が可能となったのである。「改革の世紀は哲学の世紀によって準備された」(ミニエ)。

ロテックが改革派を「穏健なデモクラット」Demokrat とよぶとき、彼はこの党派が「中間層」によって担われていたことを強調しているのであり、王権の転覆、あるいは共和政への志向からは切り離して把えている。ロテックによれば、そもそも「民主政原理」demokratischs Prinzip は君主政体と矛盾しないからである。[135] つまり「民主政原理」とは「人民による直接支配」や「賤民支配」ではなく、「綜体意志 Gesammtwille による合法的支配」を意味するにすぎない。「民主政原理」は、「特権」にもとづく寡頭的支配(「貴族政原理」)とは正反対の概念として、「法と義務の平等」と公民による政治参加を要求する。したがって、政体が「共和政」Republik であるか「君主政」であるかは、「民主政原理」自体の性質とは無関係なのである。「ロベスピエールによる恐怖政治は、民主政原理、すなわち全員の権利保護にむけられた原理という意味における統治ではなかった。この民主政原理は中国の絶対主義と同様、ジャコバン主義ともまったく共通の要素をもたない」。

むしろロテックは、立憲君主政こそが「民主政原理」にしたがった統治、すなわち「法治国家」Rechtsstaat をもっともよく実現する可能性を秘めているとみた。

それゆえ民主政原理は立憲的な人民の権利によって制限された君主政と相容れないものではない。それどころかむしろ親和的である。人民全体の権利を尊重してあらゆる国家構成員の権利の平等を守る職務の点で、君主は完全に適しており、なおかつ固有の利害によってもそのように要請されている。同様にまさしく君主が強力な権力を備えているところにおいては、平民の権利のさらなる制限、つまり貴族制的特権は不要なものとして、唾棄すべきものとしてあらわれてくる。このように、立憲君主政は民主政原理と親和的なのである。(「民主政原理」)[136]

ただし、ロテックが王権（政府）と議会との関係を従来と逆転させている点は、注意が必要である。つまり、立憲君主政における王権（政府）は、「綜体意志」にもとづく法律によって統治する「人工器官」künstliches Organである。これに対して、議会と「公論」は、公民（あるいは公民の代表者）の議論と熟議を通じて「綜体意志」を発見する装置、「綜体意志」の「自然的器官」natürliches Organとして位置づけられる。それゆえ原理的にみた場合、王権はつねに議会の方針と決議に従属することとなる。[137]両者が対立した際に政府は議会を解散することができるが、ここでも選挙を介して「公論」が事態を調停する。「公論は理性的な綜体意志とほぼ同義なのであって、公論は至るところで制約されることなく十全に展開されることが許されてしかるべきである」(「憲法」[138])。したがって「政府の諸決定ならびに議会討論の公開および出版の自由は、立憲体制にとって本質的な条項となる」。たとえば、国民議会による教会所領の国有化措置は「人工の元首」たる国王によってなされたならば「専制的」であったかもしれない。しかし、「綜体意志」の発現たる国民議会から発した以上、この措置は「収奪」ではなく自己放棄であり、あくまで「合法的」なのである（RAG, 9: 2,§9)。

ましてや、宮廷側による軍隊召集と国民議会に対する威嚇などは不法行為以外のなにものでもない（RAG, 9: 2,§1-3)。国民議会は当時にあって、「国民」Nationの「思考する部分」、いわば「国民そのもの」を意味していたのだから。「存在自体が恐怖と恥辱の対象」であったバスティーユ要塞の襲撃は一種の正当防衛であるとともに、

8月4日、封建的特権の廃止宣言

絶対君主政に対する決定的な勝利だった。ミニェによれば、「資本家」は「利益」から、「教養層」と「あらゆる中間層」は「愛国心」から、「民衆」peupleは「欲望」から反抗を決意したのであり、それは「隷属状態」から「自由」への大いなる跳躍にちがいなかった（HRF: 59, 90, 102）。事件後、「下層大衆」multitudeによる残虐行為がみられたにせよ、「七月十四日〔バスティーユ事件〕は中間層の勝利であった」。さらにロテックは事件に際しては暴力行為も少なく、「賤民」の暴走を「善き市民たち」が見事に抑えたと賞賛する（RAG, 9: 2,§3）。[139]「災いに満ちた危機の瞬間における人民の蜂起を、平時の厳密な実定法の尺度で判断してはならない。このときには実定法ではなく、蜂起の誘因と目的、蜂起の精神と成功、そもそも蜂起の政治的・道徳的性格こそが評価にとって決定的となろう。こうしたことは明白であり、反動派の誇張によってのみ否定されうるのである」。

そして、八月四日決議はミニェとロテックを熱狂させる。八月四日決議によって封建的諸特権が一夜のうちに消滅した事態は、「公権力」「平等」「国家」の勝利、すなわち「〔特権〕濫用に対するサン・バルテルミーの虐殺」にほかならない（HRF: 92-6）。それは、「特権」と正当な「所有権」の混同を防ぐためにも必要な措置であり、「封建制の残骸」の除去は来るべき新秩序建設のための「予備作業」でもあった。ロテックにとっても決議は「歴史的権利」に対する「自然権」の勝利であり、長年「人民」Volkを苦しめてきた特権の消滅は革命の大成果として讃美されることとなる（RAG, 9: 2,§5）。「八月四日の夜は、友愛の哲学の抱くもっとも切実な願望を実現し、実際に願望の実現を以前から妨げていた主要な障害を除去した。これは不滅の夜ではなかろうか」。

ミニェによれば、この間の過程さえも因果関係の連鎖によって引き起こされている（HRF: 95-6）。つまり、宮廷側が革命に抵抗しようとすればするほどに一層事態は展開し、革命は加速してゆく。「〔宮廷側の〕拒絶ひとつひとつが、革命にとって成功の契機となった。革命は宮廷側の謀略の裏をかき、権威に抵抗し、力を勝ち取る。我々がたった今たどりついた時期に、絶対君主政の全建築物はその指導者たちの失策によって崩壊した」。だが、ロテックは、八月四日の決議をもってしても地方の混乱・宮廷の謀略・パリの「賤民」の増長はとどまらず、悲しむべき状況にあったとする（RAG, 9: 2,§6）。「新秩序」建設の「予備作業」が終わったいま、革命の行方は「綜体意志」の発露、「国民そのもの」である国民議会の手にゆだねられていた。

## 第三節　一七九一年憲法体制の栄光と挫折

旧体制の腐敗、第三身分の興隆、そして「人民」の「啓蒙」という因果連鎖の「必然性」のもとに訪れたフランス革命の頂点を飾るのは、国民議会による改革である。旧体制下の「特権」や矛盾を一気に破壊する改革がすすむにつれて、「宮廷」、「貴族」、「内閣と君主派」、「州」、「聖職者」、「軍隊」と雪だるま式に抵抗勢力の数は膨れあがってゆく。だが、そうした抵抗勢力の存在さえもが、「革新」innovationsを加速させるのである。権力はいまや「中間層」という「秩序を望む階層」の手中にあり、彼らこそが積極的に「国家の再編」を推進する主体となる。「法への服従こそが時代の熱気」だった（HRF: 129-32）。

同時に貴族と聖職者身分、すなわち「特権層」は決定的な敗北を喫する。教会所領の国有化は、アッシニア紙幣発行による財政再建にとって必須だった。アッシニアの発行は「適切きわまる補助手段」であり、「必然性と賢慮」に満ちた政策といってよい（RAG, 9: 2,§9）。それゆえ後年の「途方もない行き過ぎ」の原因は制度の「本性」にではなく、「後世の使用法」にこそ求められるべきだ（HRF: 143）。「特権層」の牙城である高等法院も「利己心と身分利益の精神」を見せたがゆえに、すでに声望は地に堕ちていた。導入された陪審裁判は「とてつもなく政治的・法的に重要な」一大事件である（RAG, 9: 2,§10）。裁判官も含めた公職は能動市民の選挙によって選出されることとなり、あらゆる権力は「一時的」temporaire となる。そして、その源はつねに「人民」peuple であり、ここに「唯一の原理」としての「国民主権」が体現されるのである（HRF: 152-4）。

とりわけロテックは、伝統的な州制度の廃止と、それにかわる合理的な地方行政区分の採用の重要性を強調している。いわば州制度が「歴史的起源」という「偶然」と「不平等」にもとづいていたのに対して、新制度は「いまや心から友愛でつながったひとつの国民 Nation の全体利益および革命の精神と合致する」。こうした大変革も、宮廷の「官房命令」ではなく、憲法制定を目的とした「国民の意志」Nationalwille にもとづくがゆえに合法である。地方制度は「歴史的法」にではなく、「哲学的国家設計者」にゆだねられる。来るべき議会制度は「封建制」とは対極の合理的な制度にもとづいた「国民代表制」National-Repräsentation でなければならない（RAG, 9: 2,§10）。[140]

そして国民議会の最大目的でもあった一七九一年憲法が、一連の改革を総括するものとして賞賛される。一七九一年憲法は、立法・行政・司法の厳密な権力分立、「自然権」としての基本権の保証、行政官職の公選制を貫徹した憲法である。ミニェにとって、それは当時「もっとも強力」だった「中間層の作品」にほかならない（HRF: 195-7）。「専制」でも「特権」でもない、「法」droit・「平等」égalité・「委任」délegation を原理とする新しき秩序。

統治層は統治にふさわしい「教養」を備えた「啓蒙された国民」から選ばれる。ロテックもまた一七九一年憲法を、「民主政原理」の意味での「民主政的感覚」に満ちた、「個人の意志ではなく綜体意志の権威」を確立した憲法として激賞する（RAG, 9 : 2,§14）。「野蛮な時代の混沌とした遺産」である「歴史的法」は絶滅し、「哲学的法」と「純粋な国家学」が生まれる。「民主政によって制限された君主政」という理想的な立憲君主政体に対して「これ以上なにを望むことがあろうか」。「まったくもって、この憲法を罵る者は人間性を罵っている。法と理性にかなったものを、かの憲法が耐えられないかのように」。

では、望みうるかぎり完全だった一七九一年憲法体制はなぜ一年も経たないうちに崩壊したのか。理想の政体のどこから、一七九二年八月十日の「共和革命」révolution républicaine があらわれてくるのだろうか。

直接的な要因として、革命派内部の党派対立とその帰結としての「下層大衆」multitude の暴走を、ミニェとロテックは挙げている。党派対立が激化するなかで、当初は三頭派に代表されるジャコバン・クラブの「創設者たち」が、国王逃亡事件後には共和派が、「民衆」（「下層大衆」）を動員するようになる（HRF: 103-4, 167）。ジャコバン・クラブは「哲学的性格」を失い、「民衆集会」と化す。ロテックによれば、ジャコバン・クラブに拠る急進派は「自由」に純粋に心酔する人々だったが、次第に「情念」と「急進的な党派精神」に駆られ、さらにはそこに「不純な」「悪党ども」も加わることで、クラブは「暴力的かつ犯罪的」になった。マラー、ダントン、ロベスピエールといった「怒り狂うデマゴーグの群れ」の罪は重い（RAG, 9: 2,§12-3）。

こうした「下層大衆の党派」は「民衆」を動員することによって、一七九一年憲法体制派にゆさぶりをかける。すでに八月四日決議直後の時点で、「下層大衆」暴走の兆候はみられた。さらにヴェルサイユ行進事件もまた、「下劣な民衆」と「唾棄すべきやくざ者」が「嫌悪すべき悪党」によって煽動されて引き起こした事件にすぎない。[141] それは「善き市民層」に主導されたバスティーユ事件とはまったく「性格」を異にする。それは「自由」ではなく「空腹」に駆られたお祭り騒ぎでしかなかった（RAG, 9: 2,§6-7）。

だが、ミニェもロテックも体制が崩壊した真の原因を憲法の内的欠陥にではなく、「反革命」のうちに求めている。具体的には「内戦と対仏大同盟」である（HRF: 197-8）。当初から革命の「主要な敵」は「貴族と司教」だった。「特権」にしがみつく彼らは国民議会を執拗に攻撃し、あらゆる手段を用いて「無秩序」を誘発し、「旧体制」の復活を目指した。そしてすべてが徒労とみるや、貴族は国外に亡命して列強による干渉戦争を計画し、聖職者は聖職者民事基本法を根拠に国内の「大分裂」schisme を拡大させてゆく。[142]「内戦と対仏大同盟」がなければ、「下層大衆」による八月十日の革命もありえなかっただろう。革命の急進化は内外からの「反革命」に対抗する過程で生じたのであり、いかに嫌悪すべきものであろうとも、祖国救済のためであったとして免罪されるのである。

亡命貴族が国外からの「反革命」を誘発したとするならば、聖職者民事基本法に反発する非宣誓聖職者は国内の「反革命」を組織する主体となった。同法によれば、かつての教区は県の行政区画に沿って再編され、司教と司祭は能動市民の選挙によって選出されることとなる。[143]そして、国家から俸給を支給される公務員となったカトリック聖職者は今後、叙任の際には憲法に対する宣誓義務を課されるのである。しかしローマ教皇の公然たる批判によって、国内の聖職者は宣誓派と非宣誓派の陣営にまっぷたつに分断される。国民議会の政策に反発して亡命した貴族たちが少数派だったのに対して、聖職者民事基本法をめぐる対立ははるかに大きな影響をおよぼすこととなる。従来のカトリック教会体制に忠実な非宣誓聖職者はみずからの教区民を動員して、国民議会の宗教政策、ひいては一七九一年憲法体制そのものに対して異議申し立てをはじめたからである。

ミニェもロテックも非宣誓聖職者の動機が純粋に「利害」にあるとした点で共通している。民事基本法はカトリックの「規律」や「信仰」には手を触れていない。にもかかわらず、彼らは「宗教の外観のもとでおのれの利益」を守ろうとしたのである（HRF: 163-6）。「特権」にしがみつくための「口実」だった。さらに国民議会が非宣誓聖職者を取り締まったことによって、当初の「利害」問題は、「宗教」問題に転化してしまう。「宗教戦争」に陥ってしまう。ロテックによれば、「たいていは愚かにも信心ぶった、しかし同時に陰謀好きで、また部分的には異常に厚かましい坊主どもの群れ」は「己のために」、「選良のカースト」を守るために、「国家内の国家」である「教皇の、あるいは教会の王国」を擁護したのである（RAG, 9: 2,§11）。以後、「友愛」と「信頼」にかわって「党派的な憎悪」と「猜疑心」が支配的になってゆくこととなろう。

このようにミニェとロテックは、フランス革命が理想的な一七九一年憲法体制から逸脱していった原因を、いわゆる「反革命」派の責任に帰するのである。たとえ、「党派的な憎悪」の芽が革命派内部に潜んでいたとしても、「反革命」勢力さえいなければ一七九一年憲法体制は揺るがなかったであろうから。この論法は、革命の成果（封建制の撤廃と立憲制の確立）から、革命急進化にともなう犠牲と責任を切り離す目的とみることができる。[144]

したがってミニェとロテックが揃って、滅びを運命づけられた理想の憲法たる一七九一年憲法の大義に殉じ、最後まで守りぬこうとした人物を賞賛したとしても、なんら不自然ではない。その人物とはラファイエットである。すでに述べたように両者の革命史叙述の主人公は「党派」であり、人物が自律的な役割を果たすことはない。ミニェによれば、ラファイエットは「中間層の将軍」であったがゆえに、「中間層によって出世し、中間層とともに失墜せねばならなかった」。だが、にもかかわらず「ラファイエットは自由以外の目的をもつことは決してなかったし、法律以外の手段を用いたことはなかった」。ミニェはラファイエットへの共感を隠さない（HRF: 274-5）。

ラファイエットは大貴族の御曹司でありながら、啓蒙思想を摂取し、アメリカ独立戦争に単身で馳せ参じた青年期をもつ。[145] 革命後は国民衛兵総司令官としてパリの治安を維持するかたわら、共和派の策動に対してはつねに穏健な立憲君主政を擁護し、一七九一年憲法体制を誰よりも尊重した。八月十日事件によって君主政が転覆した際に国軍司令官として前線に赴いていたラファイエットは、クーデターによって君主政の回復を計るものの挫折し、結局は亡命。その途上、オルミッツの地でオーストリア軍の捕虜となる。ここで青年革命貴族の政治生命は終わった。

ミニェとロテックの両者にとって、ラファイエットはなによりもフランス革命の大義――自由・平等・封建制の廃止・立憲君主政――を象徴する人物であった。[146]「ラファイエットは良い意味における革命のもっとも純粋で高貴な代表者にほかならない。つまり革命が、自然法に抵抗する歴史的法に向けた、自然法に関する成熟した認識の蜂起を意味するかぎりにおいて」。「反革命」に対しても、「狂信派」に対しても立ちはだかり、つねに憲法と自由を尊重する貴公子。ラファイエットは「党派的な憎悪」に駆られることはなく、つねに「正しき中庸」richtige Mitteを貫く、いわば「啓蒙」の体現者である。「ラファイエットは当時、人間的・政治的な啓蒙の灯火をかかげる百科全書派と重農学派の教説を、あらゆる善に感じやすい心情に深く刻み込んだ。そしてルソーの自由と人間性に燃え立つ感情によって、生まれつきの熱情をこのうえなく適切なかたちで養ったのだ」。この「両世界の英雄」が「外的状況と偶然」によって革命から退場させられたことを、バーデンの闘士は心から惜しむ。「ワシントンとフランクリンの真の弟子、すなわち、かの高貴なラファイエットが意図したような革命であれば、人類に幸福のみをもたらしたことだろうに」、と (RAG, 9: 2,§9)。

連盟祭で宣誓するラファイエット

ロテックは、当時、政界から引退していた老ラファイエットとの交流を保っていた。彼にとって、ラファイエットはフランス革命という偉大な瞬間を駆け抜けた勇者であった。そして、世界史の舞台におけるラファイエットの再登場を、ロテックは目撃するのである。総選挙で自由派に敗北したフランス国王シャルル十世が七月王令によって出版の自由を停止し、議会を解散し、選挙法

七月革命

の改変をこころみたのは、一八三〇年七月二十五日のこと。これに対して七月二十七日から二十九日、パリの民衆は蜂起し、「中間層」を主体とする自由派がパリの臨時委員会を掌握。その後、八月に国王は亡命、新王ルイ・フィリップの下で新たな君主政（七月王政）がはじまる。七月革命である。七十三歳の老ラファイエットがパリ市庁舎において、歓呼のなか国民衛兵総司令官に任じられたのは、七月二十九日のことであった。

積極的な協力は無論のこと、蜂起者の中に名を連ねただけで、善き事柄の勝利におおいに貢献できるような人物は、一体、誰であろうか。その名にむすびついた栄光の記憶、祖国への誠実、自由への渇望、そしてあらゆる英雄的・公民的な美徳の感動的なすがたによって、善き事柄の勝利に見事に貢献できるような人物は誰であろうか。ラファイエットこそ、そうした人物にほかならない。老いた愛国者、権利と法律を体現した男、公論と自由の確固たる擁護者。ラファイエットこそ、そうした人物にほかならない。それゆえ、蜂起へのラファイエットの参加は、蜂起の正義と神聖さ、さらに〔革命の〕勝利に対する信頼できる保証となりえたのだ。（「ラファイエット」[147]）

こうして「オルミッツの囚人」は三十年以上の時を経て、不死鳥のように甦る。かつて挫折したフランス革命の原理が復活し、「理性的権利」の進撃がついに最終局面を迎えた瞬間にちがいなかった。七月革命の衝撃は、単にフランス一国の現象にとどまるものではなかった。つまり、それは復旧期体制そのものの限界を象徴する、思想的事件を意味していたのである。ロテックの祖国ドイツもまた、選択を迫られることとなる。いかなる政治的針路をとるべきかという選択を。

# Ⅱ　ダールマンと「憲法」（一八三〇〜一八三九）

ダールマン

# 第一章　ふたつの革命

## 第一節　七月革命の衝撃

パリで再び革命勃発――実際の戦闘自体は短く、犠牲者も少なかったが、七月革命の報は欧州全土を震撼させた。史料収集旅行の途中、歴史家ランケはアペニン山脈で事件の報道に接した。「全世界にわたって基礎が固く、ただちに崩壊するなどということは予期すべくもなかった」復旧期の秩序が、「突然、暴力的に、徹底的に」破壊されたように感じたという。(1)

七月革命は欧州全土を政治化させた。復旧期の秩序に不満をいだいていた人々は革命の報に刺激され、活動をはじめる。「活力ある人間ならば誰しもこの大きな闘争に関係しないわけにはいかなかった。なんらかの方法において、各人はそれぞれ党派をなした」のである。ベルリンに戻ったランケの前には、新旧の「世界を覆うふたつの制度の対立がいま一度雌雄を決」する情景がくりひろげられていた。いまだ立憲制が導入されていない中小邦国では農民反乱や暴動が続発し、立憲君主政の西南ドイツ諸国では議会内外の反政府運動が激化した。ブラウンシュヴァイク公国では、立憲制導入を拒否した君主が激昂した民衆によって追放されるという事態にまで発展した。カールスバート決議によって抑圧されていた政治的議論は至るところで溢れだし、知識人たちは七月革命や、それにつづ

七月革命

くベルギーやポーランドの動乱について盛んに論議した。

七月革命という思想的事件に対するドイツ知識人の反応は、大きくふたつに分けることができる。

ひとつは、革命に対する嫌悪である。かつてフランス革命戦争を体験した世代は、ようやく安定した秩序があっけなく崩壊したことで一種のパニック状態に陥った。欧州全土を巻き込んだあの戦乱が再びやってくる。悪夢だ。メッテルニヒに代表される保守派はもちろんのこと、シュタインやニーブーア、そしてヘーゲルといったかつての改革派も、七月革命に対して否定的な反応を示している。(2) 彼らはいずれも、急進化する一七八九年の革命と戦いつつ、それによって突きつけられた課題に――方法は異なれど――取り組んできた人々である。再度の革命によって、自分たちの努力がまったく徒労だったかのような無力感に、彼らは苛まれる。

一方で、七月革命に勇気づけられた人々がいる。ゲルラッハ兄弟のような復古派は別としても、ナポレオン戦争中あるいは直後に青年期をすごした世代の多くは、共感のまなざしをもって各地の革命運動を眺めた。革命の報に接したときの爽快感を、歴史家ゲルヴィヌスは以下のように回想する。

> 世界が我々の眼前に開かれた。視野はあらゆる方向に広がり、毎日、新たな経験がもたらされる。ゆっくりだが確実に成熟する欧州全土の陶冶が、その果実をもたらす。精神の前進は諸々の事件の中に力強くあらわれ、

貫徹する。歴史と経験の教本で徐々に学ぶにつれて、専制と蒙昧も頭を垂れ、人類の精神を尊ぶようになる。この人類の精神こそ、もっとも遠方かつそれぞれに異なった、とうの昔に忘れ去られてしまった諸国をも力強く捉えるのだ。眠りから力強く揺り起こすのだ。（『自伝』）[3]

この世代の知識人たちの多くは、復旧期体制になんらかの不満――議会制問題であれ、ドイツ統一問題であれ――を抱いていた。「解放戦争」の高揚感と、散文的な戦後秩序との落差をどうしても埋めることができなかった。目指すべき理想についての見解はさまざまであったにせよ、三〇年代初頭の動乱によってみずからの政治的確信の正しさが証明されたかのように感じた。ゲルヴィヌスによれば、学問的な「研究」の時代は過ぎ去り、ついに「政治」の時代、すなわち「動乱の時代」が到来したのである。[4]

この世代の中から、三月前期の「自由主義」[5] Liberalismus（以下：自由派）が生まれてくる。もちろん、自由派知識人の多くが論壇に登場した時期は、復旧期である。七月革命を機にその政治構想が劇的に変化したということはない。決定的な変化は、思想内容にではなく、政治意識におこったのである。今後、彼らは自分たちがひとつの大きな思想潮流をなすという自覚をもつこととなろう。自分が時代とともにあることを自覚するだろう。「あらゆる党派とうまくやり、中間をうろうろできる時代は過ぎ去ったのです。私はひとつの党派の信頼を得ねばならないわけでして、そこに迷いはありません。党派的な人間であることを否定もしません」（ガーゲルン）。[6] ロテックはこの潮流を「運動派」Bewegungspartei とよぶ。[7]「停滞」と「保守」に抗して、「法 Recht と共通善」を目指すという意味での「前進」である。「運動の原理、つまり進歩の原理こそが」、「人類を獣類から区別する」「偉大な自然法則」であり、「世界史の主題にほかならない」。「自由主義」は、「目覚めた自由精神を理性的な原理に立ち帰らせ、同時により高次の目標へと導」く使命を担わねばならないのである（プフィツァー）。「自由主義」とは、「立憲的」

constitutionell と同義である。

では、「啓蒙された公論」を友とし、「真理の光」を「すべての民衆階層」にもたらす使命を担う「運動派」のゆくてを阻むのは、なにものか。まず考えられるのが、伝統的な身分制を堅持しようとする党派であろう。ロテックは、そうした一派を時代遅れとなった特権（「歴史的権利」）にしがみつく「正統主義者」「反動派」「復古派」とよぶ。また、利己的で「物質的利害」を第一に考える人々、自由派に心底では共感しつつも政府を恐れる臆病者たち、そして「革命への恐怖」から反発する連中もいるだろう。[8] プフィツァーは「自由主義」を、「特権カースト」と「王朝的貴族的利益」に対置する。北部ドイツ自由派の領袖ペーリッツは、「かつて存在したもの、あるいは現存しているもののみが唯一妥当すべき」と考える立場を、「反動の体系」として批判する（「現代の三つの政治体系」）。

だが、自由派にとって最大の敵は「世襲貴族制」ではなく、十八世紀後半以来の効率的な官僚制に支えられた統治機構、すなわち「官僚貴族制」Beamtenaristokratie にちがいなかった。[9] まず、官僚制の欠陥として、個々の官僚の「弛緩と洞察の欠如」や、過剰な統治コストを挙げることができる。だが、なにより「公民の参加」を排した官僚制による統治は、「公共行政における中央集権化」傾向をもち、一方的な「過剰統治」による「恒常的な人民の後見」に陥る危険があるからである。そこでは「人民のためには何がなされてよいか、そうでないか」の判断が政府にゆだねられてしまう。「政治社会の統一性」は失われてしまう。そのかわり、国家はひとつの「機械」となり、統治者と被治者の「二元主義」が支配的となる。「官僚貴族制」は、君主と「官僚ツンフト」の利害の一致にもとづいている。つまり、「政治的啓蒙」の拡大によって権威が脅かされることを予期した「官僚ツンフト」、および権威の衰退を危惧した君主は、「人民後見の原理」によって安定を確保しようとしたのだ。

したがって、議会制・出版の自由・地方制度改革・陪審制・民兵といった自由派の政治綱領は、官僚制的「後見」に対する、「自立性」Selbstständigkeit、「人民の自由」Volksfreiheit、そして「自治」Selbstregierung の擁護とみなすことができよう。「思慮深く意識的な自由への愛」は、「〔政治的〕成年状態・自立的な思考・自発的な行動への諸国民の成熟とともに展開」するのである（プフィッァー）。そして、自由派の政治綱領の中核を占めるのが、「憲法」にほかならない。ペーリッツの理解によると、フランス革命によって「絶対主義」は決定的に破綻した。そして革命期以後、「政治的成年状態」に達した人民にふさわしい政治体制は、「立憲制」である。この「立憲制」の中核を占めるのが「憲法」であり、「進歩する文明」Civilisationには欠かせない要素とされる。公民の自立性と政治参加を保証する「憲法」があってはじめて、統治者と被治者の対立が克服され、「政治社会の統一」が回復されるのだ（『立憲国家の教養層のための国家学講義』[10]）。こうして「憲法」は、魔術的意味を獲得する。

七月革命後に形成された諸々の「党派」の勢力関係は、要約すれば以下のようになる。政治勢力は大きく、「運動派」（「人民派」Volkspartei）と、その反対派に分けることができる。さらに「運動派」は、自由派（「自由主義」）と「民主派」（「共和派」）に、反対派は「復古派」と官僚派（「絶対主義」）に分かれる。これまでみてきたように、自由派は「中間層」を中核として、「憲法」を枠組とする「立憲制」への「改革」を志向する。もちろん、目指すべき国制像やドイツ統一問題への関心の点で偏差はあったものの、基本的な枠組は共有している。[11] 対して、急進的な文筆家や学生を主体とする「民主派」は、既成秩序の転覆と「民主政」を夢想する点で、自由派とは明確に一線を画す。[12] 三月前期において、両派は、現状維持の否定の線で共闘したが、三月革命にいたるや、政治的立場のちがいが鮮明になる。また、「復古派」と官僚国家も、「運動派」に敵対する点では共通していたが、決してお互いに親和的とは云えない。「復古派」が身分制社会の温存を目標としたのに対して、官僚国家は中央集権化による特権の縮小をはかったからである。[13] このように、七月革命は政治的陣営を結晶化させる役割を果した。

政治化の流れは、歴史学の動向にも影響を与えた。たしかにゲルヴィヌスが診断するように、政治が停滞した復旧期は、秩序を意味づける歴史学に急速な発展をもたらした。だが、フランス革命はいまだ歴史の断絶として理解され、歴史に組み込まれることはなかったのである。いわば、フランス革命は歴史からの逸脱と見られていた。だが、七月革命はこうした自足的意識を粉砕する。七月革命による復旧体制の崩壊にともない、自然法などの超歴史的真理ではなく、政治を歴史的基礎から理解しようとする態度が顕著となるのである。[14] 歴史は巨大な運動として理解されるようになる。政治の歴史化である。歴史意識の生成である。この現象は、自由派のみにとどまらず、あらゆる党派に共有される前提となってゆく。ジーベルの回想によれば、当時はあらゆる党派の歴史家が、自分の政治的立場を如実に反映した歴史叙述をしていたという（SKS, 1: 349-50）。「我々の文藝においてひとかどの位置を占める歴史家ならば、誰でも党派色をおびていた。かたや宗教的な歴史家がいれば、ここには無神論的な歴史家がいる。かたやプロテスタント的歴史家がいれば、カトリック的歴史家もいる。自由主義的な歴史家がいれば、他方では保守的な歴史家がいる。あらゆる党派の歴史家がいた。だが、客観的で不偏不党で冷静沈着な歴史家はもうどこにもいなかった。なんという著しい進歩だろう！」（「新しいドイツ歴史叙述の位置づけ」）。

歴史叙述をめぐる、混沌とした状況の背後に、ジーベルはひとつの原因を見ている。それは「単純かつ徹底的な統治者と被治者との対立」である（SKS, 1: 350-3）。ジーベルによれば、いかなる政体であれ、こうした対立は生じるものだ。だが、三月前期は政府側の「官僚的閉鎖性」と人民の政治的未成熟によって、極度に政治的緊張が高まった時代であった。この意味で、ランケとシュロッサーは時代を代表する歴史家にちがいなかった。前者が統治者の立場から外交史的な歴史を書き、後者は歴史をつねに人民の「平凡な道徳」を通して眺めていたからである。

実際に当時の歴史家の一部にとって、歴史叙述と政治の関係は悩ましい問題であった。歴史叙述を党派的目標に従属させることは、歴史学そのものを歪曲してしまうのではないか。ランケや高弟ヴァイツは、歴史叙述が政治と無縁ではありえないことをふまえつつも、歴史を党派的な主張の手段とする愚を繰り返し指摘した。[15] 直接的な批判の対象となったのは、シュロッサーとその高弟ゲルヴィヌスやホイザーを典型とするハイデルベルク学派である。

ランケによれば、過去を過去として分析する歴史叙述を通じて政治家が、政治の前提となる歴史的認識を得ることはありうるし、望ましいことでさえある。だが、歴史を素材として政治家に教訓を垂れようとする歴史叙述は、客観的な認識を妨げる、有害な代物と云うほかない。

しかし、三月前期の歴史家の圧倒的多数にとって――ランケやヴァイツによれば、彼らは「歴史家」とはいえないのかもしれないが――歴史叙述と政治との密着は、自明だった。ハイデルベルク学派はその筆頭だが、ランケの高弟であるジーベルも、現代的関心（「道徳的信条」）が歴史叙述に反映されることを歓迎した。とりわけ、「祖国愛」と「政治観」がにじみ出ることは重要であり、有用でもある。実際、いわゆる「政治的歴史叙述」が歴史学の発展を歪めることもなかった。党派的な主張をより強固により「客観的」に基礎づけるために、学的方法論への関心も高まるという現象が生じたからである。[16]「政治的歴史叙述」の極北というべきドロイゼンは、組織的な史料編纂事業の推進者であり、ランケに劣らぬ緻密な史料批判のひとであった。[17]それは、政治が歴史的であることを、歴史家が政治的であることをまぬがれなかった時代。そして、そうであるがゆえに、古ぼけた、黴臭い史料を漁るときでさえも、歴史家たちは独特の高揚感に満たされていたのである。

## 第二節　政治学と歴史学

その場は緊迫した雰囲気につつまれていた。一八三一年一月十三日、昨年末にゲッティンゲンで発生した蜂起事件への対策を協議するため、王都ハノーファーでは国務会議が開かれていた。[18]副王臨席のもと、政府関係者はゲッティンゲン大学評議会代表団から現地情報と意見を聴取するものの、要領を得ない。そのとき、代表団のうちでも目立たない、地味な風貌の男が訥々と思いつめた様子で、発言をはじめた。彼によれば、政府はただちに数個聯隊を進軍させて断固たる意志を示すべきである。一般市民は、蜂起首謀者である少数の大学講師と学生たちに引きずられているだけであり、難なく進駐することができるはずであると。決して雄弁ではない。だが、毅然としたすがたに、その場の誰もがあっけにとられてしまう。そしてその意見のとおり、派遣された軍隊は抵抗を受けることなくゲッティンゲンに入城し、首謀者たちは胡散霧消した。

この人物こそ、フリードリヒ・クリストフ・ダールマン（一七八五～一八六〇）である。ダールマンは三月前期の自由派を代表する政治学者・歴史家であるとともに、政治家としても同時代のドイツに大きな影響をおよぼした。(19) 後述するようにハノーファー王国の憲政改革の中心人物となった後、「ゲッティンゲン大学七教授事件」に際して「絶対主義」に対する不屈の抵抗者としての名声を獲得、三月革命のときには立憲派議員の領袖として活躍することとなる。実践にたずさわるときも、ダールマンにとって政治と歴史はつねに不可分のものであった。「憲法」こそが革命を回避するうえで決定的な役割を果たすだろう。それが長年の歴史研究から得た教訓であるとともに終生変わらない信念となった。

三月前期の多くの自由派知識人とおなじように、ダールマンもフランス革命当初の世論の高揚を体験していない。ダールマンはバルト海沿岸の小都市ヴィスマール（当時スウェーデン領）の富裕市民の家に生まれ育った。ものごころついたとき、目の当たりにしたのは、フランス全土に荒れ狂う恐怖政治の嵐だった。青年時代に刻印されたのは「おそろしく耐え難い」ナポレオン帝国の支配だった。つまり、ダールマンにとって、フランス革命とは「あらゆるものを絶え間なく呑み込もうとする」「ヒュドラ」であった。(20) それは、カール大帝の治世以来保たれてきた「国家維持の基礎」の破壊にほかならなかった。「はげしい嵐が諸国民のうえに吹き荒れた。欧州の生活の千年の基礎は粉砕され、より多くの古きものが日々、崩れ去っていったのである」。

青春に重くのしかかる革命から彼を救ったのは古典の世界だった。[21]「古代と古典作家に対する深い畏敬の念」を少年時からもちつづけたダールマンは、「専門分野をはるかに超えて輝きわたる」古典文献学者アウグスト・ヴォルフと運命的な出会いを果たすこととなる。[22] 十九世紀初頭における文献学の革新者、ヴォルフの薫陶によって、ダールマンは史料批判を会得するのである。ヘロドトスが、トゥキュディデスが、悲劇作家たちが、ナポレオンによる支配という「現実の抑圧」と、故郷での鬱屈した日々を忘れさせてくれた。ダールマンはその後、文献学の考証論文によって、学位と教授資格を取得している。

キール大学に員外教授として着任すると、ダールマンは古典文献学の枠を超えた歴史学一般により関心を抱くようになる。たしかにキール時代においても古典ギリシアを題材とする考証論文をひきつづき発表したものの、次第にデンマーク史・ドイツ史・近代史といった領域に重点が移ってゆく。[23] ダールマンにとって近代史の魅力とはなによりも、それが歴史学であると同時に「政治学」でありうるということだった。とりわけ、ナポレオン戦争が終結し、「憲法」や議会制をめぐる政治的議論が活発になるにつれて、ますますダールマンは政治に惹きつけられる。「私の考えは、歴史を教えるのみならず、同時に政治学を」教えることにある。「もちろん理論に即してではなく、いかに国家学の最重要課題が実践において解決されてきたかということを示したい」。というのも「国家学の諸法則への実践的手引として」、「最近三世紀間の歴史ほど適した素材は存在しない」のだから。[24]

それゆえ一八三〇年にゲッティンゲン大学教授として招聘されたとき、ドイツにおける政治学史の伝統の正嫡とみなされたことを、ダールマンは誇らしく思ったにちがいない。[25] 十八世紀前半以来、ゲッティンゲン大学は歴史学を基礎とする法学や政治学によって隆盛を誇った。「学問の第一人者たちがそこには集められ、彼らはもっとも多く真の国家生活を保っている英国を手本とした」。ダールマンの歴史学観は両義的で、ある意味、曖昧でもある。というのも、一面ではヴォルフの薫陶によって古典文献学の伝統――史料批判を第一義とする――を継承したが、歴史叙述の目的自体は、あくまで実践へと向けられていたからである。史料批判を用いた緻密な歴史解釈を前面に押し出す一方で、一般的な史学史から抹殺された史論的伝統――ダールマンは、シュレーツァー、ユストゥス・メーザー、そしてヨハネス・フォン・ミュラーの著作を愛読した――にも忠実でありつづけた。[26]

このように政治学と歴史学を一体として捉える視点は、ダールマンの国家観にも反映している。ダールマンは『キール公論』に掲載された政論「憲法についての小論」（一八一五年、以下「憲法論」）や、ゲッティンゲン時代の政治学講義をもとにした体系的主著『政治学』（一八三五年）において独自の国家論を展開しているが、そこで目を引くのが「身体」の比喩である。「国家」とはいわば「有機的身体」であり、「健康な部分が勝ることによって病気を克服する」のである。「身体は青年なのに容姿を少年にとどめておくことはできない。ましてや少年の感覚をとどめておくことはできない。各民族 Volk もまたそれぞれの年代をもつ」が、「恣意的にひとつの年代をあらゆる時期にあてはめることはできない」のである。「国体」Volkskörper の「四肢」と「形式はうつりかわり、保持されてきた古き形式さえも異なるかたちで作用する。なぜなら、そのなかで動くものがもはや同一ではないからである」(DaP:§2, 139, 230)。「国家は、必要から生じた発明品でも、人工的に制作された発明品 Erfindung でもない。株式組合でも機械でもない。自由な自然人から生ずる契約の産物でも、必要悪でも、時間の経過によって癒されるべき人類の欠陥でもない」。それはつねに流動する生き物にほかならない。

この点で「家族」Familie・「民族」[27]Volk・「国家」Staat の相互関係は興味ぶかい。まず「家族」は「国家」と「民族」を構成する最小単位として、決定的な重要性を付与される。「家族」は物質生活を営むとともに、「公の習俗」の基盤、すなわち「教育」Erziehung と「宗教」教育を担うこととなる（DaP:§261-2, 290）。[28]「家族」の中核は「結婚」Ehe である。「国家が家族に由来するように、あらゆる人間の陶冶は結婚に由来する。結婚こそが公民を善く偉大なものにするあらゆるものの条件なのである」。「結婚」は「教育」と「家政」（ひいては「国民経済」）の基礎であるがゆえに、「結婚無きところに教育は存在しない。初等・中等教育 Unterricht も稀となろう」。子供は「家族の善意に満ちた暖かさ」、とりわけ母親のぬくもりに抱かれてこそ健全に育ちうるのである。プラトンやフィヒテの入り込む余地はない。(29)

さらに「家族」とは、政治社会の原型そのもの、つまりはミクロコスモスにほかならない（DaP:§3, 6, 261）。「原家族 Urfamilie は原国家 Urstaat である。あらゆる家族を独立したものとして眺めるならば、それは国家にちがいない」。「家族」において、血縁共同体と「家長」を頂点とする政治秩序は完全に重なり合っているのであり、この意味で「独立して見た場合、家族は完全な意味において民族であると同時に、国家でもある」。「婚姻関係を基本法とする〔家族という〕小国家は自由人の自由人に対する関係を示しており、完全な結束力を備えている。男性には支配と立法の、女性には行政 Verwaltung の役割が付与される。子供たちにおいてさえも、年齢と成長に応じた自由が尊重される。彼らは人生のいかなる段階にあろうとも単なる物 Sache としてあつかわれることはない」のである。(30) こうした「小国家」たる「家族」が集住することによって、血縁共同体としての「民族」が形成されてくる。

だが、ダールマンは「民族」と「国家」を直接むすびつけることを慎重に避けている。つまり、「国家」の本質を「血縁的な民族の性質」ではなく「地縁的な共生」にみるのである（DaP:§6, 7, 66, 207）。「陶冶」と「造形芸術」の発展にともなって「原初的血縁関係」は後景に退き、「地縁にもとづく祖国愛 Vaterlandsliebe」が前面にあらわれる。それゆえ、「国家」の成熟とともに「民族」は「血縁」的なものから「地縁」を基盤とする「公民」へと変わってゆく。(31) 政治社会を構成する「公民」Volk とは、「必然性をもって共属する人間集団」、言い換えるならば「信条の共同体」Gemeinwesen der Gesinnung にほかならない。それでも「民族」が政治社会の安定を支える要素であることは疑いない。「国家」は「単なる民族の形式」ではないにせよ、「国家を民族意識において完成させることが課題」となろう。

ダールマンが「国家」を「根源的秩序」「人類の財産」「必然的な状態」、さらに「始原的」とよぶとき、念頭に置いているのはアリストテレスである（DaP:§2-5, 210, 217-8, 220-1）。[32]「人間はその本性において国家的動物である」。[33] アリストテレスはなによりも「人間本性の強さと弱さ」に着目し、歴史的基礎のうえに立つ国家論を展開した。彼はつねに「自然の根拠」を尊重し、プラトンのように「家族制度を動揺させることはなかった。国家統制経済 Staatswirtschaft ではなく家政 Hauswirtschaft を尊重した。そこでは夫が稼ぎ、妻が秩序を保つ」。「峻厳なギリシア主義」という欠点はあるものの、「アリストテレス国家論」こそが「我々にとって政治学の沃野」であることにかわりはない。

それでもキリスト教登場によって、「国家」が強制を通じて保証すべき「法状態」rechtlicher Zustand と、「国家による規制」のおよばない「道徳」Sittlichkeit（「道徳律」・「倫理的関係」）とは決定的に分裂することとなった（DaP:§8, 10, 69, 84, 221）。それゆえ、宗教改革以降の時代における「政治学」の課題は「道徳」と「法」、「内面的自由の法則」と「外的強制」をいかに調和させるかにある（DaP:§8, 9, 11, 226, 231, 259）。敬虔なキリスト教徒でなかったがゆえに「キリスト教世界の最重要の真理」を見抜いたヒュームによれば、「法の本来的な源泉」は「類の習俗〔道徳〕」Sitte der Gattung、すなわち「倫理的関係」（「公の習俗」）である。「あらゆる政体は究極的には国家の習俗に従属する」。また、「道徳律」を支える「信条」Gesinnung は「あらゆる善の源泉」であるがゆえに、「信条」を養う「公民の陶冶」Volksbildung は「国民精神」のありようを左右することとなる。「国家の定立する法制度の効力は教育制度にかかっている」（DaP:§259）。「政治学」の目的とは、「習俗」と「信条」を基盤とする「倫理的関係」を「解明」することではなく、所与の状態を「承認」することにある。それは法と道徳の衝突を緩和する制度設計にほかならない。[34] したがって「善き国家」は、「私法」によって「家族」の自立性を守ると同時に、「共通善」のために「国法」（「公法」）を通じて市民の活動を制限することとなろう。

では、ナポレオン戦争終結後のドイツにおいて具体的にはいかなる「善き国家」がありえるのだろうか。終戦直後の「ワーテルロー演説」（一八一五年）や「憲法論」で繰り返し表明されるように、ダールマンの回答は明快である（DaKS: 8, 9-10, 18ff., 24)。それは「阻害されてきた民族精神」Volksgeist、すなわち議会制と「憲法」[35] Verfassungの復活にほかならない。

善き君主はおのずから民の福祉のみを願うものだ。また、あらゆる目的のうち、もっともうつくしいこの目的に資する権力以外の権力を、君主が求めることはない。また、そのような権利もない。さもなくば、神が支配者に、不法行為のための権利を授けたと仮定せねばならなくなってしまう。民に権利を与えるためには、必ずその声を聞かねばなるまい。無知蒙昧で目先の利益ならば何でも追いかける群衆の不毛なわめき声ではなく、理性と固有性が反映された、言語を介した意見Spracheにこそ耳を傾けねばなるまい。あらゆる憲法は――もっとも洗練されていないものであっても――民の声を望んでいる。公民の最良の部分に意見を述べさせることこそが、憲法の技巧というべきものであろう。（「憲法論」）（DaKS: 18）

「欧州における国家の仕組みは政治的自由Volksfreiheitと憲法にもとづいている」がゆえに、「民族精神が問われ尊重されるまで、善き国制の光が差し込んで官房の貧しい灯りを覆い尽くすまで、平和な時代がおとずれることはないだろう」。立憲制導入を約したドイツ連盟規約第十三条は、ダールマンの目には「かの多くの君主たちの輝かしい会議〔ウィーン会議〕の真に美しく喜ばしい収穫」と映ったのである（DaKS: 33)。そしてカールスバート決議は彼に失望と怒りをもたらした。

ダールマンによれば、「憲法」は「歴史的基礎」を踏まえることではじめて機能する（DaP:§12, DaKS: 8, 26-7）。「あるべき善き国家を時代と場所を考慮せずに定立する観念論者 Idealist は、自分で作った謎を自分で解いているようなものだ」。この「歴史的基礎」とは「身分制」Stände の伝統である。「身分制は国体の四肢のようなものである。どれひとつとっても他の部分と同じものや一方的に従属する部分はない。いずれの身分もその本性に応じて、各々の権利を割り当てられている」。「野蛮だとかゴシック的だとか現在罵られているわれらの古き国制〔等族議会〕」はまさに「民族の生」Volksleben から生じたのである。「欧州諸国民の基本区分としての諸身分――王権、貴族、聖職者、多様な市民身分、農民――は、あるときは散り散りになり、あるときは混ざり合い、またあるときは隣り合って次々に展開してきた」。「諸身分のうちいずれかひとつが欠けたとしても、国制を不完全なものにしてしまうし、遅かれ早かれ切実にそう感じられるようになるだろう」。

ただしダールマンは「歴史的基礎」を強調することで他国との比較の道を閉ざしはしない。「身分制」はむしろ他国との比較、そして他国――英国はここで特権的な位置を占めることとなろう――をモデルにした改革を可能にするための道具立てなのである（DaKS: 18, 25-7, 33-4）。「諸身分すべてが我々欧州の国家生活にとって本質的」だからである。「近年の欧州は個々の国民のあらゆる多様性にもかかわらず共通の根本性格をもつ。それゆえに類似の憲法を採用することができるのである」。欧州史揺籃の地であり、諸国――デンマーク、スウェーデン、英国、シュレスヴィヒ・ホルシュタイン公国――が入り乱れる北欧に育ったダールマンにとって、それは自然な確信だった。しかも、諸身分はもはや以前のようにお互いに排他的な関係にはない。「とりわけ現代を特徴づけるのは、長い諍いの後でついに多様な諸身分が普遍的な人間性という確かな感情と均衡したことである」。「はじめは酷く不純にされ、その後完全に失われた人間社会の基本法」としての議会制が「再発見」されるべきは今である。

こうした信念は、実践に裏づけられたものでもあった。キール大学着任後まもなく、ダールマンは、シュレスヴィヒ・ホルシュタイン両公国における高位聖職者・騎士等族の常任代表団秘書官を引き受けている。[36] 両公国の等族はすでに等族議会〔領邦議会〕を通じた政治参加の権利を失っていたが、課税や領主裁判にかかわる特権はいまだ保持していた。秘書官の役目は主として、特権に関連する文書の管理であり、要は等族層の利益代表者であった。母方の家系が代々つとめていたこともあり、ダールマン自身も秘書官として精力的に活動している。

しかし、ダールマンはむしろ、等族の利益代表という線をはるかに越え、等族議会を通じた政治参加、いわば古き「国制」〔「憲法」〕の復活を訴えかけてゆく。「まったく新しいものではなく、〔歴史的基礎のうえに〕革新された事物の秩序こそが、ここでは問題となるのだ」[37]。「時代がそこかしこで何か取り去ろうとも、古来の権利にひそむ普遍的なるものは、おそらく、諸国民の福祉に至るもっとも確実な道をつねに指し示してくれることだろう」。そして、復活すべき議会は特権層のみならず、興隆してきた市民層にも門戸を開くものでなければならないはずだ。ダールマンは、自分がそうした「全体」利益の体現者であると、固く信じた。「私は市民層に属する人間でして、それ以外のものであろうとは思っていません。私は、〔身分利害を超えた〕全体に誠実に尽くす人物であるとされています。不偏不党の中庸の立場に私が立つことで、しばしば〔諸党派の〕統一を保つことに成功するのです」。無論、こうした実践活動は、政治的迫害の危険と背中合わせである。だが、伯父のイェンゼン——前任の秘書官であり、幼時から何かと目をかけてくれていた——から政治的発言を控えるよう忠告されても、ダールマンは動じない。「この事柄全体をなあなあですませるなどということは、私には到底できません。そうするには、これはあまりに重要なことだからです」。伯父との関係は断絶した。ダールマンは、みずからの「政治学」に忠実でありつづけた。[38]

「政治学」にとって「歴史的基礎」をふまえるとは、時代から「課題」を「受け取る」ことを意味する（DaP:§12-3, DaKS: 313-4)。およそ、「歴史的基礎」を前提としない国制が長期間、存続してゆくことはありえない。かの偉大な古代の立法者たちの仕事もまた、「歴史的基礎」無しには考えられないものであった。

というのも、善き国制を与えるなど、厳密な意味においては、およそ不可能なことだからである。かのモーゼ、リュクルゴス、ソロンでさえ、本来的にはそのようなものを与えなどしなかった。彼らはまったくの無から創造したわけではない。彼らは深く個々の民族の固有性と歴史に沈潜し、現代の要求を過去に照らして判断し、以前の状態では不完全にとどまっていた要素を――多かれ少なかれ幸運によって――補充し、発展へのあらゆる障害をとりのぞいたのである。自分で案出したものではなく、民族固有の本性と最良の個性にむすびついたものを創出したのである。この謙虚な方法によって、古代の立法者たちはみずからの名声を永遠のものとし、後代数世紀にわたって感謝の記憶を植えつけることに成功した。近代において幸福をもたらす立法者として、人類の医者として登場した人々もまた、同様のことを行なったのである。（「憲法論」）（DaKS: 65）

政治学は、患者の状態を観察して病状に適した治療を施す「医術」と本質において共通している。「政治学が教え豊かであるためには課題を選ぶのではなく、受け取らねばならない。時間と空間とのせめぎあいの中で、人間のうちに潜む治癒力と病気――物質界では災い、道徳界では悪とよばれる――との深い絡み合いから課題はあらわれてくる」。つまり「政治学は医術である。健康を与えるからではない。病気の原因を発見して、しばしばそれを減少させるがゆえに、政治学は医術なのである」。ダールマンにとって、従来のドイツの「行政学的」・「官房学的」学問は「政治学」の名に値しないものであった。国家における「善」を積み重ねて「進歩」Fortschritt を達成してゆくこと。たしかに現実に存在するものはつねに不完全にはちがいない。だからこそ、たどりつけるかぎりの「成功」を積み重ねることにこそ「進歩」があるのである。それが「政治社会における自由」なのだ。それは学問の領域にとどまらない、ひとつの信念であった。

## 第三節 「改革」の革命史

一八三二年五月二十七日、プファルツの古城ハンバッハで「ドイツ人の国民的祝祭」が催された。各邦から三万人以上の参加者が集まり、人民主権や共和国の理念、ドイツ統一と諸民族の解放が宣言された。ハンバッハ祭は、七月革命に刺激されたドイツの反政府運動のなかでも際立った位置を占めている。邦政府に対する散発的な抵抗とは異なり、なによりも「ドイツ人の国民的祝祭」として企図され、ドイツ全体を対象としていたからである。さらに、参加層は一部の急進的な知識人や学生にとどまらず、「中間層」から手工業者・小商人、農民にまで広がっていた。当然、メッテルニヒはこの事件に対して嫌悪を隠さなかった。祝祭の急進性を警戒したメッテルニヒは、この後、連盟議会に呼びかけて抵抗運動の弾圧に乗り出すこととなる。第一の標的となったのは、ハンバッハ祭の主宰者ヴィルトやジーベンプファイファー、さらにはハイネやベルネといった「青年ドイツ派」の急進的な文筆家たちだった。

ただし、急進的な反政府運動を警戒したのは、保守的な統治層にかぎられなかった。自由派の知識人たちも急進派を不信のまなざしで眺めた。たしかに「保守抵抗派」こそが最大の敵であるにせよ、我々は「権利と法律の制約」を無視する「秩序転覆派」(「急進派」・「共和派」・「革命派」)とも一線を画さねばならない(ロテック)[39]。ロテックはハンバッハ祭を嫌悪した。ゲルヴィヌスは、「青年ドイツ派」の文士、ベルネの過激な政論を痛烈に批判している。「ベルネは愛の王国を築こうとして、憎悪と復讐心と盲目的な情念に沸き立ち、暗殺さえも是認する。利己主義を

ハンバッハ祭

否定しようとして、至るところで虚栄心、嫉妬、金銭欲をちらつかせている」(「ベルネの『パリ書簡』」)。プフィツァーによれば、「自由主義」は決して「革命的」ではない。「解放戦争」時の「愛国心」にみられたように、それはつねに「政治社会の有機性」を尊重するからだ。「道徳律」に反する「無制限で恣意的な多数者の支配」とは相容れないのだ。

ペーリッツによる「三つの政治体系」の定式は、こうした自由派の政治姿勢をよくあらわしている。[40] まず、「国家の内的生と有機体全体の暴力的かつ突然の変革」を目指す「革命の体系」と、「かつて存在したもの、あるいは現存しているもののみを唯一妥当すべき」とみなす「反動の体系」は退けられねばならない。自由派にとっては、「哲学」と「歴史」を「理論において和解・均衡させ、国家生活の現実において結合」する中庸の立場、すなわち「改革 Reform の体系」こそが望ましい。人類の「より善き方向への際限なき進歩」を信じ、「法の支配という理性によって命じられた理想」へと――「それまでの民族・国家生活の歴史的基盤」のうえに立ちながら――「漸進的」に近づいてゆくこと。国家生活においては、人間の「進歩」を信じ、「理想というエーテルの高み」からではなく、「歴史的基礎」に立って「改革」してゆかねばならないのである。

自由派の多くが直接政権運営にたずさわる機会をもたなかったのに対して、幸いにもダールマンはみずからの「改革」政治構想を実現する機会を得た。ゲッティンゲン蜂起の際、決然たる姿勢を政府に印象づけたダールマンは、ハノーファー王国憲法起草を一任されることとなった。[41]無論、ダールマンが「革命」を是認することはない。

革命的感覚は、各地で受け継がれてきた習俗ならば何でも検討無しに崇め奉る態度と同じくらい、祖国愛Vaterlandsliebeからかけ離れている。祖国愛は地縁にもとづく。地縁とは人間の揺りかごでもいうべきものなのである。〔中略〕革命的感覚は悟性にその浅い根を張るのであり、家族も故郷ももつことはない。この感覚にとっては〔革命という〕大業だけが意味あることなのである。この感覚は世紀の大変革だけを考えている。だが、近しい故郷の幸福と習俗が激変の犠牲となるかどうかなど、まったく気にもとめないのだ。(『政治学』(DaP:§207)

蜂起事件首謀者の恩赦問題をめぐる演説――ダールマンは憲法公布(一八三三年)の後、しばらくは大学代表の下院議員として活動した――でも、「改革」姿勢は鮮明である。左派議員のみならず穏健自由派の議員までも恩赦に賛成するなか、彼は反対論を展開した。「自分たちで支配権を荒々しく破壊しておきながら、下層民が我々の所有権、我々の所有権のアリストクラシーを尊重してくれるなどと望むのはまったく馬鹿げている」。「私は政治を道徳と切り離して考察することなどできない」。もし「政治」と「道徳」が別々のものだとすれば、「私は国家を人類の腐敗を招く発明品とみなすことだろう」[42]。

このように「改革」を根本の政治綱領とする自由派の歴史家たちにとって、フランス革命史は魅力的であると同時に扱いのむずかしい研究対象だった。

フランス革命史は、ドイツ知識人にとって、同時代史を意味した。ペーリッツによれば、「欧州で最高に文明化された王国」で勃発したフランス革命は、「古代」以来の諸革命とはまったく異なる性格をもつ。それは政体の変革にとどまらず、「それまでの内的国家生活のあらゆる基礎」を破壊し、新たに国家を創設したからである。つまり、それは「絶対主義の転換点、そして立憲政のはじまり」にちがいなかった（『立憲国家の教養層のための国家学講義』）[43]。その意味で、フランス革命は十九世紀の真の出発点を意味していたのである。また三月前期のドイツでは、ミニェの作品を筆頭としたフランス作家の革命史論はただちにドイツ内で書評、あるいは翻訳された。こうした翻訳熱も同時代におけるフランス革命への高い関心をよくあらわしている。

だが、歴史家自身がいまだにフランス革命という対象の影響下にあるのならば、その「客観的」叙述は困難となる[44]。復旧期にあってはむしろ革命と距離をとった叙述が芽生えたが、自由派と保守派の対立が激化した三月前期のフランス革命史叙述は党派色を如実に反映した。中道派の歴史家ヴァクスムートによれば、こうした弊害にドイツ以上に晒されているのが、フランスの作家たちである。彼らの革命史には党派色や政治的立場が露骨に反映されるため、「客観的」叙述から程遠いものとなってしまっている（『革命時代のフランス史』第一巻）。同時代史を描くことの困難がそこにはあった。

より深刻なのは、対象自体の性質である。すでにみたように、自由派にとってフランス革命は「立憲君主政」の誕生を意味した。しかし一方で、「改革」を尊ぶ彼らは「革命」を忌避する。人民が「政治的成年」に達することを妨害する「無制限の絶対主義」（「人民の後見」）は断固退けられねばならないが、一方で過度に急進化して「革命」に至ることは避けたいし、避けられるはずだ[45]。「時代精神」の「進歩」に沿った「改革」さえできれば、「革命」などそもそも必要ないということになる。たとえ「革命」が不可避となった後でさえも、必要不可欠の「改革」をおこなったうえで早期に終結させることが望ましい。それゆえ自由派にとって、ミニェの革命史の前提である「必然論」Fatalismus――革命の急進化に対する免罪符――は受け入れがたかった[46]。

自由派の機関紙『歴史学・国家学年報』に掲載された論文「フランス革命の経過について」（一八三〇年）からは、

フランス革命の展開に対する自由派の見解が浮び上がってくる。

まず、著者シュルツェは革命を五つの時期に分ける。[47] 第一期は一七八九年から一七九一年九月十四日まで（国民議会）、第二期は一七九二年九月二十一日まで（君主政から共和政への移行）、第三期は一七九三年六月二日まで（革命のさらなる急進化）、第四期は一七九四年七月二十七日まで（恐怖政治）、第五期は一七九九年十一月十日まで（総裁政府とナポレオンの登場）である。

ここでも第一期は「絶対君主政」から「立憲君主政」への移行期として肯定的に評価されるのに対して、その後の時期には否定的な評価がつきまとうこととなる。[48] 第二期は「諸党派のごった返しと情念の暴走」の時期、第三期は共和政が「賤民支配」Pöbelherrschaft に変質する過程として捉えられる。「雄弁と教養によって卓越した」ジロンド派が、「あらゆる既成のものを抹殺することへの野蛮な情念」に駆られた山岳派にとってかわられてしまう。そして、「賤民支配」の基盤に立つ「恐怖政治」は革命の「絶頂」として罵倒される。あれは「政治的熱狂主義」「自由狂い」「恐るべき殲滅の怒り」の時代であったと。ようやく第五期にいたって、革命は「退行」し、「軍事権力」による「君主政」を樹立することでナポレオンは秩序を回復する。

したがって、ナポレオン政権期をのぞくならば、自由派の知識人は革命史の重点を国民議会による「立憲君主政」の確立に置くこととなろう。自由派は旧体制下の「改革」の内実を観察する一方で、もはやかつてのゲンツや復旧期の史論家のように、政府側の視点から国民議会の「簒奪」を一方的に断罪することはできない。それは「進歩の原理」を否定することに等しいからである。ここにいたって国民議会、つまり自分たちの勢力基盤でもある議会の「改革」こそが、自由派の関心を集めるのである。

こうしたドイツ新世代が描くフランス革命史のなかでも最良の作品が、ダールマンによる『共和政樹立までのフランス革命史』[49]（初版一八四五年、以下『革命史』）にほかならない。題名のとおり、ダールマンの革命史は旧体制下の改革から国民議会の活動を詳細に跡づけたものである。共和政成立後の経過は関心外だった。[50]ダールマンはいかに旧体制下の「改革」が失敗し、「革命」が不可避となり、国民議会による「改革」が挫折したかに関心があったのである。それは同時代のドイツ「中間層」に共有された関心でもあった。実際にダールマンの『革命史』は厳密な学術書ではなかったため専門家には不評だったが、教養市民からは大きな反響をよぶこととなる。[51]シュロッサーやロテックの一般史と並び、ダールマンの革命史は一八四八年以前のドイツでもっともよく読まれる革命史叙述となったのである。

一八四四年夏学期の講義から生まれた『革命史』は、単なる物語風の歴史叙述にとどまらない。[52]すでにみたようにダールマンにとって、歴史学、とりわけ近代史は「政治学」の一部であった。おなじように「所与の状況の基盤と基準に照らした」政治学は歴史叙述と不可分一体である。政治学なき歴史学は過去についての無味乾燥な記述にすぎず、歴史学なき政治学は抽象的な「幻想」にとどまるだろう。それゆえ『革命史』の目的は「フランス革命を素材に我々「ドイツ」の事柄を率直に特徴づける」ことにあった（一八四五年二月五日・ヒルツェル宛書簡）。[53]

だが、いかに政治的目的を前面にかかげた一般向けの著作とはいえ、その叙述は、一方的な偏見やフランス憎悪からは無縁である。ダールマンが敬愛した歴史家が、ヘロドトスとネオコルス――人文主義者であり、ディトマルシェンの郷土史家――だったことからも、それはよくわかる。[54]晦渋な文体を通じて鋭い政治的考察へと読者を誘うトゥキュディデスではなく、人間を愛し、無限の好奇心と「真理への愛」Wahrheitsliebe をもって「歴史」を語った二人の歴史家こそが、ダールマンの理想だった。「ヘロドトスの洞察の欠陥を隠すのではなく、彼が洞察と手段のおよぶかぎり、真の歴史を目指してつねに誠実に努力したことが重要」なのである。「ヘロドトスが求めたものは、心地よいだけの叙述ではない。彼は歴史を書こうとしたのだ」。「彼はあらゆる手段、みずからの人生のあらゆる力を使った。無論、流麗な文体のためではない。歴史をものにするためである」。[55]

ダールマンは歴史叙述に政治的な見解や評釈を過度に織り交ぜることを好まなかった。叙述はつねに簡潔であり、史実を物語ることをまず念頭に置いていた。史実の選択と構成、叙述の微妙な匙加減、引用史料の選択によってダールマンはみずからの見解を示すのである。[56] それゆえ『革命史』をひもとく際には、唯一の体系書であり信念の表明でもある『政治学』を座右におかねばならない。[57] そのときにこそ、史実を評する一行の文に潜む「政治学」の叡智が明らかとなろう。『革命史』が応用政治学であることが明らかとなろう。ヴォルフ直伝の史料批判を武器としたダールマンが、同時にミュラー以来の「実用的」歴史叙述の正嫡でもあったことが、明らかとなろう。「歴史を教師として学ぶ者――さしあたりは自分の感覚と習俗の浄化のため、だが、次には、公共の福祉が祖国の徳にもとづくものであるかぎり、そうした公共の福祉への関心を燃え立たせるため――が、収穫無しに終わるということは決してありえない。編者〔ダールマン〕がむしろ少数の後者にこころをよせるとしても、それは大目にみていただきたい」[58]。

「革命」の勃発と展開の「必然」を説くミニェの革命史は、フランス革命から「改革」の失敗という教訓を読み取ろうとするドイツ「中間層」を満足させることはできなかった。以下でみてゆくようにダールマンもまた旧体制と立憲君主政期に重点を置く。ただし、その場合でもミニェやロテックのように、国民議会による改革と一七九一年憲法を革命の成果として称揚する一方で、急進化の原因を「反革命」派に押しつけることはしない。むしろダールマンは国民議会の活動と思想それ自体のうちに、のちの破局へと至る根本的な原因を探りあてようとする。そこにはフランス革命から批判的に距離を置くことによって、ドイツ諸邦の改革に資する教訓を得ようという意志がある。こうしたダールマンの歴史叙述のうちにこそ、ドイツの自由派はみずからの関心に合致した革命像を見出すことができた。

# 第二章　「改革」の担い手たち

## 第一節　フランス革命原因論

ダールマンの主要な関心のひとつは、革命の原因論にあった。同時代のフランスの自由派史論家と比較すれば、その差は歴然である。ミニェは革命の原因と旧体制下の改革について、三〇頁ほどでまとめている。そもそもティエールは原因論に紙幅をほとんど割かない。自由派革命史の事実上の出発点となった、スタール夫人による『フランス革命の考察』（一八一八年）は革命の原因と旧体制下の改革政策に配慮しているものの、著作全体の構成からみれば、わずかにすぎない。また、それは主として父ネッケルへの手放しの礼讃によって水増しされたものでもあった。これに対して、ダールマンは著作の約半分を旧体制崩壊に費やしている。彼は共和政成立後の革命史に関心がなかった。とはいえ、ゲンツや復旧期の史論家たちと異なり、革命史は国民議会の成立で終わるものでもなかった。ダールマンにとって、革命の原因分析はその後の事件経過と連動し、それを規定するがゆえに重要なのである。

ダールマンによれば、フランスの危機の淵源は「絶対君主政」unumschränkte Alleinherrschaft の抱える構造的な矛盾のうちにあった。

たしかに「絶対君主政」が巨大な歴史的役割を果たしたことは否定できない。「絶対君主政」があってはじめて、現代の「歴史的基礎」、すなわち「新秩序」が存在するからである（DaP:§139, 141）。大小の諸侯が群立し、おのおのが「私権」にもとづいて所領を統治した「中世」後期にあって、「君主だけが新たな諸関係の流れに乗っていた」。「絶対君主」は貴族の特権を抑圧し、常備軍と官僚制を整備し、自国の秩序を安定させた。「時代がすでに望んでいたように、君主だけが全体に配慮した」のである。

我々は、国家創設者・維持者の一族を尊敬し、あらゆる歴史の神聖さとむすびつけることを学んだ。比較的新しく発明された君主の世襲制に関する教説は、およそ二世紀来、もはや反対者に出くわすことはなくなった。この教説によって、我々の国家運営の基礎はある程度完成しているのであり、この点ではたしかに、古代ギリシア・ローマ人たちよりもはるかに先を行っている。古代ギリシア・ローマ人の両方とも、君主政に移行するのに適したであろう時期を誤認し、愛情をもって君主政を理解することが、そもそも全くできなかったのである。（「憲法論」）（DaKS: 17）

「絶対君主政」の代表であるルイ十四世もまた「多くの国内の自由」を犠牲にしたものの、同時に「封建制の制約」を打破した功績をもつ（DaGR: 4-6）。このような「国家の統一」Staatseinheit を確立するための「統一的王権の事業」は「いくら評価してもしたりないほどの美点」を備えていた。「大国の錯綜した内的・外的諸関係においては、国家元首の行動力こそが、全体に生命力と運動を与えるのである。個々の君主権力は適切な国制を備えた国家を制約するどころか、むしろ、全体感覚と意見を活き活きと表現し、国民による諸決議の一般性を君主の人格によって補充することにおいて、いかなる執行権力よりも適しているのである」（DaKS, 16-7）。

だが、「多数に対する不自然な強制」ともいうべき「絶対君主政」のもとでは、君主政本来の利点である「統治の統一性と確実性」も確固たる基礎を得ることができない（DaP:§21, DaKS: 20-4）。[59] ルイ十四世も次第に「尊大」となり、侵略戦争や宮廷の歓楽に溺れるようになった。また弱き君主のもとでは、逆に君主の威を借る大臣たちによって専制的な統治がおこなわれることになる。さらに「絶対君主はみずからの死についてなにも命令できないがゆえに、制限君主以上に実は弱体」なのである。

「親切な性格」と「道徳的純潔」の点で非の打ちどころのないルイ十六世は逆説的に、この統治体制の矛盾をさらけだす（DaGR: 12-3）。善良な新王は統治を担って革命を防ぐような「性格」を欠いていたからである。「姿勢や歩き方は救いようがなく無様だった」。ルイ十六世は統治の主導権を握ることができず、身近な助言役のモールパ（「軽薄」で「良心も原則ももたない浅薄なひょうきん者」）や王妃マリー・アントワネットによって国政が左右されることとなろう（DaGR: 18, 50, 88-9, 95-6）。また、ダールマンは国王の宮廷における孤独を指摘している。国王とアルトワ伯との不和、伯母たちと王妃の軋轢、プロヴァンス伯の隠遁。複雑な人間関係が展開される宮廷内で王が孤立することで権力の中枢は麻痺し、国政は絶えず動揺せざるをえなくなる（DaGR: 14-8）。加えてそこに財政難や抵抗勢力としての高等法院といった難題が立ちはだかる（DaGR: 19-24）。

さらに「絶対君主政」の本質的な欠陥として、権力が「宗教、学問や家族法」といった非政治的領域を侵食してゆく点をダールマンは挙げる。ルイ十四世の失策のうちでもとりわけ「信仰の統一」の強制、すなわちナントの勅令撤回による新教徒の追放は決定的だった（DaGR: 6-12）。ルイ十四世は産業以上の利益、「人間精神の不可避の発展」を犠牲にしてしまったからだ。カトリックが「単独支配」と「浅薄なる異端狩り」を要求するなかでは、ドイツにおけるような自由思想の健全な成長は望むべくもなかった。

ダールマンはここに、十八世紀フランスの文士たちによって主導された「公論」öffentliche Meinung の危うさをみている。つまり、正常な発展を阻害されたがゆえに、彼らの思想は「怒りの機知」と「有害な軽率さ」へと変質したという。禁書扱いとなったモンテスキューの著作は隠れて読まれ、ディドロやヴォルテールは既成教会批判に満足せず、「キリスト教そのものに宣戦布告し、それでもって深遠な陶冶の道を、さらには人類の発展に向けた安らかなるまなざしを切断」してしまった。[60] いまや「国法学」の分野でも既存の政治社会の次元を超えた、あるべき国家像が議論されるようになる。その影響は王族や宮廷といった上層にまで浸透する。

深刻な事態である。ダールマンにとって、「公論」は本来、「善き国家」の実現に欠かすことはできない。[61]「公論」は「身分ごとの意見」Standes-Meinungを超えた、政治社会全体をつつみこむ言説空間だからである。「公共的な事柄を主導する人々が最善の個人的な意志をもっていようとも、自由な公民の声が沈黙するや国家との真の内的連関から引き剝がされてしまう」だろう(DaKS: 32)。「国民精神が活性化されたところにおいて」、「公論」はひとつの「権力」Machtとして「あらゆる政治制度以上に深部から作用する」のである。それゆえダールマンは「出版の自由」の一貫した擁護者でありつづけた(DaP:§284ff.)。そして「公論」の中核となるのは、「聖職者身分の知と貴族の財力」を兼ね備えた「公民」Volkの、そして「国家の重心」たる「中間層」Mittelstandにほかならない。[62] そうであるがゆえに、旧体制下のフランスにおける王権の軍事的失墜と「ケルト的猥褻」に対する「反対勢力」Oppositionとして「公論」が登場する事態は、危険なのである。「公論」が政府に対する過度の敵対心から「怒りの機知」と「有害な軽率さ」に流されることは、危険なのである。

そして、諸原因――ダールマン云うところの「諸関係」――が構造的に連鎖し、複雑に絡み合い、硬直化した統治構造と急進化する「公論」との対立が、もはや解きほぐせなくなっていることにこそ真の問題がある。

だが、腐敗した秩序もひとたび、誠実な男の手がおよぶやいなや、たいていは失われた威信を取り戻す。調べてゆくにつれて、光と影がはっきりと切り離される。とにかく老朽化した国家というものは、たとえば老朽化しつつある貴族の館とは根本的に異なっている。貴族の館ならば、どうでもよい部分は放置するに任せ、お好みの部分を住みやすく改装することもできよう。だが、国家はむしろ身体に似ている。つまり、ある器官が傷つくとほかの器官にまで傷害が波及してしまうのである。(『革命史』)(DaGR: 19-20)

すでにみたように、ダールマンにとって「国家」とは「身体」に比すべきものなのであり、「政治学」とは病み衰えた「身体」を治療する「医術」にほかならないはずだ(DaP:§12)。だが、旧体制の統治者たちは「諸関係の残酷な連鎖」(DaGR: 24)の前になすすべもなかった。

それでは革命は不可避だったのか。「必然」だったのか。ダールマンは決してそのようには考えない。諸原因が複雑に絡み合っている分だけ、根本的な改革が必要と診断するのである。

旧体制下で唯一この大任にふさわしかったとされるのが、ルイ十六世治下初期に改革に挑んでいったふたりの政治家、財務総監テュルゴーとその求めに応じて入閣したマルゼルブ――「租税問題に熟達した」「誠実な人物」――である(DaGR: 32, 125-6)。マルゼルブは新教徒の権利保護に積極的な関心を寄せた人物でもあった。テュルゴーは「古典古代を思わせる簡明さと力強さ」を備え、「実践的政治家」praktischer Staatsmann の理想的なありようを示していた(DaGR: 31-2)。

とりわけダールマンが着目するのは、マルゼルブが入閣に先立って租税法院院長として最後におこなった諫奏である(DaGR: 37-46)。マルゼルブはそこで個々の政策論を超えた、旧体制の統治構造そのものに対する批判を展開した。[63] それは、徴税請負組合やタイユ税に代表される不平等な税制、そして諸弊害の根本にある病理としての地方長官と官僚制による「秘密主義行政」に対する告発にちがいなかった。マルゼルブがこうした「秘密主義行政」に対置するのが、公開性の原理、すなわち全国三部会開催と「憲法」の制定である。ダールマンは諫奏を長文で引用したうえで「真剣さと良心に満ちた作品」と評している。テュルゴーはマルゼルブと異なり、三部会や高等法院に制約されない国制改革を望んでいたが、ダールマンはその独自の方法による段階的な代表制構想を評価している(DaGR: 32-4)。

こうした旧体制下の「絶対君主政」に対する批判は決してフランスだけにあてはまるものではない(DaKS: 27-9)。多かれ少なかれ、大陸諸国は「絶対君主政」の弊害に蝕まれている。それがダールマンの診断だった。ダールマンの十八世紀に対する評価は決して高くない。なぜなら、それは「人間性」Humanität の原理を「純粋に人間論的」に適用しただけであって、「公民的」に適用することができなかったからである。すなわち、「自由に展開された身分制から強力な国民代表を形成する」という「課題を十八世紀は怠惰にも先延ばしにした」からである。十八世紀の後半にあらわれた啓蒙絶対主義、すなわち「真に家父長的な統治」の「啓蒙された信条」にとって、「身分制・等族議会の影響はただ邪魔なだけだった」。「市民層」を排除した不完全で旧態依然とした等族議会は「諷刺の対象」となり、絶対主義政府の福祉政策によって、被治者は「優しく運ばれ念入りに寝かしつけられたのである」[64]。

政治参加の機会を失ったことで、いまや「視野の狭窄」と「公論の沈黙」、「全体の福祉に対する無関心」が支配的となる(DaKS: 21)。「当時の不幸な幻惑によって引き起こされた、ほぼすべての欧州諸国の国制 Verfassung の硬化と衰弱死によって、古来から受け継がれてきた、あらゆるものが潰されることとなった。同じ根本的な欠陥が、現在は国家秩序の不可欠な再建とあらゆる包括的な政治的討論を妨げている」(DaKS: 32)。そしてドイツ諸国はこの病理に特に蝕まれた地域だった。議会制と国制の革新という政治的課題に直面してもなお、「哲学の世紀」のドイツ知識人は「ささいな形而上学的思弁」に耽っていた(DaKS: 8-9)[65]。

こうして、「憲法」の必要性を訴える改革者たちの声は、ダールマンの声と重なってくるのである。フランスの改革を求める「誠実なる人物」の声は、ドイツ諸国の、欧州全体の再生を願う歴史家の声でもある。ダールマンにとって「ドイツ」とはなによりも尊い観念であったが、それは政治的統一ではなく、各邦が共通して「自由な憲法」をもつという紐帯によってむすばれるべきと考えていた。[66]「事物の本性」によれば、「国家の活力」は「人民」Volkからのみ生ずるのであり、暴走を防ぐためにこそ「特定の形式」(「憲法」)が必要となる。だが、「絶対君主政」の下では大臣が「運営者」Treiber の役割を独占する。小型絶対君主たちの群れが形成される。「事物の本性」に反した事態である(DaGR: 49)。「官職は愛情なく、勝手気ままに管理されることとなる。そこでは、各人が自分より上位の者から見下されている。というのも、逆に各人は自分より目下の者を同じように見下すことができるからである。しかし、静穏な臣民はあえぎ苦しみ、いかにして、善意に満ちた君主によって実際にはさまざまな圧制がおこなわれるかが、理解できないのだ。いかにして、実際には政府と臣民との間の美しい人間的関係がますます失われていくのか、理解できないのだ」(DaKS: 21)。

テュルゴーとマルゼルブによる「憲法」と議会制を目指した改革は、保守派と宮廷の抵抗の前に挫折してしまう。「明晰かつ経験豊富で、忠実で利己心をもたず、相互の嫉妬からも自由な」「政治家」をもってしても、議会制導入のこころみは挫折してしまう。[67]硬直した「絶対君主政」を議会制の導入によって再生させる好機は失われたのだ。ダールマンによれば、フランス革命の原因は「現実の関係」を無視した「空虚な思弁」などではない(DaGR: 96ff., 104-5)。窮地にいたって名士会や三部会を開催しようとする国王にも大臣にも「哲学の感染」は見出せない。英国のごとき「自然に区分された国家秩序」の重要性を理解できない政府。「諸関係」にがんじがらめに縛られて破局に突き進んでゆく政府。首飾り事件に象徴されるような、政府のどうしようもない機能不全こそが、革命を準備していったのである。そして革命が決定的になる前に、いまひとりの改革者の功罪を見極めねばならない。

## 第二節　ネッケル問題ふたたび

ネッケルの位置づけは、自由派の歴史家たちを悩ませた主題のひとつである。いまや、第三身分の暴走を防げなかった無能な大臣というゲンツ以来の評価に甘んじることはできない。ゲンツたちの叙述が不十分なためというよりも、むしろ革命史叙述の構成や意味そのものに変化が生じたからである。ゲンツやアンシヨンの関心はあくまで旧体制下の政策の功罪を論じることにあったため、革命史の終点は第三身分による「簒奪」であった。その後の革命の展開は、そこからの必然的な帰結にすぎないのだ。これに対して立憲君主政を志向する自由派は、旧体制下による「改革」の挫折からさらに一歩すすんで、国民議会による「改革」へと叙述の中心を移している。このことは旧体制と国民議会の中間に位置するネッケルへの評価にも影響をおよぼすこととなろう。

自由派の歴史家のなかでも、とりわけロテックはネッケルを積極的に擁護した（RAG, 9: 1,§9, 10, 12）。ネッケルには「虚栄心」や「人気」に酔う一面があったにせよ、本質的には優秀な財政家であり、「人民の自由」を愛する人物だった。さらに、ラインハルトが『財政報告書』出版にみられる「公論」と「公開性」重視の政治姿勢を高く評価したのに対して、ロテックは三部会選挙前夜における第三身分議員の定数倍増に着目する。このときの活躍だけで、ネッケルの功績は不滅のものとなろう。つまり、「理念の利益、高貴な時代精神、国民的自由、そして国民の幸福に理解のある、真に人民に友好的な大臣」となったのだ。

一方、厳密な意味での自由派ではないにせよ、緊縮財政を是とする改革派官僚としての実績をもつニーブーアは、ネッケルの財政手腕を疑問視している（NGR, 1: 99, 142-3, 146-7, 230）。しかも、「欧州でもっとも有能な政治家のひとり」、「すぐれた統治者」Geschäftsmann として敬愛するテュルゴーを追い落とした人物だけに批判は一層辛辣にならざるをえない。ネッケルは「度外れの虚栄心と野心」をもち、質実剛健なテュルゴーとはなにからなにまで正反対の人物として描かれる。重農主義者として漸進的な改革をすすめたテュルゴーに対して、商業派のネッケルは「トリック」によって大事をなそうとした。政策は豊富だがほとんどが「思いつき」の産物だった。さらに妻子（「婦人の元老院」）におだてられてすぐに有頂天になる人物であり、著述家としては凡庸で、財政家としては執政政府期の財政官僚たちに遠くおよばないと酷評される。

ダールマンはこのどちらにも与さない。

まずネッケルの「財政家」Finanzmann としての実力は申し分のないものだった（DaGR: 84, 146-7, 267-8, 276）。アメリカ独立戦争中の戦費を賄った手腕は評価されるべきであり、国民議会成立後の財政政策も時宜にかなったものだった。ダールマンによれば、「財政家」の実務の本質は軍人同様、「好機」を見つけて決断を下すことにある。その点でネッケルは「理論家」ではなく、あくまで実務家として有能であった。また、その性格は「無私」であり、性道徳が乱脈をきわめた当時にあってなお、家族との関係が「精神的交流」に満ちていた点も評価されてよいはずである。ダールマンのビーダーマイヤー的家族観がよくあらわれている。

逆に国家を難局から救うべき「政治家」Staatsmann として、ネッケルは失格だった。ダールマンはネッケルの「政治家」としての狭量さや読みの甘さを各所で指摘しているが、[68] ここでも、三部会対策の無策（「無為の罪」）が、決定的な論拠として挙げられている（DaGR: 147-50, 153）。頑迷に一六一四年の形式を要求して支持を失った高等法院に対して、このときこそ「政治家としての活動」staatsmannische Thätigkeit をもって世論を誘導すべきだった。第三身分の定数倍増と頭数採決はすでにいくつかの州議会で導入されていたのだから、「人民の声」にしたがって三部会でも導入可能だったはずだ。そして、三部会の権限を「租税事項」に限定して特権身分を安心させ、三部会閉会後に憲法委員会を召集して二院制憲法を制定すれば、すべてはうまくいっただろう。ところが、実際のネッケルは第二次名士会召集という「もっとも呪うべき道」を選び、高等法院との妥協や公論への介入も拒んだ(DaGR: 150-4)。「人間の諸関係を結合するために王権の高みから降りてゆく」ことをしなかった。「頭数採決をともなわない第三身分の定数倍増は、むしろ「法秩序」内にいるかぎり目的が達せられないことを印象づけてしまうだろう。三部会開会時にはすでに「第三身分議員たちは単なる租税改革を望んでいなかった。その意識は新しい憲法へと向けられていた」(DaGR: 196)。一見、こうした批判はゲンツやブランデスのネッケル批判の延長線上にあるかにみえる。

しかし、ダールマンのネッケル批判の核心にあるのは、「憲法」の重要性への洞察にほかならない。ネッケルは単に状況判断を誤ったからではなく、むしろ「憲法」問題という当時の政治危機の本質を見逃したがゆえに断罪されるのである。この点で、あくまで状況的な対応、あるいは有用性の問題として「憲法」問題を捉えたゲンツやブランデスとは決定的に異なっている。[69] ダールマンによれば、当時のフランスにあって「財政の改善」は「行政の本質的な変化」、まさしく「新しい憲法」の制定にかかっていた(DaGR: 138, 142)。ネッケルが再入閣したとき、「財政逼迫などよりも三部会のほうが桁違いに重要な問題になっていた」。

「憲法」とはすなわち「絶対君主政」との決別である。「絶対的支配」がつづくかぎり、国家は「神話的存在」mythologisches Wesen にとどまる(DaGR: 141)。そこでは「権力と叡智」が王権にあるという「神話」のみが通用する。したがって、真に強固で安定した統治の実現のためには、「自由であると同時に統一的な国家秩序」の実現のためには、「公民の洞察」あるいは「国家についての知」が不可欠である。「定期的に開催される議会」が不可欠である。「立法権の共有者として法律に自由な同意を与える臣民の権利は、統治の本質を害することはない。むしろ実践における成功をより確実なものとする」からである。立法権の「共有」、臣民の立法権への参与こそ、「政治的自由」staatsbürgerliche Freiheit の本質にほかならない。それは「国家の力の弱体化」などではなく、「身体における関節」

のように全体を「恣意的な解体」から守り、「より高次の秩序の生へと結合」し、「より密接な結合への進歩」をうながすはずだ（DaP:§97-8）。ダールマンには議会が今後ひとつの巨大な権力に成長してゆくという確信がある。「いかなる洞察も権力であり、とりわけ、演説をおこなう選り抜きの議員たちの洞察はそれ自体で巨大な権力である」。それゆえ議会を「単なる諮問機関」に貶めることは、逆に政府の敗北を招き、権力を動揺させることとなろう（DaGR: 141, DaKS: 19-20）。

ダールマンの思い描く議会像は、ゲンツやアンシヨンといった復旧期の論客の議会像、すなわち「中世」的な等族議会とは決定的に異なっている。「絶対主義」を「専制」として退ける点では共通しつつも、ダールマンは議会に身分利害の反射鏡以上の役割を与えるからである。「よく整備された全国議会を通じて、制度の力がおよぶかぎり、合法的で目的に適った法律が制定されることとなる。つまり、正義にかなった理性的で持続的な立法にむけて、国家内の最良の諸力を結集するためのあらゆる配慮が傾注されよう。そのかぎりで、源泉の合法性と対象の合目的性に関して国家諸権力の自由な一致が実現するだろう」（DaP:§193）。そこで各議員は「国家の代表」として「良心と見識にしたがって」投票すべきであり、身分制と不可分な命令委任とは相容れない。[70] 身分別採決は論外で、「あらゆる職務はあらかじめ規定されたひとつの形式によって共同で遂行される」こととなる（DaP: 140）。[71]

求められているのは、「世界における諸関係の進歩的な変化」によって形成された「新秩序」にふさわしい議会である。「私権と私的利害の連鎖」にもとづく等族議会は、国家が特権やレーエンの「集積体」であった「中世」、いわば「古き等族議会時代」には機能したかもしれない（DaP:§139, 141, 236）。だが、絶対主義のもとですでに諸身分間の不平等が根本的に是正された以上、「国家秩序」と「新たな陶冶」は「永久に消え去った基礎」を離れねばならない。「古き身分間の亀裂はもはや存在しない」。いまや、あらゆる部分は「全体の秩序」との関連のなかに位置づけられる。[72] ダールマンはまさしくここで、「歴史を自分に都合のよいところで閉ざしている」復旧期の論客や歴史法学派と決別する。

かつての〔レーエン制下の〕奉仕に〔租税の〕金銭が取って代わり、そのおかげで現在の国家は運営されている。伝承された習俗にかわって、根拠を問いただす洞察力が登場する。身分ごとの意見 Standes-Meinung にかわって公論 öffentliche Meinung が登場する。古き等族議会は国民代表制 Volksvertretung へと変わる。国民代表制は、一般的な拘束力をもつ法律と租税に同意する一方で、諸身分や個人のもっていたすべての統治権を、より明瞭に認識された国家へと返還するだろう。これらすべての変化は、みな同じ歴史の力によって引き起こされたのである。(『政治学』)(DaP:§142)

ここには世界の「進歩」に対する信頼がある。ゲンツやアンシヨンの身分制的な議会像を支える歴史的基盤そのものが消滅した以上、「身分制的 landständisch か、代表制 repräsentativ か」という対立図式自体がもはや「実践的価値」をもたないのだ。歴史的基礎の変動にともない、「ばらばらだった四肢〔諸身分〕を和解させ、各身分――こう言ってもよいならば――を高価な宝石のごとく扱い、数世紀の間ごちゃごちゃに積み重なってきたものから各身分を清め、正当な地位を与えてやり、そして他の諸身分とともに美しい共同の光へと統合する」ことこそが、求められているはずだ(「ワーテルロー演説」)(DaKS: 8)。

さらにダールマンはしばしば「跳躍」の必要性を説く(DaP:§99, 139, 141, 237)。たしかに「過去と現在をむすぶ構成要素」や「慣習」といった歴史的基盤があるならば、「既成のもの」に則った改革を選ぶべきであろう。(73) 統治は「できるかぎり非人工的で、できるかぎり現実の政治社会の状態に即した構成要素から構築されねばならない」のだから。しかし、そうした「慣習」が存在しない、あるいは乏しい政治社会において「伝統の間隙を埋めるのは、必然に迫られて自由に創設された政治制度にほかならない」。ときには時代にかなった政治制度を一気に導入するという「跳躍」さえ必要となるかもしれない。「気まぐれや不平不満が貪欲にでっちあげた変革ではなく、必然的な革新」を導くという「高貴な課題」を前にして、「政治学」はひるんではならない。

「政治学」の本質は、時代の流れから課題を「受け取り、承認し、それに沿って展開する」ことにある（DaKS: 314-5）。たしかに「現象界」において、あらゆる国家は「理想」から遠いものであるが、同時に国家である以上、いくばくかは「理念」の影をうちに秘めているはずである。古きものを古いがゆえに愛する立場──歴史法学派が念頭に置かれている──は「人類の絶えざる発展」を見誤っているといわざるをえない。歴史は断絶することなく続いてゆく。だが同時に時宜を得た「変化」をも歴史は求めるのである。歴史にまなざしをむけながら時代の流れを見定めること。それは、過去と現在を媒介すること。これこそが「政治家」の課題なのであり、そしてネッケルはたしかに落第だった。三部会対策の必要性に関するマルーエの進言もネッケルを動かすことはなかった。「政治的熱狂と自己満足に惑溺した」ネッケルは、「三部会はたやすく操縦できる、そしてフランス人民は自分に対して不滅の恩を感じることだろう」と楽観視していた。バスティーユ事件後、革命終結の見通しをもって大臣に復帰したネッケルは、「一時的な人気という眩暈に有頂天となった。軽率な大臣のなんと悲しい誤解であろうか！」（DaGR: 200, 266-7）。だが、皮肉なことに、ネッケルの優柔不断によって引き起こされた革命から、ダールマンが真の「政治家」と認める人物があらわれてくる。その人物が国民議会の演壇に立つとき、ダールマンはそこにありえたかもしれないもうひとりの自分を見ることとなろう。そのとき、ダールマンは過ぎ去ったフランス革命を再び生きるのである。

第三節　獅子の革命——ミラボー問題

「まことに、これより先、フランスの運命は国民議会にゆだねられた。その叡智と穏健化のみが傷ついた王権を再建できたのである」。ダールマンにとって、ゲンツや復旧期の史論家たちが筆を置いたところ、すなわち王権に対する国民議会の勝利から革命史の第二幕がはじまる。王権が改革に失敗したため、革命はおこってしまった。もはやその失態を悔やむときではない。国民議会による改革の成否によってこそ、革命の帰趨は定まるだろう。「動揺する王権を再び確固たるものにすること、いまや定まった現代の法を過去とむすびつけること。今後は以上のことが国民議会の第一の関心とならねばならなかった。その際、自然の慎み深さに範をもとめねばならない。ここでの自然の慎み深さとは、不完全な状態から一足飛びに完全な状態へと移行することはないという意味である」(DaGR: 218, 239-41)。

障害は大きかった。たしかに議会は「才能ある人々」、「高貴で信頼できる信条を備えた多くの人々」によって構成されていたものの、フランス国民は「絶対主義支配下にあった人民特有」の「国事に関する嘆かわしい無知」に沈み込んでいた。さらに王権の側も、「統治」Regierung こそが国家にとって最大の基盤であり、「自由」の実現の前提として「秩序」Ordnung をまず確立せねばならないという「根本真理」を認識できる人物を欠いていた。国民議会はこうした状況にあって、「フランスの政治的再生」にむけた人民の期待を背負った。

実際、国民議会の議事は、左派によって急進的な方向にむけられてしまう。たしかにロベスピエールやマラーといった過激共和派の勢力は弱小であったが、そのかわり議会を主導したのは、デュポール、バルナーヴ、ラメト兄弟の「いわゆる三頭派」だった(DaGR: 299)。彼らは革命をさらに「急進化」させるためにジャコバン・クラブを非議員にも開放し、全国に姉妹クラブを設立して組織化してゆく。ダールマンによれば、「三頭派」は実行部隊であり、理論的指導者はシェイエスだった。

無論、「思慮ある自由の友」たちも負けてはいなかった。ここで念頭に置かれているのは、二院制による制限君主政を目指す、マルーエら君主派である。ミニェは、ラファイエットや「三頭派」を革命の英雄として賞賛する一方で、「和解」の政治を志向する君主派を「排他的な情念の時期」には「不適切」だったと評価する。これに対して、立憲君主政を理想の政体とするドイツの歴史家にとって、マルーエは「穏健派のもっとも重要な支柱のひとつ」、「議会内でもっとも賢く高貴な人々のひとり」(ゲンツ)(GGS, 5: 339-40)のように思われた。「三頭派」に振り回される国民議会にあって、革命を是認しつつもなんとか制御しようとする、行政の知識に長けた「最良の人物」だった(ニーブーア)(NGR, 1: 199)。ダールマンにとってもマルーエは「根本定理と洞察力を備えた男、誠実で勇気ある自由の友だった。秩序の崩壊が、結局は自由を廃墟に埋葬する羽目になるだろうと確信していたがゆえに、彼は暴力的な転覆の敵」だった(DaGR: 199)。

だが、「思慮ある自由の友」の「穏健」さは「流れに逆らう」ことを意味するがゆえに、また「反革命」と一線を画したいという配慮ゆえに「活力」の点で左派には抗しきれない(DaGR: 299-300)。とりわけ、ラファイエットの政治的凡庸さが指摘されることとなる。ニーブーアによれば、ラファイエットの「思想は凡庸」で「想像力」にも乏しく、「無能な政治的ペダンティスト」にすぎない(NGR, 1: 200-1, 265)。ダールマンもラファイエットが「極めて誠実な男」であることは認めつつも、君主政の再建者としては不適格とみる。「彼の片目はつねにアメリカに、もう片方の目はフランスに向いている。そのためにあらゆるものを歪めて見ることとなり、国民議会の失策を見事な黄金とみなしてしまう」からである(DaGR: 326)。

こうした議会の苦境にあって、事態を精確にみつめる「ひとりの強力な天才」がいる。その圧倒的な雄弁と人望と胆力と頭脳によって「独自の道」を歩む男がいる。ミラボーである。莫大な借財をかかえ、大臣モンモランからは敬遠され、「三頭派」からは不信感をもたれながらも、彼は「自分が自由のためにしてきたことすべてを、真の王権を守るための努力とむすびつける。いかなる党派にも属さず、孤高に、おのれの天才によって一大勢力をなした」（DaGR: 298）。

ミラボーは気性の荒い巨漢として知られている。[74] 貴族出身にもかかわらず、その前半生は落伍者のそれである。軍隊を脱けだし、莫大な借財をかかえ、おそろしく好色だった。父が要請した封印状によって、幾度も勾留された。名士会の失敗まで、彼は政治パンフレットからポルノ小説までなんでも書き散らす、怪しげな売文家にすぎなかった。天然痘の跡がひどい、醜い男とみられていた。

ミラボー

革命の到来とともにミラボーの人生は一変する。彼は、時代が三部会と新たな憲法を求めていることを知っていた。同輩の貴族たちによって排除されたため、第三身分代表としてプロヴァンス選出議員となった後、その雄弁、指導力、度胸、なにより脱落貴族という評判によって、頭角をあらわしてゆく。世人はミラボーのうちに革命の化身、革命の獅子を見て喝采した。六月二十三日の親臨会議終了後、第三身分議員に退出命令を伝える式部長官に対して、ミラボーは叫ぶ。「さっさと帰って、君の主に伝えたまえ。我々は人民の力によってここにいる。どうしてもここから立ち退かせたいというならば、銃剣をもってこいとな！」。この瞬間をダールマンは評する。「これが革命だった」[75] と（DaGR: 214）。

ミラボーの強烈な個性は、革命当時からドイツ知識人を魅了した。革命戦争中の一時期は「忌むべきカティリーナ」のごとく不人気であったが、そうしたなかでも崇拝者を欠くことはなく、三月前期にあっても印象が薄れることはなかった。(76)「ミラボーには人の才能を見抜く天賦の能力があったので、ある者はその強力な本性のデーモンに惹きつけられるように感じ、ミラボーと彼の指図によろこんで身をゆだねたのだ」(ゲーテ)。革命当初、ゲンツはミラボーを「人類の恩人」とみた (GSS, 11-1: 205)。皮肉屋のハイネでさえ、この「我々の時代のもっとも偉大な政治的天才」を手放しで讃えている。

ところが、圧倒的な指導力を誇る自由の使徒ミラボーには、もうひとつの側面がある。それは「性格の腐敗」と「御しがたい欲望のはげしさ」(ゲンツ)にほかならない。実際にミラボーは青年期から累積した莫大な借財をかかえ、好色で、つねに名誉を欲し、あらゆる党派と通じる陰謀家で、支配欲が強く、躊躇なく他人を利用するところがあった。革命批判に転じた後のゲンツは、こうした視点からミラボーを眺めている (GGS, 5: 391-3, 455)。「優秀な頭脳」と「真理」を見抜く「洞察力」、「卓越した才能」にもかかわらず、ミラボーは「頭脳と心情の隠されたアンティノミー」と「解き難い矛盾」に囚われていた。「一貫性を欠いた」「奇妙な男」だったのだ。革命批判をかかげる復旧期の保守派のみならず、自由派のロテックにとってもミラボーは利己的でどこか胡散臭い人物であった。

ミラボーの業績を評価する際の最大の問題は宮廷との関係であった。一七九〇年、ミラボーは友人のラマルクを介して、国民議会に圧迫される王権と密約を結んだからである。内容は、借財の帳消し・月額六千リーヴル・議会解散時に百万リーヴルの報酬と引き換えに、王権に助言を与えるというものであった。(77) ミラボーの死の翌年（一七九二年）に王宮から秘密書簡が発見されるやいなや、大スキャンダルとなった。まさか革命の英雄が、実は宮廷と、「反革命」と通じていたとは！　遺骸はパンテオンから撤収された。ロテックにとって、こうした行動は汚らわしかったし (RAG, 9: 2,§11)、ミラボーを革命最高の指導者のひとりとみるミニェも、助言の内容は「立憲的」だったにせよ、「買収されたという過ち」は「非難」に値するとしている (HRF: 151-2)。

だが、ダールマンはこうした批判を一蹴する（DaGR, 323-6, 349-50）。ミラボーは断じて「利己心のために良心を否認するような、買収された助言者」などではなかった。いくら報酬を受け取っていたかなど、この「政治の天才」（DaGR: 182）の評価とは無関係である。無償が一番望ましいにせよ、王は正式な助言者以上に「よりよい助言者」に対して報酬を支払っただけのことだ。「今も、そして今後も決して完全に純粋な生にたどりつくことができない」ことこそが、「この男の踵につきまとう宿命」だった。密約によって行動を制約されようとも、「この驚嘆すべき人物の心中と地位を混同してはならない」のだ。彼があれほど苦心した献策も、「優柔不断」な国王には無駄だった。

ダールマンにとっては、むしろ宮廷との提携関係こそがミラボーの真の偉大さを示しているように思われた。それはミラボーが「革新の事業」と同時に「秩序の復興」を望んでいた証だから（DaGR: 351-2）。「統治」Regierungの重要性を誰よりも理解していた証だから。「統治」によって「秩序」が確保されてはじめて、「自由」は育つことができる。「しばしば秩序から自由が生まれてきたことはあったが、自由から秩序が生まれてきたためしはついぞない」（DaP:§137）。「かつて人間に成功が許された輝かしい事業があるとすれば、それらすべては、世界を支える両極軸の間に位置している。すなわち、秩序と自由の中間に位置しているのである。秩序なきところ、安全は存在しない。安全が無ければ、自由もまた存在しえない」（DaGR: 421-2）。ダールマンは、「家族制度」に「家長」が必要なように、「国制」の本質を「最高権力」（「主権」）を体現する「統治」にみている（DaP:§88-9）。「統治無き国家はありえない」。そして、大国であればあるほど、「統治」は簡潔かつ強力な最終決定機関としての君主にゆだねられるべきである。

一方で「統治」が「絶対君主政」に流れることを防ぐために、「統治」は「統治に参与することのない国家諸権力」Staatsgewalten によって制約されるべきである（DaP:§91-7, 99）。この制約は、政府が完全な「執行権」を保持し、

「立法権」を議会と「共有」することによって達成されることとなろう。[78]「大国の統治形態が持続するためには、同質的ではない、多様な構成要素から構築されねばならない。さらに、できるかぎり非人工的で、できるかぎり現実の政治社会の状態に即した構成要素から構築されねばならない」。これこそ「あらゆる時代の教訓」である。ダールマンのミラボーはこの「教訓」を体現し、「統治」の担い手たる宮廷と、「公論」を体現する議会を調和させることで君主政の再建を目指したがゆえに、「政治の天才」なのである。「三頭派」に対して咆哮するミラボーは著者の叫びでもある。革命の諸事件を眺め分析するダールマンのまなざしは、ミラボーの眼光と交錯する。演壇にそびえるミラボーの巨軀は、病弱だが決然とした信念をもつダールマンの志のすがたにちがいなかった。ミラボーが政治を動かすことができたならば、革命はちがった進路をとっただろうに。そのようにダールマンは惜しむ。

ついにミラボーがおのれの「天才」、「権力と名声を渇望する魂」にふさわしい執政者の地位を得ることはなかった。それは過去の不行状の報いでもあったが、なによりも国民議会の「愚かな決議」のためだった（DaGR: 300-3, 350）。一七九〇年十一月、「革命を抑制する」ために執行権と立法権の連係を画策するミラボーに反対して、議会はいかなる議員も大臣となることはできないと決議した。決定的だった。こうして、議員であるミラボーが統治にたずさわる機会は失われた。「我々はそれとわからぬ傷がもとで出血多量となり、命取りとなる」。一七九一年四月二日、ミラボーの死とともに立憲君主政樹立のこころみは挫折する（DaGR: 352ff.）。ダールマンが期待を託した獅子の革命はここで終わる。

ダールマンは「党派」というものが嫌いだった。[79] ハノーファー議会で下院議員を務めた際、保守的な貴族層に対してと同様、他の自由派に対してもダールマンは一線を画したようである。ダールマンのミラボーも同じように、「いかなる党派」にも属さず「独自の道」を歩んだ人物だった。もちろん、ふたりの性格は天地ほどかけ離れている。ダールマンは典型的なビーダーマイヤー人だった。寡黙で照れ屋だった。それでも、ダールマンはミラボーのうちに「政治家」のイデアをみたことにかわりはない。「革新の事業」と「秩序の復興」を担う、不偏不党のひと。ミラボーのおかげで「緩慢な中世の障害は除去され、封建制は決定的に否定され、農民の土地とその生業は自由になった。さらに風化した教会には斧が振り降ろされた。その結果、国教も、ローマ教皇による国家支配も、もはや存在しないのである」(DaGR: 351)。そこにミラボーの「不朽の価値」、「フランスに、そしてフランスを通じて欧州全土に自由を基礎づけたという名声」の根拠がある。君主政の要となる「統治」の重要性を認識し、「秩序の復興」を目指して革命の奔流に抗い、そして敗れた。だが、「不偏不党の歴史」(DaGR: 323-4) は決してミラボーを見捨てることはないだろう。ダールマンはそのように云う。「人類の歴史における悲劇の一幕」ともいうべきミラボーの生を、「不偏不党の歴史」は決して見捨てない。ダールマンはやはり、政治学者であり、歴史家だった。

# 第三章 『政治学』の宇宙

## 第一節　一七九一年憲法の功罪

どの程度までフランス革命は成功したのだろうか。ダールマンの問題意識がつねに「憲法」を軸に旋回している以上、「憲法」に対する評価こそが同時に革命そのものに対する最終的な評価となろう。個々の政治過程への批評は、最終的な「憲法」評価へと流れ込んでくる。国民議会による改革の総決算たる一七九一年憲法を理論的に分析することはないが、国民議会の個々の政策に対する批評はそのまま一七九一年憲法にもあてはまる。そして、その背後には理想の「善き国制」に向けられたまなざしが潜んでいる。

結論から述べるならば、ダールマンの一七九一年憲法評価は、辛辣だった（DaKS: 19, DaP:§162）。「一七九一年憲法はフランスに適合していなかった。それは不誠実で内奥に共和政を秘め、そのことを隠そうともしなかった」。もちろん、ダールマンは国民議会の政策を全否定するわけではない。「中世の障害」たる聖俗の「封建制」の打破や十分の一税廃止は偉大な業績にちがいない。しかし最終的に確立した体制と統治機構は原理的にまちがっているものとされた。

一七九一年憲法の欠陥は議会と「統治」Regierungとの関係のうちに潜んでいる。三権分立原則を厳格に導入した一七九一年憲法の規定によれば、租税徴収・予算策定を含む立法権は「立法府にのみ委託」されている〔第三章一節〕。ダールマンによれば、これは基本的に誤った認識にもとづいている（DaP:§96-7, 113-4）。「統治」は「執行権」（〔行為権〕）の唯一の担い手であるとともに「立法権」の「共有者」でもあるのだから。「統治が仮に他者の意志をただ執行せねばならない状況に立たされるとしたら、それはむしろ、より強力な意志に支配されているということになってしまうだろう」から。それゆえに王権は「全執行権」をもつとともに「法律の公布者」であり、「世襲貴族・王族の任命」を通じて「法律の審議に一定の影響をおよぼす」ことができねばならないのである。

とりわけ王権と議会との関係は「拒否権」Veto 問題をめぐってもっとも緊張する（DaP:§120）。王権は「おのれの意志をあらゆる法律に与えるかぎりで立法権の保持者である」。それゆえ当然、国民議会の立法に対する拒否権が認められねばならない。しかも、その効力は「単に延期的な効力〔制限拒否権〕ではなく絶対的な効力〔絶対拒否権〕をもたねばならない」。「国王が議会によって定められた法律をそのまま公布して執行せねばならないという場合、それは権力無き君主政を意味している。そしてそれは英国国制の全盛期の祖となった国王ウィリアム三世があらゆる政府のうちで最悪のものと名づけたものにほかならないのである」。

そして、この「あらゆる政府のうちで最悪のもの」たる「権力無き君主政」の「最良の実例」が、一七九一年憲法だった。国民議会で拒否権問題をめぐる論争がおこなわれたのは一七八九年八・九月であるが、ミラボーだけがその決定的な重要性を見抜いていたとされる（DaGR: 258-63）。ミラボーは、「傑作」ともいうべき演説において、まさしく絶対拒否権こそが王権の中核であり、制限拒否権だけでは王権護持に不十分だと訴えかける。「複雑にからみあった生へのまなざしと感覚」に満ちた「有機的な」議論だった。これに対して王権による拒否権を一切認めないシェイエスの議論は複雑な論点を「ナイフで手仕事的に」切っただけの「凡庸な」代物ではないか（DaGR: 263-6）。そして、結局はここでも――「政治の奥義への洞察の欠如」のためか、「動揺した人気の回復」のためかはわからないが——ネッケルは国王に制限拒否権を進言することで、「誠実で思慮深い君主政の支持者たちの希望」を打ち砕く。一七九一年憲法によれば、国王の拒否権は「制限的」で三期連続で決議された立法はそのまま公布される（第三章三節二条以下）。こうして国王は「法律の執行に関してのみ強力だが内容の決定については無力で、他者の意志への従属者になりさがってしまった」のである（DaGR: 268-70）。

この議論からも明らかなように、ダールマンにとっての王権とは、単なる「執行権」の保持者にとどまらない、政治社会全体に責任を負う「統治」の担い手である。一七九一年憲法が国王に「執行権」を認める一方で事実上は制約を設けて空洞化させたのとは対照的に、ダールマンの描く国王の「執行権」の内実は強力そのもの——統帥権、大臣・将校任命権、教会監督権、教育統轄権、裁判権、官職任命権、警察権、そして議会の召集・延期・解散権——である(DaP:§115-9, 121-3)。「常設の議会などは王権の転覆にほかならない」[80]。なによりも国王は「議会の共同なしに」対外関係を統轄することができる。「財政事項に触れない限りで」議会の批准を求めることなく、あらゆる協定や条約を締結し、開戦・講和することができる。[81]

だが、このように強力な君権は濫用の危機に絶えずさらされているのではないだろうか。ダールマンが強大な「統治」と権力濫用防止を両立させるための制度として強調するのが、「国王無答責」königliche Unverantwortlichkeit の原則である（DaP:§130ff.）。つまり、国王は大臣を任命し、統治における「責任」——「政治的」であれ「法的」であれ——はすべて大臣が負うという原則である。特に大臣に重大な憲法違反があった場合に議会が行使する弾劾裁判権は「抵抗の最後の手段であり、私はそれを議会の剣と名づける」。それは濫用されるべきではないにせよ、「新たな国法の本質的な部分」である（DaP:§136）。平時にあっては大臣の統治を監視する「公論」こそが「もっとも有効」な規制となろう。だが、憲法が侵害されるという危機的な状況に際しての弾劾裁判権は、大臣による統治を監視し、王権自体を動揺させることなく憲法を守り、国王に対しては「あらゆる支配の見えざる担い手である善と法の永遠の基礎」を示すことだろう。

したがって、現代の君主政は安定した統治を実現することができる（DaP:§137, 139）。統治が「君主の個人的な才覚にもとづくものではない」からである。ダールマンにとって現代のあるべき「君主」は、「私権」にもとづいて統治をおこなう貴族たちの第一人者たる中世の「レーエン国家の元首」でも、「絶対君主政」のもとで国家を所有物のごとくあつかう「家産君主」Patrimonial-König でもない。それは「国家の理念」を体現し、「自分のためではなく国家のために」統治する「国家君主」Staats-König とでもいうべき存在にちがいなかった。「国王無答責」に加えて世襲制の確立や、王室予算と国家予算の原理的区別（「王室費」Civil-Liste）がそうした「国家君主」を支える(DaP:§101ff., 125ff.)。[82] この「国家君主」を頂点とした君主政こそ、ミラボーが望み、ダールマンがドイツ諸邦にあらわれることを夢見る「善き国制」であった。そして一七九一年憲法は「国家君主」を確立する代わりに、際限なく王権を侵食しつづけたのである。

議会による王権の侵食を単に制度設計の失敗として片づけることはできない。一七九一年憲法の精神は人権宣言に、人権宣言はシェイエスに、そしてシェイエスの思想はルソーに由来していると、ダールマンは考えるからである。一七九一年憲法体制を、さらにはフランス革命を総括するためには、革命を一貫する「人民主権」原理 Volks-souveränität の罪が問われねばならない。

ダールマンによれば「人民主権」理論の起源は古いが、フランス革命にあらわれる形態のものをはじめて打ち出したのはルソーである（DaP:§232-4）。[83] ヒュームは「習俗」Sitte を国家の基礎とすることで、国家を統治機構の「人工品」としてあつかう「ロックの体系の欠陥」を正すことができた。これに対して、ルソーは「類の権利」Recht der Gattung、つまり各人の不可譲の「権利」を国家の根源に据えることで「群衆」に主権を与えてしまった。[84]「ロックが最終手段として設けた緊急通路のうえにルソーは国家を設立する」。それは「有害な誤り」だった。そして、この「有害な誤り」を決定的なところまで高めたのが、シェイエスの『第三身分とは何か』である。「すべてを純粋に一から考え出したのはルソーではなくシェイエスだった。この病弱でぱっとしない男が、少しばかりのわかりやすい思想で武装し、革命の大路を拓いて狼煙をあげた征服者なのである」(DaGR: 167-8)。その内容はおそろしく陳腐であるがゆえに圧倒的な影響力を誇った。あらゆる統治は人民の福祉を目的とする、統治権が単なる私有財産ではないという正しい意味は忘れ去られる。[85]

こうして「人民主権」は革命の理論と化す。「すべて主権の根源は、本質的に国民のうちに存する」(人権宣言・第三条)。フランス革命において、人権の理論は民衆が意に沿わない法律に背くための口実、いわば「不服従の理論」として用いられる。人権宣言は美しい理想にとどまるがゆえに、つねに対比される現実の「不平等」や「自然的自由と平等の制限」を「嘆かわしい」ものとして映し出してしまうのだ。さらに一歩進めれば、平等の主張が「国法」から「私法」へと、つまり「財産の平等」への要求へと転じかねない (DaGR: 242-4)。

　ラファイエットの提案した人権宣言は根本的に間違っている。なぜならそれはあらゆる憲法を満足ゆかないものにしてしまうからである。共通善と個々人の陶冶というすばらしい果実が国家結合から育つためには、必ず必要な犠牲というものがある。だが、そうした犠牲のかわりに一連の自由と平等に関する諸権利が引き合いに出されることとなる。そしてその諸権利は太古から人類にとって、犠牲とは無縁な不可譲の所有権であるべきであり、そうあらねばならないとされる。しかし、宣言のなかでさえも最終的にはその残り滓しかないのだが。(『政治学』)(DaP:§235)

それゆえアメリカ独立戦争の際、独立宣言が「人間の原初的平等」と「不可譲の権利」をもちだして「転覆の原理」を「恒常的な原理」に高めたことは誤りだった（DaP:§234）。新興国のアメリカならばともかく、「まったくその基盤を欠く」フランスに人権宣言を制定するなどとは「軽はずみ」でしかない。「危険な政治的大法螺吹き」でしかない（DaGR: 241-6）。「政治家としての賢慮」を備えたミラボーはそのことを見抜いていた。

ダールマンにとって、「人民主権」の構成原理――人間の生得的な自由・平等（「絶対に取り消し不可能な自然権」（第一・二条））と社会契約――は政治社会の本質への完全な無理解にもとづくものだった。すでにみたようにダールマンの「国家」は、「国家無き自然状態」のうえに築かれた「人工装置」とは異なる、「人類と同じくらい古い」起源をもつ「強力な超人間的秩序」である。個人はそうした政治社会に埋め込まれた存在、「国家的動物」として生まれるのであるから「生まれつき自由」でも「平等」でもありえないことになる。未成年は政治的権利をもたないし、成人後も「容姿・能力・身分・財産」の異なる人々と共生せねばならない（DaGR: 242-4, DaKS: 27）。人間は生まれつき不平等なのだ。そして「人間の自然本性は理性 Vernunft を備えていること、そして上位と下位を区別することにある」（DaP:§1）。

本来、「善き国制の目的」とは「神と自然、そして歴史の力によって基礎づけられた」「不平等」を認めると同時に、その「有害な過剰」を抑制することにある。つまりダールマンは身分制構造に付着する特権などの「中世の障害」を除去する一方で、「歴史的基礎」を統治機構に組み込むことで安定した「善き国制」を達成しようとするのである。

「歴史的基礎」と統治機構をむすぶ鍵となるのが二院制である（DaGR: 142-6, DaP:§143-5）。英国国制の卓越性は単に英国の特殊性にではなく、「職務の真の本性」にしたがった二院制（「ふたつの異なった自覚をもつ議院」）に由来している。二院制は政治社会に内在する「不平等」、年齢・能力・身分・財産・経験といった「国民の多様性」を統治機構に接続することで、政治社会をより有機的に組織することができるはずである。「上院は個人や官職上の資格にもとづいて議員を採用し、世襲制ではないにしても少なくとも終身制を志向する。対して下院は議員の不断の入れ替えと選挙にゆだねられるのである」。下院が政治社会の運動性を、「貴族政的要素」からなる上院が「不動性」を体現するというわけである。それは政治社会の本性に則しているがゆえに普遍的に適用可能な制度でもある。実際に「貴族政的要素」の乏しいアメリカ合衆国においてさえ「年齢・尊厳・実務経験といった差異」は存在する。したがって、二院制は十分機能しうるのである。三部会前夜のフランスならば、大貴族と高位聖職者を結集して上院を結成することも可能であったにちがいない。

　二院制は「多数決」による「偶然性」を予防し、多院制のもたらす「少数派」の横暴を回避することができる。各院の「賞賛すべき野心」が相互に「矯正的な」影響をおよぼすのである。それゆえ二院制は、「討議のもたらす荒々しい波」から王権を守る防波堤の役割を果たすだろう。一方、上院の「不動性」は、「専制君主」による「自由」の侵害を許さない。平時において、二院が一致した決議は「国民の現実の声」として王権に提示されることだろう。ダールマンの議論は二院制を単なる統治機構とみるのではない。二院制という統治機構は、政治社会の「歴史的基礎」、現在の身分制構造に代表される「不平等」と連動することではじめて有効に機能する。

　ところが封建的諸特権や十分の一税を廃止した一七八九年八月四日決議によって、貴族と聖職者の存立基盤が掘り崩されてしまう（DaGR: 253-6, 262-3）。もちろん、そこには「実践的意義」があったにせよ、「理性的な事柄をめちゃくちゃな方法」で実現したとダールマンは評する。もともとフランスの貴族は「過剰な利益を独占する抑圧的制度」（「公共の貧困の大原因」）として第三身分の憎悪の的だったため、二院制は国民議会の大多数によって「新たな貴族の培養所」（「大臣の道具」）として否定され、一七九一年憲法も一院制を採用することとなる（第一章一条）[86]。貴族制を改革して政治社会の構造を統治機構に媒介する道は閉ざされ、君主政は不安定化し、王権は議会によって侵食されてゆく。貴族制の廃止（一七九〇年六月十九日）はその到達点であった。「世襲貴族制の護りを欠く世襲君主政は、激しい嵐に晒される剝き出しの塔の如く、広大な平野に立ちつくしていた。その構造を理解することは、もはや困難だった」(DaGR: 328-9)。

一七九一年憲法は、そしてフランス革命は不完全なものにとどまらざるをえなかった。政治社会の「歴史的基礎」は国民議会によって徹底的に破壊され、王権はもはや「剝き出しの塔」のごとく風前の灯だった。やがて王権も倒れ、革命は急進化してゆく。いかなる道が残されているのだろうか。何を目標に歩んでゆけばよいのだろうか。それでは、我々ドイツ諸国はいかなる道を選べばよいのだろうか。その答えを得るため、ダールマンは再び「歴史」の階段を下りてゆく。

## 第二節　英国国制論

ダールマンは英国を見たことがなかった。あれほど恋焦がれた国を訪れることは終生なかったのであり、また、訪れようと思っていたのかさえよくわからない。英国通を自称したゲンツやニーブーアがみずからの滞英経験から英国観を形成したのとは対照的である。ダールマンは英国国制をモンテスキュー、ブラックストンやド・ロルムの古典的著述から学んだ。したがって、彼の英国像は同時代の「現実」とは大きくずれていた。[87] だが、「現実」との乖離を指摘することがそのままダールマンの思想の「現実」を把握することになるとはかぎらない。

ダールマンが依拠した古典的著述家たちは個別論点で食い違うことはあろうとも、英国を君主政・貴族政・民主政からなる「混合政体」とみる点では一致していた。ダールマンもその点はかわらない(DaP:§23-5)。「善き国制」

たるには、「全構成員による統治への参加」（民主政）、「意志の統一」（君主政）、「支配的な社団」（中間団体）の存在（貴族政）の三要素をむすびつけねばならない。この点でダールマンは十八世紀以来の英国国制＝混合政体論者の伝統に連なっているのである。それゆえ、彼の理想とする政体・統治機構像は十八世紀の著述家やゲンツたちと大きく隔たっているわけではない。[88]

ダールマンの英国国制観で際立つのは統治機構像ではなく、その位置づけ方にある。ダールマンによれば、英国国制は島国的逸脱的発展の帰結ではなく、「近代の国制」（「ゲルマン国家」）の特質——ここでの「近代」とはキリスト教登場以降を意味する——が「もっとも純粋に」あらわれたかたちなのである（DaP:§70-1, DaKS: 18）。むしろフランスのほうがはるかに逸脱的といわざるをえない。英国国制は欧州国家の目指すべき模範にほかならない。なぜなら「似通った民族性、国家生成期の共通の経験、同じ信仰の圧倒的な輝き、そして長きにわたって歴史をともにすることによって、ひとつあるいは複数の地域にまたがる国際社会が基礎づけられるのであり、そこでは極めて類似した国制を採用することが可能だ」からである（DaP:§26）。

英国国制に「もっとも純粋に」あらわれた「近代の国制」の特質は、明確に古代国家——スパルタ、アテナイ、ローマ——のそれとは区別されることとなる。[89] ダールマンは古代国家を分析する際、モンテスキューのように「徳」を道具立てとして用いることはしない。あくまで政体論を通じて古代国家に共通する構造を見出そうとするのである。

ダールマンによれば、「古代の政体の展開」はひとつの型へと——いかに個々の点で異なっていようとも——収斂してゆく（DaP:§35, 37-8, 44-5, 67, 70）。「貴族による王政 National-Königthum の没落、その後、民衆 Volk による貴族の没落。政治的自由は多様性から画一性へと変転する。この画一性が国家を解体するのである」。無論、「貴族」の性質によって、没落までの経過は変わってくる。すなわち、ヘロット（「敗者」）に対する征服者共同体として、「貧困とカースト的支配」を貫徹したスパルタと、「多様かつ血縁的な諸部族」から成る貴族制——スパルタ的「閉鎖性」とは無縁である――を擁したアテナイとでは、貴族制のありかたが相当に異なってくる。だが、それでも「貴族」解体に至る大筋と結末は同一である。いずれにせよ――スパルタは他国への侵略政策によって、アテナイは民主化を求める民衆によって――最終的に民衆によって貴族が排除され、「あらゆる伝統的かつ多様な構成要素が国制から消滅」したことに、かわりはないのである。

ローマもまた例外ではない(DaP:§46, 54, 56-9)。たしかにローマの政体は古代において卓越した性質を備えていた。ローマは、スパルタのように「征服者が敗者を監視することはなかった。支配と服従との間に一度引かれた区切りを最後まで維持するような機構は、ローマ国制史とは無縁である。スパルタとの相違点である」。また、「平民」の要求を漸次満たしていったものの、なし崩し的民主化――アテナイでみられた――に陥ることもなかった。ローマは、「〔国制の〕基本形式の尊重」と「均衡」によって、古代国家有数の安定性を達成したのである。貴族と平民の身分闘争が決着し、その後、平民身分が国家の支配権獲得に乗り出したときでさえも、富による障壁、民会の採決形式、元老院の権威を基盤とする貴族身分は、しばらくのあいだ国制の「均衡」を保つことができた。とはいえ、ここでもやはり、古代国家通有の運命がローマを襲うこととなる。貴族制は徐々に――共和国の拡大、中間層の貧困化、護民官の腐敗などによって――掘り崩されていった。

スパルタ、アテナイ、ローマという代表的な古代の国制における最大の欠陥は、「古代特有の貴族と君主との対立関係」にあった。まず最初に王政は貴族の寡頭政に取って代わられ、その後、貴族身分が今度は平民身分に侵食されてゆくという流れである(DaP:§32, 39, 47, 67)。いずれの国においても、「君主政」的な要素を政体に再導入する機会は訪れたものの、その都度失敗している。たとえば、カエサルによる「君主政」樹立を阻んだ「ブルートゥスとカッシアスの短刀」は、「実体的な要素に適用可能な唯一の自由な秩序にとどめを刺した」のである。[90] その後の帝政期はそもそも「君主政」とはいえない。「すべてはとにかく皇帝個人の人格にかかっていた。あらゆる強制力をもつ根本定理の欠如に加え、どのみち弱々しく受け継がれていた善の力は完全に無力だった。一方で悪は全種族の繊維に深く食い込んでいた」。

「ゲルマン国家」（「近代の国制」）を古代の国制から切り離すのは、領域的な拡大とキリスト教の登場に加えて、「君主政」の導入である（DaP:§67-71, DaKS: 16-7）。「中世の国制の基礎」となる「レーエン制国家」の起源は「国家とは本来関係のない従士団の軍役関係」にある。それゆえ、もはや古代のように君主と貴族が排他的な関係に立つことがなくなる。つまり、貴族は、「君主が必要不可欠」――「指揮官と軍隊」の関係のように――であることに気づくのである。さらに平民層もいまや「民会」ではなく、都市や農村の「代表者」を等族議会に派遣するようになる。(91) そして、諸身分の利害を均衡させる存在としての「君主」があらわれてくる。ダールマンは、「ゲルマンの民族生活」の本質を「隣同士養われた〔身分の〕諸形式」と、国家を「統一性へと練りあげる力」との結合にみる。(92)

だが、「レーエン国家」は「統一的」な国家からほど遠い状態にあった（DaP:§139）。それは、「レーエン保持者」がおのおの自分の支配地に「所有権」Eigenthum としての「統治」をうちたてる状態である。つまり、「公法」と「私法」は未分離であり、「統治」は一種の「私権」として扱われることとなる。君主は貴族たちの第一人者にすぎず、「国家 Gemeinwesen を継続的に貫徹し、それゆえにひとつの場所から輝きを放たねばならないなどとは思いもよらなかった」。等族議会は課税承認権をもつほか、独自の行政権を備えた「共同統治者」Mitregieren でもあった。ダールマンは、この現象を「中世の身分制の病」とよんでいる。(93) 御料地からの収益では賄いきれない事業に乗り出す君主は、等族議会に「租税」Steuer の醵出を求めざるをえなくなる。(94)

ダールマンによれば、「もっとも純粋な」「ゲルマン国家」たる英国が「議会の有機性」を獲得できたのは、さらに、議会制の中核を占める強大な貴族層を維持できたのは、まさしく「レーエン国家」の特質を強く備えたがゆえであった（DaP:§72-5）。つまり、ノルマン人による「征服」（「軍役」）の結果、「長子相続制」Primogenitur という「レーエンの根本原理が全国家を貫徹した」。ダールマンの描く欧州諸国の国制史において、「長子相続制」の有無は重要な帰結をもたらすとされる。「英国王はみずからを王国内の全土地の封主と名乗った。すべての土地はレーエン法にしたがって保有された。英国に直轄領は存在しなかった」。このため、ローマ法による分割相続が一般化した大陸諸国（とりわけフランス）とは異なり、長子相続制によって広大な所領を相続できた英国貴族は、現在に至るまで「国権の活力ある一枝」として、「市民層の自尊心を傷つけることなく」、「〔国家〕全体にとって有用」な存在でありつづけているのである。つまり、英国の「世襲貴族制」は中間団体として「正当で宥和的な位置」を占め、貴族院を通じて国家の安定を保証することで、「純粋な政治制度」として機能しつづけている。[95]

そして一六八八年の名誉革命は、王権・貴族院・庶民院の完璧な均衡が達成された瞬間にちがいなかった（DaP:§84, 133, 137, 149）。[96]「統治権と政治的自由が離婚無き結婚にいたった」のである。いまや議会は「共同統治者」としての性格を脱して「立法権」の「共有者」へと生まれ変わり、一方の王権は統治の「責任」を大臣にゆだねる「国家君主」へと脱皮する。それでもダールマンは、王権が単なる「抽象的思弁家にとってのみ理解しうる、非人格的な支配の亡霊」に堕することを望まない。

もちろん、「国王は悪をなしえず」という有名な〔ブラックストンの〕政治格言は、国家生活の偉大な転換点を長子相続制以上にはっきりと示している。それゆえ、この格言は王のためにではなく国家のために掲げられたものである、ブラックストンがこのように主張するとき、彼はまったく正しい。〔中略〕だが、我々は祖先と同様に、生きた王を欲するのだ。国事に関するおのれの判断を、大臣の任免によって示すような王を欲するのだ。恩寵と富の莫大な権力の――その使い道を監視するのは弾劾裁判ではなく公論の役目である――使い方

を心得ている王を欲するのだ。（『政治学』）（DaP:§133）

ダールマンにとって王は非人格的な機関ではなく、あくまで「公論」に耳を貸し、大臣を任免する「統治」の主体でなければならなかった。「世襲」君主は統治機構の均衡を維持する存在であるとともに、「国家全体の維持」に資する「古来の家系への古き誠実」Treueを担保する存在でなければならない。「少数の教養層」にとっても、君主は「陶冶」を促す役割を果たすこととなろう。つまり、世襲君主は政治社会のもつ歴史性（継続性）を体現する存在なのである。厳格だが、人々に共同体への愛着と信頼を与えてくれる、いにしえから国家を守ってきた父親のような存在。「しばしば秩序から自由が生まれてきたことはあったが、自由から秩序が生まれてきたためしは、ついぞない」。議会の多数派が大臣の任免を左右する「議会主義」――十八世紀後半以来、徐々に英国で支配的になりつつあった――を彼は退けている（DaP:§131）。[97]

同時代のドイツ知識人のなかに論議をまきおこした一八三二年の第一次選挙法改正に対する評価からも、英国国制の卓越性に寄せるダールマンの信頼をうかがうことができる。「腐敗選挙区」を除去し、選挙権を中間層まで拡大する選挙法改正は、英国国制をさらなる完成に導くものとされた（DaP:§82-4）。[98]「英国国制の諸器官が現在ほど純化された時代は、かつてなかった」。「英国議会は内的均衡を発見した。集積体としての中世が妨げてきた議会と王権との明瞭な関係を阻むものは、もはやない」。諸身分の利害を均衡させ「全体」に配慮する君主、広大な所領によって政治社会を安定させる貴族、国家の活力を代表する平民の「有機的な結合」という「もっとも純粋」な理想を、ダールマンは英国に見たのである。それは「ゲルマン国家」のイデアと言い換えてもよいかもしれない。

英国国制が「ゲルマン国家」の「もっとも純粋」なイデアである以上、同じ祖先と起源をもつドイツ諸国でもまた、「類似の政体」を導入することはできるはずだ。[99] そうダールマンは考える。

たしかに英国とドイツ諸国とでは、すでにみたように国制の中核となるべき貴族制の性質が大きく異なっている（DaP:§79）。英国では強大な貴族たちが王権の支配下に残ったが、旧帝国国制（神聖ローマ帝国）においては、「長子相続権」を活用する大貴族たちは領邦国家（帝国等族）として自立化してしまった。「レーエン制の原理」を離れた――「長子相続」をおこなわなかった――ため、「下級貴族」には「強力な上院」を構成するほどの実力が欠けている。また、英国が有機的な国制発展によって成文憲法のもつ硬直性を免れたのに対して、ドイツの領土地図はナポレオン戦争の過程で根本的に変わってしまった（DaP:§194）。「あらゆる政治的混乱にもかかわらず、英国という船が今日までつねに海路を切り開いてきた」のに対して、新たに再編されたドイツ連盟の貧弱さは否定しがたい。「死滅した自然の生とまだ年数の乏しい人工品との落差はあまりにも明白である」。

しかし、だからといってダールマンがドイツ諸国の現状を悲観することはない。むしろ、困難な状況の中で少しずつ改革をなしとげてきたことを高く評価する。ドイツ連盟成立以後の二十年ほどの間に、ともかくも議会制という「有能なドイツの政治家たちのための小さな学校」を育ててきた事実こそが重要なのである。「善き国制の実行可能性」を論ずる際にも、ダールマンは、「欧州の民族基盤」にとどまるかぎり、基本的に「善き国制」は導入可能だと判断した。「独立を維持してゆくのに十分な領域と人口、多彩な経営――王政の経費を賄い、抑圧的でない貴族制を維持する目的でおこなわれる――のために十分な肥沃さをもつ国土は、たっぷりと存在している」(DaP:§195)。

ダールマンにとって、「憲法」は「国民」に優先されるべきものであった。出自と青年期の思想形成の結果、彼が「ドイツ国民」の一員としての強い自負を抱いていたことは、まちがいない。だが、それはあくまで文化的優秀性の意識にとどまっていた。国民国家形成への意志を三月前期のダールマンに求めても、およそ不毛な結果に終わらざるをえない。ダールマンは、シュレスヴィヒ・ホルシュタイン両公国があくまで「ドイツ」文化圏に属すると主張しつづけたものの、デンマークとの同君連合自体を否定したわけではない（DaP:§198）。[100] 国制上の権利が「憲法」によって「優先的に」保証されることのほうが、はるかに重要と思われたのである。

同様に、合法的で堅固な諸関係というものは、そうした一般的な願望〔ドイツ統一国制の採用〕に沿ってのみ取り扱われるべきものではない。堅固に基礎づけられた民族性格が、抵抗要素に対して勝利をおさめることは十分可能である。堅固さの点で旧帝国国制に欠けていた要素を、以前は信条 Gesinnung の力によって補っていた。現在も事情は変わらない。逆に、この外国的要素〔シュレスヴィヒ・ホルシュタイン両公国〕は、真の欧州共同体――硬直した偏狭な国民性から解放され、相互の尊敬と承認にもとづく――への契機ともなりうるのである。ひょっとすると、そのような想像すら、決してありえないことではない。（「デンマークにおけるドイツ臣民の運命と将来への希望」[101]）

これは、ダールマンがもっとも「国民性」に熱狂していた時期に書いた一節である。また、三月前期のダールマンがプロイセンを論ずる際も、立憲制導入の必要性という文脈をはずすことはなかった。[102]「ゲルマン国家」のイデアとして燦然と輝く英国国制と、誤れる国家観にもとづいた一七九一年憲法体制との狭間にあって、いかに後者の蹉跌を繰り返すことなく前者に近づいてゆくことができるのか。これこそが、ダールマンの生涯を一貫する主題である。ドイツ諸邦はフランスほどに革命の惨禍と影響を蒙ることはなかったが、英国国制の完成度からはいまだ、ほど遠いところにいる。君主たちは憲法に不信感を抱き、「時代精神」を解せぬ「反動的」な貴族層は温存され、急進派はすべてを転覆する「革命」に急ぐ。そうしたなかで、「公論」の中核たる「中間層」はいかに行動すべきなのか。英国とフランスに挟まれたドイツ諸国にあって「改革」を唱えることの困難がそこにはある。立憲制導入に反対する新王との対立のなか、ダールマンはこの困難を身をもって知ることとなる。

## 第三節　「良心」と「抵抗権」

革命期から現代に至るまで、フランス革命史家たちは革命急進化の要因のひとつとして、宗教問題を挙げている。ほかの革命史家と同様、ダールマンもまた、聖職者民事基本法のうちに革命急進化の淵源をみる（DaGR: 328-9, 344ff.）。これまでみてきた一七九一年憲法の欠陥に加えて、[103]「この法令によって内戦の危機が高まった。フランス全土がふたつの陣営に分裂するのにどれだけの時間がかかろうか」。それはフランスの「国際社会における孤立」を招くのみならず、「宗教信条」をめぐる「内戦への合図」となるだろう。実際に当初の宗教的な対立関係は、またたくまに政治的対立へと転化していった。[104]ミラボーはこの法案の審議において熱烈な賛成演説をおこなっているが、ダールマンによれば、それは彼の真意ではなかった。時勢の勢いに抗しきれず、議会では真意の表明をさしひかえたにすぎない。むしろミラボーは聖職者問題の「奈落の深さ」をよく理解していた（DaGR: 347-9）。

聖職者問題が体制全体の崩壊につながっていった背景には、「国家」と「宗教」、「法律」と「良心」Gewissen との関係をめぐる原理的な問題が潜んでいたとダールマンは指摘する。非宣誓聖職者の執拗な抵抗の動機を「特権層」の「利益」に還元し、典型的な「反革命」勢力として非難するミニェやロテックとは、根本的に異なる視点といってよい。つまりダールマンは、国民議会がカトリック聖職者に教皇の権威を超えた憲法への宣誓を求めたこと、また敬虔な信徒で「道徳的に純潔」なルイ十六世に民事基本法への裁可をめぐって、「新憲法」か「良心」かの二者択一を強いたことを批判するのである。聖職者に「通常の市民宣誓」を求めることはできても、「おのれの信条に反する行為」を強制する権能を国家はもたないはずだから。

ダールマンによれば、「国法」Staatsgesetze と「宗教」[105] Religion の性質はまったく異なる（DaP:§291-2）。「法律」の内容に不満がある場合でも外面的に「服従」することはできる。対して、「宗教」や「学問」のように「判断」Urtheil が問われる領域は、「国家によって規律されえない」。特に「宗教」は論理に頼る「学問」以上に「感情の世界」に属している。ダールマンが繰り返し指摘するように、「宗教は国家の上位にある」のであり、「国家の最終目的」とは「法状態」（「外的義務」）の実現ではなく、「無条件に従うべき神的秩序」（「道徳律」）を促すこと――「国家の規制」はおよばないにせよ――にあるのである（DaP:§8-9）。

「宗教」の「国家」に対する優越はキリスト教の登場、いわば「近代」の成果だった（DaP:§10, 69, 220-1, 225-6, 291, 294-5）。古代では、「建築術」に沿って構築される「国家」が絶対的な存在であったため、スパルタのように「教育」を通じて公民を国制に合致するように作り上げることもできた。だが、「キリスト教的人間愛と人間尊重」という「まったく新しい世界観」は、「アリストテレス的意味での建築術」としての国家観を廃し、国家の上位に「宗教」と「良心」を置くようになる。国家はいまや「二次的な位置」を占めるにすぎない。「良心」とはいうなれば「高次の使命」にほかならないのだ。[106] 国家は教会の「保護・監督」権限をもつものの、教義や教団組織の運営は教会の首長にゆだねられねばならない。聖職者民事基本法はその限界を超えて「良心」を侵害したがゆえに挫折したのである。「宗教」はそもそも国家秩序を超越している。国家は「人身と所有権に関するあらゆる犠牲」を要求することができるが、「良心」、すなわち「高次の使命」を要求することはできない。「人間はおのれの権利を捧げることができるが、おのれが権限をもたないものを犠牲に供することはできない」からである。言い換えるならば、「国家は教会に支配されてはならないが、宗教的生活を害して支配してはならない」のだ。

一方で、「宗教」や「良心」を政治社会から完全に切り離してしまうこともできない。たしかに「宗教」には、個人的な事柄、あるいは信仰の自由に属する事柄としての側面がある。したがって、「宗教」は「人間の行為を明るく照らすことはできるが代替することはできない」。「世俗の秩序」はあくまで国家にゆだねられることになる。だが、「宗教」はより深い次元において、国家秩序を根底から支えている。「宗教」は、国家秩序を根底から支える「公の習俗」Sitteと「信条」Gesinnungの核心をなす要素でもあるからである(DaP:§290-1, 294)。「宗教」は「習俗」(「道徳」)の「根源」に還ることで「習俗を聖化」するのである。キリスト教の登場後にいたっては、聖書も「公民の陶冶」Volksbildungにとって不可欠の要素となった。「結婚」(あるいは「家族」)の尊重や「国家を超えた隣人愛」といった価値観は、個々人のこころのうちに刻みこまれている。欧州諸国の「習俗」を「キリスト教的信条」から切り離して考えることは、もはやできない。

ダールマンによれば、「習俗」や「信条」を欠いた国制は脆弱なものにとどまらざるをえない[107]。「あらゆる政体は究極的には国家の習俗に従属する」。スパルタは「習俗」を意のままに統制できると考えたが、そうした「神と人間の秩序」に反する人為的な「習俗」は、一旦崩れ出すと脆いのである[108]。なににもまして、「人間は単なる強制さや、規律ある習俗以上の存在であるはずだ」。そもそも、「キリスト教的人間愛と人間尊重」という価値が発見された後では、こうした「神と人間の秩序」に反する「習俗」は成り立たない。「近代欧州におけるすべての高次の陶冶、とりわけ国家形成における意識的な進歩は、キリスト教を通じて、またキリスト教徒によって達成されてきた」。つまり、国家は「宗教」を直接規制することはできないが、「宗教」なくしては「近代」国家は存立できないのである[109]。

こうした「宗教」の二重の役割——「国家」を超えた領域であると同時に、国家秩序の基盤となる——を象徴するのが、「抵抗権」Recht vom Widerstandの問題である。「秩序」を誰よりも重視するダールマンにとって、これは悩ましい問題であった。あらゆる「革命」に不信感をもった彼が、「抵抗権」の成文化や近世の暴君放伐論者を忌避するのは当然である。しかし、絶対服従論もまた、「善き国制」を骨抜きにしてしまう。「統治」の恣意を監視する制度（スパルタのエフォロス制度など）の実効性も疑わしい（DaP:§201-3, 227）。結論としてダールマンがたどりついたのは消極的不服従の理論だった。つまり、政府の憲法違反が明白な場合、個々人が自分の判断にしたがって該当する法律や命令に不服従を貫くというものである（DaP: 203-7）。[110] その場合にも「立法権そのもの」に対する抵抗ではなく、あくまでも「個々の法律に対する抵抗」にとどまるべきである。ましてや「攻撃的な抵抗」などもってのほかである。「もっともうまく船出した革命でさえ、重大な危機であることにかわりはない。革命は良心を混乱させ、国内の安全を破壊」してしまうだろうから。それゆえ、「抵抗」の目的はあくまでも「秩序の再興」でなければならない。

ダールマンのかかげる「抵抗権」は政治的反抗というよりは、「良心」にもとづく不服従という性格を帯びている。「各人が主であるところの王国をよく統治する者、つまりおのれの魂をよく統御し、自分の家族のうちに善き国家の像を示す者は、公の習俗をより善きものにする。そしてこの公の習俗こそがあらゆる自由な制度の担い手であり、専制の下でさえも侵されることのない一片の自由の領域を守るのである」。

そして、「ゲッティンゲン七教授事件」において、ダールマンはみずからの「良心」を実証することとなる。ハノーファーの新王エルンスト・アウグストが、一八三七年十一月、一八三三年憲法を破棄して官吏の憲法宣誓の無効を宣言するや、ダールマン、グリム兄弟、アルブレヒト、ゲルヴィヌスらゲッティンゲン大学教授七人が同月十八日、抗議文を提出したのである。[111] ダールマンは抗議文の執筆者だった。即位前から強硬保守派として有名だった新王の政治姿勢を危惧していた彼にとっては、こうした事態も予測済みだったのかもしれない。事を穏便にすませるために抗議文の撤回をもとめる当局に対して、ダールマンはこう応じた。「アルブレヒトと私に将来、法律とは権力のお気に召すことである、などという命題を国家の最高定理として講義せよとおっしゃるのでしょうか。誠実な男として、私はこの邦を出てゆきますし、聴講者に虚偽と欺瞞を真実と偽ろうなどとは思いません」(DaKS: 271)。その後、七教授は翌月はじめに大学裁判所で事情聴取を受け、十一・十二日には事実上の国外退去処分が下されている。数日後、ダールマンはなごりおしげな学生たちに見送られながら、ゲッティンゲンを去った。彼は粛々と命令に従った。だが、騒擾を避けるため、出立の日取りを学生たちには内密にするようにとの当局からの要請は、断った。「彼らへの最後の言葉は、真実でなければならないのです」(DaKS: 300)。

事件の経緯をみずから解説した小冊子『弁明』(一八三八年)において、ダールマンは、自分たちの行動が「良心の抵抗」であったことを強調する。

> 七教授の抵抗は根本的に良心の抵抗である。つまり、我々は良心の権利を守ったにすぎない。義務に反した行動――いかなる内容であろうとも――が、良心に押しつけられるようなことがあってはならない。この抵抗は、ただその対象によってのみ政治的抵抗であるにすぎない。しかも、侵害された憲法への権利の留保を――それに対して、当時、なにが起ころうとも――貫徹するような方向、そのような方向に事態を向かわせるつもりもなかった。我々は、所属団体から見放された個人の苦境をよく理解していたし、自分たちの立つ場所から一歩踏み出そうともしなかった。過剰に陥るくらいならば過少にとどまるほうがよいと考えていたのである。(『弁明』)(DaKS: 267)

こうした姿勢が、「革命」ではなく「改革」を志向するドイツ自由派の胸を打ったことは疑いない。ダールマンはあくまでも合法的に成立した「憲法」に拠ることで、「抵抗」をこころみるのである。[112]「不法な、さらに公布形式

七教授事件．ゲッティンゲンを去るダールマンを，学生たちが名残り惜しそうに見送っている．

の面でも無効な要求に対する緊急避難、国家基本法の枠内に厳格にとどまるような緊急避難こそが、問題となっているのです」(DaKS: 271)。大学から追放されて窮乏に陥った教授たちを支援する運動が、自由派を中心にただちに組織された。それまでは散発的だった自由派の運動は、これ以後、全ドイツ規模での連繫を見せるようになるのである。

「七教授事件」の顚末は、ダールマンの、そしてドイツ自由派の「良心」と潔癖さを示すものである。だが、そこには政治的立場と権力基盤の脆弱さが隠れている。つまり、「革命」を拒否して既成体制を漸進的に「改革」しようとする姿勢は、統治層の側の「時代精神」に対する理解を前提とするものだった。ルイ十六世のように穏和な君主を戴くならば、「改革」も可能かもしれない。しかし、エルンスト・アウグストのごとき、「時代精神」を軽蔑する君主が抵抗を示した場合、「改革」は簡単に挫折してしまうのではなかろうか。キール時代から一貫して、ダールマンは政府の外部から「改革」を促してきたのであり、その努力は一八三三年憲法において実を結んだかに見えた。だが、その後の展開は、権力過程に参画できないことがいかに致命的であるかを、自由派に嫌というほど思い知らせた。すでに立憲化していた西南ドイツ諸邦でさえ、自由派が「統治」の責任と困難を理解しはじめるには長い時間を要したし、北ドイツで最大の影響力をもつプロイセンは、いまだ立憲化からほど遠い状態にあった。結局、自由派が「統治」の重みを本当に理解するためには、三月革命を待たねばならなかったのである。

さらに、ひとたび「革命」が急進化してしまった場合――フランス革命のように――自由派は、その奔流に抗しきれるのであろうか。ミラボーでさえ制御できなかった流れに立ち向かうことができるのだろうか。革命のもつ圧倒的な暴力的側面についての沈黙は、ダールマンの『革命史』を特徴づけている。すでにみてきたように、その叙述は「統治」の担い手たる君主に対する議会の闘争を中心とするものであった。だが、フランス革命の時代を生きたニーブーアが指摘するように、革命の真の恐ろしさは、過激な言論や暴力よりもっと深いところに潜んでいる。つまり、革命という例外状況においては、「言葉」・「記号」・「シンボル」といった不合理な要素が、「電撃的な威力」をもって人心を捉えるのである（NGR, 1: 196-7, 227-8）。「アリストクラート」「自由と平等」「国民」「人民」といった「曖昧な概念」や、「三色帽」「自由の樹」、そして革命歌といった「シンボル」が、当事者の感性やものの見方を少しずつ変えてゆく。気づかぬうちに人間の心がまったく変わってしまうのだ。その意味で革命とは、まさしく「疫病」のごとく広まる「妄執」にちがいなかった。

無論、ダールマンが革命の暴力や過激派について論じていないわけではない。「野心の大きさ以上の小心者」であるオルレアン公の一派（「暗闇の勢力」）、マラーやダントンといった「煽動者」Aufwiegler たちの過激な政治姿勢や民衆の暴力についても、しばしば言及されている。[113] それでも「煽動者」という概念自体が示すように、暴動や暴力は一部の過激派が窮乏した民衆を扇動することで発生するという見方がそこにはある。ダールマンによれば、レヴェイヨン襲撃事件は証拠からして「人為的」な暴動であり、資金のある陰謀家が暴動の費用対効果を見極めるために引き起こした事件だった（DaGR: 188-9）。[114] ヴェルサイユ行進もまた——「宮廷の犯した、厳しく罰せられるべき無思慮」があったにせよ——「無秩序の友」（「共和国の友」）が議会と国王から権力を奪うために画策した事件とされている（DaGR: 283-5, 285ff.）。ここでは民衆の暴力は一種の災害なのであり、民衆は「煽動者」に煽られる存在ではあっても自律的な政治主体ではない。ダールマンにとって、民衆も過激派も、政府と議会が強力に結束してさえいれば容易に蹴散らしうる相手だった。[115] したがって、一七九一年憲法体制崩壊の究極的な原因は、政治社会と統治機構の本性を理解しないままに、亡命貴族や非宣誓聖職者を過度に刺激した国民議会の不見識にあるということになる。もう少しミラボーに理解を示す政治家が多かったならば、革命の急進化は防げたということになる。

これに対して、誰よりも「革命」のもつ論理を見抜いていたのが、ダールマンの同時代作家、ゲオルク・ビューヒナーだった。ビューヒナーは急進派に属していたが、急進派特有の革命に対する楽観や憧憬を例外的に免れていた人物でもある。政治的立場はより過激であったにせよ、ビューヒナーは革命の「必然性」をフランスの作家たち、とりわけミニェの著作から学んでいたのである。[116]とはいえ、革命の「必然性」と自己展開は、「中間層」の擁護者たるミニェの想像もつかないところへと読者を誘ってゆく。フランス革命を舞台にした戯曲『ダントンの死』（一八三五年）で描かれる「革命」は、「サトゥルヌス」のように「自分の子どもである革命児を片っぱしから喰っちまう」存在なのだ。[117]ビューヒナーの描くダントンは「革命」の「必然性」の深淵を垣間見て、恐怖におののく。九月虐殺事件で血塗れになったみずからの手を見ながら、彼はつぶやく。

> あれは正当防衛だったんだ。必要に迫られたのだ。〔中略〕必ずなるべしなんてことを考えだした奴は誰だ？　僕らの心の底に潜んで嘘をついたり、淫売したり、盗みや人殺しを働くものの本体は何なのだろう？
>
> 僕らはみんな操り人形さ、見も知らぬ強い力で操られているんだ。僕ら自身は無だ、無なんだよ！　亡霊たちの戦っている剣にすぎない。戦っている者の手はまるで見えない。（『ダントンの死[118]』）

ビューヒナー自身が語っているように、本当の革命的状況、例外状況にあって個人はただの陽炎にすぎない。表面的にはある政治家が議会で演説し、党派を形成し、世論を主導しているように見えたとしても、それは背後に潜む「革命」の論理が彼を動かしているにすぎない。役割を終えるやいなや、「革命」は躊躇なくその者を捨て去るだろう。これは議会、そしてそこで活躍する政治家を中心にフランス革命を描き出したダールマンに対する、根本的な挑戦にほかならない。そうした革命的状況にあってもなお、「憲法」をかかげて前進することができるのだろうか、「政治」と「道徳」の不可分を信じることができるのだろうか、「良心」を、「専制の下でさえも侵されることのない一片の自由の領域」を守りきることができるのだろうか。それは、「七教授事件」からほぼ十年後の三月革命において、ダールマンが、そして同時代の自由派が直面することとなる試練でもあった。

# III　ドロイゼンと「国民」(一八四〇～一八四八)

ドロイゼン

# 第一章　「世界史」におけるフランス革命

## 第一節　「国民」のめざめ

自由派第二世代の史論家、カール・ビーダーマンによる同時代史は一八四〇年からはじまる。「ドイツ全土にとって、特にプロイセンにとって、三重の記念ゆえに、それは極めて重要な年であった」[1]（『ドイツ三十年史――一八四〇～一八七〇』）。この「三重の記念」とは、グーテンベルクによる活版印刷術発明――「ドイツの発明」――の四百周年記念、プロイセン大選帝侯フリードリヒ一世即位二百周年、啓蒙絶対君主フリードリヒ二世即位百周年記念を指している。そして、この年、三月革命の激動期にあってプロイセンを主導することとなる新王が即位した。

新王フリードリヒ・ヴィルヘルム四世の即位（六月七日）に、世論は熱狂した。「前王の逝去は我々に激しい歓呼をもって迎えられた。なぜなら、新王がもたらすであろう新時代は、我々の見解では、とりわけ青年に有利になるにちがいないと思われたからだ」。哲学者ルドルフ・ハイムによるハレ大学生時代の回想である。フリードリヒ二世即位百周年と重ねて、新王を大王の精神の継承者にみたてる評論もあらわれた。復旧体制の維持につとめた前王とは異なり、新王は王太子時代から文藝に造詣深く、政治的にも改革派とみられていたのである。君主個人の力による国政改革に悲観的なダールマンでさえも、新王の「善き意志」や「心情」には好意的である。[2]

かつて挫折した立憲改革の再開も遠い将来のことではない、穏健な自由派から急進派に至るまで、プロイセンは興奮状態にあった。新王によって検閲が緩和されるやいなや、急進派の文士ヨハン・ヤコービの政論『四つの問い』（一八四一年）を皮切りに憲法導入を訴えるパンフレットが続々と出版される。[3] とりわけ、東プロイセン州地方長官テオドール・フォン・シェーンによる内部告発ともいうべき政論『どこからどこへ』（一八四二年）の反響は大きかった。シェーンは改革派の生き残りとして、専断的な行政をおこなう「官僚身分」を批判する。[4]「この〔精神的〕後見は、官僚的位階制の精神によって導かれ、人民のうちの成年部分にみられる自立性の感情を著しく害さざるをえなかった」。いまこそ「教養層」の支持を背景に改革を再開し、立憲制の導入に踏み切るべきなのだ。こうした論調にうながされ、立憲制を求める「公論」と、その裏返しとしての「官僚団」Beamtenwelt 批判は四〇年代を通じて急増してゆく。

ただし、新王即位にともなう熱気を復旧期以来の立憲制論の継続とみるだけでは、不十分である。この現象は、一八三〇年代末から四〇年代にかけての「国民」Nation 意識の興隆という文脈の中でこそ、正しく理解されうるのだから。[5] 一八四〇年代を、復旧期および一八三〇年代から明確に区別するのは、この「国民」意識、しかも政治的な意味での「国民」意識にほかならない。そうであるがゆえに、ビーダーマンは同時代史の起点を一八四〇年に定めたのである。「四〇年代には国民精神がドイツ精神のあらゆる細部へと入り込み、あらゆる側面から共通の偉大な目標の方角を指し示した」[6]（『ドイツ三十年史』）。ダールマンやロテックの議論にみられるように、従来の自由派が立憲制の必要性を力説したとしても、それはあくまで各邦ごとの議論であった。「ワーテルロー演説」でダールマンがいかに「ドイツ」性を強調しようとも、それは多分にレトリックであるか、十八世紀後半以来の「文化国民」としての意味合いにすぎなかった。また、自由派の議論の多くは各邦の国法学的分析にとどまっていたし、各邦の自由派の間で相互に連絡がとられることも少なかった。こうした状況は三〇年代中葉以降、関税同盟の設立

（一八三四年）、鉄道開通、そして「ゲッティンゲン七教授事件」などによって徐々に変化する。

「国民」意識の結晶化は、一八四〇年のライン危機によって決定的となる。[7] フランスの好戦的な外交政策によって対仏関係が緊張すると、教養層の間では、「解放戦争」の再来を謳う世論が一気に高揚したのである。ライン危機はフランス側の譲歩によって収束したものの、覚醒した「国民」意識が静まることはなかった。プロイセンの新王フリードリヒ・ヴィルヘルム四世もまた独自の「ドイツ」意識から、市民層の援助を得てケルン大聖堂の完成計画を実行に移す（一八四二年）。さらに一八四六年にはデンマーク国王が、同君連合下のシュレスヴィヒ・ホルシュタイン両公国の実質的な併合を宣言したことによって、再び「国民」意識は高揚する。ビーダーマンによれば、関税同盟の発展もまた、「国民意識」（「国民的生」）の振興に欠かすことはできなかった。「関税同盟はみずから呼びおこした偉大な国民的問題によって、政治的党派抗争を後景に押しやった。関税同盟は、プロイセンの利益と他のドイツ諸邦の利益をどちらも害することなく融合させる道を指し示したのである」[8]（「ドイツにおける国民原理の進歩」）。フリードリヒ・リストが関税同盟の発展形として国民保護関税圏の構築を訴えたのも、四〇年代だった。さらに非政治的領域でも、「国民」意識の浸透は顕著だった。十八世紀後半以来、市民層を中核とする教養層は幅広い目的で協会 Verein を結成して活動してきたが、四〇年代になると協会の活動・運営範囲が全国規模に拡大するのである。ギリシア独立戦争支援運動などの例外を除いて、三〇年代の協会運動は基本的には邦や地域単位であった。

「ドイツ国民」の象徴たるヴァルキューレが，ライン河対岸の宿敵フランスを臨む.

だが、次第に協会運動も、各邦の枠組を越えた広がりをみせるようになる。とりわけ、「七教授事件」の反響はすさまじかった。市民層は邦の枠組を超えて、追放処分を受けた教授への激励や再就職、生活援助の募金活動のため、協会運動を組織していったのである。(9) そして、四〇年代には体操協会や合唱協会、そしてドイツ・カトリック運動などがまさしく全国規模で展開されることとなる。

もちろん、「国民」意識の興隆がただちに政治的統一への希求にむすびついたわけではない。自由派内部でもダールマンやロテック、モールらはドイツの政治的統一にはほとんど関心がなかった。シュレスヴィヒ・ホルシュタインにおける反デンマーク運動といえども、主流派は国制上の自治特権を訴える立場、つまりはダールマンが先鞭をつけた立場によって占められていたのである。プフィツァー、ガーゲルン、ゲルヴィヌスといった政治的統一を最終目標に掲げる論客たちでさえ、統一形態や方法について意見が一致することはない。ただし、彼らは共通して革命を嫌悪した。

ここで重要なことは、従来、地域や邦ごとに独立して活動してきた自由派が相互に連絡を取り合うようになる点である。その意味で四〇年代において、ようやく「国民派」nationale Partei が誕生したとするビーダーマンの言はうなずける。ビーダーマンの言う「国民派」は、ロテックに代表される党派――「政治的に平等な者たちによる共同体を夢想だけはするが、それを超える国民的生の詳しい欲求や関係をないがしろにした」「世界市民的自由主義」kosmopolitischer Liberalismus――とは本質的に異なる。

国民性 Nationalität、この偉大で崇高な言葉よ。我々はこの語を正しく理解し用いようではないか。この語の力はふたつの強力な支柱によって支えられている。それは、統一 Einheit と進歩 Fortschritt である。〔中略〕国民派は以前の自由派とは以下の点で区別される。国民派は従来のように国家生活の形式をその内容から、つまりは規定された実際の利害――まさにこの基礎のうえにこそ国家生活はなりたつ――から切り離すようなことはしない。同様に、国民派は政治的自由と人民の成年状態を強力で健全な国民生活の不可欠の条件とみなしている。しかし、同時に国民派はこの政治的自由を一般的抽象的な形式においてではなく、個別の諸関係への適用において必要とするのである。（「ドイツにおける国民原理の進歩」）[10]

ビーダーマンが念頭に置く「国民派」とは、関税同盟や全国規模の協会活動といった、具体的な活動実態に裏づけられた立憲派である。ミニェがかつて国民議会の中心に見た「国民派」parti national がついにドイツでも出現したのだ。

ドイツ全土における「国民」意識の覚醒現象は当然のことながら、歴史学と歴史叙述のありようにも影響を及ぼさずにはおかない。[11] そもそも、ナポレオン戦争の終結に至るまで、ドイツには「国民史」が事実上、存在しなかった。ここにはドイツ政治社会の構造が忠実に反映されている。政治的統合体が確立していた英国やフランスにあっては自国史的枠組――ヒュームの『イングランド史』が好例である――が自明であったのに対して、ドイツの政治社会は旧帝国と領邦国家によって分断されていた。十八世紀の「帝国史」Reichshistorie も「地域〔領邦〕史」Landesgeschichte も、「国民史」ではありえなかったのである。古事学的系譜を除いた場合、一八一五年以前の代表的な歴史家――ガッテラー、シュレーツァー、ヨハネス・フォン・ミュラー、ヘルダー、シラー、ヘーレン、ヴォルトマン――の著作は、古典古代研究、外国史、とりわけ普遍史風の哲学的歴史によって占められていた。「国民史」不在の証拠といわねばならない。こうした事情は同時代のスコットランドと相似形をなすであろう。復旧期の保守派――ラウマー、メンツェル、アンシヨン、そしてランケ――による歴史叙述の主題が「欧州」であったことは、決して偶然などではない。

だが、復旧期から次第に「国民史」が、ドイツ知識社会の地平に昇りはじめる。依然としてドイツに政治的統合体は存在しなかった。それでも「解放戦争」という劇的経験は、個別の領邦国家を超える「国民」的実体について霊感を与えるに十分だった。ロマン派の古事学的・文学的関心にも後押しされ、いまや、「国民史」の可能性を歴史家たちが信じるようになる。この点で、ルーデンの『ドイツ国民史』（一八二五〜一八三七年）は――それにふさわしい評価をほとんど受けていないが――記念碑的業績にほかならない。そこでは、「帝国」にも「領邦」にも見離された「ドイツ国民」の苦闘の軌跡が描かれる。つまり、「帝国」にも「領邦」にも還元されない、「国民」がそこには存在するのだ。[12] 政治的枠組と「国民」の不一致が痛切に意識されればされるほど、「国民」はより堅固な実体を獲得する。ヒュームとの違いである。

そして、一八三〇年代後半から四〇年代にかけて、中世のみならず、近代を対象とした「国民史」が登場することとなる。保守派のランケでさえも、すでに論説「政治対談」（一八三六年）において、歴史的・政治的単位としての「国民」に着目していた。一八四六・四七年のゲルマニスト大会には、ヤーコプ・グリムやダールマンをはじめ、「ドイツ」を研究対象とする歴史家・法学者・言語学者たちが一堂に会した。[13] 以下のゲルヴィヌスとホイザーの作品は、近代を対象とする「国民史」叙述の代表例である。

ゲルヴィヌスは、「国民」を主題とする歴史叙述にもっとも自覚的な歴史家のひとりだった。国民形成こそ「民族生活の本能」にちがいない。ゲルヴィヌスはこの信念のもと、七教授事件、ドイツ・カトリック運動やシュレスヴィヒ・ホルシュタイン問題に関係するのだが、それは宗教的・立憲的な動機にもとづくものではなかった。「国民」を結集させるためのアジテーションなのである。[14] 代表作『ドイツ国民文藝史』（全五巻）の第一巻は一八三五年発行であるが、一八四〇年初頭には時代状況を考慮した全面改版が出版されている。ルターよりも人文主義者フッテンを、ゲーテやシラーよりも悲運の革命文士ゲオルク・フォルスターを政治的意志の発露として評価するゲルヴィヌスの意図は明らかだ。[15]「国民」を軸とした、「国民史」としての文藝史がここにある。

ホイザーが『ライン・プファルツの歴史：政治的・宗教的・文藝的関係において』（全二巻）を公にしたのは、「国民」意識が沸き立つ一八四五年のことである。これは伝統的な地域史に分類される著作であり、直接「ドイツ国民」全体を扱った歴史叙述ではない。だが、ホイザーの執筆意図を従来の地域史叙述と対照するとき、彼の急進性が浮かび上がってくる。復旧期以来、地域史研究を担ってきたのは教養市民層によって運営される各地の歴史協会だった。[16]そこでは活動理念として「祖国」Vaterlandへの献身が謳われていたものの、「祖国」とはあくまで各邦国を意味していた。だが、ホイザーはこうした「地域根性」を批判する。[17]いまや必要とされるのは自己満足的な「地域史」ではなく、「ドイツに対する祖国愛」に貫かれた作品なのである。それは「地域根性」や「小都市的傾向」とは相容れない。ホイザーの地域史研究の目的は、あくまで地域史を通じて「全ドイツについての徐々に成熟しつつある考察」に寄与することであった。

こうした一八四〇年代の高揚の極点をなすのが、一八四七年六月におけるプロイセン連合州議会の召集にほかならない。新王フリードリヒ・ヴィルヘルム四世は世論の期待に反して、立憲改革を推進する意図をもたなかった。ところが「東部鉄道」建設のための公債発行への同意を求めるために、連合州議会が召集されることとなったのである。この経過に全国の自由派が注目した。「王が高貴な感覚にしたがって二年間の議会を許可し、委員会や代表団を自由にするならば、すべてはうまくいくだろう。我々は数週間のうちに一世代をすごしてしまったようだ。［もし事態がうまく運べば］転覆無しにドイツの新生が達成されるという、偉大な実例となろう」。[18]一八四二年以来、ボン大学で教鞭をとっていたダールマンもまた、連合州議会が改革の契機となることを期待していた。

## 第二節　歴史・摂理・国家

「プロイセン憲法論」という表題の論説が『ハレ一般学藝新聞』に掲載されたのは、連合州議会が四月十一日に開会してまもなくのことである。連合州議会に関する著作群への書評形式をとるこの論説は、書評の規模を優に超える内容をもっていた。プロイセンの内政の本質をつく分析とともに、現在が歴史の、プロイセン史のみならず大文字の「歴史」の転換点にあるという認識が、そこでは繰り返し表明されている。

事物の静かなる力 stille Gewalt der Dinge というものがある。それはあらゆる意図、あらゆる知、あらゆる人為より強力である。この強力な力が作用するところ――春のめざめ、曙光のように――そこには神の御手 Gottes Hand がある。誰がそれを阻むことができようか。あらゆるものがそのように見事に変わってゆく様子を我々は目の当たりにしているのだ。朝が訪れ、快活きわまる成育の春がめざめるかのように。〔中略〕そうした変化のため、王権に、人民に、そして祖国ドイツに幸福を願おうではないか。この変化を生み出したのは、気まぐれ、反抗、弱さ、あるいは脅迫などではない。まさしくかの事物の静かなる力こそが、この変化を生み出したのだ。(「プロイセン憲法論」)(DrPS: 69-70)

こう語る人物こそ、高揚の四〇年代の申し子ともいうべき歴史家、三月革命の苦渋を誰よりも味わうこととなる歴史家、十九世紀にとどまらずドイツ精神史そのものを代表する歴史家、そして第Ⅲ部の主人公、ヨハン・グスタフ・ドロイゼン（一八〇八〜一八八四）である。[19] 私信においてもドロイゼンは連合州議会への期待を隠さない。「重要なことは、人倫の力 moralische Gewalt が連合州議会に集まっており、なおかつ自覚化されている点なのである。一八一八年から一八三〇年までのオーストリア化したプロイセンと、この人倫の力とは決して相容れることはないであろう」（DrBW, 1: 354）。[20]

ドロイゼンは、おのれが「歴史家」であることに終生、自覚的でありつづけた。「プロイセン憲法論」の一節にみられた、「事物の静かなる力」や「神の御手」、そして「人倫の力」といった概念は決してレトリックにとどまるものではなかった。歴史家は、国家や制度の栄枯盛衰という表層の背後に「動くもの」をとらえねばならない。この「動くもの」とはいかなる存在なのか。古典文献学徒として出発して以来、ドロイゼンは問い続けた。

一八三六年、文献学者として『アレクサンドロス大王伝』（初版一八三三年）を上梓してから三年後、ドロイゼンは歴史学界に対する不満を語っている（DrBW, 1: 104-5）。[21] それは同時に、みずからの歴史観についての信条告白にほかならない。ドロイゼンによれば、当時の歴史学界は三つの勢力によって支配されていた。シュロッサー派、ヘーゲルの歴史哲学派、そしてランケを中心とする「史料批判学派」である。まず、凡庸な道徳的判断によって史実や人物を評価するシュロッサーは、幼稚な歴史認識の代表として退けられる。問題はヘーゲルとランケである。ドロイゼンは、ヘーゲル流の歴史哲学――「絶対精神」の自己展開、「自由の意識」の発展史としての「世界史」――を、抽象的な図式を歴史的世界に強引に適用する誤ったこころみとみなす。歴史家はまず、なによりも「経験的対象」にむかわねばならないからである。ただし、その一方でランケの「史料批判学派」も「事実の確実性をあらゆる事柄に優先させる」がゆえに、賛同できないとされる。

ヘーゲルとランケの双方、つまりは普遍史的な歴史哲学と厳密な実証史学の双方に対する違和感に、ドロイゼンの特異性がよくあらわれている。彼は両者の長所を知りぬいていた。ベルリン大学生時代のドロイゼンに決定的な影響をおよぼしたのは、ほかならぬヘーゲルと文献学の指導教授アウグスト・ベークだったのだから。[22]若き文献学徒に対して、ベークは厳密な史料批判の技法と、古典語の探求にとどまらない「歴史学」としての文献学理解を授けた。一方でドロイゼンはヘーゲルの諸講義を熱心に聴講し、ヘーゲリアンの私的な集いにも参加していた。[23]ここから独特な歴史家が生まれてくる。ドロイゼンのうちにはランケに劣らぬ緻密な史料批判の技法と、歴史学の学的固有性への関心、ひいては歴史学が対象とする「世界」と「人間」本性への理論的関心が同居しているのである。

ランケを中心とする「史料批判学派」に絶えずドロイゼンが苛立ちをおぼえるのは、この理論的関心のゆえである。彼らはたしかに卓越した「技術」を備えているかもしれない。[24]だが、おのれが「歴史家」であるということにあまりに無自覚ではないか。それはまた、「歴史」を成り立たせるもの、「世界」と「人間」の本性への無関心を意味する。三月前期のドロイゼンはすでに「歴史学方法論」――「歴史の定言命法」・「道徳律との類比」――の必要性、歴史学における「カント」の必要性を痛感していた（DrH, 2: 235-7）。にもかかわらず、その体系化は一八五七年の『史学論講義』Historik を待たねばならない。それは突然の知的啓示というよりも、青年期以来抱いてきた関心――折に触れ、その断片は語られてきた――の成熟と達成にちがいなかった（DrBW, 2: 442）。[25]

人間が生を受け、成長し、共同体の成員として活動し、そして死を迎える舞台を、ドロイゼンは「人倫世界」sittliche / ethische Welt とよぶ（DrH, 1: 24, 38-9, 191, 289）。ここでの「人倫」とは、行為の善悪や道徳法則を意味しない。「人倫世界」において、それぞれの「人格」Persönlichkeit（「主体性」Subjektivität）はそれぞれの置かれた状況に適応して、他の「人格」と関わり、さらには「家族」・「民族」・「教会」・「国家」といった「共同態」[26] Gemeinsamkeit に所属することとなる。そうした「人格」による「意志の行為」Willensakt が折り重なり、積み重なり、織物のように「生成」Werden してゆく様子（「現実」Wirklichkeit）を、ドロイゼンは「人倫」と表現しているのである。

「人倫世界」とはまさしく「我々が生き、学び、行動し、傷つく世界、そこから自分自身の目的を定め、決断を下す世界」にほかならない（DrH, 1: 34）。「人倫に沿って〔ethisch〕に行動することは、まさしく人間本性に根ざしている。あらゆる時代においてそうであった。人間本性は現実のなかを動き、担われ、阻害されるのだ」。個々の「人格」はみずからの「意志の行為」を通じて、他者と関係しつつ「人倫世界」を作りあげてゆく。「人間の全存在は人倫の諸関係のなかを動き回る。そして人間みずからが創造する世界こそ、人倫世界なのである。人間はみずから触れた対象をこのカテゴリーに高める。そうした意味で、単なる自然界は人間の手のうちで変化するのである」（DrH, 1: 24）。

「人倫世界」と「人格」との関係は一方向的なものではない。たしかに「人格」は自分の生まれる時代や地域、国家を選ぶことができない。さらに「人格」は必然的に「共同態」の中で行動せざるをえない。この点で「人格」は「人倫世界」によって規定されている。ただし一方で、個々の「人格」は独立した「自我」（「全体性」）である以上、存在の核心たる「良心」Gewissen の領域は不可侵に保たれるだろう（DrH, 1: 266-7, 289）。[27] なによりも個々の「人格」は「共同態」の中で行動することによって、「つかの間の儚い存在」を越えて「人倫世界」の形成に参与することができる。ドロイゼンは一貫して、「共同態」への所属と参与を「本質的な人間本性」とみている（DrH, 1: 290-1）。「人倫世界は本質的に、諸々の人倫的共同態において現象する。というのも、共同態においてこそ個々の自我は真理へと到達するからだ」（DrH, 1: 61）。

だが、ドロイゼンの『史学論講義』の決定的な特徴は、「人格」と「共同態」によって構成される「人倫世界」の「生成」の背後に、「理念」Idee の運動を見る点にある。「理念の展開は歴史の生成と形成であり、歴史は諸理念の発展的生成と形成にほかならない」。「理念」には「美」Schönes・「真」Wahres・「聖」Heiliges、「福祉」Wohlfahrt・「法」Recht・「権力」Macht、「家族」Familie・「民族」Volk・「人類」Menschheit の九種類があり、歴史的な状況に応じて千差万別にあらわれる（DrH, 1: 206-7）。[28] 各時代はそれぞれの「理念圏」Ideenkreis をもち、平時は「安定状態」にあるものの、現状に不満をもつ変革者が「理念」を体現した「精神」Gedanke をもって現状変革に挑むことで歴史は動く。変革者を突き動かす動機が利己的なものであろうとも、それは問題とならない。「理念」の「運び手」となることが重要なのだから。「理念」とは、まさしくドロイゼンが見定めた歴史の背後を「動くもの」であった（DrH, 1: 208-12）。「諸理念の生とは、絶え間なき格闘の中で生成することにある。つまり、精神から精神へと進歩しながら、一層深く豊かに徹底的に自己形成し、意識にあらわれることにあるのである」。歴史学とは、表面的な現象を緻密に分析する一方で、背後に動く「理念」と「精神」の動態を「生成」Werden の相のもとに把握する学にほかならない（DrH, 1: 37, 162）。

そしてドロイゼンは、「運動」と「生成」のなかにある「人倫世界」そのものを統制する原理を求めてやまない。こうして「歴史学」固有の方法をめぐる探求の果てに「神」へと行き着くこととなる。三月前期にはすでに「神」と「歴史学」との不可分の関係が指摘されている（DrH, 2: 143, 175-6）。[29]「微細な個別対象についてさえもあらゆる献身をもって研究するとき、まさしく以下の思想が基礎となる。すなわち、個別対象のうちにさえも神的叡智と理性、そして普遍的法則が潜んでいるのであり、その法則こそ、我々が探求し証明する対象なのだという思想である。学問〔歴史学〕が個々の現象をみつめるとき、現象を動かす諸法則のためにそうするのだ。これら諸法則こそ、神的世界秩序の精神にほかならない」（「中世史講義序論」）（DrH, 2: 168）。したがって、「我々の学問〔歴史学〕の最高の課題とは、弁神論 Theodizee なのである」（『ヘレニズム史』私家版序文」）（DrH, 2: 227-8, 232-6）。[30] つまり「人類」および「あらゆる被造物」を包摂する「神の世界秩序」を「思考と理解のカテゴリー」で把握する――部分的にせよ――ことに、歴史学の真髄はある（DrH, 2: 347ff.）。『史学論講義』のドロイゼンはより直截に表現する。

我々の帰納、そしてあらゆる帰納の力はそこで尽きる。なぜなら人間の理解力は中間だけを捉えることができるのであって、事物の始源と終局を捉えることはできないからである。我々の方法〔歴史学的方法〕が最後の秘密を解明することはない。諸目的の目的、いわば絶対的全体性〔神〕を把握することはできない。しかし、そのひとつの表出において、我々にとってもっとも理解しやすい表出において、我々は絶対的全体性を理解することができる。我々は歴史から神を理解することを学ぶのである。言い換えるならば、我々は神の中においてのみ歴史を理解することができるのである。（『史学論講義』）（DrH, 1: 30）

「人倫世界」は、最終的には「神」につながってゆく。ドロイゼンにとって、歴史は神の摂理の弁証としての意味を獲得するのである。「プロイセン憲法論」において、「事物の静かなる力」や「神の御手」が語られるとき、こうした歴史観が背景にあった。三〇年代にも増してドロイゼンが政治化してゆく直接の原因が、キール大学近代史講座への招聘であったことは疑いをいれない。若き文献学者は、前章で論じた加熱する時代状況の中に放り込まれることとなる。

ドロイゼンにおける政論と史論の緊密な連関を象徴するのが、「歴史の権利」Recht der Geschichte 概念である。[31]「現代とは、歴史がおこなってきた批判 Kritik の生き生きとした帰結である。現代は歴史の権利のうえに成り立っている。現代において活力があり、将来への発展可能性をもつものこそ、〔真の〕歴史的権利 historisches Recht なのである」（「ヴェルダン条約記念祭演説：以下、ヴェルダン演説」）（DrH, 2: 248）。世界史とは「中断することなき大河のごときものである。各時代はそれぞれの「尺度」や「活力」をもつとしても、世界史の流れに対する逆行やひとつの時代の理想化は許されない（DrH, 2: 241-5, 289）。[32] 個々の政治的な判断はつねに「歴史の権利」を参照せねばならないのだ。

こうした議論の背後には、世界史が全体として「進歩」Fortschritt の過程であり、「現代」Gegenwart が歴史の最前線であるという強烈な確信がある。「我々が摂理を信じるかぎり、進歩は確実にそこにある」、「この進歩の諸契機を認識することが問題なのであり、そのためにこそ歴史は存在する」(DrH, 2: 168)。「我々の学問〔歴史学〕は現代においてこそ活力を保ちうる。歴史学とは現代の鏡――「汝自身を知れ」――であり、生成したものを活力と豊富な帰結に満ちた連関の相の下に理解することであり、さらには、いかなるものも押しのけることのできぬ未来への条件を認識することなのである」(DrH, 2: 181)。歴史においては「認識された理性的なるものが不断に生成し、現実化しようと努力する」のであり、治乱興亡の現象の背後では諸々の「理念」が生成発展し、「人類の進歩」の大河へと流れ込んでゆく (DrH, 1: 35, 364-6, 368-9, 371-2)。ドロイゼンにとって「不断の進歩」、すなわち「人類の教育」[33]は「理性の要請」にほかならず、「人間精神は上昇する歴史を体験してきたのであり、あらゆる人倫的領域の不断の運動において、その進歩は条件づけられていた」。すなわち、「歴史的帰結の総和」、つまりは「絶対的な地点ではないが、相対的に最高の地点」としての「現代」から世界史を眺めることは、この「進歩」の軌跡をたどることを意味するのだ (DrH, 1: 203-4, 206, 254-5)。[34] こうした観点は、「実用的」歴史叙述――賢慮や徳を涵養する素材集としての歴史――から遠いところにある。「政治的歴史叙述」の代表格であるはずのドロイゼンが実際は、ヨハネス・フォン・ミュラー、ポリュビオス、タキトゥスのいずれにも特権的地位を与えない。そのかわり、歴史叙述の不動の古典たるトゥキュディデスと、「歴史」的認識の確立者としてのドイツ歴史哲学者たち――とりわけヘーゲルとフンボルト――を、ドロイゼンは繰り返し讃美した。[35]「世界史的考察はつねにその時点で到達された認識の総和において、つまり、その時点で獲得された世界観から過去を把握せねばならない」。「我々は絶えず生成する〔歴史的〕認識の高みにますます昇り、ひろく眺め渡すように駆られる。そうして歴史研究と知識自体が進歩の模像と実例」となろう (DrH, 1: 371)。[36]

したがって、ドロイゼンが国家を「歴史の権利」の観点から問い直す「実践政治学」[37] practische Politik を提唱したとしても不思議ではない。「あらゆる国家は固有性、固有の生命、固有の政治をもつ」のだから（DrH, 1: 272-3）。「統治者」Staatsmann にとって、国家の「歴史的固有性」、あるいは歴史的に形成された国家の「自意識」の認識は不可欠である。ドロイゼンは繰り返し、従来の「政治学」の貧困を指摘する。「最善の国制」の解明に専心する「思弁的」な「政治学」など何の役にも立ちはしない（DrH, 2: 321-2, 337-9）。ここで批判の対象となっているのは、理想のある「べき」政体を論ずる国家論、いわばダールマンの『政治学』に代表される議論である。[38] これに対して「実践政治学」は、「具体的な現実」――世界・諸国家・個別国家が実際にどうあるか、認識された権力条件のもとでどうなりうるか――を論ずるだろう。まさしく「統治者の学問」である（DrH, 2: 324-5, 339-41）。[39]「政治学は現代史であり、歴史学は過去を対象とする政治学である」（DrH, 2: 437）。

さらにドロイゼンが「国家」に与える定義も、三月前期の自由派とは一線を画すものだった。「国家にとって本質的なことは権力の理念 Idee der Macht、すなわち防衛と反撃のための公権力」である（DrH, 1: 356-7）。[40]「権力であるがゆえに国家は――いかなる形態であろうと、いかなる者が統治しようと――支配する。権力をもつために支配者となる。あらゆる政治の要諦である」。それゆえ、ドロイゼンはとりわけ国家を単に「法制度」とみなす「法治国家」Rechtsstaat 論を退ける（DrPS: 70-6, DrH, 1: 273, 276）。[41] 国家にとって「法」が「本質的な形式」だとしても、

ただ国家自身のみが、法の源泉であり、最上位の裁判官なのである。ある法が国家の存立を脅かす性質のものであるならば、国家は躊躇することなく、権力をもって自分自身をその法に対して優先させることだろう。そして、〔その措置の〕成功によって〔当該措置の〕正当化を求めることだろう。国家が決断力と権力組織を欠くならば、法は、耐えがたき不法と化すにちがいない。そして、国家自身も衰亡することとなろう。〔中略〕以上

は、私が勧める教説や準則などではない。政治の至るところにあらわれる事実である。非難したからといって消えることのない、事実なのである。そのことによく注意していただきたい。(「実践政治学講義序論」)(DrH, 2: 330-1)

同じように、国家内の諸権力を抑制・均衡させる権力分立論に対しても、ドロイゼンは不信を隠さない。「立憲制の恩恵を誤解している、そのように思われたくはない。しかし、この恩恵は、権力分立――それ自体馬鹿げていて、効力においては空想的である――にも、いわゆる立憲的保証にも、さらには王と人民の間の契約形式にも決して存在しないのである」(「プロイセンとドイツ」)(DrPS: 114)。[42]「法治国家」論と「権力分立」論のいずれも、国家の本性――「権力」――と矛盾している。[43]

しかし、国家の本質たる「権力」が「暴力」に堕する危険はないのだろうか。むしろ歴史は、国家が暴力的に「家族」や「市民社会」といった「共同態」を抑圧する悪しき事例、「国家の理念による専制」の経験に満ち溢れているのではないだろうか。こうした疑問に対して、ドロイゼンは「理念」自体の歴史性をもって答える(DrH, 1: 201-6, 339-40)。つまり「諸理念」、国家の場合には「権力の理念」(「国家の理念」)自体が歴史的に生成発展し、変化を遂げてゆくのである。それゆえに古代と中世とでは、「権力の理念」のあらわれ方が異なっている。一見すると古代国家に比べて、封建制下の中世国家は脆弱で「権力の理念」が弱体化したかのようにさえみえる。だが、「歴史の権利」を重んじる立場からするならば、「権力の理念」は不断の「進歩」を経ているのであり、中世における状態もその後の発展のためには不可欠の通過点にちがいない。国家が「暴力」による支配から、純粋な高次の「権力」へと昇華してゆく過程こそが重要となってくる。一八四〇年代にドロイゼンが主戦場とした近代史は、まさしく「国家の理念」が決定的な転回と発展を遂げてゆく舞台であった。

## 第三節　「国家の理念」とフランス革命

「一八一五年以来の現代史」講義（一八四三年）の冒頭、ドロイゼンは語る。「我々はひとつの革命の只中にいる。現在において、この革命はすでに五十年以上も継続中であり、欧州の、否、全世界の諸関係が、その過程で変化をはじめたのだ。歴史の記憶がおよぶかぎり、これほどとてつもない規模の発展はかつてなかった。これほどの、最下層の住人にまで深く食い込む大変化はかつてなかった」（DrH, 2: 196）。「革命」の時代としての「現代」。五十年以上にわたる「ひとつの革命」の最中、欧州秩序全体に大変動がおこり、そして今も続いているとするのが、ドロイゼンの時代認識だった。

まさしくこの巨大な「ひとつの革命」を把握し、「歴史の権利」を通じて同時代にむすびつけようとする努力こそ、ドロイゼンの一八四〇年代にちがいなかった。幾度も繰り返される近現代史講義は彼の苦闘の軌跡でもある。とりわけ、キール大学における講義を元にした『解放戦史』（一八四六年）はその結晶であった。題名からしてすでに、ドロイゼン独自の時代認識が打ち出されている。通例、「解放戦争」Freiheitskrieg とは、ナポレオンのロシア遠征失敗に端を発する普墺英露の連合軍による対仏戦争（一八一三〜一八一五年）を指す。ところがドロイゼンの場合、複数形の「解放戦争」Freiheitskriege なのである。ナポレオン戦争の動乱をはるかさかのぼるルネサンスと宗教改革の時代にはじまる『解放戦史』は、「アメリカ解放戦争」・「フランス解放戦争」・「一八〇八〜一八一二年の諸解放戦争」、一八一五年の「解放戦争」へと連なる複数の「解放戦争」が連鎖連動してゆくさまを鮮やかに描きだす。

つまり、『解放戦史』は「現代」までつづく「ひとつの革命」の決定的瞬間をあつかう作品にほかならない。[44] そしてそこでは、とりわけ「フランス解放戦争」、すなわちフランス革命と「旧き欧州」altes Europa との対決が、叙述の核をなす。なぜならフランス革命こそ、欧州大陸における一連の「解放戦争」の発端であると同時に、ナポレオンという「国家理念の専制」を生み出した根源でもあったのだから。

もちろん、フランス革命を「世界史」に位置づけようとするこころみは当時、珍しいものではなかった。第Ⅰ部二章でみたように、ヘーゲルはフランス革命を単にフランス一国の現象に限定せず、巨大な思想の流れのなかで理解した。フランスでもギゾーなどが一八二〇年代末には革命を独自の「文明史」の図式において捉えている。ロテックによれば、「世界史においてフランス革命以上に巨大な事件は存在しない、否、同規模の事件さえも存在しない」。それは古代の諸帝国の興亡、イスラムの興隆と十字軍、キリスト教・活版印刷の発明すら及ばない大変革である。[45] ロテックにとって、「世界史」とは「理性的権利」と「歴史的権利」の壮大な対決の舞台であり、フランス革命はそのクライマックスをなしていた（RAG, 9: 1,§1）。ロテックが「理性的権利」の徹底した擁護者だったことはいうまでもない。ヘーゲル学徒として出発して独自の宗教史観を生み出した文士カロヴェは、『フランス革命の諸原因の回顧およびその世界史的使命の示唆』（一八三四年）という書を世に問うている。[46] 個々の相違点を除いた場合、これらの論客に共通するのが、フランス革命を封建制と絶対主義支配――「特権」と「宮廷」の腐敗・カトリックの閉鎖的な「位階制」――に対する立憲主義――「自由」・「平等」・「憲法」――の挑戦とする見方である。

また、フランス革命と諸革命との連動を指摘する議論もすでに存在していた。『国家事典』の「革命」の項目を執筆したヴィルヘルム・シュルツは、「革命」の法則性と連動を論じている。そもそも「近代の根本性格」は「すべての諸国民のより確固たる有機的なつながり」にあるため、「近代」の諸革命は「国民的」national であるとともに「世界市民主義的」である。したがって、アケメネス朝ペルシャの建国、民族大移動、イスラム侵入とならぶ「世界史の主たる指標」たるフランス革命にしても、中世と近世の諸革命が「自由」や「平等」理念を準備したために、はじめて可能となったのである。そして、フランス革命自体、フランス的であると同時に、原動力となった諸原理をさらに他国民のうちに覚醒させていった。革命は連鎖的なのである（BD: 1050-2）。「世界史」に対する独自の見取り図、「理念」概念による歴史叙述、そして国際秩序へのまなざしが、ドロイゼンをこうした同時代の議論のなかで際立たせる。

ドロイゼンの「世界史」理解の軸はキリスト教にある。[47] ヘーゲルのようにキリスト教を「絶対精神」の構造の端的な表現とみることはないにせよ、ドロイゼンにとって「普遍的な人間の精神性という高次の王国」を提示したキリスト教は、まさしく「世界史」的意義をもつものだった。ドロイゼンは教義学には関心がない。キリスト教は人間を「普遍的」なかたちで捉えたがゆえに、偉大なのである。「そして啓示がなされた。救世主イエスの現象において、〔天の国に属したいという〕憧憬、諸国民のこの予感は満たされた。永遠の神の世界に対する関係、そして人間の神に対する関係が啓示されたのだ」（「近現代史講義序論」）（DrH, 2: 184）。ここでは、オリエントから古典ギリシアを経て帝政ローマで終わる「古代」という時代そのものが、キリスト教登場の準備期間として位置づけられることとなる。[48]「神」を歴史学そのものの究極的な存立根拠に定めたドロイゼンにとって、キリスト教は超歴史的な真理の開示を意味した。したがって、「宗教生活の全面的深化」をもたらした宗教改革が高く評価されても、異とするにたりない（DrH, 2: 188-9）。

だが、ドロイゼンにとって、宗教改革の意義は「宗教生活」の刷新にとどまらない。それは「近代」の開幕を意味するのである。「古代」における「神」からの疎外（「脱神化」）と「中世」における過度の「脱世俗化」という「完全な二元論」の克服としての宗教改革。聖書を通じて誰もが「神」と直接の信仰関係に立つとする「万人司祭」原理こそ、「此岸と彼岸の硬直した対立の積極的な媒介」、「皇帝と教皇、あるいは世俗秩序と霊的秩序の不一致」に対する「解決の原理」にほかならない。「和解と世界の神化こそ、プロテスタント的生の偉大な使命なのである」(「ヴェルダン演説」)(DrH, 2: 197, 254-7)。ドロイゼンにとって、宗教改革で打ち出された「万人司祭」原理の拡大浸透こそが「近代」を貫く糸となる。つまり、「万人司祭」原理は宗教の領域にとどまらず、「政治や社会の関係」にまで広がってゆくのであり、またそうあらねばならないのだ。世俗と宗教の両領域の指導原理たる「万人司祭」原理の到来を意味するがゆえに、宗教改革は「近代」そのものの生誕とむすびつけられるのである。

そして、第二の点、すなわち「理念」を通じた歴史叙述によって、ドロイゼンは「近代」の一貫性を見事に表現しえた。「万人司祭」原理の世俗領域への浸透は、「国家の理念」[49] Staatsidee(「権力の理念」)の不断の生成過程と言い換えることができる。これこそが、『解放戦史』の主題をなすのである。つまり「契約にもとづく権利や義務の総和」としての「身分制国家」ständischer Staat に対する、「絶対主義」Absolutismus を目指す「君権」(「近代国家」)の闘争である(DrVF, 1: 18-21)。「私権」に対する「〔君主の〕大権」の闘争である。この過程を通じて、すこしずつ「普遍的なもの」・「本質的なもの」・「理性的なもの」としての国家が、「近代的原理」が浮かび上がってくるのである。

ただし、「国家の理念」の主な担い手が君主だとしても、最終的な目標は「諸国民の国制参加」、いわば「公民制」Staatsbürgerthum でなければならない。国家の「権力」は「公民」の政治参加によってこそ一層堅固なものとなるからである。「真の国家は全構成員の積極的かつ意識的な参加によってのみ形成することができた。あらゆる公民の直接的かつ承認された意志の統一においてのみ活動できたのである」(DrH, 2: 200)。さらにドロイゼンの独自性は、「公民制」概念が、歴史的固有性を備えた「民族」Volk をも含意する点にある。[50]「国民性 Nationalität は土地と気候、起源と慣習によって形成される。国民性は歴史の過程で生成する。諸々の歴史的結果は繰り返し民族の本質の一部となり、国民性を自然かつ直接的なかたちで規定するのである。そのようにして、国家は属する民族の国民性という基礎のうえに立っているのである」（「一八一五年以来の近現代史講義序論」）（DrH, 2: 202）。また、「民族」がそれぞれ「みずからの言語・習俗・文化 Bildung」と同様に「みずからの国家秩序」をもつことは、「自然」にかなっている。この点、「身分制的・地方的割拠」の時代としての「中世」に対して、十五世紀以降の「宗教改革および君主政化の努力」にともなう「国民の分化」nationale Sonderung は、「自然さ」の回復にちがいない。ここでも問題は宗教との類比で説明される。政治における「国民的統一」nationale Einheit は、宗教における「義認説」にひとしい（DrVE, 1: 179-80）。

このように「公民制」を「国家の理念」の顕現に不可欠とする以上、「絶対主義」に対するドロイゼンのまなざしは両義的なものにならざるをえない。リシュリューとルイ十四世によって確立されたフランス君主政は、典型的な「絶対主義」である（DrVE, 1: 25-30）。たしかに「絶対主義」は身分制の「特権」に抗して、「普遍的なるものの純粋な抽象」を促し、「法と国制の合理的発展」を可能にした。ルイ十四世は「憂鬱な彼岸」を象徴する教会をねじふせ、「中央権力、包括的な行政、無数の官吏、画一的でつねに準備万端の軍隊」によって国家を支配する。いわば「世俗的なるもの」による支配だった。「ルイ十四世の統治はトルコ風の専制ではない。それは暴力・伝承・契約・贈与のいずれにもとづいているわけでもない。まさしく国家の理念にひそむ高次の人倫的力 sittliche Macht が、君主を現世の神にする。君主とはすなわち国家なのだから」。絶対君主政の圧倒的な権力の前に身分制社会は動揺し、「国家の理念」は「転生して王の身体に顕現」する。

だが、その一方で臣民は果てしなく政治から疎外されてゆく。「政治的動物」としての「人間の本性」、いわば国家の「人倫的意義」は徹底的に無視されるのである（DrVE, 1: 52-3）。

国家はあらゆる人倫的基盤を失った。国家はキリスト教的、さらには国民的諸関係を放棄した。いかに普遍的な性格を備えていたとしても、実際の国家は、君主の利害および人身と再び同一化していた。〔中略〕旧き法は、ローマ法を学んだ法曹の影響力に屈服し、国民は自身の法的状態から疎外されていた。公的利害の扱いは、政府の秘密事項だった。陰鬱で暗い宿命のごとく、政府は不幸な臣民を統治した。臣民にはもはや祖国防衛の権利など少しも残されてはいなかった。民族と教会は国家から疎外され、国家は抽象の極北にある。国家におけるあらゆる関係が、内的な虚偽に成り果てていた。（「近現代史講義序論」）（DrH, 2: 191）

「国家との積極的関係」はおろか、「所有の保証」（「確固たる法的状態」）さえも奪われ、「私的存在」に貶められた被治者のみじめさと、権力を独占する「絶対主義」とのコントラスト。[51] これこそが十八世紀国家の本質である。「国家はいわば、民族の外部に存在しており、民族が単なる内容物として仕えるほかない暴力装置Machtだった」(DrVE, 1: 33-4)。世紀後半における啓蒙絶対主義の実験も、以上の傾向を強めるものでしかなかった（DrVE, 1: 61ff.）。[52]

そして、フランス革命はまさに、こうした十八世紀政治を超克せんとするこころみであった。「それは大陸における最初の純粋な国民的契機だった。歓喜の声がわきおこった」(DrH, 2: 283)。ドロイゼンは一貫してフランス革命を、「公民制」への跳躍、さらには「国民」の活性化現象とみるのである。「身分制の原理は国民に屈服した。フランス国民は以後、政治的に統一され、国家の統一という理念を獲得した。この理念は国民議会に代表されると考えられた」(DrVE, 1: 364-7)。たしかにそれは「人民主権への第一歩」だったかもしれない。しかし、「理念」が導きだしたこの革命は、「歴史的必然性」（「状況の不可抗力」）の産物だった。たとえ、「理論」と「合理主義」に主導された革命が「封建的基礎」をもつ王権と特権層を敵に回したとしても、彼らこそが「現代の権利」Recht der Gegenwartを蔑ろにしてきた張本人ではなかったか（DrVE, 1: 367-8）。ドロイゼンは、能動市民の支持を基盤とする国民議会の諸政策、いわば「フランスの完全な改造」を高く評価する。「階層的・貴族的なパルピュイアのごとき支配」の瓦礫のうえに輝く「公民制」と「国民社会」nationale Gesellschaft こそ、「新秩序が生んだ限りなく豊かな祝福」にちがいない（DrVF, 1: 369-70）。「国家性 Staatlichkeit の活力ある脈動が、はじめて全国民を貫いた。これまでは受動性、みじめさ、高次の衝動を阻む障害のみが存在していた。だが、いまやそこには〔国民〕固有の権利、自由、そして祖国という高貴な感情があらゆる力を増加させた。宗教改革以来、欧州が経験したことのない熱狂を喚起した」。

ドロイゼンにとって、フランス革命こそ、「現代」までつづく「ひとつの革命」、いわば第二の宗教改革の発火点にほかならなかった。そこではかつての宗教改革同様、「万人司祭」原理が打ち出されることとなる。「官僚や特権層といった聖職者」を否定する「公民制」という名の「万人司祭」原理が（DrH, 2: 199, 257）。「フランス革命は、民族 Volk の概念を、国家を通じて確立したのである」（DrH, 2: 297）。

ここでも、いまひとつの宗教改革が実現されねばならなかった。国家の概念は自己自身をより深く把握し、共通善に関する脆弱な表象から、法と自由の理念へと進歩せねばならなかった。全公民による実践的かつ普遍的な万人司祭制の原理が、確立されねばならなかった。宗教改革の際には、不可視の教会が真の教会であることが認識され、個々のあらゆるキリスト者の胸のうちにこの不可視の教会が打ち立てられた。それと同じように、いまや国家も、法の理念の顕現として登場し、そこから真理と尺度を得なければならなかったのである。

（「一八一五年以来の近現代史講義序論」）（DrH, 2: 199-200）

宗教改革（「十六世紀の宗教革命」）とフランス革命（「政治革命」）を対比させる論法は、当時しばしば用いられた。(53)

前者を後者の遠因とする言説、両者の原因や推移の類似性を指摘する言説も存在した。[54]だが、ドロイゼンは宗教改革とフランス革命を因果関係でむすびつけることはしない。フランス革命は、宗教改革に発現した「万人司祭」原理の展開、それと同時に一連の「解放戦争」の突破口として位置づけられるのである。ドロイゼンの語る革命の「歴史的必然性」を、ミニェのいうような原因の因果連鎖の意味で捉えるべきではない。機械的な因果論を優に上回る「世界史」的な潮流、すなわち「理念」の展開という意味で捉えられねばならないのだ。[55]

それでは、なぜフランス革命は無残な末路をたどらざるをえなかったのか。「恐怖政治・人権・人民主権・身の毛もよだつ強権支配の理論」に行き着かざるをえなかったのか。「あらゆる歴史的なるもの、実定的なるもの、あらゆるものが剝き出しの人権に至るまで抹殺された。いまや、極めて抽象的かつ数量的な意味で理解された人民Volkが国家そのものとなった。原子化がこれほど恐ろしく、平準化がこれほど一貫して、破壊の論理がこれほど包括的に遂行されたことはついぞなかった」(DrH, 2: 283)。もちろん、フランス革命が当初から抽象的な「理性法」Vernunfrecht に過剰な信頼を寄せたことも、要因のひとつではあろう (DrH, 2: 286-91)。[56]だが、すでにみたようにドロイゼンは原則として国民議会の業績を高く評価している。むしろ決定的な要因は、フランス革命が「大陸における最初の純粋な国民的契機」であった事実に求められねばならない。言い換えるならば、フランス革命が身分制の基礎の無い新大陸ではなく、「旧き欧州」で勃発したという事実、そして、「フランス解放戦争」に転化せざるをえなかった歴史の論理こそが、いまや解明されねばならない。こうしてドロイゼンの歴史叙述の第三の独自性、すなわち国際関係・国際秩序という分析視点にたどりつくこととなる。

# 第二章　「解放」か、「専制」か

## 第一節　「旧き欧州」と「政治的均衡」

ドロイゼンは十八世紀を「啓蒙および政治的均衡 politisches Gleichgewicht の時代」とよんだ（DrH, 2: 192）。『解放戦史』は、政治体制・社会経済・思想とならんで、十八世紀の国際秩序に一章を割いている。ドロイゼンによれば、「世界史」的衝撃としてのフランス革命理解には、当時の国際関係の分析が欠かせない。[57] フランス革命に体現された「国民的契機」と、十八世紀後半の欧州国際秩序との緊張関係こそが問題とされねばならないのだ。[58]

無論、十八世紀を「政治的均衡」の時代とする見方や、フランス革命を国際秩序から捉える視座がドロイゼンの独創だったわけではない。宗教改革以降の欧州史を「各国史」ではなく、「国際体制」Staatensystem の発展史として描いた歴史書の決定版として、すでに歴史家ヘーレンによる『欧州国際体制と植民地の歴史』（初版一八〇九年）が存在した。[59] ゲッティンゲン大学における国際関係史の伝統を踏まえつつ、それまで軽視されてきた社会経済史や植民地史をも叙述に組み込んだ点で、画期的だった。[60] 単に国家間の合従連衡の舞台ではない、文化や経済とも相互作用の関係に立つ「国際体制」の有機性が浮かび上がってくる。

ヘーレンは「国際体制」を、「領域をもち、習俗・宗教・文化の点で類似し、お互いの利益によって相互に織り成される諸国家の共同体 Verein」と定義する。[61] つまり、「習俗・宗教・文化」を共有しつつも多様性を保持する諸国家の間において、「国際体制」は成立するのである。言い換えるならば、「国際体制」には「進歩する文化」が不可欠といってよい。この点で「国際法」とは「進歩する文化」の顕現なのであり、さらに「国際法」の基底には「承認された正当な所有状態の神聖性」の自覚がなければならない。「国際法」という「文明化された諸国家」に共通する規範のもとでこそ、大国の覇権政策から小国の利益を守る「政治的均衡」は実効的となるのである。

したがって、各国の「承認された正当な所有状態の神聖性」が犯されるとき、「政治的均衡」もまた形骸化せざるをえない。[62] ヘーレンによれば、三十年戦争の終結後――宗派利害が後景に引いた後――すなわち十七世紀後半以降が本格的な「政治的均衡」の時代である。スペイン継承戦争、オーストリア継承戦争、七年戦争と、戦乱のたびに「政治的均衡」は実効性を発揮し、列強の利害と小国の独立を両立させてきた。だが、「啓蒙」思想の普及がこの安定性を掘り崩す。国家を「機械」として扱い、「物質的諸力」という尺度のみで国力を測る「思弁の精神」から、臣民・国富・領土の数量的増加を目指す「拡大政策」Arrondierung が帰結したからである。ポーランド分割や、ヨーゼフ二世の露骨な領土拡大政策――フリードリヒ二世によって阻止されたものの――はこうした時代の病理、つまり「承認された正当な所有状態の神聖性」という規範の衰退をよくあらわしている。また、絶対主義を抑止すべき「憲法」の不在も、被治者の不満を煽ることとなった。「絶対性に向けた支配者の努力は、大陸のほとんどの国々で古来の政治的自由 Nationalfreiheit を圧殺した」。[63] 新たな憲法原理を体現したフランス革命が勃発した当時、欧州の「国際体制」はすでに擦り切れていた。

「国際体制」概念をめぐるヘーレンの議論は、三月前期の自由派にも共有されていた。国際関係論に長じた自由派のペーリッツやビューローも、ヘーレンの図式や概念枠組を基本的に踏襲している。[64] たしかに、立憲君主政を好む穏健中道派ヘーレンと、「憲法」の象徴性に魅せられた自由派との間で意見の相違がみられるのは自明である。また、ヘーレンは同時代の植民地独立運動に対して懐疑的であったが、ペーリッツたちは「欧州国際体制」と並立する「アメリカ国際体制」の形成を寿いだ。だが、これらは根本的な見解の相違ではなく、むしろヘーレンの叙述にすでに潜んでいた要素の発展的展開とみるべきだろう。[65] 十八世紀における宮廷主体の国際政治を毛嫌いしたロテックでさえも、国際関係の変動に関する叙述の部分では、ヘーレンの著作を基本書として挙げている（RAG, 7: Einl., §2)。

こうした枠組と差別化をはかったのが、ランケである。ランケの問題関心の中心は、ヘーレンと同様に欧州国際秩序、とりわけ十七・十八世紀史にあった。ランケの出発点は十五世紀末から十六世紀の国際関係史であったし、『歴史政治雑誌』に掲載された評論「列強論」（一八三三年）はその後の研究プログラムとみることができる。[66] だがヘーレンと異なり、分析の際に「国際体制」や「政治的均衡」の概念をほとんど用いない点にランケの独自性がある。ランケによれば、そうした概念は現象の「形式」にすぎない。むしろ「本質」は、個々の国の「国民」Nationの活性化にこそ求められねばならない。欧州の大国は他国との対立・軋轢を繰り返す中でその内的エネルギーを充填し拡散してゆく。「政治的均衡」が保たれているというのは外観の問題にすぎない。その裏側では、「国民」的エネルギー同士の不断の闘争が展開されているというわけである。そうであるがゆえにランケは基本的に「列強」にしか関心を示さない。スペイン継承戦争、オーストリア継承戦争、七年戦争を欧州秩序形成史の画期とするものの、それは「政治的均衡」のゆえではない。危機の時代にこそ、「国民」と「列強」の活性化現象がみられたからである。

では、ドロイゼンはどのように十八世紀欧州をとらえたのだろうか。ドロイゼンはフランス革命以前の欧州秩序を「旧き欧州」altes Europaとよぶ。この表現からして、決定的な契機としてのフランス革命の重要性が強調されている。革命を軸として、新旧に歴史が分断されるのである。ドロイゼンもまた「国際体制」を、諸国家の内政構造・社会経済・思想状況と連動させて理解する。[67] 十八世紀の国際秩序は、前章でみた十八世紀国家の本質と密接不可分なのである。

十八世紀国際秩序を、「王朝的利害」dynastisches Interesse（「王朝政治」dynastische Politik）の時代として、ドロイゼンは位置づける（DrVF, 1: 179-83, 188-9）。すでにみたように「等族的共同統治」を漸次廃止して「公法」と「国法上の均質性」を確立していった近世の君主たちこそが、「国家の理念」の担い手とされていた。しかし、君主権力の起源からして、その「形成発展の脈打つ心臓」はつねに「王朝的利害」に縛られざるをえない。つまり「当時の君主政の目標は国家 Staat たることではなく、恣意的権力 Macht たることにあったのだ」。カトリック教会の「普遍性」が崩壊し、「近代国家」が興隆するなか、国際秩序は「不合理で恣意的で混乱」したものになっていった。混乱のなかから登場した「列強」（英仏露墺、後に普が加わる）によって、「頂上外交という救いようのない技藝」――「旧き欧州の有毒でうしろめたい、知らずに絡みつく蔦植物のごとき、どうしようもない技藝」――としての外交術が形成されることとなる。

この四列強〔英仏露墺〕――つねに揺れ動く周縁に囲まれた四つの中心点――の狭間で、いまや他の中小諸国は動揺し、混乱した。喧騒のなかで同盟・謀事・冒険・不誠実があらわれては消え、あらわれては消えていった。諸国民のもっとも高価な財産である平和は、絶えず君主たちの所有欲、名誉欲、軍事的情念、王朝的利害にゆだねられてしまった〔中略〕。

かの四列強がまず存在し、そのあいだで小国群が右往左往する。不毛な眩暈というべきである。これが欧州の国際体制 Staatensystem だった。諸国民の幸福、不可侵の諸権利、誓約の尊重、誠実の遵守と期待、そうし

> たものは問題にもされなかった。あらゆる卑劣な行為が「国家理性」の名のもとにおこなわれた。弱者であることは〔それだけで〕罪なことだった。(『解放戦史』)(DrVF, 1: 182-3)

つまり十八世紀の国際秩序は、十八世紀国家における「恣意的権力」と「民族」(「公民制」)との乖離現象が欧州規模にまで拡大したものとして、理解されるのである。「王朝的利害」と「国民的利害」との対立、「旧き欧州」の国際秩序と「民族自決」(「結合の要求」)との対立である(DrVF, 1: 90-1)。ドロイゼンにとっての「政治的均衡」とは、「民族」の内的生命力を抑圧する機構にほかならない。当然のことながら、ドイツやイタリアにおける小国群立の状況、デンマークに典型的な同君連合といった「王朝的利害」による「個々の民族」Volkseinheiten の分割を、ドロイゼンは是認しない(DrVF, 1: 191ff., DrH, 2: 201)。

また、「旧き欧州」の特徴は、国家間関係のみならず、文化領域にも反映されている。ルイ十四世統治下で形成された宮廷文化――「流行・文藝・道徳・名誉の変化の形式的体系」――は、まさしく「旧き欧州」の文化領域における顕れにちがいない。こうした「フランス風」の宮廷文化が「欧州の模範」となったことほど、嘆かわしいことはない(DrVF, 1: 33-4, 133-4)。宮廷文化――「慣習的」な「形式」と「規範」の支配――によって、他の欧州諸国の文化は「非国民化」denationalisiren されてしまったのだから。代わりに生まれたのは「慣習的恣意」に引きずられた「宮廷族」Hofnation、いわば君主の有力家門同士の結びつきであった。

だが、なによりもドロイゼンの十八世紀観の特異性を示すのが、英国観である。十八世紀後半以来、英国は二重の意味でドイツ知識人にとって羨望の的であった。すでにみたように、ダールマンに代表される立憲制論者は、混合政体としての英国国制に憧れた。一方で、国際政治における英国の存在感を強調する人々が存在した。彼らにとって、英国は欧州秩序の守護者である。その背後には普遍君主政を目指すフランスに対する恐怖があった。ゲンツとヘーレンは、こうした英国讃美の典型例といってよいだろう。そもそも、フランス革命とナポレオン帝国の脅威に直面したゲンツにとって、英国とは内政・外政の両面における希望の星にちがいなかった。彼の国際政治史叙述において、英国はつねに欧州の救世主として登場する。[68] ヘーレンはゲンツの英国観を継承したうえで、ゲンツが考察から除外した英国の植民地政策をも高く評価している。ヘーレンの目には、英国の植民地政策は、国力の維持発展のためのみならず、「進歩」した欧州文明を未開の蛮地にもたらした点でも望ましいものと映った。[69] 自由派のビューローも伝統的な英国讃美をそのまま繰り返している。

こうした内政・外交両面における英国の価値を、ドロイゼンは見事に転倒させる。彼にとって、英国は欧州の理想の体現者どころではない。むしろ、英国は「旧き欧州」の矛盾・腐敗・不合理を象徴する存在なのである。

英国国制の本質は、良くも悪くも「伝統的な等族代表制」(「中世的国制」)が「近代国家体制の担い手」となった点にある。「身分制的権力」は、フランスをはじめとする大陸諸国においては、絶対王権によって抑圧された。しかし、英国では事情が異なる。「身分制的権力」としての議会は、王権と臣民の間の「第三勢力」として登場し、「媒介的位置」を占めるのである(DrVE, 1: 41ff.)。トーリーとホイッグとの相違は相対的なものにすぎない。というのも、両派ともに「議会」を権力基盤とする点では全く共通しているからである。ただ、トーリーは王権の利害に、ホイッグは臣民の利害にどちらかといえば近いというだけのことである。逆に両派とも、「議会」こそが自らの権力基盤であることを自覚するがゆえに、「議会の権限の保守」に固執する。ドロイゼンにとって、名誉革命は一種の象徴的事件にほかならない。あのとき、「議会」は王権を超えたのである。フランスでは「伝統的な権利や諸関係の多様性」のうえに「抽象的統一」が樹立された。これに対して英国では、「旧き封建秩序の多様性」を体現する「議会」が、「国民的統一」へと変質したのである。議会は「国家」そのものだった。

一方でドロイゼンは、英国における「個人の私法上の自由」を賞賛してもいる。強力な王権が不在であったがゆえに、ピューリタン革命期に覚醒した「民族生活のもっとも健康な諸力」は存分な発展を遂げることができた。「素朴な健全性」と「真剣な有能さ」を存分に発展させることができた（DrVE, 1: 39-41）。「商業」の興隆、「強化された市民層」に担われた「自治」selfgovernment、治安判事制度、市民的自由の拡大、そして言論の自由と「公論」の形成。「抑圧され、権利を奪われ、官僚の恣意にゆだねられた」大陸諸国の臣民とは異なり、「個人の自由と市民法による保護」を享受する英国人は、「あらゆる有用な活動に大胆」でありえたのである（DrVE, 1: 102-3）。また、「議会が影響力を増せば増すほど、議会および議会に依存する政府は、増大傾向にある臣民の活動と福祉のため、より一層慎重かつ活動的に新たな道を切り拓いていったのである」。ドロイゼンは英国貴族の開放性に好意的である。英国の貴族は、大陸諸国に見られるような閉鎖的身分ではなく、「商業・産業・農業と無数の関係」を通じて結ばれている。逆に市民層の側も富の蓄積を通じて、受爵に至ることが可能であった。こうして英国貴族制は「絶えず市民層から自己補充し、刷新を図」ることができた（DrVE, 1: 51, 103）。[70]

しかし、ドロイゼンは、栄光の背後に広がる「国法上の恣意と不合理性の砂漠」を見逃さない。英国の政治制度は「身分制的利害」によって蝕まれている（DrVE, 1: 48-52）。たとえば、上院に陣取る「アリストクラシー」は下院に対して圧倒的な影響力を行使している。さらに、下院の構成自体が「人民代表」というにはほど遠い「不合理な寄せ集め」にすぎない。下院に蔓延る「途方もない買収構造」は「堕落した共和政ローマ」を思わせるほどに酷いものである。なにより、一八三〇年に至るまで選挙権――高貴な「政治的権利」――があろうことか、「私有財産」とみなされていた！　英国の「アリストクラシー」は、たしかに「ユンカー的な閉鎖的貴族制」ではなかった。だが、富が新たな「支配層」の形成原理になりかねなかった。[71]「封建制」的要素の残存する議会は、たしかに「王権の濫用」と「共和政的傾向」を防止した。だが、同時に議会が「公民制」への健全な発展を阻害したこともまた、事実だった。

とりわけ、ドロイゼンにとって、英国国内に潜む抑圧構造と植民地政策は許しがたいものであった。殲滅的な非難に値する。「万人司祭」原理の世俗領域への拡大としての「公民制」は、「言語、習俗、文化」を共有する歴史的共同体としての「民族」に根ざしたものでなければならない。それゆえに、植民地支配はもちろんのこと、ドロイゼンは、国内における少数民族の抑圧に対しても敏感なのである。英国本国では支配民族であるイングランド人が他民族を圧迫していた。スコットランド人に対する抑圧、とりわけ苛烈極まる積年のアイルランド支配は、目に余るものがあった（DrVF, 1: 205-10）。ドロイゼンは言う。オスマン帝国と英国は、実は大差ないのだと。「オスマン帝国と大英帝国を並列するだと？　この自由と自治と幸福な国制の王国を？〔そうした反論に対しては〕アイルランドの名を挙げるだけで、十分だろう」。「支配的なアングロサクソン民族はアイルランド人を放置し、貧窮にゆだねた。なんという貧窮だろうか！」。英国のアイルランド政策（審査法など）は「征服地」に対するがごとき、強引で高圧的で、「民族」の尊厳を無視した、卑劣な行為である。無論、そうした抑圧は大陸諸国と異なり、「王朝的利害」にもとづくものではなかった。それでも、ドロイゼンが告発の手を緩めることは決してない。[72]

英国の外交は、実はこうした植民地政策や少数民族に対する抑圧と密接に関連している。ドロイゼンはそのことを発見した。へーレンに代表される英国讃美論にとって、十八世紀――特に七年戦争後――の英国は「欧州の均衡」の守護者にちがいなかった。しかし、ドロイゼンによれば、こうした英国外交の拡大は、国内外における搾取の増大によって、はじめて可能となったものなのである（DrVF, 1: 210-1, 219-23）。

英国の使命は欧州の均衡を保つことにあるようにみえた。しかし、英国政府はどのような手段を用いたというのか。議会の租税法が、どれほど強化されたことだろうか。〔中略〕一度占めた権力の位置――しかも、それは公債制度の維持をすでに不可避なものにしていた――を保つためには、あらゆる手段を用いて国力の基礎を盤石にするよう努めねばならなかった。島国のあらゆる利点を活用せねばならなかった。つまり島国であったがゆえに、海軍が増強されることで、英国の権力は攻撃を免れた。同時に海外征服には有利となった。(『解放戦史』)(DrVE, 1: 210-1)

いわば、「北アメリカと東インドの両植民地は巨大な両腕のごとくだった。世界商業を独占するためにモロク神のように広げる、巨大な両腕のごとくだった」。両植民地のありようは英国の二面性を象徴している。自国民が移住した北アメリカ植民地では「完全な自治」が発展したのに対して、インドでは現地支配が東インド会社の手にゆだねられた。そして、東インド会社は、「アリストクラシーのもっとも抑圧的な形態、金権アリストクラシーを代表」していたのである。「何百万もの〔インドの〕人々は東インド会社政府の所有欲・恣意・強権」によって搾取される運命であった。ドロイゼンは、ヘーレンに典型的な、欧州文明の伝達者としての英国像に潜む偽善を徹底的に暴こうとする。(73)

ドロイゼンによれば、表面上は安定期にあった十八世紀後半の欧州秩序の内実は、惨憺たる状態にあった。一方では、苛烈な抑圧に支えられた英国の「世界商業」が繁栄を極め、もう一方の大陸では「王朝的利害」が跋扈する。「国家」と「民族」は完全に乖離してしまっていた。国際秩序の構造そのものが限界に達していた(DrVE, 1: 223-4)。そして、それは同時に「解放戦争」の始点でもあった。「とてつもない転覆の時代が目前に迫っている。既成の醜い形式、巨大な歪み、虚偽に満ちた伝統的な既成権力に対して、根源的な人倫の力が沸き起こる。旧きものを破壊し、新しき世界を打ち立てるために」。

## 第二節　「解放戦争」としての革命戦争

一七八〇年代、危機は頂点に達しつつあった(DrVF, 1: 308-12)。ドロイゼンによれば、「人民の啓蒙」を目指した大陸諸国の改革は、「新奇なものに対する不信」を植えつけ、「古きものへの信頼」を消し去る結果に終わった。身分制社会は限界を迎えていた。「封建制」は「宮廷での奉仕」に、「身分制的な公正」は「虚偽と負担」に変質していた。そこには「人倫の活力」が欠けていたのである。当時、「国家としてあらわれていたものは、本質的にはやはり君主の家門の王朝的利害にほかならなかった」。対外的にもそれは「人倫の基礎」を欠いた「官房政治」Cabinetspolitik にすぎなかった。一七八〇年代の欧州秩序の「均衡」は「つねに救いようのない混乱状態」にあった。「秘密」・「商業協定」・「欺瞞」・「詐術」があふれる一方で、「高次の人倫秩序はもはやこの国際秩序には存在していないかのようにみえた」。

だが、「国法上」はいかなる権利ももっていなかったにせよ、すでに「民族」Volk――王権と諸身分の間の「第三勢力」として――は存在していた(DrVF, 1: 349-51)。「確たる形態」をもち、「言語」のうちに「統一」を、「文化」のうちに「真の代表」をもつ「民族」。いまだ政治的権利を獲得するには至らなかったにせよ、欧州各国の被治者は、受動的な支配の客体から、自律的な「民族」へと脱皮を遂げていたのである。とりわけフランスでは、「宮廷」から「全人民」に伝播した「文化」、すなわち「啓蒙」が王権と並ぶ統合作用を果たしたとされている。

ただし、「啓蒙」は究極的には「王朝的利害」と相容れない。「啓蒙」とは、「理性」によって「客観的価値」を計測する「悟性的な実用主義」なのである（DrVF, 1: 125-9）。「それはとてつもない精神運動だった。あらゆる方面に溢れ出した。歴史的に形成されたもの、実定的な所与、事実上妥当していたものの位置づけは激変し、根底から攻撃された。学問は世界の中心、アルキメデスの点を発見したのだ」。いまや「普遍的に人間的なるもの」の名のもとに既成秩序の「根拠」Warumを問いただす「合理主義」が、「精神生活の中心点」となる。「古典古代においてソフィストとして登場したものが再び登場してくる。同じ内容のものが、〔今度は〕啓蒙と名称を変えて躍り出たのである」。ドロイゼンによれば、「啓蒙」は全欧州的な現象であったが、とりわけ、「思惟主体の確信」を特徴とするフランスの「教養層」は、「聖職者の位階的な教条主義」と「貴族の宮廷的な特権意識」、そして王権の「放縦と邪悪、財政の破綻、賄賂、希望無き民衆への増大する負担」と鋭く対立した（DrVF, 1: 352-3）。

フランス革命とは、こうした「世界史」的な運動との連続性においてのみ正しく把握されうる。たしかに革命は多くの悪徳をともなった。しかし、それだけではとてつもない「力の秘密」を理解することはできない、ドロイゼンはそのように弁護する（DrVF, 1: 399-400）。実際に国民議会は「腐った旧王政」を「新しい自由の国」へと「改造する」という「巨大事業」を達成した。いまやフランス人はみずからを「ひとつの国民」と感じ、「国家の存在」を強く意識する。国家は「かつてない愛国心Patriotismusの激情」、「確たる意志」、「国民意識」に貫かれている。「国民」の政治参加は実現し、制度のみならず「国民意識」が制度をしっかりと支える。「公民制」は完成したかに見えた。だが、歴史はそうは動かなかった。そのかわりに訪れたのは、「自由の十字軍」、熱狂の果ての対墺宣戦布告（一七九二年四月二十日）、そして泥沼の革命戦争だった。

フランス革命戦争の正統性をめぐる論争の起源は、同時代にまで遡ることができる。親仏派と「対仏大同盟」派に欧州全土が二分される中、革命戦争の開戦責任が問われたのである。フランス革命の原理が既成の身分制社会と衝突するものであったがゆえに、それは単なる開戦責任論を超えた、革命そのものの是非を問う論争でもあった。革命派によれば、今次の戦争はフランスの国力を嫉んだ欧州諸国が三十年間にわたり計画してきたものである。とりわけ、英国がフランスの覇権にとってかわるために策動したとされる。「自由の十字軍」正当化の論理である。一方で、ゲンツは『フランス革命前後の欧州の政情』（一八〇一年）において、そうした計画の不在と不合理を指摘し（GSS, 2: 197ff.）、真の「戦争の原因」を挙げている。つまり、真の「戦争の原因」は、フランスを乗っ取った「諸党派」Faktionen の専横、さらにはフランス革命と欧州秩序との間の原理的「矛盾」にある。そもそも「政治体系」が異なるのである。したがって、革命戦争は「フランス革命に対しての戦争」であって、「対仏戦争」ではない（GSS, 2: 203-6）。ともかく革命派とゲンツは、革命戦争を十八世紀的な制限戦争ではなく、潜在的な「政治体系」の差異にもとづくイデオロギー戦争とする点で共通していた。

ランケはこれと正反対の見解をとる。ランケのフランス革命批判の論法のひとつは、イデオロギー批判である。つまり、「自由」や「平等」といった理念の生成過程を歴史的に分析し、それらが実際にはフランスの対外的野心の隠れ蓑にすぎないことを暴露するのである。したがって、フランス革命の諸原因のうちでも「最大」の原因は対外関係にある。つまり、フランス革命とは、他の「国民」の興隆によって低下した国際的威信を回復するための運動にほかならない。「自由」や「平等」の理念を持ち出すがゆえに一見、新しい政治が展開しているかのようにみえるが、本質的にはルイ十四世の政策と大差ない、というわけである。

しかし、ランケ流の醒めた見解は三月前期においては少数派にとどまった。自由派であれ、保守派であれ、イデオロギー戦争としての革命戦争観が圧倒的であった。とりわけ問題の所在をよく示すのが、亡命貴族《エミグレ》とピルニッツ宣言（一七九〇年八月）に対する評価である。亡命貴族とは、王弟アルトワ伯に代表される、バスティーユ事件直後の貴族亡命者である。彼らは革命政権転覆のためにコブレンツやマインツといった国境近辺の都市に駐屯し、独自の勢力をなした。欧州の諸宮廷に向けた彼らの反革命戦争の喧伝はよく知られている。ピルニッツ宣言は国王一

ヴァルミーの戦い．この戦いで，革命軍ははじめて，対仏連合軍に対して大勝利をあげた．

家のヴァレンヌ逃亡未遂事件（一七九一年六月後半）の直後、プロイセン国王フリードリヒ・ヴィルヘルム二世とオーストリア皇帝レオポルト一世が共同で発表したものである。国王と王妃の身の安全への関心を示すとともに、警告が無視された場合、「すべての」列強の合意協調のもとでの統一軍事行動を示唆していた。しかし、十八世紀の外交常識からすれば、ピルニッツ宣言は事実上の、革命不介入方針の表明にほかならなかった。なぜなら、「すべての」列強の合意——とりわけ大陸介入を嫌う英国の合意——をとりつけるのは現実的に不可能だったから。つまり、レオポルト一世は革命批判の言辞の背後で、イデオロギー的反革命戦争という、亡命貴族の主張を断固として退けたのである。(74)

自由派の史論家は、亡命貴族とピルニッツ宣言の反革命性を過度に強調する。たとえば、亡命貴族は「利己心とカースト精神の利益」に駆られ、革命との「和解」を拒絶した。彼らの反革命戦争宣伝こそが、革命戦争の最大の原因である。ピルニッツ宣言は、「国際法の抹殺」と「弱小国すべての自主性の喪失」そのものだった(RAG, 9: 3,§2, 5)。穏健なニーブーアでさえ、レオポルト一世の反戦姿勢にもかかわらず、戦争が不可避となった原因を、「ベルリンにおける亡命貴族の影響」にみている（NGR, 1: 255-6, 263)。(75) ダールマンは亡命貴族の煽動とならんで、バークの『省察』の影響を指摘した（DaGR: 423ff.）。(76)「バークは軽率極まる戦争の灯火のひとつとなった」。ピルニッツ宣言には「もちろん宣戦布告の内容ではないにせよ、それでもなお戦争への脅しが含まれていた。プロイセン国王が戦争を強く推進し、楽勝とみていたことは疑いない」（DaGR: 417-9)。(77)

こうした評価の基底には、両陣営の間の原理的対立を強調する見方がある。革命戦争は、人権宣言・八月四日の決議・「国民代表制」といった「革命の根本原理」を賭けた闘いだった。それは「民主主義」対「アリストクラシー」、「理性」対「歴史的権利」の決闘であり、またそうであるがゆえに「不可避」の事態だったのである（RAG, 9: 3,§5）。

革命によって生まれた「新しき自由の国」と「旧き欧州」との原理的対立を強調するドロイゼンは、以上のイデオロギー的戦争解釈のなかでも極北に位置するといってよい（DrVF, 1: 400-3）。「十八世紀半ばまで特徴的だった外交優位にかわって、革命とともに内政の優位があらわれてくる」（DrH, 2; 200）。ドロイゼンによれば、当時のフランスは列強や亡命貴族による「秘密の陰謀」や「隣国からの恒常的な脅迫」に晒されていた。国内は非宣誓聖職者の策動によって混乱し、「混沌状態」にあった。頼るべき王権も「殺到する無秩序の洪水に対する堤防の残骸」にすぎなかった。逃亡を企てた「王権に対する不信」は、「極めて大きく」、また「正当」でもあった。これに対して、国民議会が創設した制度を定着させる任を負った立法議会は、「啓蒙され、高貴で、尊厳ある男たち」によって構成されていたと評価される。

ドロイゼンによれば、フランスは平和をひたすら望んでいた。「列強」が一七九一年憲法を承認し、亡命貴族への援助を断り、ルイ十六世を支援しさえしていたならば、戦争も回避できていただろう（DrVF, 1: 403-4）。「富裕な市民層」を後ろ盾とする「強力な政府派」の形成を促し、急進派を抑えることもできただろう。だが、「列強」はあくまで「王朝的利害」に忠実に、私利私欲に走り、亡命貴族を通じてフランスを追い詰めていった。

フランスによる対墺宣戦布告は実際には防衛戦争だったのではなかろうか。それは絶望の決断だったのではなかろうか。金も将校も軍律も無く、オーストリアの熟練兵に対して戦争を挑む――しかも、フリードリヒ大王の名高きプロイセン軍がすぐに加わってくるにちがいなかった――ということは、絶望の決断以外のなにものでもなかったのではなかろうか。外面的な形式に従えば、たしかに諸外国の官房は、フランスから宣戦布告された側であった。たしかに、諸外国の準備はまだ万端整っていたわけではなかった。だが実際のところ、諸外国はほんのわずかの骨折りで、「この弁護士どもを追い散らす」つもりだったのである。（『解放戦史』）（DrVE, 1: 409）

たとえ宣戦布告をしたのがフランス側だとしても、そこまで追い詰めた「旧き欧州」の側にこそ戦争責任はある。[78]革命戦争はまさしく、「公民制」への突破を目指すフランス革命による、決死の「解放戦争」としての性質を帯びてくる。そうであるがゆえに、ドロイゼンは恐怖政治さえも「解放戦争」の歴史的帰結として受け止めようとする。私利私欲のために「不自然な結合」をなす対仏同盟、すなわち「諸々の官房、特殊利益、王権、歴史的権利」から、「血をもって獲得したひとつの国民の自由の政治的存立」を、守らねばならない（DrVE, 1: 455ff.）。「恐怖政治は国内外の危機の必然的帰結である」（DrVE, 1: 475）。欧州秩序の中にあって「国民的孤立」に陥ったフランスは、「唯一の共同性」（「唯一の肯定的なるもの」）としての「民族」の活力を全面的に解放する。フランス全体が「地域性と言語を通じて自然に結合した人々の剥き出しの存在」と化する。「国民的統一」のために「政治的モナド」（「完全に同質な統一体」）となることが、「唯一の人倫」とみなされる。「国民の不毛な同質性」にすべてが回収される。

古代の異教世界のように、いま一度、国民的存立が唯一かつ最高、そして最終的な存在となる。人々はすべてを犠牲に捧げ、あらゆるものは国民的存立の刻印を身に帯びることとなろう。そこから国家が派生する。というのも民族こそ、国家なのだから。そこから市民社会が派生する。というのも、いまや市民社会は、ただ区別無き原子から構成されたものにすぎなくなるのだから。そして、そこから宗教が派生する。人々はキリスト

> 教を法的に放棄し、「神なる人民」となるべく突き進んでゆくのだ。（『解放戦史』）(DrVF, 1: 458)

古典古代におけるリュクルゴスやブルートゥスのごとく、ここでは「徳」Tugend、言い換えるならば「民族」（「国民」）原理が絶対的な位置を占めることとなる。あらゆる領域——国家生活・宗教生活・社会生活——の自律性は否定され、「民族」へとすべてが吸収されている。「狂信」Fanatismus にはちがいない。だが、「狂信」こそが「解放戦争」の帰結だった。

ドロイゼンの世界史理解にしたがえば、「古代」とは「国家的なるもの」（「公的なるもの」）にあらゆる価値が吸収されている政治社会であり、逆に「中世」とはキリスト教の「彼岸」信仰のもと、「私的なるもの」が絶対価値となる世界であった。そして、宗教改革にはじまる「近代」の目標は、「公民制」の確立、すなわち「公」と「私」との「和解」にあった（DrH, 2: 188-9）。だが、フランス革命は「解放戦争」に転じ、果てには恐怖政治という「純粋な異教ともいうべき、国民的なるものの排他的正当化」に行き着いてしまう。それは、まぎれもなく、「近代の異教」にちがいなかった（DrVF, 1: 459）。「私人」としての人間が排除され、人間は「公民」という「剝き出しの個人存在」に押し込められてしまう。これこそが、恐怖政治下における「熱狂的実存の基礎」なのである。ここでは、「国家の理念」が「大衆」のなかに沈みこんでいる。恐怖政治は山岳派内部の激しい党派抗争を経て「ロベスピエールの恐るべき独裁」に行き着き、ついにはテルミドール九日（一七九四年七月）の破局を迎えることとなる。それは「退化した革命君主政の流産」ともいうべき現象であった（DrVF, 1: 475-7）。

ドロイゼンはロベスピエールや山岳派の過激な行動を強く非難することはない。というよりも、恐らくはそうした面に興味がなかったのだろう。[79] ロベスピエールに対するドロイゼンの冷静な評価は、かつてのクレオン評価を思い起こさせる。ペリクレス没後の典型的な「デマゴーグ」と評されているクレオンを、ドロイゼンは弁護したのである（DrBW, 1: 124-5）。[80]「歴史家はとりわけ〔歴史の〕展開における進歩をもっとも重視せねばなりません。この進歩はまたクレオンの場合のように、没落へと行き着くことになります。キモンでも〔政治家と歴史家の〕ふたりのトゥキュディデスでもなく、テミストクレス、ペリクレス、そしてアルキビアデスがアテナイの偉大さを代表し、またそれを生み出したのです。少なくとも、クレオンはこの原理に従っているのです」。同様のことがロベスピエールをはじめとする山岳派にもあてはまるかもしれない。恐怖政治がいかに「狂信」的だったとしても、それによって「革命の成果」は「民族生活の血となり体液」となった。今後は「破壊から建設へ」と進むことが、「新たなる人倫的基礎のうえに国家」をつくりあげてゆくことが、可能となったのである（DrVF, 1: 479-80）。

とはいえ、ドロイゼンにとって、ロベスピエールは「偉人」geschichtliche Größe とよびうる存在ではなかった。「人倫世界」は人間の不断の「意志の行為」を通じて「生成」する。そうした「生成」の最中、「精神 Gedanke が転生したように、この〔ひとりの〕自我のうちに存在している」ような人物が稀にあらわれる（DrH, 1: 390-2）。それは、時代精神を体現したかのごとき人物である。「この精神は同時に特定の時代の、特定の民族の類型である」。こうした「孤独な指導者たち」は「展開する時代に名を与え」、「時代の本質的で偉大な諸契機を語りながら、同時に幾千万の人々を代弁する。時代そのものを、民族そのものを代弁するのである」。ドロイゼンは「理念」を、「世界の偉大な破局的運命」を背負う「孤独な指導者たち」を、「偉人」と名づける。[81]ルター、ダンテ、アレクサンドロス大王などはその典型例である。

そしてフランス革命もまたひとりの「偉人」を生み出すこととなる。ナポレオンである。ドロイゼンによれば、政治的世界における「偉人」とは、強烈な「意志の力」Macht des Willens を備えた人物にほかならない。「怠惰な諸要素のあらゆる抵抗にもかかわらず、〔新しきこと〕を貫徹」できる人物である。脆弱で「流産」した「革命君主政」などではない。圧倒的な「意志の力」によって「国家の理念」を極限まで推し進める覇王がそこにいる。ナポレオンは「意志の力」によっていかなる統治を築き上げたのか。そして、なぜナポレオンは強烈な「意志の力」にもかかわらず――あるいは、何人をも凌駕する「意志の力」をもつがゆえに――没落していったのか、それこそが次なる問題である。

## 第三節　「革命君主政」と「国家の理念による専制」

「解放戦争」末期、ドイツにおいて国民的憎悪の象徴と化したナポレオンであったが、それでもなお、圧倒的個性と才幹、そして劇的な栄枯盛衰の運命によって三月前期の知識人たちを惹きつけた。ヴァクスムートによれば、専制的な支配にもかかわらずナポレオンはアレクサンドロス大王やカエサル、あるいはカール大帝と並び称されるべき大人物であった。(82) 対して、ホイザーは、ナポレオンはむしろアッティラやチンギス・ハーンといった暴君列伝に組み入れられるべきだと反論する。(83) いずれにせよ、ナポレオンは教養層の関心事でありつづけたのである。とりわけ、苛烈な大陸支配を経験していない世代は、フランスのロマン派知識人たちと同様、ナポレオンを理想化し、復旧体制に対する不満の捌け口としたようである。

文学の領域は除外するとしても、伝記や評伝の部類を含めるならば、三月前期ドイツにおけるナポレオン関連文献は膨大なものとなる。(84) ただし、これらのほとんどはナポレオンの個性や軍事的才能に焦点を当てたものであった。つまり、ナポレオン政権下の統治構造の分析にまで立ち入った作品は多くない。それに対して自由派の歴史家たちは、ナポレオンの個人的な資質にとどまらず、時代との連関を問いなおす。ナポレオンの卓越した能力やカリスマ性について、歴史家たちは政治的立場を超えて合意していた。それゆえ、論争点は、ナポレオン帝国と先行するフランス革命との関係に絞られてくる。

その場合、まず意見が割れるのは、ナポレオンによる「共和国」（総裁政府）転覆、すなわちブリュメール十八日のクーデター（一七九九年十一月）に対する評価である。たとえばミニェやロテックにとって、それは端的に言えば「専制」の開始点であった。「暴力が支配をはじめた。ブリュメール十八日は、代表制に対する軍隊の五月三十一日事件であった。一党派に対してのものか、人民権力全体に対してのものかという違いはあるにせよ。この日が革命の墓場となった」（HRF: 635）。一方でフランス革命の原理——「共和国」や「人民主権」——を批判するニーブーアにとって、ナポレオンの決起は「完全に無能な」政府に対する「唯一の不可欠で幸福な革命」を意味していた（NGR, 2: 159-61）。

無論、クーデターに対する評価は、先行する総裁政府に対する評価とも連動している。ミニェにとって総裁政府の基礎となる一七九五年憲法は、「当時まだ制定し、かつ設計することのできた範囲では、もっとも自由で賢慮にかなった、最善のものであった」（HRF: 531ff.）。対してニーブーアは、一七九五年憲法が一七九一年憲法よりはるかに出来がよいことを認めつつも、そこには「主たる弱点」があるとする。執行権と立法権の厳格な分離である。「現実には」執行権が「最強」で「大いなる力と権威」をもつにもかかわらず、「理論上」は立法権が優位に立つという「誤った関係」こそが、総裁政府の根本

ナポレオン

的欠陥だったとされる（NGR, 2: 50-2）。ロテック・ミニェとニーブーアとの食い違いの基底にあるのは、統治観の根本的な相違である。前者は「人民主権」を理論上は肯定し、立法権と執行権の厳密な分離（権力分立）を主張し、「憲法」の実効性に絶対的な信頼を寄せている。対して後者は「人民主権」を原理的に否定し、形式的な権力分立論を退け、機能的な政体と官僚制度との連動を重要視していた。[85]

それゆえ、執政政府に対する評価もまっぷたつに分かれざるをえない。ロテックは執政政府を共和政の「漸進的破壊」の過程として捉える。執政政府は人民の「あらゆる政治的権利を抹殺」し、「空虚な名前と形式」を残した（RAG, 9: 7,§1）。「ボナパルトの支配欲」と「恣意的支配」に都合よく設計された「怪物的憲法」（共和国八年憲法）は、「人民の権利に忠実で単純明快な根本原理」（革命の原理）に相反する。第一執政は「独裁官」的な権限を備えた事実上の「君主」であり、元老院は「憲法の保証というよりもむしろ、憲法の破壊と抑圧のための道具」でしかない。驚くべきことにロテックはナポレオン法典さえも、「自然な家族秩序を支配権力の犠牲に供する」、「純粋な法的理性の要請というよりは、もっとも邪悪な専制政治の産物」と解釈しているのである（RAG, 9: 7,§15）。ニーブーアは正反対の議論を展開する（NGR, 2: 162-8）。曰く、執政政府の憲法は「人民主権」という従来の革命憲法の根本原理を覆すものであった。人権宣言を掲げず、政府を「事実」として認めた点などは、とりわけ「非凡な大胆さと洞察の深さ」を示している。「立法は政府によって、統一的に発議されねばならぬ」という「正しい原理」にもとづいていた。執政政府による統治は革命を鎮圧し、「統治は国家の統一性と権力を代表する」という「真理」を浸透させた点で見事というほかない。執政政府期はフランス革命史の中で「もっとも幸福」な時代だった。

だが、政体論の文脈におけるミニェ・ロテックとニーブーアの対抗は、帝政期が近づくにつれて解消される。ロテックなどは、ナポレオンの終身執政就任と元老院の弱体化について、「欧州人よりもむしろ支那人にお似合いの」憲法と酷評する（RAG, 9: 7,§17）。そこでは「公民のあらゆる政治的権利」が奪われる一方で、ナポレオンはかつての「アウグストゥス」のように人民を「パンとサーカス」で誘惑し、権力掌握を狙う。ニーブーアも、「正しい原理」にもとづいて設計された共和国八年憲法の破壊の責任を、ナポレオン自身の「専制的感覚」に帰している(NGR, 2: 163-4, 168-70, 201-4)。有益な名士名簿構想や元老院も、あらゆるものを手中におさめようとする「専制的感覚」のために健全な発展を妨げられてしまう。ついには「国王のような宮廷」作りを始める始末。特にアンギャン公暗殺事件（一八〇四年）は、「あらゆる国際法・人権の途方もない侵害」（ロテック）、「ナポレオンの人生のなかで最悪の行為」（ニーブーア）にちがいなかった。つまり、政治機構の巧拙とは別に、ナポレオンの野心が秩序そのものを破壊していったという見方が、両者に共通している。執政政府期は革命的無秩序からの回復という観点から評価されうるのに対して、帝政期に対する評価は一様に低いものとならざるをえない。

以上の議論の文脈を前提とすると、ドロイゼンの立場の独自性が明らかとなる。ニーブーアのように統治技術の観点でも、ミニェやロテックのように革命原理への背信という観点でもない。議論の核となるのは「人倫」と「理念」である。統治技術の巧拙や反革命か否かといった分析視角から、ナポレオンの飛翔を説明することはできない。以下でみてゆくように、ナポレオンはむしろ革命の原理、そして「君主政原理」の完全な継承者であり完成者であったがゆえに、あれほどの権力を獲得することができたのだ。

すでにブリュメール十八日のクーデターの時点で、それは明白である。ナポレオンはあのとき、「生の力という真理」をもって総裁政府（「虚偽とフィクションの迷宮」）に斬り込んでいったのだ（DrVF, 2: 117-9）。当時のフランスでは、十八世紀の「合理思想」と「社会的要請」から生まれた「理論」――人権・寛容・法の下の平等――が「現実」となり、「あらゆる教養層の共有財産」となっていた。いまや「平和」のみが欠けていた（DrVF, 2: 77-81, 109-14)。だが、総裁政府は権力分立の「精緻なシステム」による「均衡」のもとで身動きが取れない。フリュクティドール十八日のクーデターの後、「欲望・要求・恣意の緊密な体系」と化した総裁政府の基盤は脆かった。「憲法自体が幻想」だった。「機械的権力分立」のもとでは、「統治権」——単なる「執行権」ではなく——が存在しえなかったからだ。クーデターが繰り返された挙句、もはや「何らの市民的・政治的自由、人身と財産の保護、宗教・思想の自由も存在していなかった」。だが、イタリア方面軍には「規律」・「服従」・「確たる秩序」・「義務感情」が存在していた（DrVF, 2: 57-8, 81）。軍団長ナポレオンは「皇帝的決断力」をもって君臨した。彼は国内に欠落していた「秩序・統一・活力」を体現した。「活力ある人倫の力」がそこにはあった。

革命の混乱に倦み疲れ、「統治されたい」と願う人民が、ナポレオンの「軍事独裁制」（「強権主権」Machtsouveränität）を歓迎したとしても不思議ではない。ドロイゼンによれば、いかにナポレオンが「君主的諸権限」を第一執政に集中させ、人民の「自治」や「立法への参加」を制限したとしても、その統治構造は「未分化のアジア的専制」や「歴史的に形成された領域権力」とは本質的に異なるという（DrVF, 2: 124-9）。ナポレオンは「人民主権の原理」を基礎とする「共和国の君主、革命の君主」であった。「実力・尊厳・有用性」こそが正統性の源をなしていた。

> ナポレオンは、全人格を事物の新秩序と一体化させる。ナポレオンは新たな世界秩序の、新たな理性国家の英雄にほかならない。この原理においてこそ、彼はおのれの支配と勝利を確かなものとする。彼は、自分自身が一般意志の総体なのだと心得ているし、また、そのように振舞う。つまり、完全に自律的で、対象を指導しかつ支配する、全体理性の化身として振舞うのである。〔中略〕一言で表現するならば、ここには君主政——宗教改革の時代以来興隆してきた——の完成形態がある。それゆえ、かつてのルイ十四世よりも、ナポレオンは自信をもって断言できるのである。「朕は国家なり」と。（『解放戦史』）（DrVF, 2: 126-7）

この「革命君主政」こそ、「あらゆる物質的精神的価値」が衰退した後、国民の「全信頼」を得た「一般意志」そのものとしてあらわれてくる秩序なのだ。ナポレオン――「言葉の完全な意味におけるカエサル」――による「完全無欠の絶対主義」。その統治原理たる「国家の理念による専制」Despotismus der Staatsidee は、執政府期から帝政期に至るまで一貫している。ドロイゼンはそのように考える。だが、「国家の理念による専制」とは具体的になにを意味するのだろうか。

政治史に秀でたドロイゼンではあったが、意外なことに彼は「国家」の「絶対性」を強調する立場を繰り返し批判している。[86] たしかに「国家」の本質は「権力」にはちがいない。しかし、「暴力」的な支配は、低次の「権力」にすぎない。真の「権力」に達する道は、「国家が権力の本質をより深く、正しく、人倫に沿って理解することを学ぶことである。つまり、最終的に人間の自由意志、自由、感激と献身、あらゆる善・高貴・精神的なるものの最高次の発展のうちに真の権力を認識して組織することを学ぶことである」(DrH, 1: 356-8)。「国家」は「諸々の人倫圏の普遍的な調停者」でなければならないのだ。「内容豊かな具体的普遍」たらねばならないのだ。つまり、「国家」は、「教会」〔「宗教」〕と「社会的諸関係」〔「市民社会」〕という独立した「圏域」Kreis に対して「絶対性」を主張したり、介入したりしてはならない (DrH, 2: 266-70)。

国家は、教会 Kirche と民族 Volk の両方を不十分な後見状態から、自律――教会と民族は、これを求める権利をもつ――へと解き放つことができる。そうすればするほどに、国家の真の権力は増大するだろう。〔中略〕個人の人格が歪み、発育不全に陥ってしまうのは、以下のような場合である。つまり、以上の三つの圏域――公共生活〔国家生活〕・社会生活・宗教生活――に親しみ、積極的に参加していると実感できない場合、しかも完全に承認されて参加していると実感できない場合である。さらに少しだけ見方を変えてみさえするならば、以上の三つの圏域はそのまま、国家・民族・教会となる。したがって、国家・民族・教会は相互に維持促進しあう関係に立たねばならないのだ。（「ヴェルダン演説」）（DrH, 2: 267-8）

「国家」は、「民族」〔「社会」〕と「教会」〔宗教〕に「相対的な自律性」を保証することで、はじめて「公民」の自発性を獲得し、「公民の積極的かつ活動的な組織化」を達成することができる。それは「公」（「国家」）と「私」（「教会」・「民族」）との峻別といってもよい。(87)「私」の領域があるがゆえに、「公民」は「公」に参加する活力を得る。活力を得た「公民」が、立法・行政・司法の三権に「参加し、代表され、活動」することで、「国家」はひとつの人体のように動き出す。具体的には、司法面における陪審制と公論、行政面における自治と徴兵制、立法面における選挙などである。「国家」内の各部分・各圏域――公民制（民族）、王権、官僚制――が「全面的な連動と相互作用」を示すとき、そこには真の「国家の理念」が顕現するはずだ。ドロイゼンが国権相互の「相互抑制」を説く権力分立論を退けた理由は、ここにある。「君主と人民Volk、王権と国土、統治者と被治者。それらすべてが集まって国家Staatのもとにある。それらすべてがまさしく、活動的に作用する精神〔国家〕の器官であり、機能なのである」（DrPS: 85）。

こうした真の「国家理性」staatliche Vernunft（「普遍的理性意志」）に対して、ナポレオンの統治は「機械的絶対性」にとどまっている（DrVF, 2: 129-32, 350-2）。議会制という「国民的器官」（「国民的自治」）にかわって、「体制への献身と狡知」に満ちた「完全無欠の官僚制」が支配する。「官僚制」は教会・教育・学問といった諸圏域に介入し、あらゆる「社会的・私的関係」を規律しようとする。この「包括的後見」のもとでは「国家と人民、公私の対立」は解消し、あらゆる価値が「公的なるもの」に吸収されてしまう。被治者は「統計的素材」（「フィクション」）に貶められる。被治者は「機械化」される。地方政治・教育・学問・宗教といったあらゆる領域が、「集権化」Centralisation によって絡めとられる。「国家への直接の依存」が帰結する。ドロイゼンにとっての「国家の理念による専制」とは、まさしく以上のような「自律」Autonomie の全否定にほかならない。

この点でナポレオンによる統治は、ロベスピエールの「恐怖政治」とも共通している。つまり、絶対的な原理――前者では「国家」、後者では「民族」（「国民」）――によって、他のあらゆる諸領域の自律性が否定され、吸収されてしまうという点において。ただし、恐怖政治の本質は内外の危機的状況から生じた緊急支配であり、そうであるがゆえに政権内部は党派対立に蝕まれつづけた。これに対して、ナポレオン――カリスマ的な「人民の唯一の代表」――は、「官僚制」・「全能の警察」・「恣意的な検閲」による完全無欠の統治体制を組織する。また、山岳派による「恐怖政治」は「解放戦争」という状況にひきずられて成立した体制であり、依然として「旧き欧州」と原理的な対抗関係にあった。これに対して、ナポレオンは共和国を「君主政的」に改変し、「主権者である人民の意志にもとづく君主」として君臨する（DrVF, 2: 350-1）。「最善の国家とは、ひとりの統治者を通じて、すべてを支配し創出する絶対的意志の国家である」とされた。「自由」も「宗教」も「徳」もすべて服従のイデオロギーと化す。個人の「人格」は「精巧な機械」の部品に堕する。つまり、正統性の源こそ異なるものの、ナポレオンは、制度的に、従来の君主政以上に君主政を完成させたのである。それでは、なぜ、ナポレオン戦争はあれほど泥沼化していったのか。そもそも当初、革命戦争は「解放戦争」としてはじまったはずだ。戦線の拡大はひとえにナポレオンの野心に帰せられるべきなのか。それともなにか構造的な要因を強調すべきなのか。ドロイゼンはこうした問いに答えるために、ここでもナポレオン政権を国際秩序の視座から眺めるのである。

# 第三章　「平和国家」の夢

## 第一節　「悟性の半神」と欧州秩序

フランス革命戦争は戦局の推移とともにその性格を変えていった。とりわけ、国民公会期および総裁政府期における戦局の好転とともに、「旧き欧州」に対する決死の「解放戦争」としての色彩は薄れてゆく。「防衛戦争」から「侵略」へと転ずるのである。すでに一七九六年の段階で、大国的地位を求めるフランスと、「旧勢力」を代表する英国との間で緊張が高まっていた。両陣営ともに「欧州の解放」を戦争目的にかかげていたものの、実際には「自己保存」を賭けた「征服」戦争であることに疑いはなかった（DrVF, 2: 25-6）。革命戦争に一時的な平和をもたらしたアミアンの和約（一八〇二年）の時点で、事態はさらに進行していた。「解放戦争」はすでに、英仏露による「世界支配」Weltherrschaft をめぐる抗争と化していたからである。いまや戦争はそれ自体が自己目的化し、「恣意・利益・嫉妬」のみが尺度となる。民族自決という「革命の根本原理」は忘却され、「〔政治的〕均衡の古き教説」が甦る。それは「十八世紀」の「完成」とでもいうべき現象にほかならない（DrVF, 2: 165-6）。「真の国家の原理」を目指したフランス革命は「人倫的動機」を喪失し、「自由と正義の名声ではなく、武器・征服・暴力の名声」を追い求めるようになる（DrVF, 2: 363）。[88]

ナポレオンという「偉人」の個性が、こうした「旧き欧州」への回帰現象を促したことはたしかである。実際に「フランスが君主政的・王朝的になって以来、十八世紀が目指した官房政治 Cabinetspolitik も完成を迎えた」(DrVF, 2: 219-20)。ナポレオンの統治手法は、「王朝的」な「官房政治」に——旧来の諸王朝以上に——適合的なのである(DrVF, 2: 340-5)。なぜなら、ドロイゼンによれば、

ナポレオンは悟性の半神 Heros des Verstandes である。もっとも偉大で、しかし冷酷な絶対性を備えた悟性の半神である。ナポレオンは悟性の全能者である。あらゆる有限かつ合理的な動機を、彼ほど巧みに利用できた人物はいない。人間の心を突き動かす深淵な人倫の力に対する関心が、そもそも、彼には欠落していた。ナポレオンは人間の弱さを摑む術を心得ている。ナポレオンは人間の虚栄心・所有欲・野心を刺激する。ナポレオンは人々を恣意的に支配するために、彼ら自身に恣意的支配の毒をあおらせる。ナポレオンは人間を非道徳化 demoralisiren することによって、支配するのである。(『解放戦史』)(DrVF, 2: 343-4)

ここでの「悟性」とは、あらゆるものをみずからの目的に即して功利的かつ合理的に計算して把握する能力をさす。したがって、「悟性の半神」ナポレオンにとって、すべてはおのれの権力のための「手段」にすぎない。「悟性」は対象を分析し、秩序づけ、「形式」を与える一方、ともすれば、その「形式」が自己目的化してしまう。ナポレオンは徹頭徹尾「国民」のために活動するが、それは「国民」が「支配の基礎」だからである。「すべてのフランス人は、ナポレオンの近衛兵であった」。「悟性の全能者」として、他者の「虚栄心・所有欲・野心」を利用し、「恣意的支配」の道具となす。「深遠な人倫的動機」を欠くナポレオンは、「十八世紀の諸原理」、いわば「啓蒙」的「悟性」の化身とでもいうべき存在にちがいなかった。こうした目的合理的思考の権化であるナポレオンが「偉大

な外交的天才」であったとしても、異とするには足りない（DrVF, 2: 167-8）。ナポレオンは交渉相手を「法の基盤」からひきずり出し、「法と道徳の力の基礎」を奪い、おのれの「恣意」のままに操る。「悪魔的な技藝」ともいえる対独外交に典型的である。「旧来の君主政治」はまんまとこの手にのってしまう。

また、ナポレオン政権の構造自体が戦争を絶えず拡大させる原因を内包していた。つまり、ナポレオンは「古来の正統性」をもたず、「おのれの実力と幸運」のみで地位を手に入れたがゆえに、「継続的安定状態」を維持するためには耐えざる対外拡張をこころみるほかない。圧倒的な軍事的才能（「巨人的精神」）によって支えられ、「国家の理念による専制」を貫徹する「強権主権」Machtsouveränität は、一見強大である。だが、それは無理のある支配なのである。「巨大な重荷」を背負わざるをえない「逆三角形のピラミッド」のように（DrVF, 2: 190-3）。[89] 伝統的な君主たちにとっても、「功績と実力」のみで「大陸最強の君主」になりあがったナポレオンは「正統性の幻想」を打ち砕く、忌まわしい存在であった。彼らにとっては身分制社会を否定するフランス革命よりも、みずから身分制や宗教を創出するナポレオンのほうがはるかに恐ろしい存在だった。「力のすべてを理解し、あらゆる区別を否定する啓蒙の先駆者」と、伝統的な「大陸の王朝政治」は同じ「君主政原理」という地盤に立ちながらも、根本的に相容れないのだ（DrVF, 2: 198-200）。

なかでもナポレオンが激しい「憎悪」の矛先を向けたのが英国だった。「市民的自由」と混合政体を保ち、「海軍、植民地、国債」、そして「世界貿易」に支えられた繁栄は、覇権政策を阻みうる唯一の存在だったから（DrVF, 2: 193-6）。ドロイゼンはナポレオン戦争を単にナポレオンの野心や政権構造から説明することはしない。彼によれば、フランスと同様に英国もまた「侵略」へと転じていったからである。たとえば、対仏戦争にかこつけた他国の植民地への攻撃、中立船舶に対する強権的措置、アメリカに対する横暴などである（DrVF, 2: 29ff., 31ff., 33ff.）。英国は「国債、製造業、アリストクラシー」を支えるために、全世界を「侵略」しようとする。その類例無き

「超域性 Kosmopolitismus、利己心、排他性」は、「ナポレオンの偉大さのとてつもない巨大さ」の向こうを張る存在なのである（DrVF, 2: 524）。ナポレオンの「普遍君主政」に対する防波堤として英国を描く通説との断絶は明らかだ。

　戦争拡大とともに英国国内の支配構造もますます抑圧的なものになってゆく。事実、アイルランド合同（一八〇〇年）によって、アイルランド人は「自律的な国家発展」の道を絶たれた（DrVF, 2: 137-8）。だが、国内構造そのものを変質させた最大の要因は、小ピットが導入した「国債体系」にほかならない。大土地所有・国教会高教会派・産業・商業と国債が結びつけられ、いまや「財政」は英国の「魂」と化す（DrVF, 2: 26-8）。こうして「貨幣」Geld が「共通の権力要素」に高められた結果、従来の「土地貴族」と並んで「金融・産業貴族」層が形成されることとなる。進行する産業革命の結果、「農民身分」は消滅し、あとには「とどまることなき機械の奴隷」たる「労働者」（「プロレタリアート」）の群れが残る。「活力・法・自尊心・労働」の面で卓越した英国の「中間層」Mittelstand は解体する。「共通の利益」のために「議会制統治」を牛耳る「支配層」governing class と、哀れな「群集」mob への二極化が進展する（DrVF, 2: 524-30）。ドロイゼンは、ナポレオンの「強権主権」に対して、英国の支配構造を「貨幣主権」Geldsouveränität とよぶ。強大な君主の統治にあらゆる社会領域が吸収される「国家の理念による専制」に対して、英国では「自由を与える諸形式」が逆説的に「専制」を支えるのである。「利己心・強権・あらゆる外国法の軽視の点で、英国政治はナポレオンの政治にまったく引けを取らなかった。英国アリストクラシーの王国は、〔フランスと同じくらい〕国家の人倫的理念を満たすことから遠いところにあった」（DrVF, 1: 14）。

　ドロイゼンにとってのナポレオン戦争は、まさしく英仏という二大巨人による「生存」そのものを賭した決闘の様相を呈してくる。[90] 両国は戦争を名目に第三国の自由や独立を侵害しつづける。「邪悪な暴力支配」、「あらゆる法と人間性の軽視」、「剝き出しの利己主義」が競い合う。両国にとって「侵略」を止めることは、すなわち死——

フランスにとっては帝政の崩壊、英国にとっては国債の「信用」の失墜――を意味した（DrVF, 2: 319）。「これほどのとてつもない力」が戦争にそそぎこまれたことはかつてなかった。しかし、いかに多彩な「権力行使」がおこなわれようとも、「人倫秩序」としての「国家」は本来「正義・自由・平和」にのみもとづかねばならなかったはずだ。ドロイゼンはナポレオン戦争のうちに、十八世紀的国家像と国際政治の完成形態をみるのである（DrVF, 2: 360-3）。無論、英仏ともに自国が「指導者」（「後見役」）となりうる新しい「国際体制」の樹立を目指していたのであり、複数の「列強」が角逐する「旧き欧州」への回帰を志向したわけではない。だが、その新しき「国際体制」の原理は「正義・自由・平和」ではなく、「恣意的権力」Macht であった。それゆえ英仏の「存立」を賭けた決闘も、実際にはそのまま「英仏の権力競合の新しい形式」にすぎなかったのである。

プレスブルクの和約（一八〇五年）によってオーストリアを、さらにティルジット条約（一八〇七年）によってプロイセンを屈服させ、ロシアを懐柔したナポレオンは名実ともに大陸覇権を確立する。ナポレオンが一八〇五年以降目指した秩序は、「旧き欧州」的外交術の典型例たるタレーランの欧州割拠論にもとづいたものではなかった（DrVF, 2: 259-61）。自然的同盟国を望めないナポレオンは、フランスを中心とする拡大的覇権秩序（「連邦体制」）の構築を推進するのである。ナポレオン帝国とは、皇帝を頂点とする「諸々の啓蒙専制政府」の連合体制にほかならない。この「啓蒙の絶対国家」の究極形態において、あらゆる事柄は「集権的」に、「行政の厳密性」と「共通善への活力ある配慮」をもって、「人民のために、人民の関与無しに」扱われることとなろう（DrVF, 2: 347-50）。よく知られているように、ナポレオンは自分の兄弟・親族・腹心の将軍を征服国の君主として封じた。だが、それは単なる身内びいきなどではない。家門政策はあくまで自分の兄弟をはじめとする諸侯を完全に従属させ、征服地をより効率的に収奪するための「合理的」な手段にすぎなかったからだ（DrVF, 2: 265-8）。帝国貴族制や国内統治と同一の原理、すなわち「君主政的統一」（「画一性」）の原理がここにはある。ナポレオンの「普遍権力」

Universalgewalt は同時に、「旧体制の完成」（「完成した君主主義」）でもあった。

ナポレオン帝国こそは十八世紀の運動、すなわち「啓蒙」――「悟性の一面的支配」あるいは「合理主義」――の完成形にちがいなかった（DrVF, 2: 357-9）。すでにみたように、「啓蒙」の本質は「理性」を唯一の客観的基準としてあらゆるものを計測・裁断することにあった。「啓蒙」の普及は「教養層」に既成の身分制社会の矛盾を認識させ、「公民制」への道を切り開く契機となった。ただし、一方で「啓蒙」が統治者の側の一方的な統治――啓蒙絶対主義――を加速させたことも、また事実である。フランス革命とは、「啓蒙」という「悟性の一面的支配」を「大衆」にまで一気に拡大しようとするこころみであった。その後、革命は「平準化された大衆のうえに樹立された「ナポレオンの」軍事権力」へと転ずる。いまや「国家の理念による専制」が欧州全土にまで拡大してゆく。

ナポレオンにとっての最大の使命とは、自己完結的かつ自己充足的な支配体制を基礎づけることである。それはちょうど天空の星辰のメカニズム――とある偉大な研究家でさえ、徹底的に調査しても神を見つけられなかった――に似ている。この支配体制は、秩序のメカニズムに従い、利己心に資する計算の体系にほかならない。そこでは知性的・人倫的な諸力は、有限な諸条件の定式、運命の偶然（天意）、蓋然性にまで還元される。あらゆる活力あるもの、精神的なるもの、理想的なものが統計学に還元される。そうすれば、地上には平和が訪れるというわけだ。（『解放戦史』）（DrVF, 2: 491-2）

それは「君主政原理の帰結」であると同時に「啓蒙の勝利」でもある。そうであるがゆえに、帝国の頂点に君臨するナポレオンは、「旧体制下の君主の気まぐれ」や「スルタン的欲望」とは無縁なのだ。むしろ、彼はつねに「集中して、一貫して、目的合理的」である。つねに「明快かつ明晰」で「尽きせぬ勤勉」を発揮する（DrVF, 2: 487-92）。

「合理主義」の帝国と、「合理主義」の帝王。「あらゆるもの、あらゆる人はナポレオンに仕えるべきである。彼はあらゆるものの尺度であろうとする」。「悪魔的な力」というほかない。「ナポレオンは一層確実に統治するために、君主たちと同様、諸民族も体系的に屈服させ、腐敗させ、非道徳化するようにみえた」。こうしてフランスのみならず、欧州全土が「合理主義」の手に絡めとられることとなる。

当時のドイツの悲惨さをドロイゼンは特に強調する。ドイツ諸邦と旧帝国は革命戦争・ナポレオン戦争の拡大にともない、ますます二次的な地位に追いやられてしまう。特に「もっとも汚らわしく、不正かつ不幸な作品」たる帝国代表者会議主要決議（一八〇三年）と、旧帝国国制の終焉（一八〇六年）は以後のドイツ史にとって、決定的な意味をもつ。前者――聖界諸侯・帝国都市・帝国騎士の「陪臣化」――によって「ドイツの政治的分割が完成」し (DrVF, 2: 177, 183)、また後者によって、かろうじて維持されていた「政治的統一の場」としての旧帝国国制が崩壊し、諸邦によるドイツ分割が定まることとなる。領邦君主は「長く待ち望んできた完全主権という名称」を獲得したかわりに、ライン連盟という「守護者〔ナポレオン〕の重いくびき」を課せられる。ドイツは「合理主義」帝国の歯車と化すことだろう (DrVF, 2: 275-6, 278)。たしかにライン連盟諸邦では「啓蒙専制」的な改革がおこなわれたものの、「ナポレオンにとっては、これらの君主たちと諸邦を搾取することだけが重要だった。服従に慣れさせ、無力にとどめることが重要だったのである」。「民族」は「意志・活力・怒り」に満ちていたが、君主たちの「新秩序」と服従のみを要求する「旧秩序」の下では身動きがとれない。

だが、「合理主義」の極致はやがて「不合理性」へと行き着きはしまいか。「真の意味における国家 Staat」を目指したフランス革命は、「完全な意味での恣意的権力」（「国家の理念による専制」）と化した。来るべき「新しい世界秩序」は結局、「列強」の権力闘争によって歪められてしまった。いわゆる「国際法」は、「真の自力救済権」へと変質してしまったのである (DrVF, 2: 252-3)。それでも、この破局は不可避の通過点ではなかったか。ドロイゼンは言う。「世界平和」を達成し、すべての国々に「法的保護」を保証するためには、従来とまったく異なる原理があらわれねばならない。そのためには「旧来の外交的国際法」が完全に使い古され、堕落する必要があったのではないか。そして、すでに「悟性の半神」たるナポレオンの性格のうちに、来るべき新しい原理が予告されていた(DrVF 2: 345-6)。つまり、新たな原理はナポレオンが理解できなかった領域にこそ求められるはずなのである。それは「心情という奇跡の世界」にちがいない。それは「悟性には理解不能で不気味な」力である。たしかに「情念」はそれ自体では堕落と暴走の危険性を免れない。だが、「義務の意志」・「理性」・「国制」によって制御されるならば、「情念」と「心情」は圧倒的な力強さをもって、世界を照らしてくれるはずだ。「情念」と「理性」の融合、この新しき原理を、ドロイゼンは祖国プロイセンに託すこととなろう。

## 第二節　「解放戦争」ふたたび——プロイセンの飛翔

ドロイゼンとプロイセンの関係は、長く深い。彼の父はプロイセンの従軍牧師として、「解放戦争」を体験していた。ドロイゼンはわずか八歳で父親と死別せねばならなかったが、「解放戦争」の想い出は残りつづける。「今日でも、老ブリュッハーが父の牧師館にやってきて、私を馬に乗せてくれた様子をまざまざと思い出せます」(DrBW, 1: 615)。[91] ドロイゼンにとって、プロイセンとは単なるドイツ最強国以上の、感情の面で無限の愛着を感じる国家なのである。「プロイセンがドイツにとってどれほど重要か、私にはあまりにも明白です」(DrBW, 1: 186)。[92]

啓蒙絶対君主フリードリヒ二世（大王）は、十八世紀の新興国プロイセンを象徴する存在である。その在世時からすでに、大王は半ば伝説的な存在であった。三月前期には史論家クーグラーによる普及版の伝記が人気を博していたし、なによりもプロイセンに好意をもつ人々は、オーストリア継承戦争と七年戦争の動乱を勝ち抜き、プロイセンを「列強」の地位にまで高めた国王の事績をこぞって賞賛した。ヘーレンは大王の「親政」の弊害を指摘する一方で、その国際政治史上の役割――「欧州の自由の保護者」――を高く評価している。七年戦争における仏墺同盟との対抗、バイエルン継承戦争、諸侯同盟の設立によって、国王はドイツのみならず、「欧州の均衡の守護者」の役割を果たしたというのである。さらにランケなどは、フリードリヒ二世の活躍が「国民」意識の興隆を促したとして高く評価している。(93)

「旧き欧州」の構造――「民族」を欠く「恣意的権力」Machtと、「列強」中心の「王朝政治」――を徹底的に否定するドロイゼンは、以上とは異なる位相の議論を展開する。無論、ドロイゼンにとっても大王は英雄にちがいない。だが、「欧州の均衡」を維持したがゆえではない。むしろ、十八世紀に典型的な「列強」中心の国際政治とは異なる、「新しい種類の政治」をこころみたがゆえに偉大なのである（DrVF, 1: 184-6）。つまり、大王は「列強」のうちに「自然的同盟者や保護者」を求めることなく、「独立独歩」の道を歩んでいったというのである。それは「完全に防衛的な姿勢」といってもよい。七年戦争は「防衛的政治」defensive Politikそのものなのである。七年戦争における「列強」の包囲網さえも突破した大王は、「欧州の勢力均衡」（「現状維持」status quo）の提唱者となった。この「勢力均衡」（「現状維持」）とは当然、「王朝政治」的な意味のそれではない。つまり、中小国の独立と所有状態を保護する秩序を指している。したがって、フリードリヒ二世は「列強に対する小国の守護者」（「所有の代表者」）にほかならない。「王朝政治」が支配的だった十八世紀にあって、大王の志が完遂されることはなかった。(94)だが、「確固たる安寧の秩序」を設立しようとこころみたことがなによりも重要なのだ。そのようにドロイゼンは賞賛する。

内政面でも、フランス流の絶対主義とは異なる、「理性」と「啓蒙」にもとづいた国家設立の意志が、大王に帰されている（DrVF, 1: 55-9)。「哲人王」は国家を「実定的なるもの」や「権威」としてではなく、「普遍的な理性の支配」あるいは「共通善」の観点から把握しようとした。いわゆる啓蒙絶対主義の理念型である。「国家ははじめて、すべてを貫徹し包括し、責任を負う権力としてあらわれてくる。はじめて世界は統治者の賢慮の完成された模範をみる」。「欧州でもっとも若い国家」は、侵略ではなく「内的活動」によって国力を高める。ドロイゼンによれば、大王の啓蒙絶対主義によって「公と私の不自然な対立」の超克、すなわち「公民制」樹立への道が切り開かれることとなった。

だが、「啓蒙」が「悟性の一面的支配」である以上、啓蒙絶対主義にも限界があった。大王の統治の二大支柱たる、「官僚制」と「常備軍」においてそれはすでに明らかである（DrVF, 1: 60-1)。「官僚制」は国内における「すべての公的関係」を包括し、「常備軍」は対外的に「国家権力の全表現、国家の名誉の代表者、名声の担い手、万人の誇り」となる。逆に言えば、「私的なるもの」は抑圧され、軍隊が国家内の「位階制の尺度」となり、その維持・増強が最優先事項となるだろう。こうした「軍事行政国家」は、「活力ある統一的な有機体」ではなく、「機械的な人工品」（「過度に人工的な機械」）たらざるをえない。(95) ドロイゼンがここでナポレオンにおいて頂点に達する「国家の理念による専制」の原型をみていることは、疑いない。(96) たしかに、幾代もの改革の蓄積をもち、「哲人王」を戴くプロイセンが、急進的な改革という陥穽（「一般的抽象」）にはまることはなかった。だが、他の大陸諸国となれば、話は別である。「人民の福祉のためにならば、なにをしても許されると信じられた。また、この人民の福祉というものは、極めて図式的に定義されたのである。人間本性が本質的に個性的なものであるということは、忘れ去られた」。「君主権力は、人民の福祉を増進するという課題のうちに、みずからの絶対性の新たな属性を見出したのである。この啓蒙専制の時代において、恣意は頂点に達した」(DrVF, 1: 61ff., DrH, 2: 385)。大王の死後、プロイセンもまた、こうした「抽象」へと傾斜してゆくのである。

そしてドロイゼンにとって、一八〇六年こそ、この「抽象」が限界にまで達した時点であった（DrVF, 2: 278-82）。十八世紀プロイセンの誇った「国家機械」は機能不全と「腐敗」に蝕まれ、行政はセクト主義に堕していた。社会面でも「同業組合」、「特権」、ユンカーに代表される身分間の厳密な区別が活力の発揮を妨げる。現状に不満を抱き改革をひそかに願う青年層と、現状維持を絶対視する熟年層が官僚制内部では対立していた。国王フリードリヒ・ヴィルヘルム三世は「穏和で素朴で家庭的美徳」を備えていたものの、改革の主導者ではなかった。「偉大な精神の矜持」を欠いていた。外交は「定まらず、原則を欠き」、家臣団は外交方針について一致することがない。啓蒙絶対主義による「軍事行政国家」は弱体をさらしていた。そうであるがゆえに、同年のイェナ・アウエルシュタットの会戦における大敗によって、「〔プロイセンの〕旧体制は脆くも崩壊した」のである（DrVF, 2: 293）。「これほど完全な敗北はない」。「国家的再生が可能となる前に、旧プロイセンは完全に破壊される必要があった。名誉・権力・自己欺瞞の最後の残滓が否定されたのである」。事実、大敗の後には「祖国愛」が、「新生プロイセン」が蠢動をはじめる（DrVF, 2: 299-302）。

敗戦国プロイセンは、ティルジット条約によって「列強」としての地位を否定され、ナポレオンの「連邦体制」に組み込まれた、まさにそのとき、まさに屈辱と屈従の瞬間、「新生プロイセン」は鮮やかに華ひらく（DrVF, 2: 401-5）。共通の危機のもとで身分間の不和は除去され、窮乏が団結を促す。『ルツィンデ』[97]の時代は去った。より深い真剣さが生を捉えた」。カント的な「義務の誠実」と、フィヒテ的な「人倫の怒り」が爆発する。いまや国王の周りには「大胆で誠実で高潔な男たち」――フンボルト、ニーブーア、シャルンホルストたち――が集う。そして、前代未聞の大改革を導くのは、「才幹も熱意も傾向も」代替することのできぬ、「ひとりの男」だった。旧帝国騎士の政治家、シュタイン男爵である。シュタインはプロイセンを改革することで、「近代」の使命を果たそうとする。「彼にとっては、プロイセンを通じてドイツを救うことが重要だった」。「旧き王朝的・官房政治」の時代は去った。

いまや「国民的かつドイツ的な政治」こそが実現されねばならない。そう、プロイセン改革の精神とは、「歴史的な、唯一正統で正しい、真の民族精神 Volksgeist」なのだ（DrVE, 2: 447-9）。いまこそ、「国家」Staat としてのプロイセンが蒼空へと飛翔してゆく。[98]

ドロイゼンが改革の業績のなかでもとりわけ強調するのが、「政治的自由」politische Freiheit の導入である。というのも、農民解放・営業令・ユダヤ人解放によって確保された「市民的自由」はフランスをはじめとする立憲国家においてすでに導入されていたのに対して（DrVE, 2: 412-9）、「政治的自由」が十全に展開された例はなかったからである。いまや、プロイセンが、「政治的自由」を基礎づける役割を担うこととなる。その際には、英国における「アリストクラシー」の専横と、フランスの「国家の理念による専制」（「画一性」「死せる平等主義」）の両方が慎重に回避されねばならない。[99] つまり、「公民制」・「公共国家」・「国民国家」の実現は、「市民的自由」（「私」）と「政治的自由」（「公」）の連動にかかっているのである（DrVE, 2: 419-24, 426, 434）。それゆえ、ドロイゼンは、都市自治を法制化した都市条例を「英国の自治精神と近代フランスの形式の幸福な結合」と寿ぐ。未完に終わったシュタインの代表制構想を「官僚的感覚」、いわばナポレオン的国家の対極として評価する。[100]「自治秩序に基礎づけられ、立法・課税・行政への議会を通じた参与を頂点とする真の公民制」が、ドロイゼンの理想であった（DrVE, 2: 727）。フランスに典型的な「上から」の統制に対して、ドロイゼンは「政治的自由」の「下から」の基礎づけを望む。そうすることによってのみ、全体の統一と社会領域の「自律的な運動」（「個性的な多様性」）との調和が達成

シュタイン

されうるだろうから。

一連の改革のうち、軍制改革、特に市民軍 Landwehr の設立に、ドロイゼンは高い関心を寄せている。市民軍の創設は、シュタイン的意味での「政治的自由」の一部だったというのである（DrVF, 2: 437-40）。ドロイゼンによれば、プロイセンの新軍制は、フランスの強制徴兵とは本質的に異なっている。フランスの軍制はそもそも、侵略戦争を念頭に置いて設計されている。これに対して、プロイセンの新軍制は、侵略用武力の完全な放棄、純粋な防衛権力という理念によって満たされていた。「恣意的権力」Macht たることを拒否しようとする意志が、真の意味での「国家」Staat たらんとする意志が、そこにはある。「国家の人倫的本性への認識」が、そこにはある。

こうしてみると、プロイセン改革の「世界史」的意義が明らかとなる（DrVF, 2: 407-11）。つまり、英国の「市民的自由」と、フランス革命の「国家の活力」staatliche Energie を「肯定的なやりかた」で統一すること。真の「国家性」Staatlichkeit へと到達すること。フランス革命が目指し果たすことのできなかった「国民性」原理、すなわち「一般公民制」「「平等」原理の真理」がここにはある。しかも、プロイセンは、「君主政の保護的統一」のもとで改革を遂行したために、「自然で歴史的な固有性」を損なうこともなく、社会生活や宗教生活の「自律性」Autonomie を尊重することができた。

人々は多くの結合――家族、自治体、地域、信徒団、同業組合、そして多種多様な協会――へと分節する。この多様な結合において、諸関係の総体――ここで各人の生は活動せねばならない――が形成され、活性化されるのである。そして、構成員全員が所属する国家において、彼らはひとつとなる。この統一性においてこそ、かのあらゆる多様性および共同態 Gemeinsamkeiten は、保護、正当な位置、そして自由を獲得するのである。〔中略〕国家の基礎と目的は、「自由な人間の意志」そのものである。それは「人倫的人間の王のごとき完全な自由」にほかならない。国家の中にあって、この「完全な自由」は、法と歴史にもとづいた他者との共生を欲する。宗教のうちに最終的な確信を、学問のうちに認識を、所有のうちに労働の成果等々を求めるように。つまり、至るところで自己自身を欲しているのだ。というのも、この自由とは人間における神的なるものなのだから。(『解放戦史』(DrVF, 2: 410-1)

つまりプロイセン改革の理念とは、ナポレオン政権下の「国家の理念による専制」の正反対なのである。もはや「国家」が全能者としてあらゆる「私的」領域を規律することはない。「民族」や「教会」といった「圏域」Kreisの自律性を確保することによって、「公的」領域はより活性化し、「国家」はより十全たる「権力」本性を高揚させることができる。「シュタインにとっては、何にもまして自由な人間たちの自律が問題だった。英国の偉大さが名目上の権力分立ではなく、公民の自由および公民の権利・人身・所有・社団の不可侵にもとづくことを認識していた」(『プロイセン憲法論』)(DrPS: 89-90)。「流産」に終わったフランス革命の原理は、プロイセンにおいて復活するのである。「新生プロイセンこそ、フランス革命が欧州を二極化させることで生じた巨大な対立を肯定的な方法positive Weiseで媒介しはじめた最初の国家だった」(DrVF, 1: 14)。

したがって、ナポレオンに対する「解放戦争」とは本質的に、「国家」の本質をめぐる思想闘争にほかならない。ドロイゼンがスペインとプロイセンを「解放戦争」の立役者とみなす一方、英露墺の利己的な動機を倦むことなく暴き出そうとする理由は、ここにある(DrVF, 1: 14-5, DrH, 2: 285)。[101]

決起して勝利を得たのは、〔英露墺の利己心とは〕まったく異なる力だった。諸民族の精神が覚醒したのだ。私はいま精神とよんだ。それほどまでに避け難く、不屈で、圧倒的な突発性と恐ろしいまでの勝利の静寂をもっ

諸国民戦争（ライプツィヒの戦い）

て、皇帝ナポレオンとその軍勢に対抗したからである。もっとも神聖でかけがえのないものを傷つけられ、圧殺されていた諸国民が、ナポレオンの恣意的権力を打破したのだ。数世紀来、はじめて君主と人民、貴族と君主政、世俗利害と宗教利害、物質的利害と精神的利害が国民的決起 nationale Erhebung へと結束した。そして、勝利を摑んだ。（「解放戦史講義序論」）（DrH, 2: 285）

連合軍がナポレオン軍に大勝したライプツィヒの戦いは、ナポレオン戦争のみならず、アメリカ独立戦争（「アメリカ解放戦争」）にはじまる複数形の「解放戦争」そのもののクライマックスをなすだろう。「まさしくライプツィヒの戦いは諸国民戦争、神の裁定にちがいなかった」（DrVF, 2: 625）。利己心に駆られる「列強」によって妨害されながらも、「解放戦争」は見事な達成をみる。「ドイツの君主政治によって祖国が従属させられたとするならば、いまや祖国は国民によって救われたのだ。君主たちがみずからの王朝的利害によって祖国を引き裂いたとするならば、巨大な国民的統一の感情に満たされた民族が、祖国を救ったのだ」（DrH, 2: 306）。

ドロイゼンにとっての「解放戦史」とは、十五世紀末以来の「国家の理念」の発展史である。しかも、それは単線的な発展ではなく、弁証法的な構造——いくつかの諸勢力が外交的に衝突しあい、同時に複数の「国家の理念」理解が対抗し、そして対立を止揚してゆく——をもっている。こうした叙述を、ドロイゼン自身は後年、「あらゆる時代でもっとも偉大な歴史家」トゥキュディデスに典型的な「破局的」katastrophische 叙述とよぶだろう（DrH, 1: 246-8）。トゥキュディデスは、アテナイとスパルタの抗争の背後に古典ギリシア世界そのものの運命を見出した。同じように、「理念」はただひとりのアクターのもとで発展することはない。むしろ、複数のアクター——『解放戦史』では、英国・フランス・プロイセン——が異なる「理念」の発現の仕方を体現し衝突することによって、はじめて「理念」は十全たる発展を示すのだ。「いかにティターン神族の闘争から新たな世界と神々があらわれてくるかを示すかが、ここでは重要となる。まさしく悲劇のように。というのも、アイスキュロスはオレステイア三部作を、シェイクスピアは『マクベス』と『ハムレット』を、新たな秩序の生成によって完結させているからである」。

では、「解放戦争」の果てに、真の「国家の理念」は定着したのだろうか。先駆者プロイセンによって、「一般公民制」はドイツに、さらには欧州全体に広まっていったのだろうか。「革命」の危機は去り、「平和」はついに訪れたのだろうか。そうは、ならなかった。ナポレオンを中心とする「合理主義」の帝国は滅んだ。だが、「天才」から「外交官」へと、「いわゆる君主政原理」は「衣裳」を変えることとなる。「解放戦争」の果てに訪れたのは、「平和」の欧州秩序ではなかった。「合理主義」と「君主政原理」の極致たるナポレオン的「連邦体制」は現代において、「神聖同盟」のかたちをとって再演されているのである（DrVF, 2: 359）。復旧期において、プロイセンは改革の精神から疎外されてしまった。一八四〇年代のドロイゼンはこの状況を打開するため、ふたたびプロイセンに訴えかける。かつての改革精神を取り戻し、「ドイツ」へと「解消」し、そしてさらには欧州秩序そのものを変革する使命を訴えかけるのである。

### 第三節　ふたつの「平和国家」――ドイツとアメリカをめぐって

ドロイゼンにとって、復旧期とは「旧き欧州」の復活ではなかった。これは当時の自由派の通説とは大きく異なっている。「旧き欧州」はもはや過去のものとなった。それは単にナポレオン戦争の過程で多くの中小国が消滅したという意味にとどまらない。個々の国家の構造と国際秩序の仕組みそのものが、フランス革命前と復旧期とでは根本的に変わってしまったからである。

復旧期に定着した「正統性」Legitimität 原理とは、端的に言えば「王朝的君権」dynastische Fürstlichkeit の同義語にすぎない。「正統性」原理によれば、君主は「摂理の受託者」である（DrVF, 2: 719-22)。「旧き欧州」においては、いかに君権が強大化しようとも、伝統的な身分制社会や特権を完全に否定し去ることはできなかった。英国は言うにおよばず、「絶対主義」の典型例であるルイ十四世の体制さえ、無数の「古来の権限」・「多様性」・「地域主義」と妥協せざるをえなかった（DrVF, 1: 31-2)。そもそも、君権自体が元来は「身分制的権力」のひとつであった。だが、啓蒙絶対主義は、身分制社会を解体する「啓蒙」原理を利用することで君権を拡大し、ナポレオンは「啓蒙」原理を完成まで導いて「国家の理念による専制」をうちたてた。そして、「ナポレオンが最高の名人藝にまで高めた絶対権力 Machtvollkommenheit がいまや、正統性の属性となる」。復旧期の各国の君主は正式に「主権」を獲得し、「君主政的合理主義」（「君主政原理」）はいまやゆるぎないものとなる。

完成形態に至るやいなや、「君主政原理」は「保守」的となり、「防衛」的となる。すなわち「君主政原理」は、「絶対権力」という「くつがえしがたい完成した結果」を「真の曇りなき権利」（「神聖な権利」）として固定化しようとするのである。こうした固定化、いわば「神の平和」の確立こそが、神聖同盟（一八一五年）結成に込められた意図であった。ドロイゼンはそのように解釈する。神聖同盟は、君主間で締結された個人的な誓約関係などではない。それは、「特定の体制」を維持するために設計された、巧妙な装置だった（DrVF, 2: 716, 718）。[102]「キリスト教的愛と宗教的感受性の深み」を「規範」とする加盟君主たちは、愚昧な民草を導く「善き牧人」という自己理解のもとで、「君主政的合理主義」を不動のものにしようとしたのである。もはや「法律や権利、憲法や伝統」は問題にならなかった。

とりわけ「真に君主的かつ個人的な諸決定の君主政的正統体制」の中心に躍り出たのが、ロシアだった（DrVF, 2: 722-5）。英国が戦後交渉の過程で「大陸とのあらゆる関係」を喪失し、国内の騒乱の鎮定に忙殺されるなか、大陸では「ロシアの優位」が確定した。「旧外交」に回帰し、臣民の「政治的受動性」を要求するオーストリアは、ロシアと友好関係をむすんだ。

神聖同盟はロシアの本質を見事に反映するものだった。ドロイゼンの理解では、ロシアは「独裁制」Autokratieをとる点で、ナポレオン的な「君主政原理」と共通している（DrVF, 2: 539, 541-2）。だが、ナポレオンが「国民的な革命原理から登場し、最後までその原理に拘束されていたのに対して、ロシアは事情が異なる。つまり、ロシアの「君主政原理」は「民族生活」とは無縁なのである。それは、「大胆極まる恣意」と「増大する虚栄心」による一方的な支配にすぎなかった。したがって、ロシアの本質は「不自由の停滞」と「もろもろの民族性の磨耗」にほかならない。ツァーリは「不毛にくっつけあわされた諸地域と諸部族」を「軍隊」――「巨体の唯一活動的な部分」（「独裁者の暴力装置」）――によって融合させる。「あらゆる名誉と官職」を軍事的に階層化するのである。「軍隊」と「平等な奴隷的虚栄心」に支えられた「ツァーリ的ロシア的国民性」がここにある。「ロシアは完全な意味における恣意的権力であり、また恣意的権力そのものである。ロシアはいわば固定化した十八世紀である」[103]。

ロシアを中心とする復旧期秩序は「旧き欧州」とは質的に異なっている。神聖同盟はむしろナポレオン帝国の継承者なのである。唯一の違いは、後者においてはあらゆる権力の中心がフランスに存していたのに対して、前者では主導権力が英仏露墺普の五カ国（「列強」）によって独占されている点だろう。ドロイゼンは復旧期体制を繰り返し「列強による寡頭政」・「五頭体制」System der Pentarchie と呼んで批判している（DrPS: 58）。そこでは「列強」によって万事が差配され、中小国は発言を封じられ、その独立さえも「列強」の利害関心に左右されてしまう。

だが、他国に先駆けていちはやく「一般公民制」を導入したプロイセンはどうしたのだろうか。かの国こそが「近代」の原理を完成する使命を担っていたのではなかったのか。ナポレオン戦争終結後、当のプロイセンは「反動」勢力に乗っ取られ、ついにはオーストリアによって「反動の先駆け」を務めさせられる始末であった。

シュタインの立法、ハルデンベルクの行政、解放戦争時の個々の偉大な成果のうえに、いまや——一八一六年以来、欧州の政治的雰囲気を満たす不幸な影響のもとで——不安、秘密と反動、こざかしい技巧、自国民との不和、そして外国の政治利害の影響といった諸々の要素がのしかかってくる。カールスバートの諸事件は、オーストリア政治が祝った最高の勝利であった。生・活力・高邁さ・感激に満ちていた一八〇八年と一八一三年を体験したプロイセンは、いまや死に絶え、放置されていた。蒸し暑さと埃と静けさに満ちた、閉じられた部屋のように。（「プロイセン憲法論」）（DrPS: 92）

かつてフリードリヒ大王が主導した「国民的立場」、すなわちドイツ内の中小邦国と連携し、保護を与える外交こそが、真の国益にかなった「プロイセン体制」だったはずだ。しかし、第二次パリ講和条約をめぐる交渉過程でプロイセンは中小邦国の期待を裏切ってしまう。「それは決定的瞬間だった。ウィーン会議以上に幸運なかたちで、国民的政治に着手する機会が再び訪れた。列強の寡頭政に対して、あらゆる国家による同等の参加要求を貫徹する機会が訪れたのである。だが、プロイセンは当時、列強の末席を占めることを選んでしまった」(DrPS: 58)。

それでも、ドロイゼンは一八三〇・四〇年代を通じて興隆してくる「国民」意識を敏感に察知している。「我々は深い夢から目覚めるように、覚醒する」。とりわけ関税同盟の成立は、ドロイゼンに勇気を与えるのに十分であった(DrPS: 54-6)。「関税同盟はドイツにおける諸関係の変化をもたらした」。関税同盟は「すでに存在していた共通の精神的発展」に「共通の物質的利害」を付け加えることによって、「国民的視座」を準備するのである。「ここにドイツの力 deutsche Macht が、国民的意義が発展する様子を我々は感じ取る。このドイツの力は、静かに成長する巨大な力によって、我々を狭く包囲された関係から、すなわち政治的に束縛された小邦群立から連れ出してくれる。ドイツ民族の有能さ・陶冶・偉大さに見合った世界的地位をもたらしてくれる」。また、一八四〇年のライン危機によって、「すべてのドイツ諸国に共通の感情が突然、沸き起こった」。それゆえ、復旧期、一八三〇年代につづく「第三期――私はこれを国民的 nationale 時期と名づけたい――のはじまりに、我々は立っているのだ」(DrH, 2: 301)。

ドロイゼンがいかなる「連邦国家」Bundesstaat 像を抱いていたかはよくわからない。制度像や到達方法について、彼はほとんど語らないからである。少なくとも革命や征服などは論外だった。おそらく当時の自由派と同様、ドイツ連盟からの漸進的な権限の拡大を考えていたようにみえる。唯一ドロイゼンが明確にしているのが、ドイツ連盟の現状に対する不満(DrH, 2: 296-7)、そして、来たるべき「連邦国家」がオーストリアではなく、プロイセン中心で構成されるということである。[104] そもそも、オーストリアとドイツとの間には「本来的な対立」が存在する(DrPS: 53-4, 57)。「オーストリア君主政では、多様な言語・民族・国制が〔ハプスブルク〕王朝によって統一されているに対して、ドイツでは、統一された言語・陶冶・民族があるが〔諸邦の〕王朝によって分割されている。王朝的利害は、国民的発展に対して、同一の〔敵対的な〕姿勢を諸政府にとらせることとなる。しかし、国民的発展を阻害することでハプスブルク皇室が強大化すればするほど、ますますドイツは弱体化してゆくのである」。オーストリアは十六世紀以来、王朝的統合を確保する一方でドイツの利益を犠牲にしてきた。「民族」による国家形成を掲げるドロイゼンの目に、多民族国家オーストリアが好ましく映らなかったとしても不思議ではない（DrVF, 1: 194-6）。

一方、「プロイセンはドイツを欠いては、ドイツの発展という全体との肯定的な関係を欠いては、無でしかない」。プロイセンは、同じドイツ民族とはいえ性格の異なる諸地域から構成されており、なおかつ地理的にもフランスとロシアに挟まれている。したがって、地理的・民族構成的に無理があるプロイセンが、「プロイセン一国主義」Preussenthum を貫徹することなどできはしないのだ（DrPS: 59-62）。「プロイセンは自己充足的に自律し、おのれの利益や権力拡大を他国に対して主張できるような大国ではない」。残るは、他のドイツ中小諸邦との連携しかない。最終的にはプロイセンがドイツ新連邦国家のなかに「解消」aufgehen することによって、ドイツ統一は完成することとなろう。[105]「活力ある公民制への比類なき基礎を発展させればさせるほど、プロイセンはドイツ諸邦の君主や国民の信頼を勝ち取り、正当化することができるだろう。王朝的利害、誤解された主権の要求、いわゆるドイツ的自由という古い謬説、そして連盟加盟邦の名目上の独立性という新手の愚かさを克服することができるだろう」。

ここで重要なのは、ドロイゼンがドイツ統一を単なる一国の問題とはみなしていないことである。ドイツ統一国家、プロイセンのイニシアティヴによって誕生すべき連邦国家は、必ずや「列強」による「五頭体制」を打破することとなろう（DrPS: 62ff.）。[106] かつてフランス革命が「旧き欧州」を突き崩していったように、新生ドイツは神聖同盟を破り、新たな国際秩序をもたらすにちがいない。

プロイセンがドイツの名のもとに解消しようとするならば、そのときはじめてドイツ連盟から偉大な平和国家Friedensstaatが出現しうるのだ。この平和国家は欧州の中心に君臨して、他国の影響を受けず、不可侵で、正義と平和を求めることができる。さらに大国の権力要求から、内的発展と自己決定権に対するあらゆる介入から、〔欧州全体の〕小国群を保護することができる。小国群はもはや忍耐を強いられたり、列強にとっての怠慢な中間地や相互に流れ込む嫉妬の沖積地になりさがることはない。無力と受難のかわりに、準備万端の国民軍によって守られた強力な中立体制が出現する。それは、自己主張をこころみる過剰権力、海洋の専制、侵略欲、前進する野蛮に対抗するのに十分強力な体制なのである。(「プロイセンの政治的位置」)(DrPS: 62-3)

フリードリヒ二世の対外政策の延長線上に、こうした「平和国家」ドイツはある(DrPS: 57, 63)。いまだ「旧き欧州」の呪縛が強力であった当時では、大王といえども「列強」と「王朝的利害」に屈せざるをえなかった。「一般公民制」を確立したプロイセンならば、国際秩序の構造そのものを根底から転換させることができるはずだ。だが、ドイツ統一問題を、主として国内政治の観点から論じていた当時の自由派とは異なり、ドロイゼンはここでも国際秩序をつねに意識する。

さらに、この新生ドイツ連邦国家は、アメリカ合衆国とのアナロジーにおいて捉えられるべき存在である。[107]『解放戦史』においては、アメリカのみが唯一、「正しき平和国家」とされている(DrVF, 1: 272-4, 280-4)。つまり、アメリカは「恣意的権力」Machtたることを放棄した、真の「国家」Staatなのである。国家は「全体の意志」を正統性の源とすることで、はじめて「全員の法的・歴史的生活の器官」たりうる。アメリカは、「共通の保護の必要と、法と自由の相互保証」という「あらゆる国家形成の原点」に立ち帰ったのである。アメリカはあくまで、「防衛」と「社会的諸力」の発展のため、「文明の進歩」Fortschritt der Gesittungのために存在しているのだ。そこでは「もっとも高貴な人間教育」としての「自由」と、「愛国者」Patriotenたることは矛盾しない。共和国たるアメリカ合衆国の原理は「徳」Tugend である。ドロイゼンにとって、アメリカ独立戦争は単にフランス革命を促した要因といった次元をはるかに超えた重要性を帯びてくる。[108] すなわちアメリカは、「旧き欧州」の崩壊の後に実現すべき真の「国家」のモデル・ケースなのである。そしてプロイセン改革は、このアメリカ的「徳」と「世襲君主政の利点」を結合することで、より強力な国家を実現することとなろう(DrVF, 2: 409-10)。「徳の原理は共和政のみならず、あらゆる真の国家の原理である」(DrVF, 2: 363)。

アメリカ独立は、英国の植民地支配に原理的な否定を突きつけるとともに、「新世界」――身分制に縛られた「旧世界」に対する――の興隆を決定づける事件でもあった(DrVF, 1: 285-7)。[109] 同様に、ドイツの統一は「列強の寡頭政」を止揚する契機となろう。「統一ドイツの平和国家――全構成国による、単に国際法的な結合にとどまらない、国法的な結合体――だけが、欧州の平和を守るのに十分な強さを有するのである」(DrPS: 22)。逆にヘーレンやランケは、ドイツ連盟を通じた緩やかな統一の中に「欧州の均衡」の防波堤をみていた。[110] ヘーレンもまたドイツ連盟を「平和国家」として評価していたのである。ただし、同じ「平和国家」概念を用いつつも、ドロイゼンはヘーレンとはまったく異なる国際秩序像を描きだす(DrVF, 2: 643-4)。

プロイセンは諸々の自治体の連合体制から発して、国家を新しく打ち立てた。アメリカは、定期的な共同会議において加盟諸州の自立性を保持した。そう、はじめて正当に保護したのである。同様に欧州は平和大連合を形成するだろう。そこには、諸民族の多様な個性があり、多様な個性に応じた区別にしたがって、さらに諸国家へと分節してゆく。諸国家は、適切な国制を備えた秩序であると同時に、諸々の自律的な自治体の統合体でもある。というのも、個人ではなく自治体こそが、国家の構成原子 Monaden des Staates なのだから。(『解放戦史』)(DrVF, 2: 644)

それは、すべての民族がみずからの自然なありようにしたがって、国家を作り共存することのできる平和の秩序。歴史を包摂する「神」の慈愛のもとに、万人が——世俗と宗教の両面で——司祭となる、光の世界。プロイセンからドイツへ、ドイツから欧州へ、そして欧州から理念の宇宙へ。楽観的かもしれない。国家の本性を理想化しすぎているのかもしれない。だが、「人倫世界」の生成過程としての「世界史」の「進歩」、そして究極根拠としての「神」に対して揺るがぬ信仰を抱くドロイゼンにとって、それは「歴史の権利」から導き出される結論なのだ。[111] それゆえ、一八四七年に召集されたプロイセンの連合州議会が一七八九年以上に困難な課題に直面していることを指摘しながらも、彼は成功を疑わない（DrPS: 77-8）。

こうしたドロイゼンの秩序構想が当時の知識人たちに受けいれられたとはいいがたい。[112] 欧州規模の視点から描かれた圧倒的な「破局的」叙述である『解放戦史』への世評は芳しいものではなかった。当時の歴史家たちにとって、ドロイゼンの叙述はあまりにも「史論風」Tendenzgeschichte にすぎた。一方で、一般書としてはあまりに重厚で複雑な構成を備えていた。ダールマンやロテック、シュロッサーの歴史書が三月前期に数版を重ねたのに対して、『解放戦史』は初版で終わった。だが、ドロイゼンの信念は揺るがない。いかに世評が冷たくとも、自分は「歴史の権利」の立場に立っているのだから、ほかならぬ「歴史」がおのれの正しさを証明してくれるはずだ。[113] そして、将来的な展望として提示されていたプロイセン中心のドイツ統一は思いがけないかたちでドロイゼンの前にあらわれてくることになる。一八四八年二月にフランスで勃発した革命がドイツ諸邦にも波及し、全土が革命的状況に陥ったのである（三月革命）。ドロイゼンにとって、ついに約束の瞬間が訪れたように思われた。三月革命初期にベルリンを訪れた際の逸話が、彼の自信を物語っている。[114] ドロイゼンがベルリンで出会ったのは、ほかならぬ好敵手ランケであった。ドイツ統一に否定的で、あくまでも革命から距離を取ろうとするランケは言う。「あなたは歴史というものがわかっていませんね」。それに対してドロイゼンは言い放つ。「あなたと私のどちらが歴史をよくわかっているか、歴史が教えてくれますよ」と。

# Ⅳ　ジーベルと「社会問題」（一八四九〜一八七二）

ジーベル

# 第一章　フランス革命と三月革命のはざまで

## 第一節　一七八九年と一八四八年

三月前期の自由派は、革命を望まなかった。「絶対主義」に対するフランス革命の挑戦をどれほど高く評価しようとも、彼らはあくまで「改革」派であった。この点で、君主政の転覆をねらった民主派との断絶は明らかである。だが、そうしたドイツにもやがて嵐が吹き荒れることとなる[1]。一八四八年の三月革命である。フランスの二月革命の報に接するやいなや、ドイツ各地では騒擾が続発し、革命の恐怖におびえた諸邦政府は麻痺状態に陥ってしまうのである。ベルリンにおいても政府と民衆との間の偶発的な武力衝突の結果、国王は譲歩し、待望の立憲改革とドイツ統一の主導権を執ることを約束するに至る（ベルリン三月革命）。自由派と民主派から最大の「反動」勢力とみられてきたオーストリアも革命状態に陥り、怨嗟の的であったメッテルニヒはあっけなく政権から退いた（ウィーン三月革命）。こうした劇的な三月諸事件の後、プロイセン政府は立憲派の領袖であるダールマンにプロイセン憲法起草を依頼することとなる。「三月最終週、新文相シュヴェーリン伯の求めに応じてベルリンに到着したとき、王都はまったく様変わりしていた。ひどい出来事が起こったのだ[2]」。ダールマンはバリケード戦の傷痕なまなましい王都を、目の当たりにしたのである。

さらに各邦政府が機能不全に陥るなか、一八四〇年代に邦を越えたネットワークを形成してきた自由派が、ドイツ統一政権樹立の主導権を握ることとなる。準備議会、五十人委員会を経たのち、ドイツ統一憲法制定のために開会（五月二十二日）したフランクフルト国民議会は、その最大の成果といってよい。保守派と民主派が少数派にとどまったのに対して、多数派を占めたのはやはり自由派である。ダールマンとドロイゼンも議員に選出され、自由派の中核議員として活躍する。シュレスヴィヒ・ホルシュタイン問題を除けば、国民議会が翌年はじめまで主として携わったのは、憲法制定事業であった。

本書の問題設定と関連して興味ぶかいのは、三月革命期に展開された、フランス革命をめぐる言論状況である。革命状態に陥ったドイツにおいて、知識人たちは――雑誌や新聞における言説と、議会における討論の両面で――直面する状況や党派対立をフランス革命の登場人物たちに見立てて論ずるようになる。[3] かつてフランス革命の際、古典古代の事件や英雄になぞらえて現実の状況や事件が物語られたように。三月前期におけるフランス革命史論の流行を踏まえるならば、むしろそれは自然の流れであったのかもしれない。

人々は現在と一七八九年とを比較したい気分に駆られている。だから、すぐにこのように問うのだ。山岳派はどこにいるのか。王党派にはカザールやモーリーのような論客がいるのだろうか。左派にはロベスピエールやミラボーのごとき人物がいるのだろうか。議会の文士連には現代のカミーユ・デムーランが混じっているのだろうか、と。そんなに焦ってはいけない。じきにわかることだ。偉大な時代は偉大な人物を生む。だが、そうした人物が表舞台に出てくるまでには二、三ヶ月はかかるだろう。（『ケルン新聞』[4]）

政治的立場にかかわらず、ドイツ知識人たちはフランス革命と比較したうえで現実の諸事件を論ずるのである。

自由派に限るならば、こうした見立ての論法も、三月前期の史論によって形成された枠組に、あくまで忠実だった。ここでも自由派は、フランス革命の両義性に悩まされることとなるのである。[5] 八月四日決議にしても、封建的特権の克服として評価される一方で、同時にその拙速が批判されざるをえない。とりわけ自由派の知識人を怯えさせたのは、革命が急進化する可能性である。一七九二年の革命戦争、君主政転覆と共和政樹立、そして恐怖政治。この一連の連想は潜在的な恐怖として自由派の政治家や知識人にとりついたのである。そうであるがゆえに、彼らはいまや受動的になった諸邦政府に対して、自分たちの活動を支援するように呼びかける。というのも、フランス革命史論の枠組によれば、君主政転覆の最大要因は、国王が立憲派を信頼せず、結果として「ジャコバン派」につけいる隙を与えてしまったことにあるのだから。「フランス革命初期における、フイヤン派の名高き男たちの割に合わない課題が最終的に不可能なものとなってしまった原因は、君主政自体の幻惑にある。君主政は、弱体・浅薄・秘密裡の反動によって、あらゆる善人の共感を失ってしまったのだ」（『ドイツ新聞』[6]）。

フランクフルト国民議会

それゆえ、安定した立憲君主政を目指す自由派がミラボーに理想をみたとしても、異とするにはたりない。[7] 自由派にとって、ミラボーは「君主政のうちに自由の最大の保証を認識した」、「自由の先駆者」にちがいなかった。ダールマンがみずからの革命史の中で定式化したミラボー像がここにはある。自由派にとって、立憲君主政改革に身を捧げたミラボーは、単なるイメージ以上の存在、政策の正当化のために引き合いに出しうる存在だった。帝国〔統一ドイツ〕元首の拒否権問題をめぐる国民議会の論戦において、自由派右派議員フィンケはミラボーを引き合いに出し、絶対拒否権を支持している。

三月革命中、ダールマンとドロイゼンがフランス革命論を展開することはなかったが、その行動はみずからの革命史論の教訓に即したものであった。両者ともに国民議会内の最大党派であるカジノ派（自由派右派）に属し、政治活動にたずさわっている。[8]その思い描く統一ドイツ像は、二院制の国民議会を備えた世襲皇帝制にほかならない。無論、両者とも、「人民主権」を否定している。とりわけ十七人委員会において、ダールマンは憲法論議の叩き台となる「帝国基本法草案」を作成し、総会討論に際しても、二院制や絶対拒否権を擁護する演説をおこなっている。こうした個人的活動もさることながら、彼の『政治学』は議員たちの必読書となり、圧倒的な影響力をもつこととなった。ドロイゼンは討論に参加することこそなかったが、クラブ内の根回し、委員会活動、さらに独自の人的ネットワークを駆使して自派を援護した。

とりわけ、革命初期における対応に、両者の政治観の特徴がよくあらわれている。

みずから進んで革命に身を投じなかった点で、ここでも、ダールマンは『政治学』で披瀝した信念に忠実だった。その後の革命状況でどれほど重要な役割を演じようとも、それはあくまでプロイセン政府の委任を受けてのことであった。国民議会単独の権限にもとづいた――したがって、諸邦政府の承認無き――中央政府の設立に対しては、最後まで懐疑的だった。二月革命の余波によって全ドイツが騒乱状態に陥った際、ダールマンはまずボン大学教授団を代表して、国王への請願書を起草している。そこで繰り返し強調されるのは、ドイツ統一問題ではなく、迅速なプロイセン憲法制定であった。「変わることなき誠実と感謝の念――これこそが、人民を国王に結びつけるものなのだが――を強く感じながら、我々は以下のことを確信している。すなわち、早急に召集されるべき連合州議会が人心を奮起させ、国王陛下の崇高なる指導のもとに全国議会制という建築物を完成させるだろうということを。そして、全世界に対して、真の政治的自由 Volksfreiheit は、何も島国英国だけで達成可能というわけではないのだと、証明することを」（DrKS: 377）。ここでもダールマンは英国への憧れを隠そうとしない。[9] いわば、ついにダールマン自身がミラボーとなりうる時代が訪れたのである。

これに対して、ドロイゼンはシュレスヴィヒ・ホルシュタイン代表の十七人委員としてフランクフルトに到着するやいなや、大胆な行動に出ている。なんと、ドイツ連盟議会——各邦政府の大使から構成される——に対して、この機に乗じて国民軍・海軍を組織し、外交権を掌握するよう建言したのである。[10] これはいわば、委任者である各邦政府に対して革命をせよ、と求めるに等しい。当然のことながら、ドロイゼンの過激な進言は連邦議会を当惑させただけだった。政治的判断として現実味を欠くという誇りはまぬがれない。だが、これをして空想的な知識人の妄言と断罪することは、少なくとも、思想史家にはそぐわない態度であろう。建白書には、ドロイゼンが革命史論から導きだした政治構想——「国民」の組織化、国家の構成単位としての「自治体」、「国家理念による専制」批判、そしてアメリカへの夢——が鮮明に現れているからである。

国民武装に関して、とりわけ決定的に自由で共同体的な傾向——この傾向は当今のドイツを満たしている運動から、いわば自然に展開するものであるが——を阻害しようなどとは、もとより建白者の意図でありえようはずもない。この運動が何らかの関係において成功をおさめうるとすれば、その核心は、国家生活の最下圏において、すなわち農村及び都市の共同体関係内で突然目覚めた自治 Autonomie において、あらゆる自律的自由と発展力のもっとも堅固にして破壊しがたい基礎が、革新されることにある。そして、これこそ長年にわたって、国家の理念による専制 Despotismus der Staatsidee——君主政の形態をとっていようが、民主政の形態をとっていようが、後見されるべき共通善の利益の名のもとに望まぬ者たちに対して行使されていようが、何らかの利己的な権力利害の名のもとに無言で抵抗する者たちにに対して行使されていようが——が否定してきたものなのである。(「国民武装について」[11])

統帥権と対外主権の確立を執拗に要求するドロイゼンの言動は、たしかに勇み足ではあろう。だが、逆に言えば、この勇み足こそ、国家の本質を徹底して「権力」Macht に求めた歴史家の面目躍如であった。ともあれ、プロイセン中心のドイツ統一こそが、統一事業にとって決定的とみる点において、ダールマンとドロイゼンは一致していた。[12] プロイセンの役割の「世界史」的使命を熱烈に訴えかけたドロイゼンが、三月革命を歴史的瞬間とみていたことは疑いない。

　諸君は、すなわち一七八九年の事例から革命の方法論を学んだと思い込んでいる諸君は、我々のより大なる幸運――それが一層大きな危険を孕んでいないとするならば――を誤解している。まさしく統一と統合――これこそが我々を救いうるのだし、またそうでなければならないのだが――は当時のフランスにも存在していた。だが、それは品位と活力を欠き、すでに腐りきっていた。一方で、統一と統合は我々のもとではついに生成し、数世紀来のあらゆる不和と苦悩を除去し、いかがわしい古き「ドイツ的自由」よりもはるかに高くそびえたつことになっているのだ。(「回顧(1)」)(DrPS: 145)

ここでもドロイゼンは一八四八年の状況を、一七八九年の状況と重ね合わせている。そして、現代のドイツにこそ、むしろより大きな希望があるとしている。いまこそ、ようやくフランス革命を超えるときが来たのだ。このように、三月革命期におけるダールマンとドロイゼンの活動指針は、フランス革命史論で展開された線を忠実になぞっていた。

だが、ふたつの誤算が両者の前に立ちはだかる。

第一の誤算は、「社会」の自律性である。すでにみたように、ダールマンもドロイゼンもフランス革命史における民衆運動や「社会問題」にほとんど目を向けることはなかった。「賤民」の暴動はいわば自然災害のようなもので、「煽動者」に注意し、秩序と権力を保持しさえするならば、さして恐れる必要はないとされていた。そのかわり、ダールマンは政治社会の本質に対する誤った理解と議会活動の混乱、ドロイゼンは抑圧的な「列強」の介入を、革命急進化の原因とみていた。だが、いまや「煽動者」たる民主派は組織的に活動し、「賤民」への影響力の点で自由派を圧倒するようになる。民主派が持ち出すのは、ここでもフランス革命のレトリックにほかならない。かつては政治参加から疎外されていた「第三身分」が革命の主人公であった。だが、いまや「第四身分」こそが革命の主役たるときが来たのだ。(13)

無論、「賤民」の側が民主派の言説を精確に理解していたわけではない。ましてや、青年ヘーゲル派的な哲学的言説や、社会主義者や共産主義者の教説の影響を受けていたわけではない。だが、民主派の煽動はいまや「賤民」の政治化の触媒となる。とりわけ、一八四〇年代後半に加速した「大量貧困」Pauperismus に晒されていた職人層は、既成秩序に対する反発や疎外感を強めていたからである。もともと「革命」を好まない自由派が「賤民」の政治化を歓迎するはずがない。「これほどの崩壊現象は前代未聞である。現状の静穏な改革へのうつくしい希望は揺らいでいる。我々は一七八九年よりも、一七九二年に近い状況にいる。それが恐ろしい」(ゲルヴィヌス)(14)。

とりわけ、暴徒化した群集による国民議会議員の惨殺事件（一八四八年九月十八日）は自由派に巨大な衝撃を与えた。シュレスヴィヒ・ホルシュタイン問題における国民議会の屈服に激昂した群集は、保守派議員二名を血祭りに上げたのである。「革命のもっとも恐るべき最後の後衛がしでかしたことが、我々にもいま、迫りつつある。九月虐殺事件の加害者たち、マルセイユの連盟兵、長槍で武装した群集、そういったものがここでも起こりうるのだ。

我々には英雄が欠けている。だが、犯罪者には事欠かない」（『ドイツ新聞』）。こうした自由派の恐怖に対して、民主派は、「賤民」の残虐行為を「フランス革命における王党派や貴族」のような連中に対する警告とみた。[15] 要するに、これらの現象は、従来、自律的な領域とはみなされてこなかった「社会」の自律化現象とみることができる。

第二の誤算は、プロイセンの対応である。ベルリン三月革命の直後、一旦はプロイセンの統一ドイツへの「解消」を約した国王フリードリヒ・ヴィルヘルム四世であったが、プロイセンは次第に体勢を立て直してくる。元来、「正統主義」を奉ずるフリードリヒ・ヴィルヘルム四世は革命に対して懐疑的であった。国王は当時、ドイツの革命現象を急進派による「陰謀」とみていた。[16] フランス革命当時から復旧期にかけて統治層を呪縛した革命陰謀論は、いまだしぶとく生き延びていたのだ。およそ革命現象に対する見方を比較するだけでも、ダールマンやドロイゼンら自由派と、プロイセン国王がいかにかけ離れていたかが、よくわかる。そして一八四九年四月、プロイセン国王は、一年近くの論議の末に完成したドイツ統一憲法の元首の座、すなわち世襲皇帝の称号を拒否してしまう。こうして、三月革命は決定的な挫折を味わうこととなる。

革命後も、ドイツにおけるフランス革命史論の流行は依然としてつづいた。[17] むしろ、実際に三月革命を体験したことによって、過去の教訓としてのフランス革命への関心は一層高まったようである。革命直後から「反動」時代にかけて、フランス革命史の新刊が続々と出版されている。このブームも明らかに時局的関心によって裏づけられていた。「私が前世紀〔十八世紀〕の精神を正しく把握できたと自負したとしても、それは許されよう。というのも、まったく同一の精神が、私の周囲のあらゆる生を再びひきずりまわしたのだから。私がかつての闘争をよく理解していると自負したとしても、それは許されよう。というのも、私は〔かつての闘争と〕似たような光景を〔三月革命において〕直接、体験したのだから」（シュプリンガー）。[18]

だが、これらの作品はいずれもほとんど後代に残ることなく、忘れ去られてしまった。原因は鮮明な時局的関心にではなく、図式的な古さにあったというべきである。[19] 三月革命直後に出版されたフランス革命史論のほとんどが、ほぼ三月前期の革命史論の枠組を踏襲していた。革命原因論や諸事件の解釈、人物評に至るまで、ダールマンやドロイゼンの創り出した図式の縮小再生産にとどまっているのである。「絶対主義」の硬直、啓蒙思想の登場、改革の失敗、国民議会による立憲改革の誤算。いずれの論点についても、その範形をダールマンやドロイゼン、あるいはロテックやニーブーアの議論のうちに見出すことができる。むしろ、三月革命という巨大な時局的関心を反映させるためには、従来の革命史論とは異なる問題関心と方法が導入されねばならなかった。そして、この課題の達成を見るためには、ダールマンやドロイゼンよりもさらに若い世代に属する歴史家の登場を待たねばならなかった。

## 第二節　「調和」と「承認」の政治学

オルミッツ協定（一八五〇年十一月）後の時期は、「反動」時代とよばれている。プロイセン主導のドイツ統一構想（ラドヴィッツ案）――フランクフルト国民議会の挫折後に浮上した――も、旧ドイツ連盟体制の維持を図る「反動」的なオーストリア外交に屈したのである。同時に革命中に諸邦で達成された立憲改革も、「反動」期の諸政府によって大幅に巻き戻されることとなる。ラドヴィッツ案に最後の望みをかけていた自由派はいまや政治に背を向け、ふたたび学問や実務の世界にもどってゆく。「一八五〇年以来、我々が望みをたくしうるもの、誇りうるものすべてが没落してしまっている」（ドロイゼン）(DrH, 2: 390)。

以下のドロイゼンの書簡は、そうした時代の最中に書かれたものである。

どれほどの関心をもって私がこの歴史叙述を読んだか、想像できるでしょう。〔中略〕第一印象は明瞭で厳格で堅実〔な作品というもの〕でした。誉めそやしの茶番劇――フランスの歴史叙述がかの野蛮な革命に覆いかぶせている――の暴露を拝読し、大変満足いたしました。貴兄はカーライルやレオ風のシニシズムから距離を置いている。そして、静かに進展するもの、顕現してくるもの、そして表面の大混乱の下に深く隠れて動くものを見事に浮かび上がらせている。拝読して、その点に大変満足いたしました。（一八五三年八月五日）

三月前期以来の知人、マールブルク大学教授で歴史家のハインリヒ・フォン・ジーベル（一八一七〜一八九五）に宛てた書簡である。[20]ジーベルは自身の『革命時代史』第一巻（一八五三年）を先輩たるドロイゼンに献呈していたのである。

ジーベルは三月革命に参加した歴史家たちのなかでは、もっとも若い世代に属する。ドロイゼンとは九歳、自由派長老格のダールマンとは三十歳以上もの年齢差があった。一八一七年生まれのジーベルは「解放戦争」を直接体験していない。父親つながりでおぼろげにも「解放戦争」を記憶していたドロイゼンとは異なり、ジーベルにとって、それはひとつの伝説にちがいなかった。気鋭の中世史家として作品を世に問う一方、彼は出身地ラインラントを中心とする、三月前期の政治論争に果敢にとびこんでいった。[21]ジーベルは自由派だった。三月革命の際には準備議会に参加している。惜しくもフランクフルト国民議会選挙には落選したものの、革命期を通じてカッセル邦議会議員として活動した。

歴史家としての業績に着目するならば、ジーベルはダールマンやドロイゼン以上に、ヨハネス・フォン・ミュラーに代表される「実用的」歴史叙述の伝統から遠い位置にいる。というのも、ジーベルの学問形成に決定的な影響をおよぼしたのは、現実政治と歴史学の分離を強調したランケだからである。また、文献学徒としてではなく、最初から歴史学徒として出発した点も、ダールマンやドロイゼンとは異なっている。[22] ジーベルはランケを終生、偉大な歴史家として尊敬した。ジーベルはランケから、史料批判の技術以上のものを学んだといってよい。彼はなにより、歴史学という営為——厳密な学としての——が、人間の「精神」と直接に関わる「藝術」的営みであることを、ランケから学んだのである（SVAb: 301-3）。[23]

だが、同時にジーベルは「歴史」と「現代」の連関に敏感であった。政治的かつ「現代」的な問題関心に裏づけられない歴史叙述を、彼は認めない。[24]「歴史と現代は時間の絆によって結ばれているだけではない。両者相互の関係は、教説と行動、認識と意志との関係にもひとしい」。[25] そうであるがゆえにジーベルは、「歴史の権利」を擁護するドロイゼンとも同志たりうるのであるし、ダールマンによる「倫理的当為」の歴史叙述を讃えることもできるのだ（SVAu: 32）。歴史学を含む「現代」（三月前期）のあらゆる学問は、「公共的な事柄への参加」・「国民的利益」・「政治的利益」と密接不可分である。[26] 学問にとって真に重要な要素は「悟性や機械的な作業」などではない。「信条と情熱」Gesinnung und Herz なのだ。「歴史家は現在との活力ある関係においてのみ、人倫の熱情を得ることができる。そしてそこから過去の新しい藝術的なありようが花開いてくる」。[27]

では、「政治」、そして「国家」とはなにか。

あらゆる「国家」は歴史的な「所与の状態」を基礎にしている。これがジーベルの生涯にわたる基本的な国家観である。そもそも、「国家およびその一般法則」は「上からの〔神による〕創造物」であるがゆえに、「個人の恣意から独立」した存在でなければならない（SKS, 1: 370）。国家は「人倫文化」sittliche Cultur を必要とする（SKS, 1: 386）。この「人倫文化」とは、「国民性」、経済構造や学問・宗教文化、すなわち国家構成員の物質的・精神的状態全般をさす。[28]

一方、ここでは以下のごとき可能性が開かれている。つまり、異なる状態の国家を強固にするためには異なる国制が必要だということ、異なる文化段階においては、君主政的・封建的・神権政治的な状態がそれぞれ、臣民の陶冶をよりよく促進するかもしれないということである。したがって、この見地に立つかぎり、政治の歴史的発展が示す、豊かな多様性が侵されることはない。理論の専制——地理的・時間的・民族的固有性を考慮することなく、唯一の政体を地上の支配者として宣言する——とは無縁である。〔中略〕この立場は、政治的権利の多様な——現在の国民の多様な部分への、政治的陶冶・公共心・公的影響力の配分状況に応じた——段階づけを許容し、かつ動機づける。議会がどの程度まで統治権に参与するのか、あるいは多様な公民は議会活動にどの程度まで参加せねばならないか。そうした問題の回答は、ここでは具体的な状態の観察、政治的統計学からのみ導き出されるのである。（『ラインラントの政治的諸党派』）（SPP: 60）

それゆえ、基礎としての「人倫文化」を欠く国家は「無力」である。そして、「人倫文化」はまずもって「歴史的に生成したもの」であり、さらに「新しい〔歴史的〕発展の流れ」に棹差している。逆に「人倫文化」を無理やり創出しようとするならば、国家は「耐え難い専制」に堕さざるをえないだろう。[29]

とりわけジーベルは経済構造の変動を「現代」の根本特徴として指摘する。本質的に現物交換経済であった中世においては、「土地所有」が政治的社会的価値を独占していたのに対して、「現代」の価値基準は「動産」である（SPP: 38-40）。すなわち、中世のごとき「土地所有者と非所有者」の対立ではなく、いまや「有産者」（「資本家」）と「無産者」（「労働者」）の対立が支配的となるのである。身分制社会の要素であった社団的結合は消滅した。「現代」にも「農業家」や「製造業者」は存在するが、それらはツンフト的枠組を超えた「資本家」に変質している（SPP:

46-7）。[30]「世俗的なるもの」と「自然に対する学問的支配」を達成した「産業」Industrieが、すでに「あらゆる財産を流動化させ、ギルドやツンフトの紐帯を――古き領主支配の小世界同様に――爆砕」したからである（SPP: 34-5）。したがって、「現代」において、「党派というものは完全に資本の所有と産業にもとづいている。そこから党派は起源・色彩・活力を得るのである」（SPP: 76）。身分制社会の伝統を新たな政治社会に接続しようとしたダールマンとは異なり、ジーベルは同時代を徹底的に「資本家と非資本家」が対抗する時代へと読み替える。[31]

さらにジーベルはこの観点から「立憲国家」constitutioneller Staatの効用を再確認する（SPP: 17-9, 44-5）。「現代」においては「立憲国家」のみが、「国家権力」と「個人の法圏」との「均衡」維持という「あらゆる政治の真の課題」を担うことができる。[32]「立憲国家」は、「人民の代表者としての国権」、「国家に関わる事柄の内容と規範としての公法」、すなわち「中央権力」を確立する一方で、「個人の自由と活力」を十全に発展させうるのだ。アリストテレスのいうように「政治的支配」が「自由人」による「自由人」の支配を意味するとすれば、構成員の「自由を守ること」、さらには、「時代と民族に特有な物質文化と精神文化〔「人倫文化」〕の調和維持を、支配の最高格率とせねばならない」（SPP: 72-3）。[33]また、「国家の創造行為」の神髄は、王権の護持にではなく、「人倫に適う人間の創造」にある。人間本性は国家を必要とするのである（SKS, 1: 371）。

無論、そこでは議会制（「代表制」）こそが、最重要器官となろう（SPP: 49-51）。議会（立法権への参与）という媒介装置の存在によって、「公」権力と「私的利害」への二極分裂を避けることができるからだ。つまり「全体の器官」たる「代表制」の本質とは、「個人の自由と活力」を、「私的利害」を超越した「国権の総和」、すなわち「主権」へと接続することにある。[34]「議会は国家を強化することによって個人を、個人を強化することで国家を守」る役割を担うこととなる。

> ここから立憲生活の本質的な条件として、君主権力〔統治権力〕と議会権力との自由で相互的な承認が帰結する。この相互承認は権力保持者の同質性によって可能となるのであり、また同時に憲法の形式的組織の内部に刻印されねばならない。立憲政体は、不信・闘争・監視の産物どころか、国家各部相互の深く自由な信頼、平和への愛、平和が可能だという意識を本質的に前提とするのである。〔中略〕立憲国家の像として結婚の比喩ほど尊いものはあるまい。結婚関係の発展は、自由な妥協、統合意識、そして共生への意志——個々の逸脱にもかかわらず——を必要とする。法的な境界設定や保証は、家庭の不健全な状態を癒すことはできない。しかし、健全な状態において、家族の目的は支配の分割によって潰えることはないだろう。夫婦の自由からは硬直性と無秩序ではなく、活動的で活発な精神を備えた家庭が生まれるのだ。（『ラインラントの政治的諸党派』）(SPP: 65)

「国家」と「個人」、「国家」と「議会」、そして「国家」と「人倫文化」の相互交流と調和こそが「立憲国家」の、さらには「政治的支配」の本質をなす。この調和においてのみ、「国家の理念」Staatsidee（「国民生活の自然な調和と統一」）が実現するであろう。そうであるがゆえに、ジーベルは「主権」を「国家全体の権利と力を代表すること」と定義し、敢えて国家器官相互の権限関係を明確にしないのである（SPP: 53, Anm. 1）。権限が明確になれば「相互不信」を産むかもしれない（SPP: 63-6）。むしろ、歴史的状況に応じて、「君主権力と議会権力の相互承認」が調整され、更新されてゆくことが重要なのである。[35] ジーベルは生涯にわたって、「〔国家内の〕諸部分の相互承認」Einverständniß を繰り返し強調することとなるが、その核には「大いなる国民的家族」große nationale Familie としての国家観が潜んでいた。[36]

ジーベルのフランス革命史は、こうした政治・国家観を基礎として成立する。[37] そもそも、現実政治から一旦は撤退したとしても、自由派知識人たちは政治的関心を抱き続けた。「反動」時代には直接の政治参加が望めない以上、彼らはみずからの武器である歴史叙述によって政治的信念を告白したのである。老齢のダールマンはもはや新著をものすることはできなかったが、その死まで「政治学講義」を続けたし、ドロイゼンの『ヨルク伝』(一八五一年)や『プロイセン史』(一八五五年)はそのまま小ドイツ的統一への序曲をなした。そうした雰囲気のなかで出版されたジーベルの『革命時代史』第一巻も政治的歴史叙述として意図されたものであったし、同時代人もそのように読んだのである。「我らが歴史家〔ジーベル〕が主観を完全に離れているとか、特定の政治的見解を差し控えているということはない。むしろ、作品からは熱烈な立憲的信条 constitutionelle Gesinnung をたしかに聞き取ることができる」(ホイザー)[38]。

「相互承認」と「調和」を国家の原理とみるジーベルは、革命を「緊急手段」としてのみ是認する(SKS, 1: 370-1)。[39]そもそも、「あらゆる革命」は「人倫の義務の破壊」を意味するがゆえに、「有害で唾棄すべきもの」である。なにより「革命」は「民族の自然な発展における跳躍」であり、歴史的生成の原理に反している。国家は支配者個人の意志を超える「高次の諸法則」にもとづくのであり、この意味で国家の根源、「あらゆる真の政治の唯一の基礎」は「神による設立」にある。だが、「人倫の義務」は被治者を拘束するばかりではない、統治者もまたしかり。統治者は、被治者の「正当で必然的な要求を見つけ出し、政府の側から計画的な賢慮と不可欠の活力をもって、この要求を充足」せねばならない(SDS: 80)。「真の改革」というべきものである。統治者が「真の改革」をなおざりにするならば、民族の「自然な発展」は「完全に」阻害されてしまうだろう。このように統治者の側で「人倫の義務」が放棄された場合にのみ、「革命」は道徳的非難を免れうる。「革命」や「征服」といった「既存の権利」の否定行為は、「自己保存の義務」によってのみ正当化されうるのである(SGR, 2: 12-3)。

したがって、フランス革命にも当初は、「緊急手段」として正当化されうる余地が残されていた。[40]少なくとも、フランス革命の暴力性を弾劾するだけでは、「人間本性の消しがたい欲求」を見逃すこととなる。ジーベルはそのように論ずる。なぜなら、フランス革命の目指した「目標」は「中世の崩壊以来」諸国民が目指してきたもの、いわば普遍的な価値をもつ「目標」だったからである（SGR, 2: 4-6）。「みせかけの権威の除去、あらゆる恣意的紐帯の解消、あらゆる不自然な制約の撤廃」。「産業」の発展や「商業」の興隆、さらには「動産」の価値の増大といった経済構造の変動によって、中世の「封建国家」Feudalstaatを支えた条件は完全に消滅していた（SPP: 36-8）。中世国家は、「人倫文化」（「所与の状態」）に適合したがゆえに実体的な秩序として機能した。だが、「人倫文化」が三百年来の変動――コロンブスによる新大陸の発見、宗教改革、啓蒙思想の登場――によって完全に変質したにもかかわらず、「封建国家」の残滓である「特権」だけが依然として残っている。それは、まさしく形骸化した「形式」による支配である。[41] 国制と「人倫文化」の相互作用を強調するジーベルにとって、それは倒錯した事態以外のなにものでもない。この意味において、フランス革命とは「新時代のはじまり」などではなく、「三百年前にはじまった世界史的過程」Weltprozessの帰結にちがいなかったのだ。

それゆえ「啓蒙」思想、すなわち「公論による批判」にも、「世界史的功績」が認められねばならない（SGR, 1: XXVIII-IX）。啓蒙思想は、単に一部の文士や哲学者による急進的な教説をはるかに超えた、価値の大転換を意味している。中世においてあらゆる価値を統制した教会権威の動揺にともなって「全人間の状態が動揺」した後、「自然」・「物質状態の発展」・「人間の内なる神の似姿」・「人間精神の尊厳と価値」が発見されたのである。たしかに既成の体制や権威を攻撃するという「破壊的」な側面や軽薄な面もあった。だが、ジーベルによれば「十八世紀啓蒙」の皮相さを批判するだけでは不十分である。「啓蒙」の「世界史的功績」を捉えたことにはならない（SGR, 2: 6-7）。「現実主義的かつ実践的衝動」に満たされた啓蒙思想は、はじめて世界を「人間的」humanなものにしたのだから。[42] それは十八世紀以前の「耐え難い野蛮」（「非人間的時代」）と比較すれば、すぐわかることだ。

たとえ「革命」が不正であろうとも、中世社会の遺物にしがみつく「封建主義」のほうがはるかに性質が悪い。旧体制下の「封建的権利の体系」こそ、「濫用ではなく、その存在そのものによって」民を困窮に追い込み、「国庫の破綻」・「君主政の無力と粗雑さ」・「外国への屈服」を招いた元凶にほかならない（SGR, 1: 23-7）。十八世紀欧州の歴史は、「封建制否定」の歴史なのであり、「封建制の廃止は、ルイ十三世の死から三部会召集に至るまで、フランスの政治生活の酵母」でありつづけた。そのため、封建的特権に決定的な打撃を与えた八月四日決議の歴史的意義を、ジーベルは高らかに宣言するのだ（SGR, 1: 27-30）。

八月四日の国民議会は、恒久的国益と国民的発展の偉大な諸法則を味方につけた。決議は偉大なマニフェストだった。それによって国民議会は国民の正統な諸要求を要約し、民族のあらゆる真の欲求と希望の先頭に立ったのである。〔中略〕新しきものを多様に形成してゆくなかで不正なものを自発的に選び取ってしまったとき、はじめて国民議会の弱点が現れてくる。国民議会がその際に創造したものは、とっくの昔に破壊の運命にゆだねられてしまった。だが、八月四日に獲得されたものは、今後のあらゆる時代のものとなった。それはすなわち、労働の自由、法の下での平等、国家の統一性である。（『革命時代史』第一巻）（SGR, 1: 29）

たしかに八月四日決議はミラボーの言うように「興奮の眩暈」だったのかもしれない。議会は拙速を犯したのかもしれないし、個別の誤りは後世の「危険な模範」となってしまったのかもしれない。[43] それでも、国民議会の示した「愛国的認識」と、「封建主義」克服の「偉大なマニフェスト」に対する正当な評価を、ジーベルは求めるのである。

しかし、八月四日決議によって「三百年前にはじまった〔「封建制」否定の〕世界史的過程」を完成させたかにみえたフランス革命の運命は、その後、暗転する。大陸の啓蒙絶対主義は身分制的な特権を攻撃する一方で、秩序にも配慮したのに対して、フランス革命は「あらゆる道徳法則」に対して宣戦布告し、秩序そのものを破壊する方向へと向かってゆく（SGR, 2: 7-9）。[44] 破壊と専制の連鎖はついには「我々の民族生活の要求」とは相容れぬ「軍事国家」に行き着かざるをえなかった。これまでみてきたように、フランス革命の「目標」を普遍的なものとして評価する一方で、実現手段や帰結を否定する論法は、自由派の歴史家たちに共通するものであった。ダールマンが「善き国制」たる立憲君主政の実現を、ドロイゼンが「一般公民制」の樹立へのこころみをフランス革命にみたように、ジーベルは「封建主義」の克服と「人倫文化」に適合した国制変革の可能性をそこにみる。そして、フランス革命は失敗したのである。この意味で、重厚長大なジーベルの革命史叙述は、自由派革命史論の伝統の到達点たりえた。だが、ジーベルの革命史を卓越したものに、革命史学全体のなかでも意義ある作品にしたのは、単に詳細な叙述だけではなかった。ダールマンやドロイゼンの革命史叙述が三月前期という時代の刻印をおびていたように、ジーベルの叙述もまた三月革命という動乱の刻印をおびるのである。

## 第三節　「社会」の発見と歴史叙述

『革命時代史』が三月前期以来の革命史論の総括、あるいは到達点であったとしても、それだけで同時代にあたえた圧倒的な衝撃を理解することはできない。ジーベルの友人で歴史家のバウムガルテンによれば、『革命時代史』の登場とともに、「我々は〔革命史の〕諸々の最重要論点についてそれ以前とはまったく異なるように判断せねばならな」くなったという（「フランス革命論について」）。[45] 第一巻出版直後、すでにホイザーはジーベルの作品が革命史学全体の画期となることを予感していた。さらに、『革命時代史』は本場フランスの革命史学にも大きな影響をおよぼすこととなる。

文書館に所蔵された未公刊史料の利用とランケ直伝の史料批判が高評価の一因であったことは、疑いない。ジーベルはフランスの国立文書館において、「一七九三年の埃」にまみれた公安委員会の行政文書をはじめてひもといたのである(SVAb: 365-6)。そして、皮肉にも原史料への扉を開くことによって、ドイツ知識人による革命史叙述の活況は終わりのはじまりを迎えることとなる。これまでみてきたように、ジーベル以前の革命史家は——ドイツ人、フランス人にかかわらず——史料面でほぼ同じ土俵に立っていた。利用可能な史料はほとんど雑誌・新聞・回想録などの公刊史料に限られていたからである。そのため、フランスの革命史家たちが自国の文書館を利用し、組織的に史料発掘につとめるようになると、他国の革命史家たちはどうしても後塵を拝さざるを得なくなる。[46]それと同時に革命史論そのものが、歴史学研究の一部門へと収束——無論、現在に至るまで政治性から脱却していないとはいえ——してゆくのである。

だが、ジーベルの革命史の神髄はより深いところに求められねばならない。それは斬新な問題設定である。むしろ、原史料の利用はこの新規な問題関心に即した歴史叙述を達成するための手段とみるべきである。ドロイゼンが礼状で述べたように、ジーベルは原史料を駆使することで、革命史の「表面の大混乱の下に深く隠れて動くもの」を描きだすのだ。

ジーベルによれば、フランス革命史のメカニズムは内政と外交の連動にほかならない(SGR, 2: 12-3)。

国家がその本質に従って征服に乗り出すやいなや、ますます革命的にもなってゆく。あらゆる対外的な義務の拘束力を否定する者は、国内でも権利を尊重しないのである。国内でまさしく反乱と暴力の権利を維持する者は、対外関係にも剣の刃を押し当てるだろう。古代ローマが世界支配へと乗り出したとき、即座に公共広場はデマゴーグに占拠された。逆に革命期を通じて、権力を掌握したにもかかわらず、広範囲にわたる攻撃を即座に考えないような党派は存在しなかった。（『革命時代史』第二巻）（SGR, 2: 12-3）

つまり、「既存の権利」（「形式的な法」）の否定である「革命」（内政）と「征服」（外交）は連動し、かつ相互作用をおよぼしあうのである。ジーベルは片方がもう片方を一方的に規定する決定論を拒絶する。ジーベルによれば、「自由の十字軍」論――列強の「陰謀」に対する抵抗運動としての革命戦争――は非歴史的な神話にすぎない。そしてさらに重要なことに、この「革命」の破壊力の秘密を、ジーベルは当時の「社会」Gesellschaft の状態、あるいは「社会問題」soc[z]iale Frage に求めるのである。革命戦争中の外交関係の解明には未公刊の外交文書の緻密な分析が不可欠であった。[47] 同様に、革命前後の「社会」状態を理解するためには、公刊史料に現れない「社会」の肉声に耳をかたむける必要があった。

ジーベルによる「社会問題」への着目は、同時代の精神をよく反映している。それは、「社会」の発見とでもいうべき知的風潮である。[48] 三月革命後、それまで自律性を認められていなかった「社会」の領域が、知識人たち――ローレンツ・シュタイン、アーレンス、小フィヒテ、リール、ロベルト・フォン・モール、トライチュケなど――の関心を集めるようになる。彼らは「人民主権」論のもとで理念的な「民主政」を夢想した青年ヘーゲル派や、労働者階級による「社会革命」を唱えたマルクスやエンゲルスとは一線を画している。青年ヘーゲル派やマルクス主義者がフランス社会主義・共産主義から大きな影響を受け、急進的な政治姿勢と不可分であったのに対して、三月後期の新進知識人たちの政治的立場は、保守派から自由派まで多様であった。共通するのは、今後は「社会問題」、あるいは「社会」の自律性を前提すること無くして諸学を論ずることができないという意識である。

無論、「社会問題」や「社会」といった概念が三月前期に存在しなかったわけではない。[49] 亡命生活を通じて、サン・シモンやフーリエの社会主義を受容した急進派知識人にとってはもちろんのこと、自由派知識人にとっても「社会問題」や「社会」概念は周知のものであった。ヘーゲルはすでに先駆的に「市民社会」概念を提示し、内在的欠陥（「賤民」）除去のための社会政策を論じていた。ドロイゼンも「政治的なるもの」とは区別された「社会的なるもの」を認識していた。諸要因――生活水準向上による人口増加、農民解放や営業令による身分制的規制の緩和、工業の未発達――の連動による失業者の増大、「大量貧困」Pauperismus の危機的状況、一八四〇年代の食糧危機は、自由派・保守派を問わず「社会問題」に目を向けさせた。とりわけ、ラインラントなどの先進工業の知識人（ハーコルトやハンゼマン）は敏感だった。

だが、三月前期の知識人はあくまでも「中間層」主体の政治社会を前提とする点で、三月後期とは異なっていた。実際に「社会問題」や「大量貧困」の解決策として彼らが掲げたのは、ツンフト改革や協会運動を通じた労働者の組織化であった。階級社会化を前提としたのは、ハンゼマンやハーコルトのような経済先進地帯の知識人に限られていた。これに対して自由派の多くは「プロレタリアート」化した人々（「賤民」）を「中間層」に底上げすることを目指したのである。「社会」概念や「大量貧困」の事態を認識していたドロイゼンも、「一般公民制」を通じた「国民」統合によって問題を解決できると信じていた（DrH, 2: 256）。

それゆえ、手工業者や労働者が完全に政治化し、自律的な政治運動を開始した三月革命の衝撃は大きかった。実際には、下層民の政治運動は社会主義や共産主義の教説に影響されたものではなかった。[50] 彼らの掲げた目標も階級社会化とは真っ向から衝突するものだった。だが、政治化の事実そのものが、左右を問わず知識人たちに「社会」の自律性を意識させたのである。[51] たとえば、ロベルト・フォン・モールは三月革命後、自律的な「社会学」の必要性を説くようになった。三月後期に登場した知識人たちはもはや「社会」や「社会問題」の重要性から目を逸らすことはできなかった。それはすでに不可欠の前提となっていたのである。

こうした知的風潮は同時代の歴史叙述にも色濃く影を落としている。たとえば、ロッシャーやクニースによって提唱された歴史学派経済学は古典派経済学から脱して、経済という「社会」現象の歴史的な分析をこころみる。政治現象にとどまらず、社会経済や文化も含めた社会構造を捉えようとする野心的な著作、自由派の史論家ビーダーマンによる『十八世紀のドイツ』（第一巻初版、一八五四年）を忘れてはなるまい。三月前期においてすでに政治史の絶対優位に批判的だったドロイゼンは、一八五七年の『史学論講義』において歴史学派経済学や同書を高く評価している。とりわけ、ビーダーマンの大著は、ひとつの時代の総体的な構造をあつかう新分野、「文化史」Kulturgeschichte の代表例として評価されるのである（DrH, 1: 348-9, 380-1）。「文化史は、個別の人倫的領域の形成・生成の要約的考察――個別分野の歴史の名でよばれているもの――とは明確に異なっている。文化史は人間世界、この進歩的運動――この主体こそ、人類という巨大な自我にほかならない――を内容とするだろう」。ヤーコプ・ブルクハルトによる『ルネサンスの文化』（一八六〇年）の登場はまもなくであった。[52]

そして、フランス革命史論の分野においても、先駆的な知識人たちは一八四八年革命前後から、「社会」状態の分析を前面に押し出すようになる。三月革命直前にはフランスの社会主義者ルイ・ブランによる『フランス革命史』（一八四七～六二年）、革命直後にはローレンツ・シュタインによる『フランスの社会運動の歴史』（一八五〇年）が、「社会問題」中心の革命史叙述を目指した。特にシュタインの作品は、一七八九年の革命から二月革命までを一貫して「社会革命」の歴史として再構成した。だが、残念なことに彼は専門の歴史家ではなかったため、自由派知識人からの反響は芳しくなかった。[53] さらに、ジーベルの『革命時代史』第一巻出版の二年後には、旧体制期から革命期までの社会構造を「中央集権化」という連続性の観点から分析した名著、トクヴィルの『旧体制と革命』（一八五五年）が陽の目を見ることとなる。ジーベルがフランス革命史に取り組んだのは、このような時代だった。

多くの自由派知識人と同様、三月前期のジーベルも「社会」や「社会問題」といった問題の存在を認識していた。すでにみたように、ラインラント出身のジーベルは「現代」を「有産者」と「無産者」との対立の時代として捉えていた。また、国制をつねに同時代の社会構造（「人倫文化」）と連関させて把握する彼は、旧来の「政体論」的政治学に飽き足らなかった。[54]「国制の諸部分は、その基礎から分離されえ」ず、「政体と民族状態の間には全方向的相互作用が生じる」からである。[55] ジーベルによれば、「政治学」の今後の課題は、「住人の物質的・精神的状態と国家との関係や、「有産者が無産者に負う義務」の探求にあるのである。ジーベルは、「現代」の学問の核心を、「国家と社会・所有、国家と宗教・陶冶との関係」のうちに見た。

だが、一方で当時のジーベルは「社会問題」の積極的な解決策についてはは言及していない（SPP: 80-2）。若者の間で「愛国的・立憲的献身」にかわって「社会主義的・共産主義的傾向」が強まってきていることを、「共産主義の蠢動の世界史的理由、すなわちプロレタリアートの恐るべき貧困が日々増している」ことを、ジーベルは理解している。[56] それでも学問的・政策的対応の必要性をわずかに示唆するのみだった。

というのも、プロレタリアートや、プロレタリアートに関心を抱く者に以下のことを確信させることだけが重要であるからだ。すなわち、今日の共産主義の教説自体が迅速かつ確実に自滅するだろうということ、また、彼らの救いは、私有財産と貨幣流通の否定にではなく、〔経済〕発展のうちにのみ見出しうるということを。〔中略〕ひとつだけ〔現状打破の〕方法がある。それは政治的権利の付与によって、市民層を国家権力に強く結びつけることである。それによって、それによってのみ、市民層は完全なかたちで、かの共産主義的傾向に対して自然な対抗関係に立ちうるのだ。それによってのみ、精神的な活力は創造されうるのだ。この活力こそ、社会状態の健全な考察において、公論を堅持することができるだろう。（『ラインラントの政治的諸党派』）（SPP:

81-2)

いかに「政治的急進派」や「共産主義的傾向」が強力であろうとも、「人倫文化」の大勢を代表する「市民層」（「有産者」）に「政治的権利」を与えることが先決なのだ。[57]

「人倫文化」を代表する「有産者」を「政治的支配」の担い手とする見解を、ジーベルは終生維持した。この点をよくあらわすのが、晩年まで一貫した普通選挙批判と、その裏返しとしての制限選挙支持の姿勢である（SPP: 49-51, 78, SBR, 1: 295-6）。[58] ジーベルは「無産者」、あるいは「プロレタリアート」の政治への侵入を断固として退ける。三月革命中、カッセル邦議会議員として活動したときも、普通選挙法導入を主張する急進派に対して論戦を挑み、制限選挙を勝ち取っている。「有産者」の重要性を強調するジーベルに対して、「賤民」が一部暴徒化して、自宅に投石を加えたのはこのときである。政治化する「プロレタリアート」に直面して、ジーベルは年来の主張を新たにしたにちがいなかった。[59]

繰り返すように、当時の暴徒が実際に「共産主義的傾向」に毒されていたわけではない。「賤民」を煽動する一部の運動家がそうした教説を奉じていたとしても、暴徒は後の社会主義運動や労働運動とは異なり、組織化されていなかった。だが、ジーベルは三月革命の経験のうちに「共産主義的傾向」の恐ろしさを感じ取ったのである。[60] そして、この体験がジーベルを革命史の探求へと、原史料収集の旅へと駆立てる。晩年のジーベルの回想は、革命史への長きにわたる沈潜の動機をあますところなく物語っている。

よく知られているように、当時〔三月革命〕の熱狂はあらゆる党派傾向をごた混ぜにした。したがって急進派は多くの共産主義的要素と結合した。そこで、小論かパンフレットの類を通じて、フランス大革命が共産主義的傾向によって当の下層階級をどれほどの困窮に追いやったか、民衆に語りかけようと私は思い立った。この困窮については、あらゆる文献からよく知っていた。[61] 困窮の諸原因に関しては、所有権の軽視とその帰結をめぐるバークの重厚な議論を読んでいた。だから、一七九三年は一八四八年よりもおそらくもっと悪い状態だったろうと考えたのだ。しかし、小冊子執筆のために具体的な史料を探す段になるや、暴力的な転覆のこの側面が至るところでほとんど無視されていることがわかった。トゥーロンジョンやベルトラン、ミニェやティエールはおろか、ビュシェやルーの作品でもまったく触れられていなかった。〔中略〕これらすべてによって、自分の問題関心はより一層刺激された。そうして、可能ならばこの問題を原史料によって基礎づけようと決心したのである。二十年以上にもわたる研究の第一歩を踏み出したなどと、そのときは思いもしなかった。(「在パリ研究」)(SVAb: 362-3)

# 第二章　「社会革命」としてのフランス革命

## 第一節　「社会問題」――通奏低音

ジーベルはフランス革命を「社会革命」sociale Revolution として理解する（SGR, 1: 184-5）。当時の通説は、十八世紀を「政治革命」の時代、十九世紀を「社会革命」の時代として整理していた。また、「フランスの社会運動」の起源をバブーフに求める見解も存在した。ジーベルは、これらを退ける。むしろ、「現代社会主義」の諸潮流はすでにフランス革命に現れていた。フランス革命の最初期から、「全所有の国家への譲渡」を主張する「本来の共産主義者」に加えて、私有財産を承認しつつもそれらを利用する「間接手段」を国家に与えるという思想も存在していたのだから。十九世紀に特有なのは、「体系の理論的証明と哲学的装飾」だけである。このようにジーベルは「社会問題」をフランス革命の持続低音と見定めたうえで、その自律的な展開を跡づけてゆく。

興味ぶかいことに、ジーベルは「社会問題」を産業社会特有の現象とはみなさない。「社会問題」は旧体制の身分制社会にも存在したのである。個々の政権担当者の政策や「改革精神の根本定理」のうちにではなく、「封建国家」の構造のうちにこそ、革命急進化の淵源はある。

革命急進化の原因がフランスの人倫状態のうちに、いわば封建的かつ保守的な旧フランスの人倫状態のうちに潜んでいたことは、あまりにも明白である。フランスで自由の嵐があらゆる既成の事物を破壊したといっても、驚く必要はない。というのも、ここではすでに数世代以来、あらゆるものが人倫の核心に至るまで、腐りかけ、病んでいたのだから。フランソワ一世からルイ十五世までの宮廷生活が上級身分を骨の髄まで非道徳化していた。同時に中間層は政治的権利から、したがって政治的陶冶からますます疎外されていた。民衆の大半は絶えず蝕む飢えと労苦に抑圧されていた。それは、誇張無しにビザンツ帝国に比肩しうる状態だった。〔後略〕
（『革命時代史』第二巻）（SGR, 2: 9-10）

こうして、トクヴィルやテーヌと同様、フランス革命の性格を規定した主要因として、「封建的かつ保守的な旧フランス」の社会構造の腐敗に焦点が当てられることとなる。

問題となるのが、ジーベルの「絶対君主政」に対する姿勢である。十八世紀の大陸諸国を規定した「絶対君主政」の歴史的意義を、ジーベルは高く評価している。「絶対君主政」は中世国家、あるいは「封建制の本質的欠陥」に対して、「公法」的権力を打ち立てることに成功したからである（SKS, 1: 389ff.）[62]。中世国家は実態としては「小規模の諸々の支配勢力や自治体の集合体」であり、「それらは公的あるいは国民的権力によってではなく、そのつどの上級権力の私法的請求権によって緩く束ねられていた」だけであった（SPP: 17-9, SKS, 1: 379-86, SGR, 1: XVII）。端的に言えば、中世国家において、支配は「個人的かつ私的な所有物」とみなされた。それに対して、近世以降、君主が「国家の代表者」（「国民の器官」）（SKS, 1: 376-8）として興隆し、「封建制」の「形式的正統性」のかわりに「共通善」・「外的目的合理性」・「集権化された国権」を政策の中心に据えたのである[63]。動機はどうあれ、「絶対君主政」は「歴史的発展の権利」を有していた。無論、「現代」において、「歴史的発展の権利」を有するのは「立憲国家」

である。だが、「絶対君主政」、さらには「啓蒙絶対主義」が「十八世紀における我々の国民生活の総和を、十九世紀における公共的発展の基礎を築いた」ことは疑いない。個々の差異はあろうとも、ダールマンやドロイゼンとも共通した見解である。

そして、「国民の性質」Sinn des Volks に実によく適合していたがゆえに、フランスにおいては、もっとも強力な「絶対君主政」が成立しえたのである（SGR, 2: 10-1）。(64) ジーベルによれば、「機械的目的合理性」・「安逸」・「協働」を尊ぶ「国民の性質」は、「行政の中央集権化」Centralisation や「専制君主」のごとき権力と相性がよい。トクヴィル以前、三月前期においてすでにジーベルは、旧体制と革命を貫く特徴としての「中央集権化」を指摘していた。つまり、フランス革命は行政組織を整理したものの、行政権力自体はむしろ強大化した。事実、フランス国民は革命を通じて選挙権を手に入れたものの、その他の点では「政府への完全無欠の従属」状態にあるではないか。フランス人にとっての「自由」とは、「個人の独立」ではなく「支配への参与」にほかならない。革命前は官僚への登用が唯一の社会的上昇の途だったのに比して、現在はそこに選挙が加わっただけのちがいである。(65)

この点でルイ十四世はまさしく、「国民の性質」に適合した君主であった（SGR, 1: XIX-XXVI）。「太陽王」は、「合法的に存在している〔身分制的〕国制」（「事実的な諸関係」）、すなわち、既存の社団や特権を廃止しない代わりに、王権神授説を唱えることでみずからを「あらゆる国法の源」としたのである。こうして「思うがままに法律を定め、税を徴収し、文書上の権利を変更した」。「その卓越した統治は強力だった。こうして近代国家——未熟かつ専制的ではあったにせよ——は、封建国家の混乱と制約を超えて登場したのである」。諸身分の「利己心」を抑えて「共通善」や「下級身分の保護」に配慮する、この「際限なき専制」を、民は「恐れ、かつ崇めた」。ジーベルによれば、「人心支配の技藝の凌駕されることなき達人」としてのルイ十四世は、「人間の情念」や「所有欲」を利用し、さらに「恐怖と実力」をもって意のままに支配した。

では、なぜ、フランスの「絶対君主政」はこれほどの「国家の統一性」（「共通善」）を達成したにもかかわらず、「近代的あるいは代表制国家」へと発展できなかったのか。その原因はルイ十四世自身にあった。彼はあまりにも「人心支配の技藝」に熟達していたがゆえに、統治に「必要不可欠な法的効力と組織」の確立を怠ったのである。つまり、ルイ十四世治下のフランスは、「極めて弱い法的根拠と乏しい機関」しかもっておらず、司法・宗教やその他の行政についても、王自身の法的権限は限られていた。この「絶対君主政」には「組織面において、統一性も合目的性も考えられなかった」。それは「古きものの残滓と新しき始まりとの混合」にとどまってしまったのである。(66) さらに晩年の失政によって「王権の道徳的権威」は失墜し、「聡明な専制」は単なる専制に堕してしまう。ルイ十四世の死と同時に、「封建的諸権利への制約」は消滅する。いまやフランスは「近代的君主政への道を最初から再び歩みはじめる」ほかなかった。しかし、「ローマ皇帝」を思わせるほどの「道徳的失墜」に溺れるルイ十五世には無論のこと、ルイ十六世——「人間愛」と「公共精神」に富むが、「確固たる明快な判断力」を欠く君主——にとっても、「近代的君主政への道」は険しいものであった（SGR, 1: XXVI-XXVII, XLVIII-XVIX）。あくまでも「絶対君主政」の欠陥を「中間層」の政治的疎外にみたダールマンやドロイゼンとは異なり、ジーベルはフランス君主政の弱点を、「封建主義」の根強さに求めている。

その後、「王権が権力を、封建諸身分が権利を」もつ統治構造は、啓蒙思想と「公論」による「権威の否定」の格好の標的となる（SGR, 1: XXIX-XXXI）。「全フランス国法中、ひとつとして否定されないものはなかった」。漸進的な「改善」がみこめない以上、文士たち——ヴォルテールや重農主義者のように「各個人の無制約の自由」を求める人々と、ルソーや「社会主義者」のように「これまで抑圧されてきた多数者による支配」を望む人々——は盛んに「自然権と人権」を論じはじめる。とりわけ急進思想は「市民層」以上に「宮廷社会」に広まり、上級身分は「宮廷の無道徳というペスト」と「反体制急進派の教説」を存分に吸い込む。王権の側にはびこる「粗野な唯物論の世界観」と「利己心と享楽心」を、ジーベルは弾劾する。「ルイ十五世の恥ずべき治世が終わったとき、旧体制の土台はすべての部分で抉り取られていた。王権は国王の悪徳と対外的弱体によって、封建諸身分は内部の不和と王権との抗争によって、双方とも急進的国家論の登場によって、権威と支持を根底から失っていたのだ」。

だが、フランス革命の真の要因は「大衆 Masse の力の解放」だった。膨大な『革命時代史』を通じてジーベルが繰り返すのは、「政治理論」ではなく「大衆の情念の力」、すなわち「社会問題」こそが秩序の最大の敵ということである。ジーベルは旧体制下の社会経済状態を詳細に分析しているが、そこでは「封建国家」（＝「封建主義」）を「社会問題」の元凶とする論旨が一貫している（SGR, 1: XXXII-XXXIV, XXXIX-XXXXI）。逆に言えば、経済的自由が「億万長者とプロレタリアートの対立」を生むという「封建主義者」と「社会主義者」の主張は誤りである。すでにジーベルが三月前期に主張していたように、「封建主義」の克服と「有産者」の政治参加こそが危機を打開する鍵となるのだから。

したがって、「封建主義」が根強く残存している旧体制フランスの「社会」状態が暗黒時代の様相を呈したとしても、不思議ではない。農村には「中間層」Mittelclasse が欠如し、富裕な領主と小農への二極分化が支配的となる（SGR, 1: XXXIV-XXXVIII）。「すべての享楽が富裕者に流れ込み、すべての負担が貧者に押し付けられる共同体」において、領主と農民の利害は分裂し、「極めて緊密な関係を保ちあうはずの両身分の間には、まったく共通のものがなかった。教育・利益・享受の面で異なる地域の住民のように、こちらは軽蔑をもって、あちらは怒りをもってお互いに対峙していた」。都市においても事情は変わらない。つまり、都市の行政を握るのは「事実上完全に閉鎖的な」富裕者であり、そこでは「弛緩した利己的な精神」が蔓延する（SGR, 1: XL）。産業と商業は「極めて厳格なツンフト規制」に拘束され、「君主政版社会主義の教説」の如くだった。「ツンフト規制」という「手工業の貴族制」に従わないかぎり、いかに有能な人物も「永遠の従属」を強いられる。政府による重商主義政策、すなわち「私的取引」への介入は圧迫的となり、産業も「自然の受容と能力ではなく」、「人工的で貴族制的な転回」を示した（SGR, 1: XLIII-XLIV）。(67) さらにルイ十六世治下における租税負担の不平等、著しい財政難、貧者に厳しい支出配分が圧し掛かる。「王権は特権身分と社団以外に、平和な国家統治のための法的機関をまったくもたなかった」がゆえに、高等法院の抵抗に遭って消耗してゆく。そして「物理的権力」の手段である「金銭」は尽き、最終手段たる軍隊も「全面的解体過程」に呑み込まれることとなる（SGR, 1: LV-LVIX）。ここでも「封建主義」と「貴族制」が原因となる。つまり、フランスの軍隊は他の分野同様に「組織化」されておらず、将校団と一般兵卒との間には身分制的障壁が存在したのである。将校団はみずからを「巨大な貴族政の一部」とみなし、「あらゆる分野で国王と支配を分かち合うために服従拒否をはじめる。一般兵卒は「耐え難い奴隷制からの解放」を目指し、「民衆運動」に身をゆだねるだろう。

このように旧体制末期の「社会」はすでにして「解体過程」のさなかにあった。

したがって、旧体制はまだ革命的な言葉が発せられる以前から、内部の不和と解体によって否定されていた。政府はみずからの存続を保つための金銭・官僚・軍隊を剝ぎ取られていたのである。封建諸身分は個々の巨大な特権をもっていたものの、政府にとってかわるだけの組織をまったくもたなかった。公論はすぐに両者を、急進的理論によって否定した。この公論が三部会でみずからの勢力のための機関を獲得するやいなや、もはや己の意志を宣言すること、否、現状〔旧体制の解体〕の事実をただ明言するだけで事足りたのである。旧体制はみずからの救いようのない腐敗のために崩壊した。（『革命時代史』第一巻）（SGR, 1: LIX）

旧体制を蝕んだ「社会問題」、この「救いようのない腐敗」の原因をジーベルは残存する「封建主義」のうちに

三部会

見ている。当時の膨大な支出——ルイ十五世期からナポレオン三世の治世までの間で、旧体制期以上の支出を出したのは「恐怖政治」期のみ——を評して曰く、「封建国家は、ここでも社会主義者のうちにその対象を見出すこととなる」。旧体制下の「社会問題」は「封建国家」の罪に帰せられるとともに、返す刀で「現代」の「社会主義者」も批判されるのである。

あとは自動的な帰結といってもよい。「貴族制的社団の利己心」を打破するために召集されたはずの三部会は採決形式をめぐって紛糾し、第三身分は国民議会を宣言する（SGR, 1: 5-12）。[68] いまや「国庫は空であり、軍隊は当てにならなかった。人々はそれを知っていた。しかし、惰性で前進していった。王は狩りに出かけた。宮廷貴族たちは、おしゃべりどもやデマゴーグたちが黙ることをただ期待だけしていた」。この意味でネッケル罷免（七月十一日）とブルトゥイユ政権成立は、まさしく「封建派のクーデター」にちがいなかった（SGR, 1: 16-9）。「国家を破産に、民を貧困に引き渡した体制」をいまさら暴力で立て直そうとする、「馬鹿げたこころみ」だった。だが、旧体制そのものがすでに崩落中であったため、逆にバスティーユ事件を招くこととなる。これで「封建派の失墜、旧王権の敗北、軍隊の解体は決定的となった」。「十四日の事件〔バスティーユ事件〕は、すでに新たな時代と闘争に属している」。

旧体制は崩壊した。革命は成った。「封建国家の抑圧」はもはや存在しなかった。「大恐怖」——「解き放たれ、血に餓えた無秩序のうねり」——の最中、「行政組織と軍隊は地上から消滅していた。法律も、裁判所も、権威も存在しなかった。社会は分子レベルまで解体した」(SGR, 1: 23-7)。いまや八月四日決議を皮切りに、フランス革命は「近代国家」建設という大事業に乗り出すこととなる。だが、旧体制末期、すでに「急進派分子」は物価高騰を利用することによって、「絶望してすぐにでも反応する大衆」を動員するようになっていた(SGR, 1: LV-LVII)。疲弊しきった「社会」という火種はいまだくすぶりつづけていたのである。旧体制はおろか、欧州秩序そのものを揺るがす「社会革命」のメカニズムは、たった今、起動したばかりだった。

## 第二節　「社会革命」のメカニズム

フランス革命を終始一貫して「社会革命」として捉えるジーベルは、すでに一七八九年の人権宣言のうちに「共産主義的意義」、あるいは「社会共和国」の理想を見出している(SGR, 1: 37-8)。ラファイエットの提出した草案において、「権利能力と法的保護の平等」は「事実的平等の要求」へと、「より広範に政治的能力を広めてゆくことに対する政府の義務」は「気に食わない法律に反抗し、いかなる既存の支配も排除するという個人の権限」へと歪められてしまった。「全体の意志」は「個人の恣意」に、「万人に共通の理性」は「個々人の情念」に従属させられることとなる。「ラファイエットは、国家のみならず、もっとも実感しやすい不平等の根拠としての私有財産をも個々人の情念にゆだねてしまった」のである。人権宣言草案から浮かび上がる国家とは、「大衆があらゆる固有の義務をも破棄し、立法と行政のみならず、すべての所有権を意のままにする権限をもつ」国家、すなわち「社会共和国の理想」にほかならない。(69)「人権は個々人に対する大衆の専制に帰着する」だろう。

草案には随所で変更が加えられたにせよ、「さらに多くの混乱と解体の種子」が追加されたにすぎなかった(SGR, 1: 38-40)。とりわけ、ジーベルは第六条・十四条を「もっとも重要な統治行為の創造を、個人や大衆の気ぐれな恣意にゆだねた」ものとして厳しく批判している。[70] 国民議会は自分たちの決定した法律や予算に市民が安心して服従すると思っているが、実は直接行動に訴える権利を、さらには、議員を思うがままに廃する権利を民衆に与えただけなのだ。また、「人間は権利において平等である」という文言は、「腐敗した解釈」の余地を残している。つまり、「事実上の権利関係の平準化」、すなわち「事実上の不平等」の除去という「共産主義」の宣言として解釈されてしまう恐れがあるというのである。こうした人権宣言の内容は、「上級身分による下級身分の搾取」とともに、「下級身分による上級身分の抑圧」も拒否する「真の自由主義」――「個人の自由」と「共通善」の調和を目指す――とは、相容れない。この意味で、ジーベルにとって人権宣言とは、後の「社会革命」の原点であり、元凶であった。

そして、ジーベルの危惧を裏づけるかのように、革命は当初から「社会問題」をめぐる対立を孕んでいた。デマゴーグが下層民を煽動する論法は、フランス革命を通じて、ほかの「あらゆる革命」と変わらなかった。つまり、「反動への恐怖」と「社会問題」である(SGR, 1: 52-4, 55-7)。当時の状況では前者は「貴族の陰謀」、後者は「パンの値上がり」を意味した。デマゴーグは「市民層」(「中間層」)の暴政」を叫びたて、「民衆」Volkを街頭へと駆立てる。ジーベルは「今日においても極めて大きな役割を果たす(「市民層」と「民衆」、あるいは「有産者」と「賃金労働者」の)対立の最初の宣言」をここにみるのである。革命初期、この「対立」は、バイイを長とするパリ市当局とパレ・ロワイヤルとの対立に具現化されている。ジーベルによれば、当時のパレ・ロワイヤルは「今日のあらゆる革命同様」、「山師」と「浮浪者」に満ちた一種の「地区議会」と化していたという。[71]

こうした「社会問題」をめぐる根深い対立を何倍にも増幅させる装置が、政治クラブだった(SGR, 1: 96-8)。革命初期の「あらゆる公権力の不在」という状況下において、とりわけジャコバン・クラブは唯一「熟慮・精神・

統一・活発さに満ちた事実上の権力」、「全国最強の権力」であった。ジャコバン・クラブの影響は、能動・受動市民の垣根を越えてあらゆる領域に浸透していったが、その「動員可能な兵隊」は、「落ち着きのない無産層」だった。それは「教養によって緩和されることも、財産への配慮によって妨げられることもなく」、あらゆる「犠牲・危険・犯罪」を厭わず、「新しい転覆から己の地位の改善のみを期待」している人々にちがいなかった。ジャコバン・クラブの指導者たちは、こうした「兵隊」の忠誠を確保するために、「情念・憎悪・虚栄心」に追従し、彼らの「飢えと所有欲を満たす」ことに集中するだろう。「所有権の保護、個人の権利の承認、陶冶された社交の形成、これらすべてに反する傾向」がそこにはあった。能動市民が受動市民の暴走を抑止していた革命初期はともかく、革命が急進化していくにつれて、受動市民の勢力は能動市民を圧倒するようになる。(72) ジーベルにとって、クラブとは「社会問題」を、革命を加速させ、「賤民による専制」を導いた大きな要因であった。(73)

ジーベルの図式は明快である。フランス革命急進化の推進者を、ジーベルは一貫して——時期に応じて性質に変化が生じるにせよ——「ジャコバン派」のうちに見ている。「ジャコバン派」こそが、権力掌握の手段として「無産層」を煽動するのだ (SGR, 1: 185ff.)。ここまでならば、ダールマンに代表される従来の革命史論の図式とかわりはない。ジーベルの議論の独自性は、「ジャコバン派」が煽動の際に「社会問題」を利用したとする点にある。つまり「ジャコバン派」は、「自由」を「あらゆる刹那的な欲求を満足させる能力」として恣意的に拡大解釈し、「無産層」のまなざしを「社会経済状態」へと向けさせるのである。というのも、この領域では、「人間の抑制しきれぬ衝動・虚栄・飢え・享楽心」が支配するからである。ジーベルによれば、政体問題は「野心という繊細な情念」を刺激するだけだが、革命に「噴火力」をもたらす「下層民の群れ」を突き動かすのは、より直接的な欲求である。

かつて〔「封建国家」の時代〕、国家は富裕者の所有を増大させるために利用されたが、それとは逆に今では、国家は貧者の益に供すべしと考えられたのである。したがって、労働の自由——所有権を得るためには万人が必要とする——のみならず、労働無しでも万人が平等に富を享受できるよう、国家が責任をもたねばならぬとされた。したがって国家は、一方では必要な場合にあらゆる私有財産を支配できるほどに強力でなければならなかったし、他方ではあらゆるプロレタリアートに願望の実現を約束するほどに権力への門戸を広く開かねばならなかった。〔中略〕国民議会は財産の共有も共和国も拒絶した。だが、政治的および経済的自由に関する誤った理解から、国民議会は特定の諸前提へと誤導されてしまった。そしてそこから、民主共和国、すぐ後には社会共和国、プロレタリアートの恣意的支配、すなわち所有権の否定が、とどめがたい必然性をもって帰結したのである。(『革命時代史』第一巻)(SGR, 1: 187-8)

国民議会自体は決して「財産の共有」や「共和国」を望んでいなかったものの、「自由に関する誤った理解」にひきずられてしまう。実際、一七九〇年の段階ですでに「社会問題」をめぐって「市民層」と「無産者」との間には深刻な亀裂が生じていた。国民議会による直接税中心の税制は、間接税廃止を要求する「プロレタリアートの政治的圧力」に屈した結果にほかならない(SGR, 1: 191ff., 202)。農村部では、没収教会財産の分け前にあずかれなかった貧農による「社会革命」が準備された(SGR, 1: 203ff.)。激しい農民反乱とともに、「公然たる野蛮さ」をもって「農地法」と「共産主義」への要求が噴出した。「革命の民主的転回」がここにある。[74] 通例、「革命の美しい年」とよばれる一七九〇年だが、実は一七九三年の状態の「種子」を孕んでいたのだ。いかに連盟祭が幸福な雰囲気で執り行われようとも、「熱狂と希望だけで国家を設立し、革命を終わらせる」ことはできない(SGR, 1: 179)。

立法議会の時期において、事態は加速的に悪化してゆく。立法議会選挙は——「クラブの影響力」が「財産」によって抑制されることもなく——「普通選挙」の如く実施された(SGR, 1: 289-90)。また、この時期から秩序の要であった「中間層」の「一般的弛緩」、すなわち政治への忌避感と棄権が一気に増大してくる。[75] 彼らが「私的な生業」へと退却することで、以後の選挙は基本的に「少数者による選挙」、すなわち「ジャコバン派」と「無産者」の独壇場となるのである。そして、なにより革命の急進化を決定づけるのが、革命戦争の勃発である。「フランスの自由は宣戦布告によって希望を断たれた。だが、ロベスピエールが案じたように戦争が革命を窒息させたからではない。ブリソが正しく判断したように、戦争が革命を過熱させ、加速させるにちがいなかったからである」（SGR, 1: 310）。

8月10日事件（君主政の廃止）

興味ぶかいのが、こうした「社会革命」のメカニズムとも関連する、革命の指導者たちの行動である。ジーベルはそこにひとつの共通するパターンを見出している。つまり、政治権力の周縁部にいる勢力は、政権奪取を目指すためにまず「ジャコバン派」として振舞い、「無産層」と「プロレタリアート」を煽動して政権を叩き、ついには政権奪取に成功する。だが、政権を奪取するやいなや、みずから解放した「賤民」の暴走に歯止めがきかなくなる。「保守化」することでなんとか統治を確立しようとする努力も空しく、今度はより過激な「ジャコバン派」の攻撃に晒され、没落する。一言で言えば、「魔法使いの弟子」のパターンである。[76]

ジロンド派はその典型例だった。多様な構成要素をもつジロンド派にとって「唯一確かだったのは、支配権を握り、革命をさらに推進し、あらゆる手段をもって君主政に対する闘争を完遂しようという願望」だった（SGR, 1: 296）。したがって、ジーベルは、ドロイゼンも受容した

「解放戦争」としての革命戦争観を根底から否定する（SGR, 1: 297-8, 309, 324ff.）。ジロンド派にとって革命戦争は「一七九一年憲法の暴力的転覆」のための手段であり、彼らは反革命陰謀説を誇張することで人民の恐怖を煽り立てていった。「国際法を省みない全面戦争、戦争を通じたフランスの革命的支配、近隣諸国への革命の移植」はすべて、ジロンド派の仕業にちがいなかった。[77] 彼らは、より過激な「ジャコバン派」であるコルドリエ派（ダントンら）やロベスピエールと協力して「宗教問題・社会問題」を刺激し、富裕者への敵意を煽り、「共産主義的権力」への願望を「無産層」に植えつけた（SGR, 1: 331-3）。[78] 彼らが焚きつけたのは、「あらゆる諸国民・諸身分中のはぐれ者ども」、「あらゆる種類の悪徳に馴れた連中」だった（SGR, 1: 383ff.）。そして、一七九二年八月十日、ジロンド派の目論見どおり、君主政は崩壊した。

だが、事態は彼らの思惑をはるかに超えた方向へと向かってゆく。王政転覆の後に出現したのは、ジロンド派（「教養層の政治家」）が夢想した「共和国」などではなく、国民公会に台頭した過激「ジャコバン派」たる山岳派と、「人権の最終的帰結」――真の「プロレタリアートの支配」――を実現しようとするパリ・コミューンだった（SGR, 1: 469, 500ff.）。こうした過激「ジャコバン派」は「有産者」からの直接収奪に飽きたらず、アッシニア発行などの「立法」による収奪――「新たな社会政策 Socialpolitik の傑作」――を計画する。とりわけ、食料政策は「所有権と福祉」への決定的攻撃であり、いまや「パン問題」は「現代の社会問題」の「実践的類型」と化していた。「国家社会主義」への第一歩だった。「プロレタリアート」が「支配する軍隊の役割」を担った。「無産者の支配、これこそが実質的関係における、最初で最後の言葉だった」。

警察は民主派クラブの手中にあった――地区〔セクション〕集会も同様である。裁判権は、何の法律にも拘束されない民主的委員会の手中にあった。同胞に対する武力は、解放されたプロレタリアートの手中にあった。

〔中略〕もし、物理的暴力という資格のみをもつこの党派が数のうえでも全国最大だったならば、おのれの原理の放縦さの矛先をおそらく自分自身に対しても向けたことだろう。だが、この党派が決定的に少数派であればあるほど、さらにますます少数派となり、そして、そのことをはっきり自覚すればするほど、以下の欲求を強く感じたのである。つまり、この党派内部では互いに確固とした統制を保たねばならない、指導力をますます凝縮させ、諸器官を一層鋭く形成せねばならないという欲求を感じたのである。(『革命時代史』第一巻)(SGR, 1: 477-8)

ジーベルによれば、いわゆる「九月虐殺事件」も、戦局悪化の報に接することで発生した偶発的パニックなどではなく、山岳派とコミューンによる計画的な犯行であった(SGR, 1: 481-4, 490-3)。「国民公会選挙の支配」によって「賤民支配」を揺るぎないものとするため、「恐怖」に訴えかけることで、「有産者」を政治的に「萎縮」させようとしたのである。戦争の危機などは表面上の「口実」にすぎない。

こうした事態に直面して、ジロンド派はようやく自分が「魔法使いの弟子」となったことを悟る。しかし、生命の危険から「民主派とのこれ以上の宥和」が不可能であることを理解し、「保守化」したとしても、「根本原理」を変えることはできなかった(SGR, 1: 497, 520)。ここにこそ、革命政治の論理がある。つまり、ひとたび「無産層」を煽動して権力を掌握した党派は、「反動」と指差されることをおそれるあまり、根本的な政策転換ができない、自縛自縄の状態に陥ってしまうのである。それゆえ、ジロンド派の最大の失敗は「〔政策の〕転換を完全かつ根本的に遂行できなかった」ことにあるのだ(SGR, 1: 290-2)。このパターンはフイヤン派にはもちろんのこと、かのダントンにすらあてはまる。[79] いうまでもなくダントンはコルドリエ派の首魁、「サンキュロットどもの首領」であり、人権理念を「主権者である街頭の賤民ども」を煽動するための道具に見立てた人物である(SGR, 1: 384-5)。彼は自分の快楽のために政治に参加し、いかなる犯罪も躊躇なく犯す。だが、そのダントンさえも法務大臣を経験した後、すなわち「統治」を経験した後は、「秩序を保守する感覚」に目覚めるのである。いまや「無規律な一七八九年の自由」に対して、「強力な挙国一致政府」nationale Regierung を求めてゆく（SGR, 2: 307-8）。無論、ジロンド派とダントンの共闘が実現することはなかった。「中間層」の支持を背景とするジロンド派には、いまになって「九月虐殺の指導者」と共闘することなどできはしなかった。ここでも革命政治の論理が両者を束縛する。そして、ジロンド派は「浄化された良心」にしたがって処刑され、一時のあいだ「命と犯罪にしがみついた」ダントンは山岳派内部の党派抗争のなかで、みじめに死ぬ（SGR, 2: 360, 564）。[80]

このように「社会革命」という巨大な虐殺機械と、それを利用したがゆえにみずからも巻き込まれて破滅する「ジャコバン派」という観点から、ジーベルはフランス革命を眺めるのである。そして、ついには恐怖政治とロベスピエールというもっともポレミカルな――十九世紀はおろか、現代においても――問題にたどりつくこととなる。「社会革命」のメカニズムはここでも作動するだろう。八月十日がそうであったように、ジロンド派の没落は「民主諸派内部の新たな抗争」のはじまりにほかならなかった（SGR, 2: 371）。フイヤン派が、ジロンド派が、そしてダントンが苦しんだように、今度はロベスピエールがもがき苦しむ番だった。

### 第三節　「恐怖政治」問題――ロベスピエールの苦悩

三月前期の自由派史論家たちにとって、山岳派およびその支配、「恐怖政治」Schreckenherrschaft ほど忌まわしいものはなかった。[81] ナポレオンがいかに「専制」を敷いたとしても、「社会革命」の連鎖に秩序をもたらした功績は否定されえない。対して、恐怖政治は救いようのないものに思われたのである。山岳派を「財産の平等」のごとき「妄想じみた表象」に突き動かされた人々、恐怖政治の末端機関である各地の革命委員会を「汚れた放蕩者、もっとも汚れた野蛮な賤民、犯罪的ならず者」が集う「犯罪の真の巣窟」とみたニーブーアは無論のこと（NGR, 2: 12-4）、フランス革命に同情的なロテックでさえ、山岳派は「もっとも粗野で残忍で、思想ではなく情念に支配された人々」、「暴政的利己心」（「狂信的確信」）に駆られた連中であったとしている（RAG, 9: 4,§1）。恐怖政治の首魁ロベスピエールは、「賤民」とギロチンに頼った「フランスのクロムウェル」（RAG, 9: 4,§20）、「絶対的ジャコバン主義の使徒」（NGR, 2: 9-12）にちがいなかった。「支配者の資質も無く、行政や諸関係についての知識も無く、能力も無く、ロベスピエールは国家の首座を目指しうると信じていた」（ニーブーア）。

ロベスピエール

これに対して、ジーベルは吐き気を催すような嫌悪感を覚えながらも、恐怖政治下のフランスの状態と統治構造について克明な叙述を残している。ジーベルによれば、恐怖政治の開始点は、ジロンド派没落後の一七九三年七月十日における、公安委員会の改組であった（SGR, 2: 393ff.）。それはジロンド派訴追に続く「クーデター」の「第二幕」にほかならなかった。この改組にともない、ロベスピエールが公安委員会に参加したことによって、「民主革命の専制」は加速してゆく。新たな公安委員会は全国民に対して「国家への無制限の服従、敵対者の完全な抹殺、欧州に対する徹底的な戦争」を求めるのである。その原動力は「人倫的決断」などではなく、復讐を恐れる「悪人の恐怖」にある。つまり、本質的に「少数派」である山岳派・コルドリエ派は、抵抗勢力を徹底的に抹殺してゆく以外に、途が無かったのである。

こうした「恐怖政治」は、一見、途方も無く強力にみえる。公安委員会は国民公会を恐怖によって束縛し、派遣委員を通じて地方を統制する。保安委員会によって放たれた密偵や特高警察は「反革命」をかぎまわり、嫌疑者は次々と革命裁判所に送られ、連日稼動するギロチンの犠牲者となるだろう。港湾都市トゥーロンの陥落という「最後のシグナル」とともに、恐怖政治はその権力を極限まで高めてゆく（SGR, 2: 462ff.）。「全国の市民を至るところに張り巡らされた無制限の警察」に服従させ、反対勢力を以前にも増して徹底的に撃滅し、「専制」の道具たる「民主的プロレタリアート」に報酬を約束することで忠誠を保つのである。人身の自由と所有権は脅かされ、「一七八九年の根本定理の戯画」そのものだった一七九三年憲法も停止される。

だが、その統治構造の内実は脆かった（SGR, 2: 441-4）。「恐怖政治」の基盤は、軍隊と「プロレタリアート」であった。だが、政府は、軍隊が「支配の真の基盤」たりえないことに早々に気づいていた。軍隊がいつまでもクラブによる支配に従順でありつづけるはずがない。それゆえ、革命政権は戦況が悪化し、敵軍が目前に迫る中でも軍隊をしばしば「解体」するよう迫られる。「恐怖政治」体制は戦局悪化を原因に成立したのであり、さらにこの総動員体制こそがフランスを軍事的脅威から救ったとする「神話」を、ジーベルは信じない（SGR, 2: 389, 450）。

軍隊が信用できないとあらば、政府はますます「プロレタリアート」と「ジャコバン派」に頼らざるをえない。だが、いかに「小職人、小農民、日雇人夫のうちの民主派」や「支配欲に満ち、獲物を欲しがるならず者ども」を組織しようとしても、そこには根本的な矛盾が潜んでいた。

ジャコバン派の群れは最初からあらゆる規律・秩序・権威を否定するために集まっていたのである。〔中略〕

いかなる内的根拠が、彼らに服従を義務づけることができたというのだろうか。郊外のジャコバン派がパリ・コミューンのジャコバン派に対して、またコミューンのジャコバン派が国民公会のジャコバン派に対して、これら両方が公安委員会のジャコバン派に対して、どうして、服従を義務づけることができたというのだろうか。自分こそ、従属と追放の憂目にあった国民の主人であり、支配者なのだ。誰もがそのように感じていた。したがって、自分以上の権力を同志の誰かに少しでも認めようとする者など、この新たな主権者たちの中にいるはずもなかった。(『革命時代史』第二巻)(SGR, 2: 443-4)

すなわち、「プロレタリアート」、さらにはそれを操る「ジャコバン派」は、秩序の「破壊」には好適だったが、秩序の再建には無力なのである。それゆえに「恐怖政治」期の政治史は、パリ・コミューン、国民公会、山岳派といった民主派内部の党争の様相を呈さざるをえないのだ。「国民多数への前代未聞の専制」と、権力者同士の血みどろの抗争とのコントラストが、ここにある。トゥーロン陥落後、いかに政府が権力を強化したように見えたとしても、支配層内部の不和は一層深刻になっていったし、「プロレタリアート」さえも「恐怖政治」の猛威を前に萎縮した。「秩序・信用性・服従」確立の目処は立たなかった(SGR, 2: 534-6)。

まさしく、ここにロベスピエールという人物の悲喜劇がある。ジーベルの見るところでは、ロベスピエールは一七八九年の国民議会議員時代から一貫して、「共産主義者でも共和主義者」でもなかった(SGR, 1: 206-7)。ただ、彼は「民衆」の暴走行為を美化し、救貧を訴え、共和国の美を語ることによって「臨戦態勢の階層」、すなわち「プロレタリアート」の支持を獲得しようとしたのである。本能的に彼は「無秩序」を嫌う人物であった。この点はブリソや、山岳派の同志との比較から明らかとなる(SGR, 1: 311-2, 429-31)。外交好きで華々しいブリソとも、狂信的なマラーとも、「攻撃と爆発」にのみ長けて「享楽心」から「無秩序」を志向するダントンとも異なっていた。八月十日事件直前においてさえも、ロベスピエールは「街頭闘争」よりも議会活動に専念し、統制の取れた支配（「法的組織」）を望んでいたではないか。「悪魔的な野心」に突き動かされる一方で「強烈な情念」を欠くロベスピエールは、ヴェルニヨやダントンといった、「清新な創造力」を備えた人物を嫌った（SGR, 2: 537-9）。また一方で、「ペダンティックなまでの」「秩序愛」ゆえに、エベール派のごとき過激分子とも相容れない。

つまり、ジーベルは、ロベスピエールを恐怖政治体制の脆弱性にもっとも敏感な指導者として捉えるのである。ロベスピエールは、民主派内部の党派抗争と革命の無制限の急進化を危惧し、一旦は「中間層」の支持を背景とする革命の安定化、すなわち「恐怖政治」の緩和をはかろうとする（SGR, 2: 551ff.）。だが、ここでも革命政治の論理がそれを許さない。

しかしながら、今日の今日、正義を破壊したその手が、明日になって再び〔正義を〕再建しようとするなど、神の法が許さない。かつて自由と道徳に対して不正を働いた者――革命裁判所の創設者であり、ヴァンデー反乱の抹殺者でもある――は、罪業に塗れながら、壁を積み上げるのだ。そして、法の道に回帰しようとする罪人を、みずから積み上げた壁が断固としてはねつけるのだ。ロベスピエールは四年間、しぶとく鋭い精神をもって、人民の専制体制をつくりあげてきた。みずからの創造物が、創造者自身を意志に反してでも縛りつけるほどに深く広範に根を張ってしまった。そのことを、ロベスピエールは今になって、ようやく悟ったのである。

（『革命時代史』第二巻）（SGR, 2: 552）

「プロレタリアート」の支持を獲得し、なおかつ意見の多様性を禁圧し、絶対的支配を貫徹するためにヴァントーズ法――反革命嫌疑者の財産を没収する「共産主義的根本定理」――を制定することで、ロベスピエールはダントン派とエベール派を抹殺する（SGR, 2: 562ff., 572-4）。そして、いまや自分自身が国民の憎悪の的となっていることに気づく。「中間層」は沈滞し、軍隊は信用できなかった。

政敵たちを抹殺したロベスピエールはもはや止まることができなかった。ロベスピエールは、「プロレタリアート」の動員による不断の街頭闘争ではなく、機械の如く稼動する冷酷な「人民の専制」――「沈黙して張り詰めた、至るところで単調な服従」――の実現を求めて走り続けるしかなかった（SGR, 3: 190-2）。この時期のフランスはいうなれば、「権力を手にしたクラブ」・「間に合わせの統制された民衆集会」・「ジャコバン国家」にちがいなかった。労働意欲は消滅し、産業も農業も崩壊し、最高価格法のために市場から商品は消え、生産は麻痺し、海外貿易も途絶え、「労働者」は困窮した（SGR, 3: 210ff.）。ロベスピエールは依然として将軍たちによる権力簒奪を警戒する一方で、「支配の獲得」によって、これ以上の戦争の不可能を悟るのである。ジーベルによれば、それはかつてのダントンとまったく同じパターンであった。

ジーベルはロベスピエールによる「恐怖政治」の特徴として、「教育」Erziehung を取り上げている（SGR, 3: 178-80）。つまり、従来の革命政権が「外的生活」を強制しようとしたのに対して、理性崇拝の儀典にみられるように、ロベスピエールは人間の「精神」そのもの、すなわち「精神的かつ人倫に関わる事柄における教育」をこころみたのだという。そこには一分の理があった。すでにみたように、「国家」は「人倫文化」を基礎にしてこそ、継続的に運営されうる、ジーベルはそう信じていたからである。したがって、国家には構成員の「習俗」Sitte に影響をおよぼす権限、つまり「教育」を施す権限があるのである。国家と「習俗」の調和達成を目指すロベスピエールの統治は一面の真理を衝いていた。

政治と習俗の関係は、人間本性に非常に深く根ざしたものなので、その関係を少しでも見誤る国家は、魂を失って解体の淵に沈みこんでゆくこととなろう。だが、国家が国民の教育者を自任する場合でも、教育は個人の精神の従属ではなく解放を意味するということが、忘れられてはならない。個人の内面の信条から不断に新しく生み出される限りでのみ、宗教と習俗はその名に値する価値を有するのである。宗教と習俗の領域において、外面的な強制を目指す刑法を制定しようとするなどは、民族生活の核心に短刀を突き刺す行為に等しい。〔中略〕ロベスピエールの考えによれば、フランス革命――かつてはハンプデンとフランクリンを模範とし、その後、ゲオルク・メッツラーやトマス・ミュンツァーに率いられた農民たちの如く荒れ狂った――は、フェリペ二世を範とした、虚ろで静かな暴政として終焉を迎えることになっていた。（『革命時代史』第三巻）（SGR, 3: 180）

「個人の自由」と「共通善」は強制を通じてではなく、「承認」と「妥協」を通じてのみ、うつくしく「調和」しうるのだ。結局、「人民の専制」に向けたロベスピエールの努力は、挫折せざるをえなかったのである。いかに状況に促されたがゆえであろうとも、責任を逃れることはできない（SGR, 3: 217ff.）。ロベスピエールの失墜――テルミドール九日事件――の後に残ったのは、荒廃した、「深い無力」に沈滞するフランスである。たしかに「公論」は突然、息を吹き返したかもしれない。だが、もはや「一七八九年」の熱狂は過ぎ去っていた（SGR, 3: 233-4）。

ジーベルはフランス革命急進化の本質を、「自由の本質」についての誤解として総括している（SGR, 2: 10-2）。「自由の本質」は、「民族固有の利益・傾向性・能力」に応じた国家運営にこそある。だが、フランス人は旧体制の腐敗を嫌悪するあまり、「自由」を「民主政」と同一視した、つまり「政体論の過大評価」に陥ってしまったのである。すでに述べたように、フランス国民の特質は「自治」ではなく「中央集権化」であった。「自治」の気風を欠くフランス人は、「個人や社団の自律性」・「粘り強さ・穏和な合法性・活発な忍耐力」といった「健全な民主政」に不可欠の条件からかけ離れていた。それゆえ、「人民支配」に一旦傾斜すれば、「全体の解放」ではなく、「多数者の専制」に行き着くのは事物の自然ななりゆきにちがいなかった。「ある民族の自由は、固有の本質の法則にしたがって生きることにある」。この「固有の本質の法則」に反する革命は、結局、「逆上する賤民支配」へと、そして「既存の全世界秩序の転覆」へと突き進まざるをえなかったのである。だが、ジーベルは、フランス革命が挫折を運命づけられていたなどとは主張しない。むしろ、旧体制に対する国民議会の決起、バスティーユ事件、そして八月四日決議は「封建国家」の克服として是認されるべきものであったはずである。では、革命はどこで間違ってしまったのか。どこでフランス人の「固有の本質の法則」から逸れてしまったのだろうか。ジロンド派や山岳派、ダントンやロベスピエールは結局のところ、フランス革命の急進化を一層加速させただけだった。それ以前の段階で急進化に歯止めをかけることは可能であったはずだ。急進化の発端と原因を知るためには、再び国民議会へと帰らねばならない。そこでなにが起きたのか、それが問題である。

# 第三章　フランス革命の超克

## 第一節　「自由の本質」の誤解とラファイエットの挫折

一八五〇年代を通じて、自由派の間では三月革命の挫折要因が盛んに論じられた。[82] 実際に革命直後から、国民議会の議事過程を内容とする回想録や同時代史が多く世に出回ることとなった。挫折要因としては、急進派による「プロレタリアート」の煽動や、諸邦分裂状態における統一の困難などが挙げられた。とりわけ、フランクフルト国民議会の多数派を構成した自分たち自身の政治的未熟を挙げる人々は多かった。曰く、国民議会は本質的に「教授議会」であったがゆえに、原理原則や「理論」に固執し、「現実政治」Realpolitik に作用する「力」を理解できなかったのだ。自由派知識人ロッハウの『現実政治の根本定理』（一八五九～六九年）が反響を呼んだ時代でもあった。

ジーベルもまたフランス革命史叙述を通じて、政治家としての徳、あるいは誤ったパターンを論じていたことは、すでに述べてきたところから明らかだろう。だが、これまではジロンド派や山岳派、ダントンやロベスピエールといった、フランス革命の急進化を加速させてきた「ジャコバン派」に焦点を当ててきた。ジーベルによれば、八月四日決議によって「封建国家」が打倒された時点で、フランス革命を穏健な改革路線にとどめることはまだ可能であった（SGR, 1: 30-1）。一七八九年の国民議会は「豊富な手段、卓越した力、健全な努力において欠けて」いなかった。これらをまとめて「持続可能な政治的形式」として結実できるかどうかにフランスの命運はかかっていたのである。王権と議会は対抗関係にあったものの、歩み寄りは十分に可能だった。なぜなら、国王は改革を望み、議会が当初念頭においていた敵は「封建国家」であったのだから。このことからもジーベルが、革命初期における穏健的改革の可能性を認めたダールマンやドロイゼンらにみられた自由派革命史論の系譜に連なることがよくわかる。

問題は、国民議会を主導した党派の性質である。国民議会による改革の主導権を握った左派――具体的にはバルナーヴ、ラメト兄弟、デュポールら三頭派とラファイエットが代表格――は、残念ながら、穏健で理性的な改革には不適だった（SGR, 1: 44-6）。ジーベルはそのようにみる。「彼らはいまだバスティーユの歓喜のなかにおり、いまだつねに旧体制の貧困を眼前に見ていた。旧体制の否定は徹底していなかった、勝利はいまだ完全ではない、そう考えていた」。「品行方正」ではあったが「洞察力」と「性格」を欠く左派議員は、旧体制と少しでも関係があるものすべてを非難の対象としてしまう。この一派の中には「みずからの出世以上の高い目標」を目指す、高次の「政治家」Staatsmannが「ただのひとりも」いなかった。大多数は人権宣言に満足する「狂信的な教条主義者」だった。バルナーヴのように例外的に「道徳的に卓越した人々」も、「実践的才能」や「将来の国家や建設されるべき社会についての明瞭に展開された表象」を欠いていたのである。なにより彼らは多かれ少なかれ「社会問題」に関心があり、ことあるごとに「人民」Volkの徳を称揚した。

こうした党派に主導された立憲改革が誤った道をたどることは容易に予想できる。国民議会の諸政策を一貫するのは、「自由の本質」――「ある民族の自由は、固有の本質の法則にしたがって生きることにある」――に対する誤解にほかならない。ジーベルにとって、「固有の本質の法則にしたがって生きる」とは、すなわち国家と「人倫文化」（「社会」と「文化」）との「調和」を意味している。「人倫文化」に適合しない政策――ここでは行政・司法制度改革と、貴族制度および聖職者問題を取り上げる――を熱心に進めたこと、そこに国民議会の悲劇があった。

すでにみたように、フランス国民の特質は「中央集権化」にあった。「個人や社団の自律性」・「粘り強さ・穏和な合法性・活発な忍耐力」といった「健全な民主政」に不可欠の条件と密接に関連する「自治」の気風とは、正反対である（SGR, 2: 10-2）。だが、ラファイエットの人権宣言草案は、あろうことか「自治」を志向していた（SGR, 1: 36）。「共通善」の認識は当時可能だったとしても、「有益な行政」のためには「国民」の成熟が不可欠である。「大衆は、政治的に成年状態であるという法文のみによって、政治的に成熟するわけではない。精神、さらには性格の十全な陶冶によって、はじめて成熟するのである。したがって、封建制の排除はいかなる状況下でも有益だが、普通選挙法の制定はある特定の関係の下でのみ有益たりうる」。そしてジーベルのみるところ、当時のフランスは「自治」Selbstregierung にむかって動き出すには、「考えうる限り病的で弱体」だった。「大衆」は「無知」に、「上級身分」は「類例無き道徳的腐敗に沈みこんでいた」。

「自治」の気風無きところで、地方自治体および裁判官職の公選制が破綻するのは自明である（SGR, 1: 94-6, 99-102）。ジーベルは批判する。「行政の下位に下れば下るほどに権限が強まり、上位に上れば上るほど弱体化した」。政治的権威は「完全な無」に落ち込まざるをえない。さらに官庁と役人の多さゆえに実行時の「迅速さ」は犠牲にされ、人件費が財政を圧迫する。それは、「全世界」が「命令」し、にもかかわらず、「誰も服従」しないという状態だった。ジーベルによれば、「事物に関する知識と利益」をもつ人々は混乱のために引きこもり、「野心家・餓えた人々・党派的な連中」が官職を独占することで、統治は完全に「政治的徒党の玩具」と化す。また、公選制は裁判官から「尊厳と独立」を奪い、裁判官は、民の顔色を絶えずうかがいながら判決を下すようになってしまったという。[83]

貴族制・聖職者改革もまた、「人倫文化」に抵触するものだった（SGR, 1: 166-8, 176ff., 224-5）。無論、「封建国家の第一身分」としての聖職者身分廃止は問題なかったが、信仰の担い手としての聖職者の権限に介入することで農民――「しぶとい不動さと、教会への戦闘的熱心さ」によって特徴づけられる――の反発を招いてしまった。また、民事基本法は「宗教的」感性をもつルイ十六世に衝撃を与え、「この瞬間から国王と革命との間を深淵が隔てるようになってしまった」。それゆえ、「民事基本法ほど根本的に破局を加速させた政策はほかにない」のである。貴族制廃止も同様に「歴史の経験」に照らして拙速だったといわざるをえない。「あらゆる功績に対する名誉の解放」・「法の下の平等」・「土地所有の自由」によって貴族制改革は重要な達成をすでにみていたのであって、貴族制の完全な廃止は「状況の変化によってのみ」、漸進的にのみ可能であったはずだ。つまり、聖職者民事基本法も貴族制廃止も「永遠の法則」――「与えられた法律を人々にとって聖なる権威としたいのならば、法律の内容は所与の状態に適合したものでなければならない」――に反する措置だったのである。

国民議会左派のなかでも、ジーベルが執念深く責任を追及している人物こそ、ラファイエットにほかならない。

政治的に活動した平均的同時代人と同様、ラファイエットは急進的であると同時に教条的だった。ラファイエットは特定の普遍的な諸定理――能力・欲求・法的状態を考慮せず、あらゆる状況と時代、あらゆる国民に適用可能な――に心酔した。彼は人間と事物に関する政治的判断力を欠いていた。自分の行動が原理原則とどのように関係するか、ラファイエットはいつもそれだけを考えていた。自分の行動が明日にもたらすべき結果など、考えもしなかった。ラファイエットの行動は不毛で重大な結果をしばしばもたらし、革命における忌むべき災厄の発端を作った。そして、その後でひどく嘆き、無益に争い、それでいて、次の機会にはまた同じ過ちをしつこく繰り返した。革命を旧体制の破壊という方向に向けたにもかかわらず、フランスの自由にとって不毛なものとした点で、ラファイエットに勝る人物は少なかろう。（「ラファイエット」[84]）

革命急進化の原因を作ったラファイエットの責任はジロンド派や山岳派以上に重かった。「虚栄心に駆られたうえに中身が空っぽな人間の幻惑を上回るものはなかった。その人物の口からは秩序という言葉が溢れながら、あるときには華々しく、あるときは地道に破壊の種子を撒き散らしていた。その人物とは、ラファイエットのことである」(SGR, 1: 178)。

ジーベルのラファイエット観は従来の評価とは大きく異なっている。ロテックのように讃美する側であれ、ニーブーアやダールマンのように批判する側であれ、ラファイエットは「誠実」だが政治的才能を欠く人物として評されてきた。ところが、ジーベル描くラファイエットは、野心と虚栄心に満ちた陰謀家なのである。「ラファイエットの熱狂は興奮しやすい虚栄心に囚われており、彼の名声への渇望は、人民の間で人気を得たいという欲求に依存していた」[85]。それゆえ、自分の人気に影響が出るとみるやいなや、「至極普通な道徳的態度と自律性さえも動揺した」。八月四日決議直後の時期において、パリ国民衛兵総司令官となったラファイエットは名実ともに「国内で最強の男」、「パリの事実上の主人であり支配者」となった(SGR, 1: 52-4, 58-62)。この「王国内の第三勢力」が武力をもって断固として王権補佐にまわっていたならば、「ジャコバン派」や「プロレタリアート」の出る幕はなかったであろう。だが、事態は逆の進展を見せる。ラファイエットは、憲法問題で抵抗する国王に対して影響力を強めるため、ヴェルサイユ行進事件を利用するのである(SGR, 1: 62ff.)。事件の発端を作ったのはオルレアン派であったにせよ、事件をなりゆき任せにしたのはラファイエットの責任である。[86] 暴徒による国王夫妻襲撃事件に関しても、彼は国王を脅すためにあえて見て見ぬふりをしたとされている(SGR, 1: 66-73)。ヴェルサイユ行進の本質は「女どもの汚らしい騒音」でも、「城内における残忍な殺人」でも、オルレアン公の陰謀でもない。それは「首都の革命勢力に対する王の従属」にほかならない。「ラファイエットと国民衛兵がこの瞬間、パリにおける最強の存在となり、パリは王国全土を支配した。それは、個々の人間の主権、第一選挙人の支配、民衆による直接統治であった。それは一言であらわせば、人権と一般抵抗権の行為への転化にちがいなかった」(SGR, 1: 74-5)。ジーベルは、「革命勢力」を解放したラファイエットを決して許すことはないだろう。

だが、ヴェルサイユ事件によって利益を得た「パリの市民層」の天下も長くはつづかない。彼らは「次なる襲撃者から〔権力という〕獲物を守りきるための物理的な力を持つ限りでのみ、みずからの勝利を喜ぶことが許されたのだが、国民議会の政策は各勢力の反発を招き、とりわけ貴族・下級聖職者・軍隊の支持を失った。「無産層」と「ジャコバン派」の圧力は増す一方である(SGR, 1: 168, 172ff., 177-8, 181-3)。ミラボーの死後、「民主派の大衆」がますます急進化する中で、ようやくラファイエットや三頭派も「自分たちの手で作り出された破壊手段」の恐ろしさに気づき、「保守思想」に目覚めるが、もはや遅かった(SGR, 1: 233-5)。「攻撃へのみなぎる活力」をみせるジロンド派とコルドリエ派に対して、フイヤン派は「弱々しい防衛」をこころみることしかできなかった(SGR, 1: 290ff.)。

無論、挽回の機会はあった。通常は立憲君主政の危機とみられるヴァレンヌ逃亡事件も、実は「外国と亡命貴族」に対する民衆の恐怖のあらわれであった。それゆえ、国民一般には「君主政への愛着」が残っていた。そのようにジーベルは解釈する(SGR, 1: 238-41)。事件を機に活性化した共和派——後のジロンド派とコルドリエ派——に対して、ラメト兄弟やバルナーヴは決戦を挑むこととなる(SGR, 1: 242-5)。

四週間前、どのようにバイイとラメト兄弟が労働者団体を爆砕し、公共作業場を解体し、国民衛兵によって他所からの労働者を部分的にパリから遠ざけたか、ここで思い出そう。まさしく同じ措置が一八四八年〔二月革命〕において、世紀のもっとも恐るべき戦闘——六月紛争——のシグナルとなった。だが、一七九一年の

シャン・ド・マルス事件（暴徒をけちらすラファイエット）

際には、労働者の困窮はより酷いもので、憤激はより根が深く、荒々しく、要求は一八四八年同様に包括的なものだった。数と規律の点では一八四八年に劣ったとしても、時代状況の根本的な混乱によって、その差は十分に埋め合わされていた。それまで権利・所有権・法律・習俗と称されてきたすべてを放棄することを望まない者は、国王の側——国王が〔逃亡事件において〕尊敬に値しようが、軽蔑されていようが、苦しむ殉教者であろうが、暴露された陰謀家であろうが——につかねばならなかった。（『革命時代史』第一巻』）(SGR, 1: 243-4)

だが、ジロンド派やロベスピエールと同様、三頭派もそれまで「無産層」を煽り立ててきたがゆえに、徹底した方針転換ができないのである。シャン・ド・マルス事件において共和派と「賤民」を蹴散らしたとき、すなわち議会の権威が「革命初期の間で最高潮」に達した瞬間でさえ、彼らは「世襲君主政の保守」に邁進することができなかった（SGR, 1: 246-7）。その後も挽回の機会はたびたび訪れるものの、三頭派（フィヤン派）の「政治的無能」によって、その都度挫折してしまう。ここでも「明快な思想」と「決断力をともなう行動」を欠くラファイエットの責任は大きい（SGR, 1: 301, 343, 379-81, 389-91, 393）。王政が転覆した後でさえ、彼は「完全に無法な権力者たちとの生死を賭けた闘争」にふみきれず、敵を目前にして「剣を鞘におさめ」てしまったではないか（SGR, 1: 466-7）。

『革命時代史』で展開される党派抗争と、そこで露になる「政治的無能」は読者の気分を滅入らせるものがある。

それは煽動と挫折の果てしない物語なのであり、執筆された「反動」の時代の鬱屈した雰囲気を反映しているのかもしれない。だが、夜明けの希望は突然訪れる。一八五八年十月、発狂したプロイセン王フリードリヒ・ヴィルヘルム四世に代わって、王弟ヴィルヘルムが即位し、自由派内閣を組閣したのである。「新時代」の到来だった。それと同時に、ジーベル——一八五六年からミュンヘン大学教授に就任していた——は活発な政治活動を開始する。その際、フランス革命史から得た教訓は、ジーベルの政治観と行動原理を強く規定することとなろう。

## 第二節　英国国制とミラボーの挑戦

統治権力（政府）と議会権力との間にいかにして「調和」と「相互承認」を確立できるか。三月前期以来、ジーベルの政治観と実践を一貫する問題関心である。国家の基礎となるべき「人倫文化」を代表し、統治へと媒介する役割を担う器官たる議会と、政府との間の「不信」は、国家運営そのものを麻痺させてしまう。また、議会自体も「人倫文化」のありようを忠実に反映するように構成されねばならない。

この点でジーベルが当時の欧州の中で最先端の国制と認めたのが、英国国制である。彼は体系的に——単著であれ、論文であれ——英国国制論を展開することはなかった。しかし三月前期以来、彼の政論や史論の至るところで英国国制は論じられており、つねに理想の国制として現れてくるのである。それでも、モンテスキューやド・ロルムといった十八世紀の英国国制論、つまり十九世紀後半の実情にそぐわない議論に、ジーベルは関心を示さない。彼は現実の国制のメカニズムにまなざしを向けるのである。

まずジーベルは、英国国制がつねに「所与の文化」（「国民の状態」）を忠実に国政の場に反映してきたことを評価する。一六八八年の名誉革命が「近代英国の基礎」を作ったことは疑いない。だが、英国国制のなによりの美点は、その後の「物質的・精神的発展」に巧みに適応していったところにある。「ステュアート朝の行政的恣意」を打ち破った名誉革命当時、政治参加は「貴族制によって固定された土地所有」（「土地貴族」）と国教会勢力に限られていた。[87]これは、「土地所有」が「国富」そのものであり、「宗派対立」が国民的問題だった十七世紀後半の「所与の諸勢力と状態」を反映した結果である。実際にその後、トーリーとホイッグの二大党派が角逐するものの、両派ともに「根源的な貴族的実体」、あるいは「国王・貴族院・庶民院による全体支配」を前提とした点は共通している。だが、十八世紀末、「国民の状態」が変動する。[88]つまり、文藝の「哲学的発展」と「公論」の成長によって宗派対立は過去のものとなり、経済面では土地所有と並んで「動産的な貨幣権力」が成長してくるのである。したがって、一八三二年の選挙法改正は英国国制の基礎を掘り崩すどころか、むしろ「貨幣権力」に門戸を開くことで国制を「国民の状態」に適応させることに成功したといえる。英国国制の「古き諸形式」は保守される一方で、「その内容は完全に変質した」のである。

統治機構の基礎となる「自治」selfgovernment の伝統は、英国国制の核心部分をなしている。[89]「既存の地域自治体」における「自治」は、一般民衆から「〔中央の〕政治に活発に参与する」という傾向性を減ずる一方で、実際の政治にたずさわるための「才能」・「性格」・「能力」を陶冶する。ジーベルによれば、その証拠に英国の政治家は共和政ローマ時代に劣らぬ才覚を発揮しているし、被治者の側にも「粘り強さ、行動力、秩序への愛」がみなぎっている。[90]「官僚国家」に親和的で「自治」の伝統を欠くフランス国民とは対照的に、「自由な自律性」を重んずる英国民は、「若い頃からあらゆる事柄において自立的であることを求められる」。「自治」の伝統こそ、「あらゆる立憲理論の本来的な中心点」とよばれるにふさわしい（SPP: 47）。[91]

「自治」の効用は政治的能力の陶治にとどまらない。それは「社会」の「貴族」化、「保守」化をもたらすだろう。つまり、政府による介入を嫌い、「自治」を尊ぶ気風、すなわち独立自尊の気風からは「無制限の競争」が生まれてくる。その結果、弱肉強食の傾向が強まる。強者はみずからの地位を不動のものにしようとするため、「英国民の方向性は平等ではなく階層化、均衡ではなく保守へと向かう。英国の本質は貴族的であり、保守的である」。英国の「社会全体が貴族的差異と傾向に貫かれている」。ジーベルは、実力を備えた社会的エリート層――彼はそれを真の「貴族」とよぶ――の形成を歓迎する。大ブルジョワもまた「貴族」なのである。[92]「労働」と「能力」に裏打ちされた真の「貴族」は、「あらゆる前進的で活発な諸力」の体現者にほかならない。

そして、「土地所有」と「貨幣権力」を代表する「貴族制」Aristokratie こそ、英国国制における統治権力と議会権力との間の「調和」を保つ要となる（SPP: 66ff.）。「君主権力と議会権力の一定の内的同質性」が立憲国家には不可欠だが、英国では「貴族制」が両者を連結するからである。「ハノーファー朝の君主たちは、思考と感性、利害の理解と扱いにおいて、貴族やジェントリと密接に連携」していた。「英国貴族制の圧倒的影響力」が国制を支えている。「権力分立」論は英国国制の実情には適さないし、そもそも「代表制国家」の本質でさえない。

主権こそ、不可分に存続し、貴族制の三つの器官――国王・貴族院・庶民院――によって共同で行使される唯一の権力にほかならない。この三つの器官相互の管轄領域を区切る抽象的な境界線や、ある権限の帰属を即座に決定するための絶対的な指標などは存在しない。正しい実践感覚だけが自然法則を完遂するのである。この自然法則とは、ある実務が王権と議会のどちらの管轄に属するかを決定する際、実務内容が、迅速で統一的な処理方法〔王権〕と、討論による慎重な処理方法〔議会〕のどちらにふさわしいかに応じて決定するというものである。〔中略〕王権と議会の両者が至るところで重畳し、相互に依存していることは自明である。だが、まさしく以上の事実は、国制 Constitution と主権を構成する三つの器官の相互依存を見事に正当化してくれるのである。（『ラインラントの政治的諸党派』）（SPP: 68）

十八世紀的な統治機構論にこだわるダールマンとの相違は明らかである。「自治」と「競争」によって鍛えられた「貴族」による「共同」統治という枠組は、ダールマンが国制論的観点から拒絶した「議会主義統治」（議院内閣制）さえも包摂する。(93) 実際にジーベルは十八世紀末後半から進展してきた英国国制の「議会主義」化を精確に把握していた。ジーベルにとって、英国とは、まさしく「個々人の自律性」と「強大な国家権力」の調和——国家の本性——を見事に体現した国家なのである。(94)

フランス革命の初期においては、統治権力と議会権力の協調の可能性がまだ残されていた。そのようにジーベルは見る。つまり、マルーエ、ムーニエ、ラリー・トランダルといった「中央派」——「左派の分別ある人々と右派の開明派」——が、「自由主義与党」として王権を支えることは可能だったはずなのだ（SGR, 1: 41ff.）。「旧時代の信奉者」とも「主権者気取りの賤民」とも一線を画し、立法権を「街頭の暴動」にゆだねず、「自由の法的精神」のために「腐った権威」と戦う人々。革命をあくまでも「緊急手段」とみなし、「権威の原理」と「自由の原理」との結合、すなわち「立憲制への転換」を目指す人々。たしかにフランスは「自治」の伝統を欠いていた。だが、「中央派」が「自由主義与党」として王権と協調できていたならば、フランス革命の急進化は避けられたかもしれない。

しかし、「この党派にとって決定的な災い」が訪れる。「中央派」ではなく、むしろ王権側、とりわけネッケルが「国民議会と政府との直接的な統一」Einheit をもたらす努力を怠ったのである（SGR, 1: 43-5）。ジーベルはネッケルの「完全な無能」を厳しく裁く。バスティーユ事件直後、「影響力を通じて中央派内の個人的な摩擦を均衡させ」、

「権威によって意見の多様性をひきつけ」、「中央派」に「拡大と組織」をもたらすことは、決して「人間の力」を超えた課題ではなかった。にもかかわらず、「自由主義与党の形成」や「政府による分別ある指導」はおろか、ネッケル自身が政府と「中央派」との協調の「本質的な障害」となってしまう。「旧式の財政政策」、「些事への非難」、「無政府主義者どもの過大な要求に対する臆病な譲歩、ついにはみずからの保身への理解しがたい固執」。「ジャコバン派」が当初から政府を「不信」のまなざしで眺めたのに対して、ここでは王権の側が議会との協調の好機を逸してしまった。「中央派による創造的な政治は一七八九年に不可能となった」。「〔彼らが〕統治を再生しようとしたにもかかわらず、政府自身によって妨害されたからである」。

それでも、まだ希望は残されていた。たったひとりで優にひとつの党派に匹敵する人物、ミラボーがいたからである（SGR, 1: 48）。これまでの自由派革命史論と同様、ジーベルにとっても、ミラボーは革命の獅子の役を演ずることとなる。ジーベルのミラボーはまさしく「調和」の理念を体現した人物にちがいない（SGR, 1: 79-80）。[95] ミラボーは「自分と国王の和平、国王と議会の和平、すなわち新たな情勢の基礎に立つ和平、王が六月二十七日と八月四日の成果を完全に受け容れ、そうすることで革命の主導権さえも握ったであろうような和平」を望んでいた。「統治と立法への大衆の直接的影響」を排除したうえで、国王を議会と「わかちがたく」むすびつけること。国王を守り、「共通善」のために行動する、「才能と人気を備え、なおかつ信用できる実行者」、すなわち自分自身による大改革。これこそがミラボーの行動原理にほかならなかった。[96]

国民議会におけるミラボーの活動は、「活力ある統治の創造」をめぐって転回する（SGR, 1: 81-2）。

強力で同時に国民に基礎を置く政府の形成、これこそがミラボーのあらゆる行動の中心点である。フランスを完全な腐敗から救うためには、政府は強くあらねばならない。政府が有能で活動的であることが知れ渡り、八月四日決議の犠牲者に断固として背を向けさえするならば、政府は強力なものとなりうるだろう。ミラボーにとって、ここが決定的なのである。近代的で自由な、国民に根ざした要素を、ミラボーは根本定理の定義や政体のうちに見出すことはない。その特徴的な指標とはむしろ、民族生活と国家生活を個々の特権や独占の拘束から解放すること、特権的な教会から宗教的良心を救済すること、領主制的あるいはツンフト的強制から労働を解放すること、〔中略〕これら諸々の達成こそが、個人の真の自由と代表制国家の真の本質を形成するのである。これら諸々の達成からの推論としてはじめて――ただし、同じような必然性を帯びて――政体の改変が現れてくる。これら諸々の達成こそが、王権と並ぶ国民代表の強力な諸権利を――個々人の生得的権利としてではなく、国家の成長に不可欠なものとして――条件づけるのである。(『革命時代史』第一巻)(SGR, 1: 81-2)

ダールマンがそうであったように、ジーベルもミラボーの雄姿におのれの政治理念の体現者をみている。ミラボーは、ジーベルと同様に「政体の変更」をそれ自体としてではなく、あくまでも現実の「社会」(「人倫文化」)のありようから導き出すのである。ミラボーによる九月二十九日の提議――大臣に議会での審議参加権を付与する――からは、彼が英国流の「議会主義統治」を目指していたことがうかがえる(SGR, 1: 89-90)。[97] そして、その判断は的確だった。なぜなら「当時のフランスでは議会主義統治以外は不可能」だったから。「強力な議会が存在するところでは、内閣が議会によって構成されるか、内閣があらゆる点で議会に従属するかのどちらかしかない」のである。また、ルイ十六世の受動的な性格も議院内閣制の導入には最適であった(SGR, 1: 224ff.)。

だが、十一月七日の決議――現職議員が大臣となることを禁止する――によって、ミラボーの「途方もない企て」は挫折する。議会が「大臣を与えることを拒否」することは、「あらゆる大臣、したがって国王自身を国民の敵」

とみなすにひとしい。国民議会は「行政の個別論点への絶え間ない介入」を予告し、実際に今後の全活動はその帰結にすぎなかった（SGR, 1: 90-1）。「中央権力の最高責任者」を「敵」とみなして無力化することは、即、「中央権力」の消滅につながる。「行政の位階制において、高位の機関であればあるほど弱体になり、下位の機関であればあるほど強力になるにちがいない。そうして最後には当然のごとく、再び人権の教説――完全な主権と純粋な絶対性はあらゆる市民に属する――にたどりつくのである」。そして、十一月七日決議を決定づけたのは、ここでもネッケルとラファイエットの短慮だった（SGR, 1: 80-1, 87-9）。[98]「短絡的で頼りないネッケルとラファイエットの地位が、君主政の運命を犠牲にした」。その後もミラボーはなんとか君主政再生のために闘うが、最終的には力尽きてしまう。こうして「ミラボーの死とともに革命の第一章が終わったのである」。それは、「八月四日決議の基礎のうえに強固な統治と合法的な秩序を樹立する」こころみの破綻を意味していた（SGR, 1: 233）。

こうしたミラボーや「中央派」の位置づけが、ジーベルの同時代意識の反映であることは明白である。ジーベルは、ミラボーや「中央派」の政治観――つねに統治権力と議会権力、国制と「人倫文化」の「調和」を志向する――を、同時代のドイツの政治家に不可欠なものとみていた。そうであるがゆえにジーベルは、三月革命後における「自由主義的保守派」――あるいは「穏健なホイッグと自由主義的なトーリー」――の形成、すなわち諸党派の「再編成」を歓迎するのである（SKS, 1: 353-8）。現実感覚をともなわない「思弁的政治」の時代としての三月前期に対して、いまや教養層は「実体的な力」や「生活の人倫的・物質的な基礎」に目を向け、「実現可能な目的の選択」の重要性を悟るようになった。[99]「急進的要素の放逐によって、自由派は保守的に、反動派の転覆によって保守多数派が自由主義的になった。革命も反革命も同程度に有害であることを、両派ともに身をもって知ったのである。かつての自由派は、以前よりも思慮深く自制的になり、かつての保守は前進と改革に乗り気になった」。つまり、英国でいえばバークや小ピット、フランス革命でいえばミラボーや「中央派」のごとき現実感覚に富んだ人々が、ドイツ諸邦においてもついに登場したというわけである。さらに、三月革命後のジーベルは統治者と被治者を結びつける紐帯として、「国民性原理」Nationalitätprinzip の重要性を――強固な小ドイツ派の立場から――繰り返し強調するようになる。[100]「個人の生涯において、ひとは子供時代の顔の造作を少しもとどめないが、同一の人格を保ちつづける。それと同じように、同一の国民的人格が、民族の歴史のあらゆる変転を一貫しているのだ。この国民的人格の破壊は、全人格の否定にひとしい」(SUN: 187)。

ジーベルは自分自身が政治家（プロイセン下院議員）として活動するときも、つねにこの政治観に忠実であった。それゆえ、彼にとって「プロイセン憲法紛争」（一八六二～六年）は大きな試練にちがいなかった。[101] 一八六二年、下院の多数派を占める自由派議員たちが超然内閣による予算案を拒否することで、プロイセンの政治は完全な麻痺状態に陥る。当時、中央左派に属していたジーベルはトヴェステンらとともにしきりに政府と議会との妥協を模索している。「調和」を信じるジーベルは、政府との妥協を頑なに拒む進歩党勢力と一線を画した。このときのジーベルの念頭にはやはりフランス革命史の教訓があった。[102]「フランス革命の不幸は、与党の欠如、そしてそのために政府が革命を支配し主導することができなかった点にある。我々は同じ轍を踏んではならない。自由派は政府を抑えねばならない」、当時のジーベルはそのように語ったという。無論、ジーベルは英国流の「議会主義統治」を意図したわけではない。[103] ジーベルは特定の政体への偏愛とは無縁である。ただ、ジーベルにとって、プロイセンが「立憲国家」である以上、統治権力と議会権力はうまく「調和」を保ってゆく必要があった。予算案不成立状態の継続、すなわちデッド・ロック状態は「不信」のあらわれであるがゆえに、早急に除去されねばならない。「調和」と「承認」を追い求める政治家のすがたがここにある。

だが、ジーベルの政治路線は宰相ビスマルクの登場とともに行き詰まることとなる。あくまでも議会との合意を模索した前任者たちとは異なり、ビスマルクは予算無しの統治を断行する。それは、「調和」の理想と真っ向から衝突するありようだった。「調和」の可能性は放棄されたかにみえた。もう後戻りはできないかにみえた。こうしてジーベルはプロイセンの政治に絶望するのである。[104]「我々は道徳上の優位を保つために闘っています。しかし、請願や代表団、国民の気運といったものを我々の権力者たちはもはや恐れていないのです」。「軍隊がクーデターを起こすか、対外戦争でこっぴどくやられでもしないかぎり、体制は盤石でしょうね」。

## 第三節　新生ドイツ帝国と「我々の敵」

一八六六年はドイツ自由派にとって、決定的な意味をもった。この年、プロイセンはオーストリアとの戦争（普墺戦争）に完勝し、ドイツ統一の主導国として名乗りをあげる。普墺戦争は事実上、オーストリアを旗頭とするドイツ連盟軍との戦いであったため、戦勝国プロイセンは戦後ドイツへのフリーハンドを得ることになった。実際に、北方諸邦を統合する北ドイツ連邦の成立（一八六七年七月）は欧州の勢力図を一変させた。さらに、プロイセンの強力な指導力を目の当たりにしたドイツ自由派は、これまでプロイセン「絶対主義」に対して抱いてきた「不信」を解き、政府との「協調」に転換し、「統治」への参画を求めるようになるのである。[105]「おお、親愛なる友よ。この時代を、ドイツ史におけるこの転換点を、千年来の歴史で比肩するもの無き転換点を、我々は体験したのだ。なんという羨むべき運命であることか」（イェーリング）。

ジーベルにとっても、一八六六年はドイツ史上、画期的な意味をもつように思われた。普墺戦争終結直後、政論「新生ドイツとフランス」を寄稿し、オーストリアに対して、プロイセンの主張の正当性を擁護している（SVAu:

283-4, 286ff.)。「いにしえのハプスブルク朝の如く、近代オーストリアは、国民的正当性に対する執拗な否定にほかならない」。「オーストリア伝来の政治とは、中世ドイツ皇帝たちのそれとまったく同じである」。こうした旧弊な政治はもはや時代にそぐわない。「時代は変わった。自由と権利への衝動が万人の心情に生成し、国民感情の力は全欧州にわたって生き生きとしている。すべて、そう、すべてが新しくなったのだ。変わらないのは、ただ、ウィーンの政治家どもの信条だけである」[106]。また、晩年の大著『ヴィルヘルム一世によるドイツ帝国建国史』（全七巻、一八八九～九四年、以下『帝国建国史』）も、同じ主張を繰り返している。「一八六六年の闘争は、個人的な情念によって恣意的に引き起こされた帰結などではなかった。それはむしろ、数世紀にわたって形成されてきた古き諸権利と、ますます強く押し寄せる国民的欲求との対決だったのである」(SBR, 1: XIII)。

一八六六年の戦勝は、「憲法紛争」の渦中にいたプロイセン自由派にも大きな波紋を投げかける。進歩党を中心とする自由派左派がなお徹底的な反政府姿勢を貫こうとしたのに対して、自由派右派やジーベル属する中央左派は、ビスマルクの外交的成功にドイツ統一の夢を託すようになる。とりわけ、ビスマルクが提出した事後承諾法案――これまでの予算無しの統治の事後承諾を求める一方で、今後は議会の予算承認権を確約した――はこのうえない和解の好機と思われたのである。統治権力と議会権力の「調和」をなによりも重視したジーベルが、この法案を心から歓迎したことは自然ななりゆきであった (SVAu: 296-9, SBR, 5: 429)。[107] 国王をはじめ、政府はいまや「和解と内的平和」を求めている。「国王はこれまでの状態の不法性を承認し、事後承認を懇請し、合法的な予算案提出を約束した」。これ以上、なにを望むことがあろうか。いまや「ドイツ統一問題」が焦眉の課題となり、時代は「肯定的で国家建設を担いうる自由主義」positiver und staatsbildender Liberalismus を求めているのだ。

憲法紛争期の憤激がどれほど激烈なものであったにしても、いまや以下の事態が明白となった。すなわち、政府と自由派は同一の偉大な目標を追求しているということ、また、ドイツ帝国建国のためには、精神の内的運動と同じくらい、政府の力が必要不可欠であるということである。真剣にドイツ統一を願う者は、好むと好まざるとにかかわらず、決定的問題において政府の同盟者であると公言せねばならなかった。さらに、自由主義思想を実践において真剣に実現してゆこうと考える者は、いまや、政府との活発な協働に踏み切らねばならなかった。ドイツ帝国の建設を敵対党派にのみゆだねさせないようにするためである。四年間にわたる憲法紛争は、自由派の大多数を急進的民主派と融合させ、ドイツ問題解決促進へのあらゆる関与から遠ざけてしまった。一連の諸事件によって憲法紛争の解決が可能となった瞬間、まさにその瞬間、かの不自然な同盟関係は終わりを告げたのである。民主派と決別し、自由派が再び登場した。さしあたりドイツ問題において政府と同盟を結び、なおかつ根本定理において自立した、数と影響力の面で忽ち急成長する自由派が、再び登場したのである。(『帝国建国史』)(SBR, 5: 357-8)

もはや「自由派」は、三月前期のように「政府」と恒常的な対立関係に立つ野党的存在ではない。生まれ変わった「自由主義的保守派」は、「ドイツ問題」において「政府」と「協働」することで、同時に年来の理想をも実現してゆくだろう。それは、まさしく「調和」と「和解」の精神にちがいない。ジーベルによれば、ようやく、あるべき政治の条件が整ったということになる。そして、プロイセン政府も「自由派」の期待に応え、「ドイツ問題」の最終的解決に乗り出すことによって、「プロイセン国内の自由」を同時に基礎づけることとなろう。

無論、ジーベルが理想とするドイツ国民国家はあくまでも平和を重んずるのであり、その意味で防衛的な存在である(SVAu: 291ff.)。ドロイゼンがかつて思い描いたように、それは欧州の「平和国家」とならねばならない。[108]「統一によって我々がより強くなり、より戦争遂行能力を高めることは疑いない。だが、統一は〔同時に〕教養・産

第二帝政の成立

業・商業をめぐる最重要利益を創出し、それを通じて民族の傾向性は戦争から、平和と自由へと導かれるであろう」。「平和こそが国民的自立の目的であり、平和のための不可避の手段としてのみ、戦争は正当化されうる」という「クロムウェルの見解」は正しい。北ドイツ連邦という「現下のドイツの改革は、広大な領土ではなく、確固として基礎づけられた安全を目指しているのである。この改革は将来の指導者に強大な権力を付与し、邪心を抱く君主たちをできるだけ排除する」ことだろう。それゆえ、今次のドイツ「改革」は、三月革命——「熱狂と祖国愛」に浮かされた、「夢想的」で「急進的」で「教条的」な「民主的皇帝制」樹立のこころみ——とは本質的に異なっている（SVAu: 280-1）。ドイツ統一は、「言葉と憲法条項」によってではなく、「所与の現実的な諸関係を扱うことによってのみ達成されうる。そして、「偉大な大臣の輔弼を得たヴィルヘルム一世は、理想と現実、統一と割拠との安定した均衡の基盤を見出した」（SBR, 5: 460-3）。[109]「一八六六年秋、ドイツ帝国は建国された。我々はそのように断言してよい」。ついにドイツはフランス革命を超える瞬間を迎えることとなった（SVAu: 300-2）。「〔現下の〕諸改革は一七八九年におけるフランスの改変とほぼ同程度に包括的である。だが、現下の諸改革は長期の準備を経てきたものであり、精神にとって一層明瞭なものとなる」。統一の「絶対的障害」たるオーストリアの後退によって、ドイツの「内的再生」は「平和的かつ議会的方法」で完遂されるにちがいない。

興味ぶかいのは、ジーベルが長い中断期間を破り、普墺戦争前後の時期に『革命時代史』執筆を再開したことである。ロベスピエールの失墜までを描いた第三巻が一八六〇年に上梓されたのち、ジーベルは政治活動の多忙もあって執筆を中断していたが、ついにドイツ帝国建国の年（一八七一年）、待望の続編（第四巻）が出版されることとなる。[110] 第五巻と合わせた続編部分は、総裁政府期からアミアンの和約締結（一八〇四年）までの時代をあつかっている。内容の重点は、ナポレオンの登場と権力掌握過程に置かれている。

　ジーベルのナポレオン観は、ミュンヘン時代の史論「欧州の反ナポレオン決起」（一八六〇年）においてすでに鮮明である。『革命時代史』におけるナポレオン評も、対象とする時代や政策は異なるにせよ、大きな変化はない。ナポレオンは当初、「共和国の自由の将軍」であったが、権力掌握過程において次第に専制化したとする通説を、ジーベルは退ける。ナポレオンは当初から「支配欲に満ち、名誉を求める計算高い」人物だった（SKS, 1: 246-7）。ジーベルのナポレオン観は、基本的にはドロイゼンのナポレオン観と大差ない。つまり、ナポレオンは、芯からの「自律的な支配者」であり、「冷酷極まる悟性」と「燃え上がる創造的な想像力」の奇妙な結合だったというのである（SKS, 1: 251-5）。「目的合理性」の権化であり、「悪魔のごとき、底知れぬ狡知」によって人心を意のままに操り、あらゆる「個人の自律性」と「個人の自由」を抑圧するのである。「ナポレオンが現れるところ、その行動の目的合理性と力に驚嘆せぬ者は無かった」。「これほど悪魔的な精神」をもち、「悟性・想像力・意志の強さ」を兼ね備え、そしてこれほど抑圧的だった支配者は史上類例がない。「ナポレオンの偉大さは世界において孤独である。この偉大さはあらゆる他者に対する不感症である。他者をおのれの出世のための道具としてしか見ていないのだ」。

　こうした完全無欠の「自律的な支配者」たるナポレオンの功績には無視できないものがある。「社会革命」の連鎖を叙述してきたジーベルにとって、ナポレオンによる秩序の回復はなによりも評価されるべきものであった(SGR, 5: 571-2, 592-3)。「確かなことはひとつだけある。それは、フランスが統治を得たということである」。たとえ、執政政府の統治が革命前の絶対主義的統治の強化版にすぎなかったとしても、「健全な状態への移行は、統一的で無制限な、ひとつの支配的かつ創造的な意志によってのみ完遂できたのである」。そして、「目的合理的で洞察力に優れた行政」による垂直的な統治は、実際に「自由」よりも「平等」を志向するフランス国民の気風にかなうものでもあった（SGR, 5: 593, 700-1）。フランス革命初期において、「封建国家」の瓦礫の中から生まれた「自由」を捻じ曲げたのは、まさしく「物質的平等への衝動」である。これに対して「ナポレオンは平等の基礎のうえに、国民に法的保護を与えた。今後は誰もが他人の不法行為から保護されるという意味において。だが、一七九三年や一七九七年と同様、フランスには自由も、国家権力に対する個人の権利の保証も、公共行政への市民の規律ある参加も存在しなかった」。こうした「平等」のかたちは、真の「自由」と相容れるものではない。このこともまた、自明である。「恐怖政治時代の苦悶と、平等の享受において、フランス国民は自由のみならず、自由への感覚さえも失ってしまったのだ」。

そして、ナポレオンの「支配欲」はフランスのみならず、全欧州にまで広がってゆく（SGR, 5: 701-3）。既成秩序破壊の無限運動という点で、「ナポレオンは〔革命の〕民主的記憶の相続人」だった。いまやナポレオンは「世界征服者」として、欧州全土を戦乱に巻き込むことだろう。ナポレオンにとっては、己の「支配欲」のみがすべてなのであり、他者はその道具にすぎない。したがって、「国民性原理」など一顧だにしない（SKS, 1: 254-5）。「その全存在があらゆる他者の権利喪失を意味したナポレオンにとって、こうした事柄はまったく理解できなかった」。「ナポレオンには、国民的熱狂の源泉と活力へのあらゆる尺度が欠如していた」。「ボナパルトにとって、安息も制約も存在しなかった。彼はたしかにフランスのために革命を終結させた。そのかわり、全世界にとっての革命時代の幕を開けようと考えていたのである」。ナポレオンの支配とはまさしく、「国民性原理」を圧殺する――かつてのカール大帝、中世のドイツ皇帝たち、ルイ十四世の支配のごとき――「普遍支配」Universalherrschaft にほかならなかった（SVAu: 282-3）。[11]

ジーベルの意図は明白である。その叙述から浮かび上がるナポレオン像――「平等」を基盤とする国内統治と、他民族に対する「普遍支配」――は、普仏戦争（一八七〇～一年）の勝利によって実現した、新生ドイツ帝国の原理をちょうど裏返しにしたものなのである。

我らの新しき国家はその出発点からして、一七八九年のフランスの道とは根本的に異なる発展へと定められていた。新ドイツ帝国は国民性原理から生成したわけだが、この国民性原理は、フランス革命の誤れる平等概念と相容れるものではない。この誤れる平等原理は個体の固有性――個人に対してであれ、ひとつの民族に対してであれ――に正当性を与えることを拒否する。〔中略〕まったく正反対に、国民性原理は承認にもとづいている。つまり、個人の自由は国家権力の保護のもとでのみ存続しうるということ、国家の指導者たちは被治者となるべき民族の言葉を話し、その心を分かち合い、民族の精神の鼓動をともに感じるということ、また逆にそうした国家権力の力は個々人にとって、もはや苦痛をともなう制約としてではなく、固有の本質の浄化促進として感じられるということとの承認である。個人の自律性への敬意こそが国民性原理の基礎であり、権力と自由の和解こそが国民性原理の帰結にほかならない。（『革命時代史』第四巻）（SGR, 4: VIII）

つまり、「国民性原理」にもとづく新生ドイツ帝国は、逆に言えば、「個人の自由」を尊び、「自治」の気風を保つ、さらには侵略的傾向とも無縁なドイツ国民による偉業なのである（SVAu: 315-6）。フランスの降伏を告げる号外を手にしたとき、ジーベルの目から涙が溢れた。[112]

帝国建国後、以前にも増してジーベルはドイツ国民とフランス国民の差異を強調するようになる（SVAu: 342-6）。「個人の自由と固有性」を尊重するがゆえに「自治」の気風を備え、「国民性原理」に沿って新国家を建設したドイツ人。「均一で確定した規則」を要求し、フランス革命を通じて「誤れる平等」に染まり、時代遅れの「普遍支配」をこころみたフランス人。「自由」を真の意味で理解するドイツ国民が「真の平等」（機会の平等）に親和的であるのに対して、「誤れる平等」（結果の平等）に毒され、「自由」に敵対的なフランス国民は、「共産主義」や「教皇至上派」といった「世界市民主義的党派」に影響されやすい（SVAu: 306-8, 339-42, SGR, 4: IX-X）。いうまでもなく、「個人の自由」と「国民性原理」を否定する「世界市民主義的党派」は、「我々の敵」である。[113]

三月前期以来の自由派にとってと同様、ジーベルにとっても、新生ドイツ帝国の建国は至福の瞬間であった。「これからなにをして生きてゆけばよいのでしょうか。この二十年間、あらゆる願望と努力の対象であったものが、これほど限りなく輝かしいかたちでいまや実現したのですからね」。[114]その後の人生はまさしく、長い余生にちがいなかった。帝国建国後のジーベルは、「世界市民主義的党派」、すなわち「我々の敵」の弱体化と、「国民性原理」の貫徹に専心することとなる。彼は反カトリック運動たる「文化闘争」を積極的に支持し、年来の持論たる「教皇至上派」批判を繰り返す（SVAu: 312-4, 359-60）。[115]一方で、世紀中葉以来の経済発展にともなう「社会問題」の深刻化と社会主義・労働運動の興隆に直面して、「自由競争」の予定調和観は修正を余儀なくされる。ジーベルはいまや、労資関係や労働環境の改善を目的とする「介入」立法の必要性を訴えかけるのである（SVAu: 106-8）。[116]それゆえ、「個人の自由」を圧殺する「誤れる平等」や「共産主義」のみならず、「個人の自由」を絶対化する俗流「自由主義」や古典派経済学も、ジーベルの批判の対象となる（SVAu: 103-5, 133-5）。「なぜなら、自由とは各人が欲することをおこなう権限ではなく、各人が欲することを同時に各人固有の本性に適合させるように生きること、すなわち人倫的生活 sittliches Leben への自己規定にほかならないのだから」。言い換えるならば、「自由は文化と国家の発展の枠内でのみ発展する」ということだ。「国家の目的とは、共同体の権力による自由の現実化」なのである（SVAu: 140-4）。すでにみてきたように、ジーベルの国家観は基本的に三月前期以来、変わっていない。いまや「社会問題」という同時代的問題も、「調和」を至上とする国家観のうちに包摂されるのである。[117]

無論、ジーベルが新帝国のすべてに満足していたわけではない。英国流の「議会主義統治」を実現するにはまだまだ「有権者の政治的陶冶」――議会多数派による政権運営には不可欠――が欠けているし、この「政治的陶冶」に資すべき「自治」制度も未完成にとどまっていた（SVAu: 322-7, 357-8）。[118] そうであるがゆえに、ジーベルは「我々の敵」という不安定要因を除去する一方、いまや自由派と同じ志をもつ――ジーベルにはそのようにみえた――ビスマルクの統治に積極的に賛同することで、新帝国の基盤を盤石にしようとするのだ。帝国建国期におけるビスマルクの果断な政治手腕こそ、現在の「自由派」にとって必要なものである。

一八四八年のようにオーストリアのお先棒担ぎのために用いるプロイセン軍など、最小兵力さえも無いに越したことはない。主としてこういう考えから、自由派は一八六二年に軍拡を拒んだのである〔「憲法紛争」〕。デンマーク戦争の終結後、自由派はますます心地良い驚きをもって以下のことを体験した。つまり、ビスマルク伯は一八四八年以来、別人になったということ、さらには、簡単な理由から自由派のほうでビスマルクに歩み寄る必要が無くなったということを。というのも、ビスマルク自身が自由派に歩み寄り、国民的願望の決定的な目標をみずからのものとしたのだから。〔中略〕実践的政治家という守護霊を欠く限り、自由派はなにもできなかった。ビスマルクのあらゆる行動の原理が、国民の願望と彼自身の目的との事実上の一致であったことを、力強い精神の持ち主は決して否定しないだろう。（「新生ドイツ帝国」）（SVAu: 311）

そして、ジーベル自身は再び歴史叙述を通じて国民の教化をこころみる。だが、その題材はもはやフランス革命史ではありえなかった。前述した晩年の『帝国建国史』はプロイセン中心のドイツ統一の成功物語――その一部はビスマルク自身の校閲を経た——〔119〕であり、一般読者の大反響を呼ぶこととなる。そして、その物語は、「強き男たち」の歴史でなければならなかった。というのも、歴史を創るのは「大衆」ではないからである。「時代の潮流の理想を認識するのみならず、みずからの力によって理想の実現のための正しい手段を選び取る」「強き男たち」こそが、歴史を創るのだ（SVAb: 140）。「そう、ドイツ統一におけるビスマルクのようにね」。「強き男たち」の歴史叙述を通じて、「国民性原理」への確信を深め、新帝国の存立を不動のものにすること。それが、ジーベル最後の課題であった（SBR, 7: 191）。〔120〕

ジーベルにとって、フランス革命史で扱われた問題は、もはや解決済みであった。「我々はフランスからなにを学びうるか」（一八七二年）という象徴的な題名の論説において、ジーベルは言う（SVAu: 347）。「フランス人の大きな欠陥は国家と教会の制度と観念にある。この分野において、フランス人は権力と自律性を和解させることができず、恣意的支配と革命との間を絶えず動揺した」と。つまり、経済や学藝の分野ではまだしも、「国家と教会」の面においては、反面教師として以上にフランスから学びうることは、もはやないと。「フランス人に優越せんとするならば、我らの努力をとりわけこの領域〔「国家と教会」〕に向けるに越したことはないのだ」と。ジーベルがこのように語るとき、ひとつの時代は終わりを迎えようとしていた。

# 結　「虹」のかなたへ

十九世紀ドイツにおけるフランス革命史論は、政治学的にも歴史学的にも、独特な位置を占めている。それは厳密な意味で一回的な現象であった。というのも、古典古代以来の「実用的」歴史叙述、あるいは史論的伝統と、十九世紀後半に確立して現代に至る専門的な歴史学的認識との絶妙な均衡のうえでのみ、革命史論は成立しえたからである。それは、意匠を変えて幾度も再演されてきた史論的歴史叙述とも、方法的に自律した歴史学とも本質的に異なっていた。むしろ、革命史論の中で、両者は車の両輪のごとく調和し、協調する関係にあった。どちらかが衰弱したり、あるいは過剰になったりすれば、革命史論を存立させている繊細な均衡は崩れてしまう。

ダールマンもドロイゼンもジーベルも、政治学者として「時代精神」を観察し、自身の歴史叙述の起点となる問題関心を汲みとった。だが、このことは、彼らが恣意的な歴史叙述に陥ったことを意味しない。そうではなくて、彼らはみずからの問題関心に適合した歴史を描くために、歴史学的方法の洗練へと向かっていったのだ。史料批判を熟知していたダールマンは「憲法」に関する独自の考察のもと、ミニェ以来のフランス流革命史論の偏向を正そうとした。ドロイゼンは近代史をめぐる、およそ不毛な史料環境の只中にありつつも、歴史認識論（「史学論」）を彫琢し、その枠組をもって「国民」が躍動する「解放戦史」に挑戦した。ジーベルは史料批判の技法を革命史に適用することによって、「社会革命」としての側面を浮き彫りにする。このときも重要なことは、ジーベルにとって、史料批判はあくまでも、フランス革命の「社会問題」に肉薄するための手段——政治的関心が先立っていたことはすでに述べた――であったということである。この点、彼らに代表される自由派の歴史叙述は、歴史学の学的自律性を擁護するランケの立場とは相容れない。彼らにとって、政治的関心は歴史叙述の原動力そのものであった。これを欠いた歴史叙述など、考えられなかった。一方で、政治的関心を全面的に反映させるために、彼らは革新的な歴史学的方法を積極的に採用することとなった。

このように見てくると、古典古代以来の史論的伝統と、学問化した歴史学とのちょうど中間に、彼らが位置していることがわかる。欧州を見舞った未曾有の断絶、復旧期世代が「疫病」と呼んで恐怖したフランス革命に対して、彼らは政治的歴史叙述という名の「医術」、すなわち「改革」の政治学をもって挑んでゆく。少なくとも、当時の自由派は、革命という「病理」に対して政体論的な政治学は無力であると考えた。「時代精神」に適した「秩序」へと国家を導くアリアドネの糸は、歴史叙述のうちにこそ求められねばならなかったのである。十九世紀ドイツという思想空間にあって、旧来の史論は歴史学的方法によって研ぎ澄まされ、政治的議論の強力な武器となりえた。フランス革命という断絶現象に対して、自由派は歴史の連続性に焦点を当てることで、みずからの立ち位置を弁証する。そうすることでフランス革命の歴史的意義を救済し、一方では「革命」的急進化を防ぐ途を模索したのである。そして、現実の動態に柔軟に対応できる革命史論は、絶対主義的統治と革命の双方を忌避する自由派にとって最適な、「改革」の政治学となりえたのである。

しかし、史論的伝統の完成形態である革命史論は、同時に終着点でもあった。革命史論が武器とした歴史学的方法は、次第にそれ自体の自律性を獲得してゆくだろう。歴史学は、史論的伝統から離陸せざるをえない。無論、現代に至るまで、歴史学は政治的関心と不可分にはちがいない。それでも、十九世紀後半以降の歴史学は、運動原理を他分野――神学、法学、政治学――ではなく、自己自身のうちに有するようになる。つまり、歴史学はもはや他の主導的学問の補助学という地位に甘んずることなく、独立した学的規律を備えた学問となるのである。こうした歴史学の自律化は、古代以来の史論的伝統の、さらにはフランス革命史論の終焉を意味していた。

　ドイツにおけるフランス革命史論の画期は、一八六〇年代にある。この時期から革命史に関する新刊書の数は目に見えて減ってゆく。まず、ひとつの理由は当時の政治情勢に求めることができる。ドイツ自由派の政治的関心をふたたび燃え立たせたイタリア独立戦争にはじまり、その後の「憲法紛争」、デンマーク戦争、普墺戦争、北ドイツ連邦の結成、そして普仏戦争と帝国建国。一八六〇年代を通じてドイツの政治状況は変転を重ね、念願の統一が近づいてくるなかで、フランス革命史への関心は薄れていった。政情が内政よりも外交や戦争によって規定されていたことも、関心の低下と関係があったのかもしれない。

　だが、そうした表面的な原因以上に、より内在的な要因を挙げることもできよう。つまり、一八六〇年代を通じて、これまでフランス革命史論において論じられてきた問題が次々と解決されていったということである。ダールマン、ドロイゼン、ジーベルの革命史論を規定した問題関心は、それぞれ「憲法」・「国民」・「社会問題」であったが、これらの問題は一八六〇年代にすべて解決をみることとなった。すでに三月革命期において、プロイセンは「憲法」を導入していた。普墺戦争と普仏戦争、そして帝国建国は「国民」の政治的統合を達成し、「社会問題」にも対処しうる統治権力を産み出した。前章で述べたように、多くの問題は未決のまま残っていたし、その後のドイツ史の展開からもうかがえるように、「国民」統合自体も潜在的な亀裂をかかえた、厳密に言えば不完全なものであった。しかし、それでも恒常的な政治的弱体という積年の課題がかなりの程度まで解決されたことは、疑いない。新帝国という大きな枠組を獲得したことによって、ドイツの政治社会はより一層の発展を約束されたのである。したがって、統一事業の完遂は、ダールマン、ドロイゼン、ジーベルの、そしてドイツ自由派の志向した「改革」の政治学の見事な成果にちがいなかった。いかに統一がビスマルクの政治的手腕に負う面が大きかったとしても、ジーベルの流した涙が、ドイツ近代史の流した涙であったことにかわりはない。

実際に、ドロイゼンもジーベルも新帝国の成立を心から歓迎し、その正統性を疑うことはなかった。[1] ダールマンはすでに没していたが、存命であれば、他の自由派同様にドイツ統一を歓迎したことだろう。ビスマルク個人の業績を認めることに吝かではなかったにせよ、統一されたドイツ帝国は自分たちの国家であるという意識が、自由派の間には確かに存在した。そうであるがゆえに、ドロイゼンもジーベルも帝国建国後は、新帝国の潜在的な亀裂、いわば帝国の「敵」に対する不断の警戒を呼びかけるようになるのである。また、帝国建国前後から、ダールマンも国民自由党的な自由主義の先駆者として位置づけられることとなる。[2] ジーベルの『革命時代史』以後、ドイツのフランス革命史研究が停滞期に入ったことには、こうした政治的背景がある。[3] つまり、政治的動機によって駆動されたフランス革命史論は、政治的課題が帝国建国によって解決されると同時に役割を終えていったのだ。「一八六六・一八七〇年の後に歴史を書こうとする者は、ここ五、六十年の歴史を、より穏やかに、より公正に、より客観的に描きうることだろう」（オスカー・イェーガー）。[4] 換言すれば、フランス革命史論の終焉は、ダールマン、ドロイゼン、ジーベルに代表される自由派の歴史家による「改革」の政治学達成の、なによりの証左なのである。

第二帝政期においてフランス革命史研究に取って代わったのは、言うまでもなくドイツ近代史研究である。[5] ジーベルのドイツ史叙述に典型的だが、諸邦群立から統一へと至る成功物語をつむぎだすことで、新帝国を正当化し、基盤をより強固なものとすることが最大の関心事となるのである。[6] ドロイゼンは近世プロイセンの外交史研究に没頭する。また、より若い世代、いわゆる「新ランケ学派」の歴史家たちはさらに「世界政策」Weltpolitik 時代のドイツを出発点としたドイツ史叙述に挑んでゆく。トライチュケの『十九世紀ドイツ史』は未完に終わったものの、まさしく「ドイツ国民」を主人公とした「国民史」の金字塔となる。近世以来、「帝国」と「領邦」の双方から、すなわち「国家」的なるものから疎外されつづけてきた「国民」が、苦闘の末に、みずからの力によって政治的統合を獲得してゆく物語。「社会」や「文化」領域の叙述も含んだ、近代版「国民史」は文字通り、十八世紀末以来の精神史の結晶、結実点にちがいなかった。

だが、第二帝政期の歴史研究からは、三月前期や帝国建国前の時代に比べて、知的緊張を欠く印象を受けることは否めない。原因のひとつは、逆説的だが、歴史学の学問化の進展にあった。政治的現実につねに挑戦しつづけた「実用的」歴史叙述――ポリュビオス、タキトゥス、ヨハネス・フォン・ミュラーの伝統――が学問的な洗練を欠き、ともすれば党派的叙述に堕したことは疑いえない。だが、方法的に高度に学問化した歴史叙述が、しばしばどうしようもない退屈さをともなうこともまた、事実なのである。実際に「実用的」歴史叙述が確保していた一般読者層は、学問化の時代にあって急速に離れていった。ロテックやダールマンの歴史叙述がいかに方法的に不完全であろうと、その影響力は比べものにならないほど大きかった。

いまひとつの原因は、上記の原因とも関連している。それは政治的安定である。「文化闘争」や社会主義運動の興隆などがあったとしても、第二帝政期は前後の時代――三月前期・後期およびヴァイマル共和国期――に比して、はるかに安定していた。歴史学を含む諸学が「科学」として方法的な洗練に集中できたのも、政治秩序および社会的価値のゆるぎなさへの信頼感あればこそだった。当然のことながら、そうした学問状況からは支配的な秩序や価値観の前提そのものを問う潮流は、生まれにくい。ドロイゼンとジーベルの場合にしても、彼らの最良の業績が帝国建国前の作品であることは、否定できない。帝国建国後に執筆された専門的なモノグラフからは、「近代史」全体の把握に挑戦した『解放戦史』のほとばしる激情も、フランス革命の基層に肉薄する『革命時代史』の徹底さも、窺い知ることはできない。

こうしたドイツの知的雰囲気を冷ややかにみつめていたのが、バーゼルの歴史家、ヤーコプ・ブルクハルトである。(7) ドイツ帝国建国の興奮のなかで、ブルクハルトはあとにつづく文化的不毛をすでに予感している。「ドイツの精神的不毛化は一八七〇年にはじまる」。フランス革命による断絶を乗り越えるため、ドイツの歴史家たちは歴史にひとつの流れを見出すことによって、「危機」を克服しようとした。それが彼らのこころみだった。だが、歴史にそもそも意味など存在しないとしたら。歴史が、「危機」の周期的な繰り返し、「耐え忍んで行動する人間の絶えざる輪廻」の過程にすぎないとしたら。政治的歴史叙述など、「真の歴史的認識の宿敵」にちがいない。[8]ブルクハルトによれば、フランス革命は終わってなどいない。

この講義の名称〔「革命時代史講義」〕について付言しておきたい。本来的に今日に至るまでのすべては、純粋な革命の時代である。そして、ひょっとすると我々はようやくその入り口、あるいは第二幕にさしかかったにすぎない。一八一五年から一八四八年までの一見平穏な、かの三十年は、巨大な劇の単なる幕間であることが明らかになった。しかし、この巨大な劇は、我々のあらゆる過去と対立する運動となりそうな気配である。〔中略〕一七八九年以来、人類を見舞っている同一の嵐が、我々をもさらに連れ去ろうとしている。我々には、いまやそのことがはっきりしている。（「革命時代史講義序論（一八七一年度）[9]」）

フランス革命にはじまる現代の「危機」――「多数決国家」Kopfzahlstaat の登場、「平等化」、「永久の変動」――は収束するどころか、より加速してゆくだろう。トクヴィルのように、現代の「危機」を果てしない「平等化」にみるブルクハルトは、深い憂愁に囚われる。この「平等化」の行き着く先には、「完全民主政か、絶対的かつ無法の専制かの選択肢」だけが残されているのだから。「自然界の生存競争に関するダーウィンの教説は、現在、ますます人間生活と歴史にも適用されるようになった。そうした闘争はたしかに以前から存在した。だが、政治生活・国民生活・産業生活がゆったりとしていたため、感じられる度合いはずっと弱いものであった。これに対して、現在の生存闘争は恐ろしいまでに活発であり、国民戦争や殺人的な産業競争によって加速させられている」[10]。「悪しく、不愉快な時代が来るだろう。死すべきさだめの者には、とても耐えられない時代が」(11)。

こうした不吉な予言は、第二帝政の建設普請に勤しむドイツ知識人には無縁のものであった。彼らの関心は、変転する時代とともに移り変わってゆくことだろう。三月前期以来の激動をくぐりぬけてきたドロイゼンもジーベルも帝国の繁栄のなか、満ち足りたふうで世を去っていった。そして、フランス革命史論は「改革」の政治学としての役割をすでに終えていた。誰に気づかれることもなく。だが、それはひとつの役割をたしかに担ったのだ。死の直前、ドロイゼンは息子宛の書簡で、個々の「史料」や「文書」を「雨粒」に、歴史叙述を「虹」になぞらえている。

> 無数の雨粒のひとつひとつの中で陽光の屈折が起きることで、虹は生まれる。こうして陽光の反射はうつくしくあらわれてくる。このことを知らずに、雨粒ひとつ取り出して、そこに一片の虹を微視的、あるいは化学的な方法でもって探し求め、見つけ出そうとする輩は、きっと笑いものにされるにちがいない。〔中略〕夭折しようが、長生きしようが、我々がちっぽけな存在であることにかわりはない。所詮、太陽に照らされることしかできないのだ。そのちっぽけな自我があらゆる瞬間、あらゆる時代に無限なありようでもって繰り返される。ひとつひとつの雨粒は消えさってゆくだろう。だが、そこにこそ、うつくしい虹はかかるのだ。我々の生きる儚い瞬間において、かつてあったこと、そして現在あることを、精神において冷静に捉え、把握することが――大急ぎでできるかぎりで――かなうならば。（一八八四年二月十六日、小ドロイゼン宛）(DrBW, 2: 975-6)

「虹」は見る者を魅了する反面、儚いものでもある。ダールマンの、ドロイゼンの、ジーベルの、そして十九世紀ドイツ知識人のフランス革命史をかえりみる者は、もはや、そう多くない。だが、彼らはドイツの現実、そしてフランス革命の経験と対峙しながら、歴史を書いたのである。それはたしかである。そして、彼らの革命史論をむさぼるように読んだ当時の読者たちは、たしかにそこに、あざやかな「虹」を見ていた。

# あとがき

本書は、東京大学大学院総合法政専攻博士課程に在学中、二〇一三年三月に提出した博士論文「フランス革命史の政治学――ダールマン、ドロイゼン、ジーベルの十九世紀ドイツ」に、語句・形式上の微修正をくわえたものである。内容上の変更・修正はほとんどない。本書は、専門研究者のほかに一般の読者も想定している。

以下では、本書の成立にあたり、とくにお世話になった方々にお礼申し上げたい。

まず、なによりも、大学院指導教員をおつとめいただいた川出良枝先生に感謝したい。ひとことで言えば、本書の成立は無論のこと、研究者としての現在の自分さえも、先生の存在なしには絶対に考えられない。著者とは時代も地域も異なる研究対象をおもちでありながら、先生の研究指導は、つねに的確で、建設的であった。全体の論旨や構成はいうまでもなく、著者の性格までも見通したご指摘の数々には、唸るほかなかった。しばしば、指導教員と大学院生との緊張関係が語られる。しかし、著者は川出先生に接するなかで、そうした緊張を感じた経験は一度たりともない。該博な知識をおもちでありながらも、決してそれを誇示しない、ユーモアと暖かみに溢れたお人柄の先生と研究について議論をかわす時間は、緊張や苦痛どころか、著者にとっては至福の時間にほかならなかった。先生からご指導を賜ったことは、研究者人生において、かけがえのない財産にちがいない。

おなじく政治学史の担当教員である宇野重規先生にも感謝したい。おもえば、学部在学時の著者がはじめて参加した大学院演習は、宇野先生の演習であった。題材はたしか、『フェデラリスト』であったと記憶している。生意気で独りよがりな報告にも叱責ひとつくわえず、議論を盛りあげようとしてくださった先生に、なんだか、とても安心したのを覚えている。先生は研究においても、教育においても、題材とする過去の思想家の議論を楽しみ、味わう姿勢をくずさない。思想史家としてもっとも大事なこの姿勢を、著者は宇野先生から学んだ。

また、専門を異にするにもかかわらず、博士論文審査に加わっていただいた西川洋一先生にも、大変お世話になった。著者の大学院時代はドイツ語史料の読解に明け暮れしたが、西川先生からは、まさにそのドイツ語の厳密な読み方を一から教わることとなった。西洋法制史をご専門とする先生は、思想史的方法の重要性を十分に理解しながらも、思想が生まれる場としての政治社会の構造に着目する必要をしばしば説かれた。思想と社会構造の連動と相互作用を主題に据えた本書は、きわめて多くを先生に負っている。

そのほかにもお世話になった先生方は数知れないが、ここでは、大学院時代に直接ご指導を賜った先生にとどめさせていただく。杉田孝夫（お茶の水女子大学）、今野元（愛知県立大学）の両先生からは、「ドイツ史」という対象の複雑さと、それにともなう妙味を教えていただいた。博士論文草稿にたいするおふたりの詳細なコメントは、宝物である。渡辺浩（現在、法政大学）、苅部直の両先生からは大学院演習を通じて、日本および東アジア思想史の観点から西洋思想史を相対化し、より幅ひろく政治思想を考えなおす機会をあたえていただいた。とくに、狭義の政治学の枠をこえ、哲学・文学・藝術にまで越境して、時代の精神をとらえる苅部先生のご業績は、著者にとって目標でありつづけている。

また、本書、および本書の母体となる博士論文は、ドイツ留学（二〇一〇年十月〜二〇一一年九月）にも多くを負っている。この点で、奨学金の給付をはじめ、留学の機会を与えていただいたドイツ学術交流会（ＤＡＡＤ）に感謝したい。受け入れ先であるフランクフルト・アム・マインのマックス・プランク欧州法史研究所のミヒャエル・シュトライス Michael Stolleis、ハインツ・モーンハウプト Heinz Mohnhaupt の両先生、および職員の方々には本当にお世話になった。この場を借りて感謝したい。シュトライス先生には留学中の指導教員役を買って出ていただき、懇切丁寧なご指導を賜った。現代欧州の思想学界を代表する先生の学識は、まさしく、「巨人」としか形容の仕様がないものであった。短期間であろうとも、先生のご指導を仰げたことは幸運としかいいようがない。モーンハウプト先生は学問的な助言は無論のこと、慣れない環境に四苦八苦する著者をつねにあたたかく見守ってくださった。おふたりは、現代欧州学界の最良の精神の体現者であると確信している。また、同じくＤＡＡＤの奨学生として当時ドイツに滞在していた、阿部ひろみ、山蔦真之の両氏にも感謝したい。ドイツ中世史、カント倫理学研究とそれぞれ専門を異にするものの、おふたりとの交流は、外国生活の孤独をおおいにやわらげてくれた。

そして、自分の政治学研究の出発点ともいえるのが、学部二年在学時に参加した、御厨貴先生（現在、放送大学）の駒場演習（「政治学を読み破る」）である。それは、参加者が毎回、一冊の課題本についてコメントペーパーを提出し、先生が応答し、全員で議論するというものであった。御厨先生は議論の交通整理に徹し、一癖も二癖もある参加者たちが激論をかわす。小理屈・正論・感情論・暴論、何でもあり。学問的にはおよそ稚拙極まりない議論であったことは疑いないのだが、あの時間を通じて、参加者一同はなによりも本を読み、その経験を他者と共有し、論じあい、自己表現をする悦びを知ったのである。あれ以上に楽しく、夢中になって参加した演習には——幸か不幸か——その後、出会っていない。

ともに大学院時代をすごした学友たちとの議論も、本書の成立を支えた。古城毅（学習院大学）、永見瑞木の両先輩からは西洋政治思想研究の作法を、河野有理（首都大学東京）、高山大毅（駒澤大学）、山口道弘（千葉大学）、三ツ松誠（佐賀大学）、李セボン、趙星銀、品治佑吉の諸氏諸先輩からは研究上の無数のヒントを得た。心から感謝している。本書が諸氏の研究に寄与することを、願ってやまない。

博士課程を修了したのち、二〇一五年四月、著者は明治学院大学法学部政治学科の専任スタッフにむかえられた。

不器用で未熟な若輩者をいつも応援してくださる、同僚先輩の先生方・事務職員の皆さんに感謝したい。明治学院大学法学部の一員として、本書を出版できることを誇りに思う。足手まといにならぬよう、今後とも精一杯、励んでゆきたい。

本書刊行の最大の功労者、あるいは産みの親ともいうべきは、白水社編集部の竹園公一朗氏にほかならない。無名の著者に目をとめ、博士論文の出版をもちかけてくださった氏には、いくら感謝しても足りない。竹園氏の存在なしには、本書がこのようなかたちで世に出ることはありえなかった。たいして、本書の内容が氏のご期待に沿えているかどうかは、甚だ心もとないが、一応、全力は尽くしたつもりである。また、竹園氏をご紹介いただいた、髙山裕二先輩（明治大学）にもこの場を借りて深謝したい。

最後になったが、最愛の両親に。いつも何かと面倒をかけてばかりだが、著者がここまで来られたのは、すべて、ふたりのおかげである。ふたりの息子として生まれ、育ち、これからも生きてゆけることにまさる幸福は、ほかにない。いつも、そのように思っている。

二〇一五年九月末日　武蔵小金井の自宅にて

熊谷　英人

# 白水社の本

## 社会統合と宗教的なもの

十九世紀フランスの経験

宇野重規／髙山裕二／伊達聖伸 編著

あらゆる権威を否定した大革命後のフランス。新キリスト教から人類教、人格崇拝に至るまで、そこに幻出した〈神々のラッシュアワー〉状況を通じて社会的紐帯の意味を問い直す。

## トクヴィルの憂鬱

フランス・ロマン主義と〈世代〉の誕生

髙山裕二 著

初めて世代が誕生するとともに、青年論が生まれた革命後のフランス。トクヴィルらロマン主義世代に寄り添うことで新しい時代を生きた若者の昂揚と煩悶を浮き彫りにする。

## 革命と反動の図像学

一八四八年、メディアと風景

小倉孝誠 著

「独裁も時には必要だ。圧制だって万歳さ」（『感情教育』）。革命家はなぜ帝政を容認したのか？　トクヴィルからフロベール、教会の鐘から産業革命の轟音まで、反動の時代の基底へ。

訳者略歴
熊谷英人（くまがい・ひでと）
一九八四年生まれ。東京大学法学部卒業、東京大学大学院法学政治学研究科博士課程修了。法学博士。現在、明治学院大学法学部政治学科専任講師。専門は政治学史。
主な業績に「幻影の共和国」『国家学会雑誌』一二三巻三・四号、「「均衡」の宇宙」『政治思想研究』一一号、「ある政治史の出発」『政治思想研究』一五号がある。政治思想学会研究奨励賞、フィヒテ賞を受賞。

フランス革命という鏡
十九世紀ドイツ歴史主義の時代

二〇一五年一〇月一五日 印刷
二〇一五年一〇月三〇日 発行

著 者 © 熊 谷 英 人
発行者 及 川 直 志
印刷所 株式会社 三 陽 社
発行所 株式会社 白 水 社

東京都千代田区神田小川町三の二四
電話 営業部〇三（三二九一）七八一一
編集部〇三（三二九一）七八二一
振替 〇〇一九〇・五・三三二二八
郵便番号 一〇一・〇〇五二
http://www.hakusuisha.co.jp
乱丁・落丁本は、送料小社負担にてお取り替えいたします。

株式会社 松岳社

ISBN978-4-560-08474-8

Printed in Japan

# 人名索引

## た行



## な行



## は行

**ま行**



**や行**



**ら行**

# 事項索引

**た行**



**な行**



**は行**



**ま行**



**ら行**

# 文 献

## F. Ch. Dahlmann


(1814), C. Varrentrap hg., Politische Erstlingsschrift über die letzten Schicksale der deutschen Unterthanen Dänemarks und ihre Hoffnungen von der Zukunft: Im März 1814. in: Zeitschrift für Schleswig-Holstein-Lauenburgische Geschichte. Bd. 17 (1887)

(1823), Herodot: Aus seinem Buche sein Leben. Altona)

(1827), Vorbericht. in: ders. hg., Johann Adolfi's, genannt Neocorus, Chronik des Landes Dithmarschen. Bd. 1. Kiel.

(1845), Geschichite der französischen Revolution bis auf die Stiftung der Republik. Leipzig.

(1885/86), E. Ippel hg., Briefwechsel zwischen Jacob und Wilhelm Grimm, Dahlmann und Gervinus. 2 Bde. Berlin.

(1886), C. Varrentrapp hg., F. C. Dahlmann's Kleine Schriften und Reden. Stuttgart.

(1993), W. Bleek, D. Lüfling hg., „Meinem edelen und mannhaften Freunde Jakob Grimm, dem Bruder Wilhelms, in Dank + Liebe gewidmet". Das Fragment einer politischen Autobiographie Friedrich Christoph Dahlmanns. in : Jahrbuch der Brüder Grimm-Gesellschaft. Bd. 3.

(1997), W. Bleek hg., Die Politik auf den Grund und das Mass der gegebenen Zustände zurückgeführt. Frankfurt am Main.


## J. G. Droysen


(1844), Schreiben an den Herausgeber, die "Geschichte Deutschlands von 1806-1830 von Prof. Friedrich Bülau, Ham. 1842" betreffend. in: Zeitschrift für Geschichtswissenschaft. Bd. 1.

(1846), Vorlesungen über die Freiheitskriege. 2 Bde. Kiel.

(1850), Beilagen zu §. 299 des Protokolles der 37ten Sitzung vom 18ten April 1848. in: P. Roth, H. Merck hg., Quellensammlung zum deutschen öffentlichen Recht seit 1848. Bd. 1. Erlangen.

(1933), F. Gilbert hg., Politische Schriften. München.

(1967), R. Hübner hg., Briefwechsel. 2 Bde. Osnabrück.

(1977ff.), P. Leyh, H. W. Blanke hg., Historik: Historisch-kritische Ausgabe. Stuttgart.


## H. v. Sybel


(1846a), Ueber die heutigen Tories. Marburg.

(1846b), Edmund Burke und die französische Revolution. in: Allgemeine Zeitschrift für Geschichte. Bd. 7.

(1847a), Ueber das Verhältniß unserer Universitäten zum öffentlichen Leben. Marburg.

(1847b), Die politischen Parteien der Rheinprovinz, in ihrem Verhältniß zur prueßischen Verfassung geschildert. Düsseldorf.

(1848), Ueber das Reichsgrundgesetz. Marburg.

(1853-79), Geschichte der Revolutionszeit von 1789 bis 1795. 5 Bde. Düsseldorf.

(1857), Danton. in: J. C. Bluntschri, K. Brater hg., Deutsches Staats-Wörterbuch. Bd. 2. Stuttgart/Leipzig.

(1861), Lafayette. in: J. C. Bluntschri, K. Brater hg., Deutsches Staats-Wörterbuch. Bd. 6.

(1863-80), Kleine historische Schriften. 3 Bde. München/Stuttgart.

(1875), Vorträge und Aufsätze. 2. unveränd. Aufl. Berlin.

(1889-94), Die Begründung des Deutschen Reichs durch Wilhelm I.: Vornehmlich nach den preußischen Staatsacten. 7 Bde. München/Leipzig.

(1897), Vorträge und Abhandlungen. München/Leipzig.

(1940), K. A. v. Müller hg. Historisch-politische Denkschriften für König Maximilian II. von Bayern aus den Jahren 1859-1861. in: Historische Zeitschrift. Bd. 162.

(1941), F. Schneider hg., Universalstaat oder Nationalstaat: Macht und Ende des Ersten deutschen Reichs. Innsbruck.

## その他一次史料

F. Ancillon (1816), Über Souveränität und Staats-Verfassungen : Ein Versuch zur Berichtigung einiger politischen Grundbegriffe. 2. Aufl. Berlin.

- (1825), Über den Geist der Staatsverfassungen und dessen Einfluss auf die Gesetzgebung. Berlin.

- (1838), Zur Vermittlung der Extreme in den Meinungen. 2. Aufl. 2 Bde. Berlin.

K. E. Arnd (1851), Geschichte der französischen Revolution: 1789-1799. 6 Bde. Braunschweig.

H. Baumgarten (1894), Zur Beurtheilung der französischen Revolution. in: ders., Historische und politische Aufsätze und Reden. Straßburg.

K. Biedermann (1842), Die Fortschritte des nationalen Prinzips in Deutschland. in: Deutsche Monatsschrift für Litteratur und öffentliches Leben. Bd. 1.

- (1886), 1840-1870: Dreißig Jahre deutscher Geschichte. 3. Aufl. Bd. 1. Breslau.

W. Blackstone (1803), Commentaries on the Laws of England. vol. 4. London.

E. Brandes (1790), Politische Betrachtungen über die französische Revolution. Jena.

D. Bretschneider (1832), Die Reformation und die Revolution: Versuch einer geschichtlichen Parallele. in: Jahrbücher der Geschichte und Staatskunst. Bd. 1.

F. Bülau (1832), Encyklopädie der Staatswissenschaften. Leipzig.

- (1837-9), Die Geschichte der europäischen Staatensystems: Aus dem Gesichtpunkte der Staatswissenschaft. 3 Bde. Leipzig.

J. Burckhardt (1974), J. Burckhardts Vorlesung über die Geschichte des Revolutionszeitalters. Basel/Stuttgart.

- (1982), Über das Studium der Geschichte. München.

- (1988), Historische Fragmente: Aus dem Nachlaß gesammelt von Emil Dürr mit Noten von Michael Bischoff. Nördlingen.

F. W. Carové (1834), Rückblick auf die Ursachen der französischen Revolution und Andeutung ihrer welthistorischen Bestimmung. Hanau.

J. L. de Lolme (1816), The Constitution of England: or, an Account of the English Government; in which it is compared both with the republican form of government and the other monarchies in Europe. new ed. London.

W. Dilthey (1866), F. Ch. Dahlmann. in: Westermanns Monatshefte. Bd. 20.

J. Droz (1839), Histoire du règne de Louis XVI., pendant les années où l'on pouvait prévenir ou diriger la révolution française. 3 ts. Paris 1839.

H. Elsner (1838), Maximilian Robespierre: Dictator von Frankreich. Stuttgart.

H. Fenske hg. (1976), Vormärz und Revolution 1840-1849. Darmstadt.

H. v. Gagern (1959), Deutscher Liberalismus im Vormärz : Briefen und Reden 1815-1848. Göttingen.

F. Gentz (1799), Plan zur allgemeinen Reform der französischen Staatsverwaltung. in: Historisches Journal. Bd. 1.

- (1800), Der Ursprung und die Grundsätze der Amerikanischen Revolution, verglichen mit dem Ursprung und den Grundsätzen der Französischen. in: ebd. Bd. 2.

- (1861), Ueber den Unterschied zwischen den landständischen und Repräsentativ-Verfassungen. in: L. K. Aegidi hg., Aus dem Jahr 1819. Hamburg.

- (1867), A. P. v. Osten hg., Aus dem Nachlasse Friedrichs von Gentz. Bd. 1. Wien.

- (1876), A. P. v. Osten éd., Dépeches inédites du chevqlier de Gentz qux hospodar de Valachie. t. 1. Paris.

- (1887), Richard Fürst Metternich-Winneburg hg., Oesterreichs Theilnahme an den Befreiungskriegen: Ein Beitrag zur Geschichte der Jahre 1813 bis 1815. Wien.

- (1893), A. Stern hg., Eine Denkschrift von Friedrich von Gentz über die erste Baierische Ständeversammlung. in: Deutsche Zeitschrift für Geschichtswissenschaft. Bd.10.

- (1997-2004), Gesammelte Schriften. Hildesheim.
G. G. Gervinus (1839), Gesammlte kleine historische Schriften. Leipzig.
- (1893), G. G. Gervinus Leben. Leipzip.
W. Giesebrecht (1859), Die Entwicklung der modernen deutschen Geschichtswissenschaft. in: Historische Zeitschrift. Bd. 1.
Ch. Girtaner (1791), Historische Nachrichten und politische Betrachtungen über die französische Revolution. Bd. 1-2. Berlin.
H. Günther hg. (1985), Die französische Revolution: Berichte und Deutungen deutscher Schriftsteller und Historiker. Frankfurt am Main.
L. Häusser (1856), Geschichte der Rheinischen Pfalz nach ihren politischen, kirchlichen und literarischen Verhältnissen. 2. Aufl. Heidelberg.
- (1867), Häusser's Geschichte der französischen Revolution 1789-1799. Berlin.
- (1869), Gesammelte Schriften. 2 Bde. Berlin.
R. Haym (1902), Aus meinem Leben: Erinnerungen. Berlin.
A. H. L. Heeren (1821-6), Historische Werke. 15 Bde. Göttingen.
G. W. F. Hegel (1986), Werke. Bd. 12 : Vorlesungen über die Philosophie der Geschichte. Frankfurt am Main.
J. Heyderhoff, P. Wentzcke hg. (1925), Deutscher Liberalismus im Zeitalter Bismarcks: Eine politische Briefsammlung. Bd. 1. Bonn/Leipzig.
W. v. Hippel hg. (1989), Freiheit, Gleichheit, Brüderlichkeit: Die Französische Revolution im deutschen Urteil. München.
W. v. Humboldt (1986), R. Freese hg., Wilhelm von Humboldt: Sein Leben und Wirken, dargestellt in Briefen, Tagebüchern und Dokumenten seiner Zeit. Darmstadt.
G. Jahn (1849), Geschichte der französischen Revolution von 1789-1794: Ein Spiegel für das deutsche Volk. Klöppel.
F. Lewitz (1852), Mirabeau: Ein Bild seines Lebens, seines Wirkens, seiner Zeit. Bd. 1. Breslau.
G. W. K. Lochner (1848-50), Die Französische Revolution vom ersten Ausbruch bis zur weitesten Ausdehnung von 1789 bis 1807. 2 Bde. Nürnberg.
J. E. Mahir (1832), Der Graf von Mirabeau. Kempten.
Fürst Richard Metternich-Winnerburg (1880-4), Aus Metternich's nachgelassenen Papieren. 8 Bde. Wien.（安齋和雄監訳、メッテルニヒ『メッテルニヒの回想録』恒文社、一九九四年、自伝部分のみの抄訳）
F. A. Mignet (1824), Histoire de la révolution française. 1. ed. Paris.
R. Mohl (1825), Vorrede. in: A. Thiers, Geschichte der französischen Staatsumwälzung. Bd. 1. Tübingen.
A. Müller (1808), Die Schule Johann von Müllers. in: Phöbus. St. 9-10.
J. v. Müller (1810-40), G. Müller (Hg.), Sämmtliche Werke. 33 Bde. Tübingen.
F. Murhard (1845-8), Staatsverwaltung. in: Rotteck, Welcker hg. (1845-8), Bd. XII.
E. Nase (1885), F. C. Dahlmann: Rede gehalten im Auftrag von Rektor und Senat der Rheinischen Friedrich-Wilhelms-Universität am 13. Mai 1885. Bonn.
B. G. Niebuhr (1845), Geschichte des Zeitalters der Revolution : Vorlesungen an der Universität zu Bonn im Sommer 1829. 2 Bde. Hamburg.
T. Opitz (1850), Robespierre's Triumph und Sturz: Ein Beitrag zur Geschichte der französischen Revolution. Leipzig.
P. Pfizer (1845-8), Liberalismus. in: Rotteck, Welcker hg. (1845-8), Bd. VIII.
F. E. Pipitz (1850), Mirabeau: Eine Lebensgeschichte. Bd. 1. Leipzig.
K. H. L. Pölitz (1826), Die Staatensysteme Europa's und Amerika's seit dem Jahre 1783, geschichtlich-politisch dargestellte. 3 Bde. Leipzig.
- (1829), Die drei politischen Systeme der neueren Zeit nach ihrer Verschiedenheit in den wichtigsten Dogmen des Staatsrechts und Staatskunst. in: Jahrbücher der Geschichte und Staatskunst. Bd. 1.
- (1830), Die Weltgeschichte für gebildete Leser und Studierende. 6. Aufl. Bd. 4. Leipzig.
- (1831-3), Staatswissenschaftliche Vorlesungen für gebildete Stände in constitutionellen Staaten. 3 Bde. Leipzig.
- (1836), Erinnerungen an Emanuel Sieyes, den Theoretiker der Revolution. in: Jahrbücher der Geschichte

und Staatskunst. Bd. 2.
L. v. Ranke (1879), Sämmtliche Werke. Bd. 54. 2. Aufl. Leipzig.
- (1995), Die grossen Mächte. Frankfurt am Main/Leipzig.
F. Raumer (1850), Geschichte Europas seit dem Ende des fünfzehnten Jahrhunderts. Bd. 8 (Geschichte Frankreichs und der französischen Revolution 1740-1795). Leipzig.
K. v. Rotteck (1830), Allgemeine Geschichte vom Anfang der historischen Kenntniß bis auf unsere Zeiten für denkende Geschichtsfreunde. 7. Aufl. 10 Bde. Freiburg.
- (1845-8a), Bastille. in: Rotteck, Welcker hg. (1845-8), Bd. II.
- (1845-8b), Bewegungspartei. in: Rotteck, Welcker hg. (1845-8), Bd. II.
- (1845-8c), Constitution. in: Rotteck, Welcker hg. (1845-8), Bd. III.
- (1845-8d), Demokratisches Prinzip. in: Rotteck, Welcker hg. (1845-8), Bd. III.
- (1845-8e), Feyette (Marquis de la). in: Rotteck, Welcker hg. (1845-8), Bd. IV.
K. v. Rotteck, C. Welcker (1845-8), dies. hg., Das Staats-Lexikon : Encyklopädie der sämmtlichen Staatswissenschaften für alle Stände: in Verbindung mit vielen der angesehensten Publicisten Deutschlands. Neue durchaus verb. und verm. Aufl. Altona.
F. Ch. Schlosser (1823), Geschichte des 18. Jahrhunderts in gedrängter Uebersicht: mit stetter Beziehung auf die völlige Veränderung der Denk-und Regierungsweise am Ende desselben. Heidelberg.
W. A. Schmidt (1874-6), Pariser Zustände während der Revolutionszeit von 1789-1800. 3 Bde. Jena.
F. J. A. Schneidawind (1831), H. G. C. R. Mirabeau und seine Zeit der französischen Revolution. Leipzig.
T. v. Schön (1842), Woher und Wohin? Straßburg.
F. Schulz (1790), Geschichte der großen Revolution. Berlin.
C. F. Schulze (1828), Vergleichung der Zeiten nach der Reformation mit den Zeiten nach der Revolution. in: Jahrbücher der Geschichte und Staatskunst. Bd. 3.
- (1830), Ueber den Gang der französischen Revolution. in: Jahrbücher der Geschichte und Staatskunst. Bd. 1.
F. A. Schulze (1837), Robespirre: Mit Beziehung auf die neueste Zeit. Leipzig 1837.
H. Spiel hg. (1965), Der Wiener Kongreß in Augenzeugenberichten. Düsseldorf.
L. T. F. v. Spittler (1827-37), Sämmtliche Werke. 14 Bde. Stuttgart.
A. Springer (1849), Geschichte des Revolutionszeitalters: 1789-1848. Prag.
- (1870-2), Friedrich Christoph Dahlmann. 2 Bde. Leipzig.
F. v. Stein (1986), E. Botzenhardt, G. Ipsen hg., Ausgewählte politische Briefe und Denkschriften. 2. unveränd. Aufl. Stuttgart.
C. B. Stüve (1832), Ueber die gegenwärtige Lage des Königreichs Hannover. Jena.
C. Träger hg. (1975), Die französische Revolution im Spiegel der deutschen Literatur. Leipzig.
H. Treitschke (1861), Dahlmann. in: Preußische Jahrbücher. Bd. 7.
C. Varrentrap (1885), Zur Erinnerung an F. Ch. Dahlmann. in: Preußische Jahrbücher. Bd. 55.
- (1897), Biographische Einleitung. in: Sybel (1897)
L. F. v. Vincke (1815), Darstellung der inneren Verwaltung Großbritanniens. Berlin.
W. Wachsmuth (1840-4), Geschichte Frankreichs im Revolutionszeitalter, 4 Bde.. Hamburg.
G. Waitz (1846), Deutsche Historiker der Gegenwart: Briefe an den Herausgeber. T. 1-2. Zeitschrift für Geschichtswissenschaft. Bd. 5-6.
- (1885), F. Ch. Dahlmann: Gedenkrede gehalten am 13. Main 1885 in der Aula der Universität. Kiel.
L. Weiland (1885), F. Ch. Dahlmann: Rede zur Feier seines hundertjährigen Geburtstages am 13. Mai 1885 im Namen der Georg-Augusts-Universität. Göttingen.
T. West (1839), Charaktere der französischen Revolution und der Kaiserzeit. Berlin.
K. L. Woltmann (1800), Geschichte und Politik. in: Geschichte und Politik. Bd. 1.
W. Zimmermann (1845), Ueber die neueste Auffassung der französischen Revolution mit besonderer Beziehung auf Capefigue. in: Zeitschrift für Geschichtswissenschaft. Bd. 4.
J. W. Zinkeisen (1852-3), Der Jakobiner-Klub: Ein Beitrag zur Geschichte der Parteien und der politischen Sitten im Revolutions-Zeitalter. 2 Bde. Berlin.
エッカーマン (1969) 山下肇訳『ゲーテとの対話（下)』岩波文庫。
ハイネ (1989) 木庭宏責任編集『イギリス・フランス事情（ハイネ散文作品集第 1 巻)』松籟社。

ビューヒナー (1970) 手塚富雄、千田是也、岩淵達治監訳『ゲオルク・ビューヒナー全集』河出書房新社。
- (2006) 岩淵達治訳『ヴォイツェク・ダントンの死・レンツ』岩波文庫。
ランケ (1966) 林健太郎訳『ランケ自伝』岩波文庫。

## 二次文献（欧語）

H. Althaus (1992), Hegel und die heroischen Jahre der Philosophie: Eine Biographie. München（山本尤訳、ホルスト・アルトハウス『ヘーゲル伝：哲学の英雄時代』法政大学出版局、一九九九年）
K. O. F. v. Aretin (1955), Metternichs Verfassungspläne 1817/1818. in: Historisches Jahrbuch. Bd. 74.
D. E. Barclay (1995), Frederick William IV and the Prussian Monarchz 1840-1861. Oxford.
R. M. Berdahl (1988), The Politics of the Prussian Nobility : The Development of a Conservative Ideology 1770-1848. Princeton.
G. Birtsch (1964), Die Nation als sittliche Idee : Der Nationalstaatsbegriff in Geschichtsschreibung und politischer Gedankenwelt Johann Gustav Droysens. Köln.
T. C. W. Blanning (1986), The Origins of the French Revolutionary Wars. London/New York.
- (1998), The French Revolution: Class War or Cultur Clash? 2nd. ed. Hampshire（天野知恵子訳、T・C・W・ブラニング『フランス革命』岩波書店、二〇〇五年）
D. Blasius (1971), Lorenz von Stein. in: Wehler hg. (1971-82), Bd. 1.
D. Blasius, L. Gall, K. Segermann (1975), Einheit. in: GGB. Bd. 2.
W. Bleek (1994), Die Politik-Professoren in der Paulskirche. in : Festschrift für Gerhard A. Ritter zum 65. Geburtstag, München.
- (1997), Friedrich Christoph Dahlmann und sein Werk über "Politik". in: Dahlmann (1997)
- (2001), Geschichte der Politikwissenschaft in Deutschland. München.
- (2004), Deutsche Staatswissenschaften im 19. Jahrhundert: Disziplitnäre Ausdifferenzierung und Spiegelung monderner Staatlichkeit. in: E. Holtmann hg., Staatsentwicklung und Policyforschung: Politikwissenschaftliche Analysen der Staatstätigkeit. Wiesbaden.
- (2010), Friedrich Christoph Dahlmann: Eine Biographie. München.
E. Böhme, R. Vierhaus hg. (2002), Göttingen Bd. 2 : Vom Dreißigjährigen Krieg bis zum Anschluss an Preußen-Der Wiederaufstieg als Universitätsstadt (1648-1866), Göttingen.
H. Boldt (1975), Deutsche Staatslehre im Vormärz. Düsseldorf.
E. Bonjour (1979), Johannes von Müller. in: R. Feller, E. Bonjour hg., Geschichtsschreibung der Schweiz: vom Spätmittelalter zur Neuzeit. Bd. 2. 2. Aufl. Basel, Stuttgart.
K. D. Bracher (1971), Altliberalismus : Politik und Geschichte bei Dahlmann. in: ders., Das deutsche Dilemma : Leidenswege der politischen Emanzipation. München.
B. Bravo (1988), Philologie, histoire, philosophie de L'histoire: Etude sur J. G. Droysen historien de l'antiquité. Warschau.
T. Brechenmacher (2003), Wieviel Gegenwart verträgt historisches Urteilen?: Die Kontroverse zwischen Heinrich von Sybel und Julius Ficker über die Bewertung der Kaiserpolitik des Mittelalters (1859-1862). in: U. Muhlack hg., Historisierung und gesellschaftlicher Wandel in Deutschland im 19. Jahrhundert. Berlin.
O. Brunner, W. Conze, R. Koselleck hg. (1972-97), Geschichtliche Grundbegriffe : historisches Lexikon zur politisch-sozialen Sprache in Deutschland. 8 Bde. Stuttgart.
K. Buchheim (1931), Heinrich von Sybel und der Staatsgedanke: Publizistische Dokumente aus der Kölnischen Zeitung 1844 bis 1851. in: Deutsche Vierteljahrschrift Bd. 26.
W. P. Bürklin, W. Kaltefleiter hg. (1985), Freiheit verpflichtet: Gedanken zum 200. Geburtstag von Friedrich Christoph Dahlmann. Kiel.
E. Büssem (1974), Die Karlsbader Beschlüsse von 1819. Hildesheim.
W. Bußmann (1958), Zur Geschichte des deutschen Liberalismus im 19. Jahrhundert. in: Historische Zeitschrift. Bd. 168.
- (1968), Heinrich von Sybel. in: Bonner Gelehrte: Beiträge zur Geschichte der Wissenschaften in Bonn, Geschichtswissenschaft. Bonn.
- (1973a), Wandel und Kontinuität in Politik und Geschichte: Ausgewählte Aufsätze zum 60. Geburtstag.

Boppard am Rhein.
- (1973b), Friedrich der Große im Wandel des europäischen Urteils. in: Bußmann (1973a)
H. v. Caemmerer (1910), Rankes "Große Mächte" und die Geschichtsschreibung des 18. Jahrhunderts. in: Festschrift für Max Lenz. Berlin.
K. Christ (1972), Johann Gustav Droysen (1808-1884) in: ders., Von Gibbon zu Rostovtzeff: Leben und Werk führender Althistoriker der Neuzeit. Darmstadt.
H. Christern (1921), Friedrich Christoph Dahlmanns politische Entwicklung bis 1848 : Ein Beitrag zur Geschichte des deutschen Liberalismus. Leipzig.
W. Conze (1970), Vom "Pöbel" zum "Proletariat": Sozialgeschichtliche Voraussetzungen für den Sozialismus in Deutschland. in: H-U. Wehler hg., Moderne deutsche Sozialgeschichte. 3. Aufl. Köln/Berlin.
- (1978), Mittelstand. in: GGB. Bd. 4.
W. Conze hg. (1970), Staat und Gesellschaft im deutschen Vormärz 1815-1848. Stuttgart.
O. Dann (1993), Nation und Nationalismus in Deutschland, 1770-1990. München（末川清ほか訳、オットー・ダン『ドイツ国民とナショナリズム 1770-1990』名古屋大学出版会、一九九九年）
J. D'Hondt (1968), Hegel en son temps (Berlin, 1818-1831). Editions sociales. Paris（花圭介・杉山吉弘訳『ベルリンのヘーゲル』法政大学出版局、一九八三年）
J. Delinière (1989), Karl Friedrich Reinhard :Ein deutscher Aufklärer im Dienste Frankreichs (1761-1837). Stuttgart.
G. B. de Sauvigny (1959), Metternich et son temps. Paris.
- (1960), Sainte-Alliance et Alliance dans les conceptions de Metternich. Revue historique. t. 223.
- (1966), The Bourbon Restoration. Philadelphia.
- (1996), Metternich：Staatsmann und Diplomat im Zeitalter der Restauration, München.
H. Dippel (1992), Deutsches Reich und Französiche Revolution: Politik und Ideologie in der deutschen Geschichtsschreibung, 1871-1945. in: Comparativ. Bd. IV/4.
- (1994), Die amerikanische Verfassung in Deutschland im 19. Jahrhundert: Das Dilemma von Politik und Staatsrecht. Goldbach.
B. Dorn (1993), Friedrich Gentz und Europa: Studien zu Stabilität und Revolution 1802-1822. Sinzig.
V. Dotterweich (1978), Heinrich von Sybel : Geschichtswissenschaft in politischer Absicht (1817-1861). Göttingen.
D. Dowe, H-G. Haupt, D. Langewiesche hg. (1998), Europa 1848 : Revolution und Reform. Bonn.
W. Doyle (1989), The Oxford History of the French Revolution. 1st. ed. Oxford.
- (1999), Origins of the French Revolution. 3d ed. Oxford.
G. Droysen (1910), Johann Gustav Droysen. Leipzig/Berlin.
H. Duchhardt hg. (2007), Stein : Die späten Jahre des preussischen Reformers 1815-1831. Göttingen.
H. Ehmke (1964), Karl von Rotteck : Der „politische Professor". Karlsruhe.
K. Epstein (1966), The Genesis of German Conservatism. Princeton.
K. G. Faber (1975), Strukturprobleme des deutschen Liberalismus im 19. Jahrhundert. in: Der Staat. Bd. 14-2.
- (1978), Zur Machttheorie der politischen Romantik und der Restauration. in: R. Brinkmann hg., Romantik in Deutschland : Ein interdisziplinäres Symposion. Stuttgart.
- (1979), Deutsche Geschichte im 19. Jahrhundert: Restauration und Revolution von 1815 bis 1851. Wiesbaden.
- (1981), Politisches Denken in der Restaurationszeit. in : H. Berding, H-P. Ullmann hg., Deutschland zwischen Revolution und Restauration. Düsseldorf.
E. Fehrenbach (1997), Die Reichsgründung in der deutschen Geschichtsschreibung. in: ders., Politischer Umbruch und gesellschaftliche Bewegung: Ausgewählte Aufsätze zur Geschichte Frankreichs und Deutschlands im 19. Jahrhundert. München.
L. Ferry (1988), Hegel. in: Furet, Ozouf éd. (1988)
D. Fleischer (2009), Geschichtserkenntnis als Gotteserkenntnis: Das theologische Fundament der Geschichtstheorie Johann Gustav Droysens. in: Festschrift für Jörn Rüsen zum 70. Geburtstag. Köln/Weimar/Wien.

J. A. Schmidt-Funke, Stein und die Julirevolution um 1830. in: Duchhardt (2007)
F. Furet (1988a), Mirabeau. in: Furet, Ozouf éd. (1988)
- (1988b), Constitution civile du clergé. in: Furet, Ozouf éd. (1988)
F. Furet, M. Ozouf éd. (1988), Dictionnaire critique de la Révolution française. Paris（河野健二・阪上孝・富永茂樹監訳、フランソワ・フュレ、モナ・オズーフ編『フランス革命事典（全二巻）』みすず書房、一九九五年）
L. Gall (1968a), Das Problem der parlamentarischen Opposition im deutschen Frühliberalismus. in: K. Kluxen, W J. Mommsen hg., Politische Ideologien und nationalstaatliche Ordnung: Studien zur Geschichte des 19. und 20. Jahrhunderts. Wien.
- (1968b), Der Liberalismus als regierende Partei : Das Grossherzogtum Baden zwischen Restauration und Reichsgründung. Wiesbaden.
- (1975), Liberalismus und "bürgerliche Gesellschaft": Zu Charakter und Entwicklung der liberalen Bewegung in Deutschland. in: Historische Zeitschrift. Bd. 220.
P. Ganz (1982), Einleitung. in: Burckhardt (1982)
F. Gilbert (1931), Johann Gustav Droysen und die preussisch-deutsche Frage. München/Berlin.
J. Godechot (1974), Un jury pour la Révolution. Paris.
H. Gollwitzer (1951), Europabild und Europagedanke: Beiträge zur deutschen Geistesgeschichte des 18. und 19. Jahrhunderts. München.
W. Grab (1983), Französische Revolution und deutsche Geschichtswissenschaft. in: Voss (1983)
F. Gschnitzer, R. Koselleck, B. Schönemann, K. F. Werner (1992), Volk/Nation/Nationalismus/Masse. in: GGB. Bd. 7.
P. Gueniffey (1988), La Fayette. in: Furet, Ozouf éd. (1988)
A. Gurwitsch (1935), Das Revolutionsproblem in der deutschen staatswissenschaftlichen Literatur, insbesondere des 19. Jahrhunderts. Berlin.
P. Haake (1920), Johann Peter Friedrich Ancillon und Kronprinz Friedrich Wilhelm IV. von Preußen/ München/Berlin.
F. Haferkorn (1976), Soziale Vorstellungen Heinrich von Sybels. Stuttgart.
K. Hammer (1983), Deutsche Revolutionsreisende in Paris. in: J. Voss (1983)
N. Hammerstein (1972), Der Anteil des 18. Jahrhunderts an der Ausbildung der historischen Schulen des 19. Jahrhundert. in : ders., Jus und Historie : ein Beitrag zur Geschichte des historischen Denkens an deutschen Universitäten. Göttingen.
R. Hansen (1972), Friedrich Christoph Dahlmann. in: Wehler hg. (1971-82), Bd. 5（末川清訳、ライマー・ハンゼン「フリードリヒ・クリストフ・ダールマン」（『ドイツの歴史家（第一巻）』所収））
W. Hardtwig (1986), Studentische Mentalität-politische Jugendbewegung-Nationalismus : Die Anfänge der deutschen Burschenschaft. in : Historische Zeitschrift. Bd. 242-3.
H. Hattenhauer (1980), Geschichte des Beamtentums. Köln.
H-G. Haupt (1977), Die Aufnahme Frankreichs in der deutschen Geschichtswissenschaft zwischen 1871 und 1941: Am Beispiel der "Historischen Zeitschrift". in: M. Nerlich hg., Kritik der Frankreichforschung:1871-1975. Karlsruhe.
J. V. Heuvel (2001), A German Life in the Age of Revolution : Joseph Görres, 1776-1848. Washington D. C.
O. Hintze (1964), Johann Gustav Droysen. in: G. Oestreich hg., O. Hintze, Soziologie und Geschichte: Gesammelte Abhandlungen zur Soziologie, Politik und Theorie der Geschichte. 2. erweit. Aufl. Göttingen.
W. Hock (1957), Liberales Denken im Zeitalter der Paulskirche: Droysen und die frankfurter Mitte. Münster.
E. Hoffmann (1994), Das Kieler Volksfest vom 18. 8. 1843 und Johann Gustav Droysens Verdun-Rede. in: Festschrift für Kai Detlev Sievers zum 60. Geburtstag. Kiel.
C. Holbraad (1970), The Concert of Europe: A Study in German and British International Theory 1815-1914. London.
A. Horstmann (1978), Die “Klassische Philologie” zwischen Humanismus und Historismus: Friedrich August Wolf und die Begründung der modernen Altertumswissenschaft. in: Berichte zur Wissenschaftsgeschichte. Bd. 1.
G. Hübinger (1984), Georg Gottfried Gervinus: Historisches Urteil und politische Kritik, Göttingen.
R. Hübner (1917), Joh. Gust. Droysens Vorlesungen über Politik: Ein Beitrag zur Entwicklungsgeschichte

und Begriffsbestimmung der wissenschaftlichen Politik. in: Zeitschrift für Politik. Bd. 10.
Y. Knibiehler (1973), Naissance des sciences humaines: Mignet et l'histoire philosophique au XIXe siècle. Paris.
J. Knudsen (1990), The Limits of Liberal Politics in Berlin, 1815-48. in: K. H. Jarausch, L. E. Jones ed., In Search of a Liberal Germany: Studies in the Historz of German Liberalism from 1789 to the Present. New York.
T. Kohlen (2001), Heinrich von Sybel: Die Revolution innerhalb der europäischen Geschichte. in: Pelzer (2001)
H. Kopf (1980), Karl von Rotteck: Zwischen Revolution und Restauration. Freiburg.
H-Ch. Kraus (1996), Die verfassungspolitischen Ideen Barthold Georg Niebuhrs, in: Festschrift für Kurt Kluxen zum 85. Geburtstag. Paderborn/München/Wien/Zürich.
- (2006), Englische Verfassung und politisches Denken im Ancien Régime: 1689 bis 1789. München.
- (2008), "Selfgovernment": Die englische lokale Selbstverwaltung im 18. und 19. Jahrhundert und ihre deutsche Rezeption. in: H. Neuhaus hg., Selbstverwaltung in der Geschichte Europas in Mittelalter und Neuzeit: Tagung der Vereinigung für Verfassungsgeschichte in Hofgeismar vom 10. bis 12. März 2008. Berlin.
G. Kronenbitter (1995), Wort und Macht : Friedrich Gentz als politischer Schriftsteller. Berlin.
R. J. Lamer (1963), Der englische Parlamentarismus in der deutschen politischen Theorie im Zeitalter Bismarcks (1857-1890): Ein Beitrag zur Vorgeschichte des deutschen Parlamentalismus. Lübeck/Hamburg.
D. Langewiesche (1988), Liberalismus in Deutschland, Frankfurt am Main.
- (1989), Die Agrarbewegungen in den europäischen Revolutionen von 1848. in : Festschrift zum 65. Geburtstag von Gerhard Schulz. Berlin.
- (1997), Frühliberalismus und Bürgertum 1815-1849. in : L. Gall hg., Bürgertum und bürgerliche-liberalie Bewegung in Mitteleuropa seit dem 18. Jahrhundert. München.
- (2000), Republik, Konstitutionelle Monarchie und „Soziale Frage": Grundprobleme der deutschen Revoluton von 1848/49. in: F. Lenger hg., Liberalismus und Sozialismus : Gesellschaftsbilder-Zukunftsvisionen-bildungskonzeptionen. Bonn.
D. Langewiesche hg. (1988), Liberalismus im 19. Jahrhundert : Deutschland im europäischen Vergleich. Göttingen.
L E. Lee (1980), The Politics of Harmony: Civil Service, Liberalism, and Social Reform in Baden, 1800-1850. Newark.
A. Lees (1974), Revolution and Reflection: Intellectual change in Germany during the 1850's. The Hague.
S. Lewark (1975), Das politische Denken Johann Gustav Droysens. Tübingen.
A. Lintott (1999), The Constitution of the Roman Republic. Oxford.
H. Lübbe (1963), Politische Philosophie in Deutschland: Studien zu ihrer Geschichte. Basel（今井道夫訳、ヘルマン・リュッベ『ドイツ政治哲学史：ヘーゲルの死より第一次世界大戦まで』法政大学出版局、一九九八年）
R. Ludwig (2003), Die Rezeption der Englischen Revolution im deutschen politischen Denken und in der deutschen Historiographie im 18. und 19. Jahrhundert. Leipzig.
W. Mager (1973), Das Problem der landstaendischen Verfassungen auf dem Wiener Kongress 1814/15. in: Historische Zeitschrift. Bd. 217.
C E. McClelland (1971), The German Historians and England : A Study in Nineteenth-Century Views. Cambridge.
J. F. Mcglew (1984), J. G. Droysen and the Aeschylean Hero. in: Classical Philology. vol. 79.
F. Meinecke (1968), Johann Gustav Droysen, sein Briefwechsel und seine Geschichtsschreibung. in: E. Kessel hg., Friedrich Meinecke Werke. Bd. 7. München.
S. Mellon (1958), The Political Use of History: A Study of Historians in the French Restoration. Stanford.
H. Möller (1979), Lorenz von Steins Interpretation der französischen Revolution von 1789. in: Der Staat. Bd. 18.
A. Momigliano (1990), The Classical Foundations of Modern Historiography. Berkeley/Los Angeles/London.
- (2000a), F. W. Most hg., Ausgewählte Schriften. Bd. 3. Stuttgart/Weimar.
- (2000b), Die Geschichte der Entstehung und die heutige Funktion des Begriffs des Hellenismus. in:

Momigliano (2000a)
- (2000c), Johann Gustav Droysen zwischen Griechen und Juden. in: Momigliano (2000a)
- (2000d), Friedrich Creuzer und die griechische Geschichtsschreibung. in: Momigliano (2000a)
- (2000e), Einleitung zu Jacob Burckhardts Griechischer Kulturgeschichte. in: Momigliano (2000a)

U. Muhlack (1988), Leopold von Ranke. in: N. Hammerstein hg., Deutsche Geschichtswissenschaft um 1900. Stuttgart.
- (1991), Geschichtswissenschaft im Humanismus und in der Aufklärung: Die Vorgeschichte des Historismus. München.
- (1995), Nachwort. in: Ranke (1995)
- (1998), Johann Gustav Droysen : Das Recht der Geschichte. in: S. Freitag hg., Die Achtundvierziger: Lebensbilder aus der deutschen Revolution 1848/49. München.
- (2006a), Staatensystem und Geschichtsschreibung: Ausgewählte Aufsätze zu Humanismus und Historismus, Absolutiosmus und Aufklärung. Berlin.
- (2006b), Historie und Philologie. in: Muhlack (2006a)
- (2006c), Historie und Politik im Vormärz. in. Muhlack (2006a)
- (2006d), Das europäische Staatensystem in der deutschen Geschichtsschreibung des 19. Jahrhunderts. in: Muhlack (2006a)
- (2006e), Die Frühe Neuzeit als Geschichte des europäischen Staatensystems. in: Muhlack (2006a)
- (2006f), Universalgeschichte und Nationalgeschichte: Deutsche Historiker des 18. und 19. Jahrhunderts und die „ Scientific Community“. in: Muhlack (2006a)

E. Münch (1831), Karl von Rotteck. Den Haag.

A. C. Nagel, "Unser Glaube gibt uns den Trost, dass eine Gotteshand uns trägt": Johann Gustav Droysen als protestantischer Bürger und Historiker. in: Rebenich, Wiemer (2012)

M. Neumüller (1973), Liberalismus und Revolution: Das Problem der Revolution in der deutschen liberalen Geschichtsschreibung des 19. Jahrhunderts. Düsseldorf.

W. Nippel (2008), Johann Gustav Droysen : ein Leben zwischen Wissenschaft und Politik, München.

G. Chaussidand-Nogaret (1988), Mirabeau. Stuttgart.

W. Obermann (1977), Der junge Johann Gustav Droysen: Ein Beitrag zur Entstehungsgeschichte des Historismus. Bonn.

E. Opgenoorth (2004), In der Sehnsucht der Nation blieb der ghibellinische Gedanke: Zur Stellung des Mittelalters im Geschichtsbild Johann Gustav Droysens. in: S. Happ, U. Nonn hg., Festgabe für Ingrid heidrich zum 65. Geburtstag. Berlin.

S. Paetrow (2008), Johann Gustav Droysen in Jena: Ein Beitrag zur Entstehungsgeschichte von Droysens „Historik“ und „Geschichte der preußischen Politik“. Saarbrücken.

E. Pankoke (1970), Sociale Bewegung, sociale Frage, sociale Politik: Grundfragen der deutschen “Socialwissenschaft” im 19. Jahrhundert. Stuttgart.

E. Pelzer (2001), Adolphe Thiers und François Mignet: Die Bourgeoisie entdeckt ihre revolutionären Wurzeln. in: Pelzer hg. (2001)

E. Pelzer hg. (2001), Revolution und Klio: Die Hauptwerke zur Französischen Revolution. Frankfurt am Main.

F. M. Pires (2006), Thucydidean Modernities: History between Science and Art. in: A. Rengakos, A. Tsakmakis hg., Brill's companion to Thucydides. Leiden/Boston/Brill.

O. Pöggeler (1986), Der Geschichtsschreiber Johannes von Müller im Blickfeld Hegels. in: Ch. Jamme, O. Pöggeler hg., Johannes von Müller: Geschichtsschreiber der Goethezeit. Schaffhausen.

W. Pöls (1976), Bismarck und Sybels „Begründung des Deutschen Reiches durch Wilhelm I.“. in: Festschrift für Richard Dietrich zum 65. Geburtstag. Frankfurt am Main/München.

E. Radvany (1971), Mettenich's Projects for Reform in Austria. The Hague.

S. Rebenich, H-U Wiemer hg. (2012), Johann Gustav Droysen: Philosophie und Politik-Historie und Philologie. Frankfurt am Main.

M. Riedel (1961), Vom Biedermeier zum Maschinen zeitalter : Zur Kluturgeschichte der ersten Eisenbahnen in Deutschland. in : Archiv für Kulturgeschichte. Bd. XLIII/1.

- (1963), Der Staatsbegriff der deutschen Geschichtsschreibung des 19. Jahrhunderts in seinem Verhältnis zur klassische-politischen Philosophie. in: Der Staat. Bd. 2-1.

- (1975), Politik und Geschichte: F. C. Dahlmann und der Ausgang der Aristoteles-Tradition. in: ders., Metaphysik und Metapolitik: Studien zu Aristoteles und zur politischen Sprache der neuzeitlichen Philosophie. Frankfurt am Main.

R. Roepell (1883), Karl Wenceslaus von Rotteck. Breslau.

J. Rüsen (1969), Begriffene Geschichte : Genesis und Begründung der Geschichtstheorie J.G. Droysens. Paderborn.

U. Ruttmann (2001), Wunschbild-Schreckbild-Trugbild: Rezeption und Instrumentalisierung Frankreichs in der deutschen Revolution von 1848/49. Stuttgart.

S. Schama (1989), Citizens: A Chronicle of the French Revolution. New York（栩木泰訳、サイモン・シャーマ『フランス革命の主役たち：臣民から市民へ（上・中・下）』中央公論社、一九九四年）

A. Scharff (1965), F. Ch. Dahlmann: Leistung und Bedeutung für Universität und Land. in: Zeitschrift für Schleswig-Holsteinische Geschichte. Bd. 90.

C. B. Schaum (1993), Arnold Hermann Ludwig Heeren: Ein Beitrag zur Geschichte der Geschichtswissenschaft zwischen Aufklärung und Historismus. Frankfurt am Main.

K. Schib (1967), Johannes von Müller: 1752-1809. Thayngen-Schaffhausen.

T. Schieder (1958a), Staat und Gesellschaft im Wandel unserer Zeit: Studien zur Geschichte des 19. und 20. Jahrhunderts. München 1958.（岡部健彦訳、Th・シーダー『転換期の国家と社会：１９・２０世紀史研究』創文社、一九八三年）

- (1958b), Das Problem der Revolution im 19. Jahrhundert. in: Schieder (1958a)

- (1958c), Die Theorie der Partei im älteren deutschen Liberalismus. in: Schieder (1958a)

- (1962), Die historischen Krisen im Geschichtsdenken Jacob Burckhartdts. in: ders., Begegnungen mit der Geschichte. Göttingen.

W. Schieder hg. (1983), Liberalismus in der Gesellschaft des deutschen Vormärz, Göttingen.

A. v. Schlachta (2012), "Wer lang durch stark gefärbtes Glas gesehen, wird von der natürlichen Beleuchtung der Dinge unangenehm berührt":Der König als politisches Argument im 19. Jahrhundert. in: B. Sösemann, G. Vogt-Spira hg., Friedrich der Große in Europa: Geschichte einer wechselvollen Beziehung. Bd. 2. Stuttgart.

H. Schleier (1965), Sybel und Treitschke: Antidemokratismus und Militarismus im historisch-politischen Denken großbourgeoiser Geschichtsideologen. Berlin.

M. Schlenke (1955), Kulturgeschichte oder politische Geschichte in der Geschichtsschreibung des 18. Jahrhunderts: Willam Robertson als Historiker des europäischen Staatensystem. in: Archiv für Kulturgeschichte. Bd. 37/1.

H. Schmidt (1990), Die Französische Revolution in der deutschen Geschichtsschreibung. in: Francia. Bd. 17/2.

F. Schnicke (2010), Prinzipien der Entindividualisierung: Theorie und Praxis biographischer Studien bei Johann Gustav Droysen. Köln/Weimar/Wien.

H. Schnödelbach (1974), Geschichtsphilosophie nach Hegel : die Probleme des Historismus. Freiburg（古東哲明訳、H・シュネーデルバッハ『ヘーゲル以後の歴史哲学：歴史主義と歴史的理性批判』法政大学出版局、一九九四年）

R. Schöttle (1994), Politische Theorien des süddeutschen Liberalismus im Vormärz: Studien zu Rotteck, Welcker, Pfizer. Baden-Baden.

P. W. Schroeder (1986-7), The 19th-Century International System: Changes in the Structure. in: World Politics. vol. XXXIX.

- (1989), The nineteenth century system: balance of power or political equilibrium? in: Review of International Studies. vol. 15.

- (1992), Did the Vienna Settlement Rest on a Balance of Power? in: American Historical Review. vol. 97.

E. Schulin (1971), Zeitgeschichtschreibung im 19. Jahrhundert. in: Festschrift für Hermann Heimpel: zum 70. Geburtstag am 19. September 1971. Bd. 1. Göttingen.

H. Seier (1959), Sybels Vorlesungen über Politik und die Kontinuität des „staatsbildenden“ Liberalismus. in:

Historische Zeitschrift. Bd. 187.
- (1961), Die Staatsidee Heinrich von Sybels in den Wandlungen der Reichsgründungszeit 1862/71. Lübeck.
- (1973), Heinrich von Sybel. in: Wehler hg. (1971-82), Bd. 2.
- (1981), Heeren und England. in: L. Kettenacker, M. Schlenke, H. Seier hg., Studien zur Geschichte Englands und der deutsch-britischen Beziehungen. München.
- (1982), Arnold Herrmann Ludwig Heeren. in: Wehler hg. (1971-82), Bd. 9.
J. J. Sheehan (1978), German Liberalism in the Nineteenth Century. Chicago/London.
- (1989), German History 1770-1866. Oxford.
W. Siemann (2010), Metternich : Staatsmann zwischen Restauration und Moderne. München.
S. Skalweit (1995), Die Reformbill in Hegels Schrift und in Dahlmanns "Politik". in: Politik und Geschichte: zu den Intentionen von G. W. F. Hegels Reformbill-Schrift (Hegel-Studien. Beiheft 35). Bonn.
R. Stadelmann (1948), Soziale und politische Geschichte der Revolution von 1848. München（大内宏一訳、シュターデルマン『1848年ドイツ革命史』創文社、一九七八年）
P. Stadler (1958), Geschichtsschreibung und historisches Denken in Frankreich 1789-1871. Zürich.
P. Sweet (1970), Friedrich von Gentz. Westport/Conn.
J. E. Toews (1980), Hegelianism: The path toward dialectical humanism 1805-1841, Cambridge.
R. Vierhaus (1982), Liberalismus. in: GGB. Bd. 3.
- (1983), Liberalismus, Beamtenstand und konstitutionelles System. in : W. Schieder hg. (1983).
- (1987), Deutschland im 18. Jahrhundert : Politische Verfassung, soziales Gefüge, geistige Bewegungen. Göttingen.
M. Völker (1978), Die Auseinandersetzung mit der Französischen Revolution in der Geschichtsschreibung der „kleindeutschen" Schule. Frankfurt am Main.
K A. Vogel (1989), Der Kreis um die Kieler Blätter (1815-1821) : Politische Positionen einer frühen liberalen Gruppierung in Schleswig-Holstein, Frankfurt am Main.
J. Voss (1983), Vorwort des Herausgebers. in: Voss hg. (1983)
- (1991), Karl von Rotteck und die Französische Revolution. in: R. Dufraisse hg., Revolution und Gegenrevolution 1789-1830: Zur geistigen Auseinandersetzung in Frankreich und Deutschland. München.
J. Voss hg. (1983), Deutschland und die französische Revolution. München.
Ch. Wagner (1991), Die Entwicklung Johann Gustav Droysens als Althistoriker. Bonn.
J F. Wagner (1995), Germany's 19th Century Cassandra : The Liberal Federalist Georg Gottfried Gervinus. New York.
G. Walther (1993), Niebuhrs Forschung. Stuttgart.
H-U. Wehler hg. (1971-82), Deutsche Historiker. 9 Bde. Göttingen（ドイツ現代史研究会訳、ヴェーラー編『ドイツの歴史家（全五巻）』未来社、一九八二〜五年）
T. Wilhelm (1928), Die englische Verfassung und der vormärzliche deutsche Liberalismus : eine Darstellung und Kritik. Stuttgart.
- (1933), Die Idee des Berufsbeamtentums : ein Beitrag zur Staatslehre des deutschen Frühkonstitutionalismus. Tübingen.
B. C. Witte (1979), Der preußische Tacitus: Aufstieg, Ruhm und Ende des Historikers Barthold Georg Niebuhr 1776-1831. Düsseldorf.
P. Wittichen (1916/18) Friedrich v. Gentz' ungedrucktes Werk über die Geschichte der französischen Nationalversammlung. in: Historische Vierteljahrschrift. Bd. 18.

## 二次文献（邦語）

安酸敏真 (2007)「アウグスト・ベークと文献学」『北海学園大学人文論集』第三七巻。
- (2009)「アウグスト・ベークの解釈学」『年報新人文学』第六巻。
- (2010)「ドロイゼンの『探求的理解』について」『年報新人文学』第七巻。
飯田芳弘 (2013)『想像のドイツ帝国：統一の時代における国民形成と連邦国家建設』東京大学出版会。
伊藤貞夫 (1982)『古典期アテネの政治と社会』東京大学出版会。
井上幸治 (1981)『ロベスピエールとフランス革命』誠文堂新光社。

大石学 (1987)「理念をつくる力：ドロイゼンの『人倫的諸力』概念について」『ディルタイ研究』第一号。
大内宏一 (2006)「19 世紀ドイツにおける歴史学と市民階層：シュロッサー、ゲルヴィーヌス、そしてトライチュケ」『早稲田大学大学院文学研究科紀要』第五十二・四巻。
大戸千之 (1993)『ヘレニズムとオリエント：歴史のなかの文化変容』ミネルヴァ書房。
大原まゆみ (2003)『ドイツの国民記念碑 1813 年 -1913 年：解放戦争からドイツ帝国の終焉まで』東信堂。
小畑俊太郎 (2010)「ブラックストンのイングランド国制論：自然法・古来の国制・議会主権」『政治思想研究』第一〇号。
小原淳 (2011)『フォルクと帝国創設：19 世紀ドイツにおけるトゥルネン運動の史的考察』彩流社。
亀山健吉 (1978)『フンボルト：文人・政治家・言語学者』中公新書。
川出良枝 (1996)『貴族の徳、商業の精神：モンテスキューと専制批判の系譜』東京大学出版会。
岸田達也 (1976a)『ドイツ史学思想史研究』ミネルヴァ書房。
- (1976b)「ドロイゼン『史学論』の構想とその背景」岸田 (1976a) 所収。
- (1976c)「ランケ・ルネサンスを中心とするドイツ政治史学の展望」岸田 (1976a) 所収。
熊谷英人 (2010)「幻影の共和国――J. G. フィヒテ、『二十二世紀』からの挑戦」『国家学会雑誌』第一二三巻三・四号。
- (2011a)「『均衡』の宇宙：思想家としてのフリードリヒ・ゲンツ」『政治思想研究』第一一号。
- (2011b)「学界展望――D. Langewiesche, Liberalismus in Deutschland ほか」『国家学会雑誌』一二三巻九・一〇号。
- (2015)「ある政治史の出発：B. G. ニーブーアのローマ王政論」『政治思想研究』第一五号。
権左武志 (2010)『ヘーゲルにおける理性・国家・歴史』岩波書店。
坂井栄八郎 (1998a)『ドイツ近代史研究：啓蒙絶対主義から近代的官僚国家へ』山川出版社。
- (1998b)「シュルツェ＝デーリッチュ、フェルディナント・ラサール、そしてヘルマン・ヴァーグナー：プロイセン憲法紛争期ドイツ自由主義の『第三身分』的社会政策思想をめぐって」坂井 (1998a) 所収。
- (1998c)「帝国建設と自由主義の挫折」坂井 (1998a) 所収。
- (1998d)「ドイツ統一期の国家と社会」坂井 (1998a) 所収。
佐藤真一 (2010)「ランケとフランス七月革命」『国立音楽大学研究紀要』第四五号。
柴田三千雄 (2007)『フランス革命』岩波現代文庫。
柴田三千雄ほか編 (1996)『世界歴史体系・フランス史（２）』山川出版社。
末川清ほか編訳 (1992)『ドイツ史の転換点 1848-1990』晃洋書房。
杉本淑彦 (2002)『ナポレオン伝説とパリ：記憶史への挑戦』山川出版社。
鈴木杜幾子 (1994)『ナポレオン伝説の形成：フランス一九世紀美術のもう一つの顔』筑摩書房。
髙山裕二 (2012)『トクヴィルの憂鬱』白水社。
田熊文雄 (2004)「ヨハン・ヤコービの思想と著作について」『岡山大学文学部紀要』第四二巻。
- (2006a)『増補版・近代ドイツの国制と市民：地域・コルポラツィオンと集権国家』御茶ノ水書房。
- (2006b)「ヨハン・ヤコービの出自・教育と政治 - 社会思想：一八〇五―三一年について」『同上』第四五巻。
- (2006c)「初期ヨハン・ヤコービのユダヤ人解放・憲法・検閲論：一八三二年―一八三七年の書簡をめぐって」『同上』第四六巻。
- (2007)「ヨハン・ヤコービとケーニヒスベルク市民的反対派の形成：検閲と政治サークルをめぐって（一八三七―一八四一年）」『同上』第四八巻。
- (2008)「一八四〇年代初頭のヨハン・ヤコービの国政論」『同上』第五〇巻。
竹本秀彦 (1984)「歴史叙述と歴史的構想力：J・G・ドロイゼンの Historik」『思想』第八〇七号。
谷口健治 (2001a)『ドイツ手工業の構造転換：「古き手工業」から三月前期へ』昭和堂。
- (2001b)「一八四八年革命期の手工業者運動」谷口 (2001a) 所収。
玉井克哉 (1990-1)「ドイツ法治国思想の歴史的構造（一）～（五）」『国家学会雑誌』第一〇三巻九・十号～一〇四巻七・八号。
玉川裕子 (1991)「ビーダーマイアー期における『市民』と音楽」日本ドイツ学会編『ドイツ市民文化の光と影』（成分堂）所収。
東畑隆介 (1994a)『ドイツ自由主義史序説』近代文藝社。
- (1994b)「ハノーファー王国の憲法紛争」東畑 (1994a) 所収。
- (1994c)「フリードリヒ・クリストフ・ダールマンの政治思想」東畑 (1994a) 所収。
成瀬治 (1988a)『絶対主義国家と身分制社会』山川出版社。

- (1988b)「『三月前期』における代議制の性格」成瀬 (1988a) 所収。
- (1988c)「初期自由主義と『身分制国家』：ヴュルテンベルク憲法の成立をめぐって」成瀬 (1988a) 所収。
成瀬治ほか編 (1996)『世界歴史体系・ドイツ史（２）』山川出版社。
西村貴裕 (2002)「一八四六年・四七年のゲルマニステン集会：ゲルマニステンは何を意図したか」『比較法史研究』第一〇巻。
望田幸男 (1977)『近代ドイツの政治構造：プロイセン憲法紛争史研究』ミネルヴァ書房。
前川貞次郎 (1956)『フランス革命史研究：史学史的研究』創文社。
- (1988)「ダントン研究史の問題：フランス革命史学史の一章」同『歴史を考える』（ミネルヴァ書房）所収。
前川道介 (1993)『愉しいビーダーマイヤー：19 世紀ドイツ文化史研究』国書刊行会、一九九三年。
松本礼二 (1977)「フランス革命論の系譜：一七八九〜一八三〇」『社会科学研究』第二十九巻四号。
丸畠宏太 (1998)「ドイツ自由主義研究における地域と全体：ゲマインデ自由主義論を中心に」、『姫路獨協大学外国語学部紀要』第一一号。
南直人 (1986)「ドイツ『初期』自由主義とその社会的基盤：ハンバッハ祭を中心に」『西洋史学』第一四一巻。
- (1987)「ドイツ自由主義の社会観と手工業者問題」『社会科学研究』第三八巻。
村岡晢 (1981a)『近代ドイツの精神と歴史』創文社。
- (1981b)「『ハンバハ祭』とハインリヒ・フォン・ガーゲルン」村岡 (1981a) 所収。
村上淳一 (1990)「ナショナリズムとフェデラリズム：ドイツ人の近代」同『ドイツ現代法の基層』（東京大学出版会）所収。
室井俊通 (1997)「『国民』のプロジェクトとしてのケルン大聖堂」滝田毅編『転換期のヨーロッパと日本』（南窓社）所収。
森田直子 (2001)「近代ドイツの市民層と市民社会：最近の研究動向」『史学雑誌』一一〇篇第一号。
山田欣吾 (1992)「地域史研究と歴史協会：十九世紀前半ドイツにおけるその社会史的考察」同『国家そして社会』（創文社）所収。
山田登世子 (1995)『メディア都市パリ』ちくま学芸文庫。
若尾祐司 (2005)「近代ドイツの地域文化と歴史協会：十九世紀前半ナッサウ歴史協会の設立と活動」（同編『記録と記憶の比較文化史』（名古屋大学出版会）所収。
K・H・イルティング (1989)「ヘーゲル『法の哲学』の構造」藤原保信ほか訳、Z・A・ペルチンスキー編『ヘーゲルの政治哲学：課題と展望』（新装版、御茶ノ水書房）所収。
H・A・ヴィンクラー (1992)「ブルジョアの権力放棄」末川ほか編 (1992) 所収。
W・コンツェ (1977) 木谷勤訳、『ドイツ国民の歴史：中世から現代まで、歴史の成果』創文社。
W・シーダー (1992)「望まれなかった革命」末川ほか編 (1992) 所収。
ジャン＝クリスチャン・プティフィス (2008)、小倉孝誠監訳『ルイ十六世（全二巻）』中央公論新社。
ハインツ・モーンハウプト (1999)、黒田忠史訳「ドイツ法史における『法治国家』概念の変遷：十九〜二十世紀の理論と実務の間で」『甲南法学』第三九巻三・四号。

# 註

本書の分析対象となる史論家の主要文献については、たとえば J. G. Droysen, Vorlesungen über die Freiheitskriege の第二巻四一頁ならば、略号 (DrVF, 2:41) で引用する。また、引用に際しては注記のないかぎり、初版を用いる。ただし、ロテックの『一般史』は多くの版が流通したため、本書では便宜上、章 Kapitel と節をもって引用する。たとえば、第九巻一章五節は、(RAG, 9: 1, §5) と略号で表記する。なお、原典の表記が現代ドイツ語表記と異なる場合、前者を優先する。

そのほかの文献の引用に際しては、著者名・(刊行年)・頁数の略号によって表記する。

例：Schulin (1971), 31-2

原典および重要文献の略号は以下のとおり。

BD: Günther hg. (1985)
DaBW: Dahlmann (1885-6)
DaGR: Dahlmann (1845)
DaKS: Dahlmann (1886)
DaP: Dahlmann (1997)
DrBW: Droysen (1967)
DrH: Droysen (1977ff.)
DrPS: Droysen (1933)
DrVF: Droysen (1846)
GGB: Brunner, Conze, Koselleck hg. (1972-97)
GGS: Gentz (1997-2004)
HRF: Mignet (1824)
NGR: Niebuhr (1845)
RAG: Rotteck (1830)
SBR: Sybel (1889-94)
SDS: Sybel (1940)
SGR: Sybel (1853-79)
SKS: Sybel (1863-80)
SL: Rotteck, Welcker hg. (1845-8)
SPP: Sybel (1847b)
SUN: Sybel (1941)
SVAb: Sybel (1897)
SVAu: Sybel (1875)

## 序

(1) 本書で展開される議論の前提となる歴史的背景については以下の概説書を用いた。十九世紀ドイツ史については Faber (1979); Sheehan (1989)、十九世紀フランス史については de Sauvigny (1966)、フランス革命史については Furet, Ozouf ed. (1988); Doyle (1989); Schama (1989); Blanning (1998) を参照した。
(2) Lübbe (1963), K. 4.
(3) Hippel hg. (1989), 305ff.
(4) Ranke (1879), 247; ランケ (1966), 104 も参照。
(5) Dippel (1992), 99-101; Grab (1983), 307-10; Haupt (1977).
(6) Häusser (1869), Bd.1, 35-6, 303.
(7) Muhlack (1991), 51-63.
(8) Giesebrecht (1859), 7ff., 11-2.
(9) Mohl (1825), IV.
(10) 十九世紀における「同時代史」の政治性については、Schulin (1971) が参考になる。
(11)「自由主義」(自由派) Liberalismus の概念については、第Ⅱ部一章一節で詳しく論ずる。
(12) 無論、十九世紀ドイツの歴史叙述がフランス革命史に限らず、サヴィニーからトライチュケに至るまで「政治的」であったことはいうまでもない。一見、当時の政治的現実とは無関係に見える中世史研究さえ「政治的」であった(たとえば、「ジーベル・フィッカー論争」)。ただし、そのなかでもフランス革命史の「政治」性は際立っていた。古代史や中世史に対する歴史的評価よりも、革命史評価ははるかに著者の政治的立場を反映したからである。十九世紀前半の欧州はいまだフランス革命の影響下にあった。とりわけ、フランス革命史の重要性については、Schulin (1971), 113ff. が詳しい。
(13)「フランス革命とドイツ」の主題に関する先行研究は膨大な量にのぼるが、ほとんどが革命の同時代的反応をあつかったものである。そのため、個別の思想家や歴史家に関するモノグラフを除いて、ナポレオン戦争後のフランス革命観をあつかった研究は少ない。

そのなかでは、Schieder (1958b) が、十九世紀前半のドイツにおける革命観を保守派から急進派まで概観する優れた研究である。同時代の歴史叙述への目配りを欠くのが唯一の欠点ではあるが、古さを感じさせない、卓越した研究というほかない。

Schieder の論文を受けて登場した、Neumüller (1973); Völker (1978); Schmidt (1990) はいずれも、自由派のフランス革命史論をあつかったモノグラフである。

Neumüller は史論の内容にまで立ち入ったうえで丁寧な分析をおこなっており、最新の思想史・政治史の研究でも引証される研究である。最大の問題点は「自由主義」をひとくくりにすることで個別論者の相違点や個性に十分に目配りしていないことである。本書でみるように、ダールマンとドロイゼンとジーベルでは問題意識から背後に潜む国家像に至るまで大きく異なっている。これは、Neumüller が基本的には史論にのみ着目し、同じ著者による政論を考慮していないこと、そして執筆時期(三月前期か後期かではまったく時代状況が異なる)を考慮せずに史論を引用していることに起因する。多様な論者たちを「自由主義」と一括して、革命史論を「中間層」の政治的イデオロギーの表出とみたところで、三月前期の思想地図を精確に把握することにはならないだろう。

Völker の研究は三月前期から第二帝政期までのフランス革命史論をあつかっており、現在では無名の歴史家を紹介している点で貴重である。だが、構成からしても個別の歴史家についての議論は概説の域を出ておらず、政論を踏まえた史論の分析は疎かにされている。なにより多様な歴史家たちを「小ドイツ的歴史叙述」という枠組で捉えることには、明らかな無理があり、思想地図が歪められてしまっている。ドロイゼンや三月後期の歴史家を「小ドイツ」的な枠組で理解することは可能だとしても、後述するように国際関係に比較的無関心なダールマンはこの図式にあてはまらない。また、「小ドイツ的歴史叙述」と分類されうる歴史家についても、一面的な観点から読解することで、歴史家の国家観や革命像への十分な理解への道が断たれてしまっている。

Schmidt はナポレオン戦争終結から第二帝政期までのドイツにおけるフランス革命史論を概観する。文献は比較的網羅的に紹介されており、その位置づけも精確である。ただし、論文の性格からして、テクストを詳細に分析するにはいたっていない。

本書の分析範囲外である十九世紀後半、とりわけ第二帝政成立以降の時期をあつかった研究としてはすでに挙げた、Grab (1983); Haupt (1977); Dippel (1992) がある。

個別の思想家や論点に関する研究はその都度挙げることとする。
(14) ドイツ史において「三月前期」Vormärz とは、広義には一八一五〜四八年、狭義には、「復旧期」Restauration(一八一五〜三〇年)につづく一八三〇〜四八年を指す。本書では狭義の意味で用いる。また、

Restauration は、通例、フランス史では「王政復古」と訳されるが、ドイツ諸国ではナポレオン戦争前後で政体は変わっていないので「復旧期」と訳す。

(15) 十九世紀ドイツの一部の歴史家の特質を表現するためにしばしば用いられる「政治的歴史叙述」概念は、そもそも説明概念として大きな難点を抱えている。というのも、そもそも、およそ「政治的」でない歴史叙述など存在しただろうか。一見「客観的」で「価値中立」的な歴史研究に忍び込む無意識の「イデオロギー」的「政治性」という問題や、歴史叙述の根源的な「恣意性」といった問題について語っているのではない。むしろ古典古代以来、歴史叙述とは意識的かつ意図的に「政治的」であった。初学者向けの提要や教科書類や古事学的研究はひとまず措くとしても、歴史叙述のほとんどは後世に教訓を残すために、歴史家自身の政治的見解を過去の事件に投影するために叙述されたものであった。

にもかかわらず、「政治的歴史叙述」がことさら十九世紀ドイツの状況を説明する概念として用いられる原因の一つとして、十九世紀に成立した学的方法としての「歴史学」は「政治性」と相容れないとする、俗流ランケ的確信を挙げることができよう。だが、これは完全な誤解である。むしろ、「政治」的目的に供したがゆえに「歴史学」はあれほど急速な発展を遂げることができたのだ。また、ランケのいう「客観的」とは、「価値中立的」を意味しなかった。さらに英国やフランスの歴史叙述などは十九世紀後半に至るまで、およそ学的方法意識とは無縁であった。

「政治的歴史叙述」を従来の歴史叙述と区別する指標があるとすれば、それは「歴史意識」の形成と関連している（「歴史意識」の生成については第Ⅱ部一章一節を参照）。無時間的に過去と現在を直結させる旧来の歴史叙述――マキアヴェッリの『ディスコルシ』やボダンの『歴史方法論』はその好例だろう――に対して、十九世紀の歴史叙述、とりわけドイツ歴史学を特徴づけるのは、歴史をひとつの「大河」に見立てる「歴史意識」である。こうして無媒介的な過去と現在の結合は不可能となる。

だが、本書の議論を読み進めてゆけばわかるように、この区分さえも現実には曖昧さを多分に残している。時間的に遠く隔たった領域を研究する場合（たとえば中世史）、十九世紀のドイツ史論家たちは過去と現在の無媒介的連結には慎重である。だが、ひとたび同時代史が問題となるやいなや、彼らの国家論や同時代に関する政治的見解は鮮明に現れてくる。そして、フランス革命史は本質的に同時代史だった。

(16) こうしたレッテル貼りは、ロック、ヒューム、ヴォルテール、ヘーゲル、ミルの政治思想を「ブルジョワ国家論」とひと括りにすることと大差ないはずである。だが、珍妙なことにドイツ思想史研究の分野ではしばしば、ある思想家の思想分析の結論として「市民的歴史叙述」や「市民的政治思想」といったレッテルに出会うことが多い。個々の思想家の問題関心や技法を無視する Neumüller や Völker の研究はこの点でも信頼性に乏しいように思われる。以上のようなレッテルや概括は、あくまで分析以前のひとつの前提としてのみ有効なのであり、分析概念としての使用はおよそ不毛な結果をもたらす。

(17) Zimmermann (1845), 524-5.

(18) Wachsmuth (1840-4), Bd. 1, VI-VII.

(19) Häusser (1869), Bd. 1, 36-7.

## 第Ⅰ部

(1) Humboldt (1986), 55.

(2) 亀山 (1978), 44ff.

(3) 特に、Schama (1989)（邦訳 , 中 , 184ff.）を参照。

(4) Hammer (1983) は、革命期パリを訪れた代表的なドイツ知識人を紹介している。

(5) 同時代のドイツ知識人たちの反応については、Träger hg. (1975) を参照。

(6) ミュラーには、スイス圏の研究者を中心とする手厚い研究蓄積があるが、ここでは優れた紹介論文 Bonjour (1979) と、標準的な伝記研究 Schib (1967) だけを挙げておく。

(7) 同時代の歴史家たちとミュラーとの関係については、Schib (1967), 430-82 が幅ひろく紹介している。

(8) A. Müller (1808), 39-40.

(9) J. v. Müller (1810-40), Bd. 15, 368.

(10) とりわけ文体の面では、タキトゥスが模範とされた（J. v. Müller (1810-40), Bd. 8, 412ff.）。その情熱的な文体のために、ポリュビオスやタキトゥスを忌避するロマン派――クロイツァー、シュレーゲル兄弟、アダム・ミュラー、シェリングなど――でさえもミュラーを歴史叙述の模範とみた事実は興味ぶかい（Momigliano (2000d), 47-8, 48ff.）。彼らロマン派にとって、歴史叙述とは、「実用的」目的とは無関係に、経験的分析と

「藝術家的」叙述を通して、「必然性」と「自由」の、「現実」と「理念」の綜合を目指すべきものであった。一方でミュラーは、カントに代表される歴史哲学的傾向を嫌いぬいた。

逆にミュラーがもっとも高く評価した同時代の歴史家たち——シラー、ルーデン、ホーマイヤーなど——はいずれも史料批判ではなく、政治的文藝としての歴史叙述をこころみた人々であった。こうしたミュラー的（あるいは「実用的」）伝統が、いかに十九世紀において忘却されていったかは、それ自体として興味ぶかい主題といえる。古典古代から十八世紀に至る、歴史叙述の「実用的」目的については、Muhlack (1991), 44-51 が参考になる。

ちなみに本書では便宜上、ポリュビオスとタキトゥスを「実用的」歴史観としてひとくくりにすることがある。両者ともに歴史を政治的あるいは道徳的陶冶の手段と捉えた点、政治史をもって歴史叙述の本領とした点で、両者は共通している。それでも、両者の歴史叙述に対する姿勢が大きく異なる点も見逃すべきではない。ポリュビオスがトゥキュディデスの後裔に属するのに対して、タキトゥスは独立した伝統を形成した (Momigliano (1990), 109ff.)。

(11) J. v. Müller (1810-40), Bd. 27, 364.

(12) 一例として、Woltmann (1800) を参照せよ。

(13) 本書の問題設定上、革命当初の革命史論について包括的に扱うことはできない。また、ブランデスの作品は通常はむしろ政論に分類されるが、史論的分析もおこなっているので、その限りで扱うこととする。

本文中で言及する作品以外の初期史論としては、Schulz (1790); Girtaner (1791) があるが、前者は質の低さ、後者は資料集としての性格が強いことから、分析対象から除外した。当時の革命史論に関する包括的な分析は他日を期したい。

(14) ラインハルトは、シュヴァーベン出身でテュービンゲン神学校（ヘーゲルらと同門！）卒業後、家庭教師を経て、一七九一年にはフランスで外交官に登用された人物である。政治的には、パリを訪れたドイツ知識人たちと同様、ジロンド派に共感を覚えていた (Hammer (1983), 32ff.)。実証的な伝記研究としては、Delinière (1989) がある。

(15) ネッケル問題については第 I 部一章三節で独立してあつかう。

(16) Spittler (1827-37), Bd. 14, 382, 394-5. ただし、基本的なフランス革命観の点で、シュピットラーはブランデスの議論を全面的に受け容れている (ebd., 381-2, 388)。

(17) Spittler (1827-37), Bd. 3, 245-8.

(18) ゲンツの政治思想については、熊谷 (2011a) を参照。現在の研究状況については、同論文の注 4 に詳しい。本書では、同論文では紙幅の関係上、扱うことのできなかった、ゲンツのフランス革命史論に焦点を当てて分析する。

(19) Wittichen (1916/18)

(20) ゲンツとミュラーの関係は単に学問的なものではなく、多分に政治的利害がからんでいた (Schib (1967), 228ff.)。だが、戦略的な追従がいくぶん混入していようとも、ミュラーに対するゲンツの過剰な讃辞のうちに、「歴史家」ミュラーへの尊敬が反映されていることも疑いない。学問化された歴史学とはおよそかけ離れた、政論と史論からなる自前の雑誌に、ゲンツが『歴史雑誌』という名を与えたことも、示唆的である。後年、ミュラーの政治的立場に批判的になった後も、ゲンツにとっての「歴史」的なるものの原像は、あくまでミュラー的でありつづけた。

(21) 当時のドイツにおける「陰謀論」的説明については、Epstein (1966), 506ff. を参照。

(22) ただし、ゲンツがつねに「啓蒙」の十八世紀に高い評価を与えていたことを忘れてはならない (熊谷 (2011a), 319ff.)。

(23)「人身の自由」の欠如の証拠となる、裁判を介さない無制限の逮捕状たる「封印状」についても、ルイ十六世治下ではほとんど使われなかったと指摘している (GGS, 5: 123-4)。

(24) ゲンツは、いくつかの欠陥や「不幸な身分」の存在を認めている。特に「欠陥多き租税体系」(GGS, 5: 116-8) や、人口過剰 (GGS, 5: 118-21) は見逃せないとされているが、一方でそれらの欠陥は必ずしも革命を必然的に招くほどに大きなものとはみなされていない。

(25) こうした「特権身分」と「市民層」との利益対立の存在に対する疑問は、いわゆる十九世紀に形成された「ブルジョワ革命論」に対する「修正派」によって、あらためてフランス革命史研究の論点として注目されるようになった。この点については、Doyle (1999), Part I を参照。

(26) Doyle (1999), 70-5 は、高等法院は王権が弱体であるときのみ抵抗勢力たりえたとして、このときの復活は大勢に影響はなかったとしている。

(27) 全国三部会召集決定時の政権担当者ブリエンヌに対する批判はさらに厳しい。「活力」や「能力」は無論の

こと、最低限の専門知識さえももちあわせない人物の「浅ましさについてはすべての党派が一致しており」、「その名前には躊躇なく、歴史は軽蔑の杯をそそぐことであろう」。そこにあるのは、「生半可なフィロゾーフのおしゃべり」と「小賢しい宮廷人の不敵さ」だけだ (GGS, 5: 198-9)。

また、テュルゴーとマルゼルブについては、第Ⅱ部二章一節で扱う。

(28) Gentz (1799), 237.

(29) Gentz (1800), 115ff., 126ff..

(30) フランス財政の統括者の役職は「財務総監」であるが、ネッケルはプロテスタントであるために官職名は「財務長官」とされた。

(31) ネッケルの第一期における活動については、Schama (1989)（邦訳 , 上 , 148ff.）を参照した。

(32) Brandes (1790), 34-5.

(33) ebd., 29-30.

(34) ebd., 28-32.

(35) 十七世紀から十八世紀末までの英国国制論については、Kraus (2006) が網羅的な概観を提供しているほか、一八世紀後半から一九世紀初頭の英国観については特に、McClelland (1971), part I, II を参照せよ。

(36) Brandes (1790), 33-8; Spittler (1827-37), Bd. 3, 244.

(37) Kraus (2006) が一貫して強調しているように、英国国制を高く評価するドイツ知識人も、英国国制の大陸への、とりわけドイツへの移植可能性については否定的であった。

(38) Metternich (1880-4), Bd. 3, 296-7（邦訳、241）。

(39) Gervinus (1839), 317-20, 322-3.

(40) ランケ (1966), 80-2.

(41) ebd., 83-5（訳文は改めた）。また、Giesebrecht (1859) , 7ff.

(42) Gentz (1887), 496, 540-3. なお、ゲンツのウィーン会議における活動および評価については、Dorn (1993), 97ff., 157ff., 180ff. が詳しい。

(43) Metternich (1880-4), Bd. 1（邦訳、252）

(44) この問題については、Schroeder (1986-7); (1989); (1992) を参照。

(45) Heeren (1821-6), Bd. 8, 13-4.

(46) Metternich (1880-4), Bd. 1, 33-5. さらにメッテルニヒの国際政治観については、de Sauvigny (1959), 81-91 が重要な貢献をなしている。

(47) Gentz (1876), 354-5.

(48) Heeren (1821-6), Bd. 9, 443-4.

(49) Metternich (1880-4), Bd. 3, S. 66-7; de Sauvigny (1959), 150-2.

(50) Metternich (1880-4), Bd. 1（邦訳、238）

(51) Gentz (1876), 360-1.

(52) Gentz (1887), 555.

(53) 十九世紀ドイツの国際秩序論については、Gollwitzer (1951); Holbraad (1970) が詳しい。

(54) Stein (1986), 351-2.

(55) Heeren (1821-6), Bd. 2, 430-40, Bd. 9, 414-9.

(56) de Sauvigny (1960), 249-57; Dorn (1993), 189ff. ただし、神聖同盟は必ずしも当初から「反動」の道具とみなされていたわけではなく、神聖同盟に「キリスト教的欧州」理念を期待する論客が、改革派（シュタインなど）・保守派（バーダー、ビューローなど）の双方にいたことは留意すべきであろう（Gollwitzer (1951), 235ff.）。ヘーレンもまた神聖同盟を欧州協調の支柱として評価している（Heeren (1821-6), Bd. 9, 444-5)。K. G. Faber はこうした復古派ともロマン派とも異なる人々を「国家保守主義」Staatskonservatismus と定義している。

(57) Dorn (1993), 296ff.; Radvany (1971)

(58) 追悼ミサについての同時代証言に関しては Spiel hg. (1965), 190-3 を参照。ルイ十六世の死後、革命下のフランスにおいてさえ、国王崇拝は細々と続いていた。その後、王政復古初期になると熱狂的なルイ十六世ブームがみられ、長期間かけて沈静化していったという（プティフィス (2008), 566-81）。

(59) 第十三条の成立事情については、Mager (1973) を参照。

(60) Aretin (1955); Büssem (1974), 29-40.

(61) メッテルニヒは「欽定成文憲法」Charte (landständische Verfassung) と「国制」Constitution (Verfassung) というふたつの概念を厳密に区別する。「欽定成文憲法」はただちに「国制」となることはない。それはあく

まで「秩序」の「出発点」にすぎないのであって、「時間」によって正統性を付与されることによってはじめて、「欽定成文憲法」は「国制」の一部となりうるのである (Metternich (1880-4), Bd. 8, 525-6)。

(62) メッテルニヒは「枢密院」Staatsrat のほか、「中央委員会」や「帝国院」Reichsrat といった名称を用いているが、本書では便宜上、「枢密院」で統一する。

(63) Metternich (1880-4), Bd. 8, 510ff.; Radvany (1971), 36ff.

(64) Metternich (1880-4), Bd. 3, 66-7.

(65) ebd., Bd. 8, 520-1.

(66) 一八一〇年代のドイツ連盟諸国の憲法制定過程については、Faber (1979), 101ff. が卓越している。

(67) Gentz (1893), 336-7. なお、Büssem (1974), 165-73 は、現実の状況に照らし合わせたうえで、ゲンツの批判が的外れだったことを論証している。だが、こうした議論は同時代の統治層の抱いた議会に対する心理的恐怖感を説明することにはならない。

(68) ebd., 173-86.

(69) Haake (1920) は、確認できたかぎりで唯一のアンシヨンに関する個別研究である。未公刊書簡を用いて王太子との関係を分析した伝記研究であり、思想分析には乏しい。

(70) Ancillon (1825), 331-3; Holbraad (1970), 36-8.

(71) アンシヨンの「革命」Revolution 概念については、Gurwitsch (1935), 82-6 を参照。

(72) 本書では引用の際には同内容の第二版（Ancillon (1838)）を使用した。

(73) ebd., Bd. 1, 313-5.

(74) ebd., 318-20.

(75) ebd., 267-8, 274-80.

(76) ebd., 252ff. 大臣たちに対する人物評は、おおむねゲンツのそれと一致している (ebd., 287-90)。

(77) ebd., 262ff., 267-72.

(78) ebd., 299-303.

(79) ebd., 303-11.

(80) Ancillon (1816), 72-6. プロイセン憲法問題においても、ヴィトゲンシュタイン侯とは異なり、基本的にアンシヨンは憲法制定に賛成していた（Büssem (1874), 228ff.）。実際に『対立する両極端の見解の調停』を一読したゲンツは、アンシヨン宛書簡（一八二九年五月十八日）で、あまりにも改革派に譲歩しすぎていると指摘した（Gentz (1867), 105-7)。すでにみたように、ゲンツは根本的に絶対君主政論者であり、復旧期においても議会を補助機関以上のものとはみなさなかった。高等法院廃止を主張していたように、アンシヨンにみられる中世三部会の理想化とは無縁である。

(81) Ancillon (1838), Bd. 1, 311-3.

(82) ebd., 312.

(83) ebd., 412-4. ただし、高評価にもかかわらず、アンシヨンは英国国制の大陸への移植可能性については悲観的な見方を崩さない。また、王権・貴族院・庶民院の間にみられる権力分立（「主権の分割」）が必ずしも「代表制」repräsentative Form に不可欠の要素ではないことを力説している。アンシヨンによれば、君主政下における理想的な「代表制」とは、各身分・地域・職業の代表から構成される、立法権をもたない立法諮問機関（一種の名士会）であった（ebd., 420-7)。この点は、立法権への参与を必須条件とみたダールマンや三月前期の自由派とは明確に異なる。

(84) ebd., 412-3.

(85) アンシヨンによれば、英国国制の安定性が貴族院に陣取る「真の貴族」に依存していた一方で、王政復古期フランスの政情不安はこうした「保守原理」を体現する「貴族制」の欠如によって説明されうるものであった。いかに外観を維持しようとも、世襲大土地所有という実質を欠く「貴族制」は、政治社会の安定を担保することができない（ebd., 416-20)。

(86) ebd., 284-5, 320-2.

(87) ザント事件の経過については、前川 (1993), 255ff. を参照。事件に対する知識層の反応については、Büssem (1974), 129-33, 141ff. が詳しい。

(88) ヴァルトブルク祝祭については、ebd., 64ff. を参照。

(89) Metternich (1880-4), Bd. 3, 409-10.

(90) 第 I 部註（21）を参照。

(91) Metternich (1880-4), Bd. 3, 404-6, 410-2, 416-7.

(92) また、ebd., 418-9 も参照。

(93) Gentz (1861), 99-102.
(94) ebd., 109-13, 114ff. また、カールスバート会議前後の時期におけるゲンツの言論活動については、Kronenbitter (1995), 205-10 が詳しい。
(95) Metternich (1880-4), Bd. 3, 268.
(96) ただし、メッテルニヒは干渉権の援用に際して、つねに慎重であった。Holbraad (1970), 23ff. はメッテルニヒの外交的言辞を額面どおりにうけとってしまっており、賛同できない。干渉権をめぐるメッテルニヒの真意を理解するためには、やはり de Sauvigny (1960) を参照する必要がある。
(97) Metternich (1880-4), Bd. 3, 300.
(98) J. D'Hondt (1968)（邦訳, 154-64, 177-213, 213ff., 244-53）
(99) 初期ヘーゲルのフランス革命観については、権左 (2010), 209ff. が詳しい。
(100) 本書は専門的なヘーゲル研究ではないので、便宜上、もっとも普及している G. W. F. Hegel (1986) から引用する。なお、歴史哲学講義の文献学的研究状況については、権左 (2010), 12-4 を参照。
　ヘーゲルのフランス革命観については、Ferry (1988) が、『精神現象学』と『歴史哲学講義』を中心とした、簡潔ながらも要を得た解説を提供してくれる。
(101) Hegel (1986), 539-40. なお、ヘーゲルの歴史哲学講義における宗教史的視座の重要性については、一八二二年度講義にもとづいて、権左 (2010), 20ff. が手堅い論証をおこなっている。
(102) Hegel (1986), 391-3, 494-7.
(103) ebd., 520-4.
(104) ヘーゲルと同じように、フランス革命を十八世紀啓蒙思想に連なる文化思想史的側面から考察した復旧期の歴史叙述として、Schlosser (1823) がある。シュロッサーは十九世紀前半のドイツで人気を博した史論家ではあるが、その歴史観が本質的に十八世紀に近いものであるため、本書の分析からは除外せざるをえなかった。この知られざる歴史家の解明は他日を期したい。
(105) Hegel (1986), 526-8.
(106) ebd., 528-9.
(107) ebd., 529.
(108) ebd., 529-31. 「形式的意志」の原理は、『法哲学』の第一・二部で詳述される「抽象法」と「道徳」に対応している。ヘーゲルは、「形式的意志」の原理は「近代」の「国家」の基礎であり、不可欠の方法論的仮設とみたが、一方、それだけでは「国家」を説明できないと判断したのである。本書における『法哲学』解釈については、基本的にはイルティング (1989) にしたがった。
(109) Hegel (1986), 531-5. また、プロテスタント国とカトリック国の原理的相違は、ebd., 499-502 で説明されている。ヘーゲルによれば、カトリックが支配的となるラテン諸国では「性格の特徴」として、「分裂」Entzweiung がみられる。つまり、ゲルマン民族の「内面性」Innerlichkeit 重視とは対照的に、ラテン民族は「内面性」の領域をカトリック教会に丸投げしてしまい、「世俗」的関心と「内面性」が「分裂」してしまうのである。
(110) ebd., 538-9.
(111) ebd., 16-9. ヘーゲルにとってもミュラーはその影響力の大きさゆえに到底無視できる存在ではなかった。それゆえ、ミュラーを名指しで批判するのである。直接的影響は認められないとはいえ、少なくともヘーゲルは熱心なミュラー読者——ミュラーの『一般史』から抜粋ノートを作っていた——であったことは疑いない。思想形成過程におけるヘーゲルとミュラーの関係については、Pöggeler (1986) が詳しい。
(112) Althaus (1992)（邦訳, 495-9）。
(113) 髙山 (2012), 40-54.
(114) Hegel (1986), 533-5.
(115) 山田（登）(1995)
(116) ミニェについて史学史の一章が割かれることは多いが、モノグラフは少ない。研究の到達点を示す決定的な研究書として、Knibiehler (1973) があり、本書も同書に依拠するところが大きい。Knibiehler に依拠した紹介論文として、Pelzer (2001) がある。
(117) 翻訳者モールの激賞（Mohl (1825), V）にもかかわらず、その長大さゆえに、ティエールの革命史はドイツにおいて普及しなかった。
(118) Knibiehler (1973), 167-8.
(119) 十九世紀フランス史学史については膨大な文献があるが、本書では Mellon (1958); Stadler (1958); Godechot (1974); 前川 (1956); 松本 (1977) を参照した。Stadler の著作は群小歴史家まで細かく紹介してい

るものの、個々の歴史家についての内容は概説の域を出ない。これに対して Mellon の研究は王政復古期に限定されてはいるが、同時代背景と史学史的叙述を絡めている点で見事な叙述をなす。Godechot の研究は大物歴史家に絞って、その革命史叙述を比較するという手法を用いている。ミニェに関する部分は Knibiehler の研究に今では取って代られている。

(120) Mellon (1958), 6ff.

(121)「中間層」についても膨大な文献があるが 、さしあたり、Conze (1978); Sheehan (1978), 19-26; 玉井 (1990-1), III, 12-20; 南 (1987), 12-8 を参照。また、メッテルニヒも自由派の中核が「中間層」にあることを洞察していた（Metternich (1880-4), Bd. 3, 410-2)。

(122) Knibiehler (1973), 30-1.

(123) ebd., 32-6.

(124) ebd., 143-7.

(125) Mellon (1958), 17ff., 22ff.

(126) Knibiehler (1973), 168-9. ティエールの革命史が長大さのためにフランス外では多くの読者を持ちえなかったのに対して、ミニェの革命史は簡潔さゆえにドイツのみならず欧州諸国で人気を博した。ebd., 135-42 では、ミニェの革命史叙述の基本的な流れが要約されている。

(127) Mohl (1825), IV.

(128) ロテックもミニェと同様にさまざまな箇所で言及されるものの、本格的なモノグラフには乏しい。最近では、Ehmke (1964); Kopf (1980) があるが、いずれも包括的なモノグラフとはいえない。また十九世紀の文献としては、Münch (1831); Roepell (1883) があるものの、いずれも研究書とはいいがたい。

　各論点をあつかった個別研究についてはその都度言及する。

(129)『一般史』の売れ行き、そこにあらわれるロテックの歴史観、同時代の歴史家との関係については、Ehmke (1964), 13ff. が詳しい。ロテックは同時代に形成されつつあった史料批判を用いることはなかったが、ニーブーアやランケの史料批判を高く評価していた。

(130) この点で、ロテックの「歴史哲学」Philosophie der Geschichte に対する姿勢は微妙である。というのも、ロテックは「歴史」のうちに国家論・人間学・思弁および実践哲学の応用例を見出し、史実や人物を評価することを肯定したし、実際に『一般史』の至るところでそのように実践している。一方で、「歴史」の流れを「人類の進歩あるいは衰退」、自由意志の弁証、さらには「神の教育計画」に見出すことを、専門の哲学者に委ねている (RAG, 1: Einl., 5, §43)。

(131) Voss (1991) は簡潔だが、ロテックのフランス革命観を過不足なくまとめた優れた論稿である。本章の議論と重複する部分もある。ただし、Voss の論稿の唯一の欠点は、ロテックのフランス革命史論を窺ううえで重要な『国家事典』の諸記事を参照していない点であろう。

(132) まだフランス革命史が「学問化」に至っていない当時にあっては、本国フランスの歴史家とドイツの歴史家との間に利用可能な史料の面で決定的な差異は認められない。ミニェの用いた史料（Knibiehler (1973), 126ff.）と、ロテックが用いた史料 (RAG, 9: Que., §1ff.) は、ほぼ同じである。すなわち、革命期に出版された新聞・雑誌類（とりわけ『モニトゥール』)、回想録、公刊された史料集、ほかの史論家による歴史書である。ミニェやティエールといった王政復古期の史論家はこれに加えて、革命の生き証人の談話記録を利用することができた。文書館の史料を動員した革命史叙述は、一八四八年革命後のジーベル（第Ⅳ部）を待たねばならない。さらに本国フランスにおける、史料批判を応用した「学問的」な革命史研究は第三共和政期、とりわけ革命百周年記念祭前後の時期にいたってようやく開始されることとなる（前川貞次郎『フランス革命史研究』第六章)。

(133) ミニェの党派分類論については、Knibiehler (1973), 147ff. に多くを負う。

(134) この点でミニェとロテックの党派分類はやや食い違う。ミニェが、ネッケルを中心に二院制議会を備えた英国流の憲法制定を目指す「君主派」を「国民派」から分離して論じているのに対して、ロテックは「君主派」の中心人物だったクレル・モントネールやラリー・トランダルをラファイエットと同じ党派に分類している。「君主派」については、第Ⅱ部二章三節も参照せよ。

　また、三頭派についても、ミニェはその急進性にもかかわらず革命への情熱を高く評価するのに対して、ロテックは後述するジャコバン・クラブに対するように距離を置いている。

(135) ロテックの国家論について手際よくまとまったものとしては Schöttle (1993), 19ff. がある。

(136) Rotteck (1845-8d), SL. Bd. III, 714.

(137) この点で、玉井 (1990-1), V, 460-2 は、ロテックの議会重視の姿勢を軽視しているように思われる。

(138) Rotteck (1845-8c), SL. Bd. III, 523.

(139) Rotteck (1845-8a), SL. Bd. II.

(140)「理性的権利」の観点からあらゆる史実・国制を裁断するロテックにしてみれば、「封建制」と「貴族制」が付着した英国国制は耐え難いものであった。立場の相違はあれども基本的に英国国制に対して好意的な三月前期にあって、ロテックの一貫した英国批判は際立っていた（Wilhelm (1928), 50-4)。
(141) ヴェルサイユ行進の経緯については Schama (1989)（邦訳 , 256ff.）を参照した。
(142) 亡命貴族と革命戦争の問題については、第Ⅲ部二章二節を参照せよ。
(143) 聖職者民事基本法については、Furet (1988b) を参照した。
(144) Mellon (1958), 19-22, 22ff.
(145) ラファイエットについては、Gueniffey (1988) を参照した。
(146) Rotteck (1845-8e), SL. Bd. IV, 640-1.
(147) ebd., 650.

**第Ⅱ部**

(1) ランケの七月革命についての回想は、ランケ (1966), 69-72, 91-4; 佐藤 (2010) を参照。
(2) Witte (1979), 161-3, Schmidt-Funke (2007), 147-51; Toews (1980), 217ff.
(3) Gervinus (1893), 238.
(4) Gervinus (1839), 327-8.
(5) ドイツ「自由主義」の性格づけをめぐっては、綱領的な論文 Gall (1975) の発表以来、国家観やその限界をめぐって論争が繰り広げられてきた。論争の詳細については、坂井 (1998b), 196-9; 丸畠 (1998) における整理を参照されたい。

現在の研究状況においては、「自由主義」の一般的な性格づけや思想史的な議論から距離を置いたうえで、自治体や協会運動といった「自由主義」の社会史的な実態に関する実証研究が積み重ねられている。こうした研究動向は、ドイツ「市民層」の特質の解明を目指す社会史研究とも連動していた。「市民層」研究の成果と動向については、森田 (2001) が詳しい。

ドイツ「自由主義」の特徴について、以下の点では研究者間に一致が見られる。

まず、広義の「自由主義」にはふたつの潮流、「官僚自由主義」と「立憲自由主義」が含まれている。十九世紀初頭の諸邦の改革官僚に代表される前者は、特権などの身分制社会の残滓の除去を第一の目標とする一方で、市民層の政治参加については消極的だった。後者の「立憲自由主義」こそが、狭義の「自由主義」であり、「憲法」と議会制を通じた政治参加を中心とする「改革」――出版の自由、陪審制、自治体改革など――を志向する。

「自由主義」の国家観は、「中間層」を指導層とする「無階級政治社会」である。それは、「国家」から分離した近代的「市民社会」(「階級社会」) ではなく、伝統的な「政治社会」civitas であるため、身分制的要素とも親和的である。したがって、三月前期の「自由主義」には総じて「社会問題」への危機感が薄い。ドイツ「自由主義」の失敗原因は、この「無階級政治社会」という理想像が、世紀後半の経済発展と産業化の結果形成される「階級社会」という現実と齟齬をきたし、適応できなくなった点に求められている。ただし、不適応が決定的となった時期の確定については論者によって異なる。たとえば、Gall は時期を明言せず、Faber は経済発展に加えて一八六六年におけるビスマルクの外交的勝利の意義を強調し、Langewiesche は一八七八・九年の国民自由党とビスマルクとの決裂を重視している。

「自由主義」の性質をめぐる研究は実証研究を含めれば膨大な数にのぼるが、第一人者による Langewiesche (1988) は現在の社会史研究動向を踏まえた通史である。Langewiesche の研究書については、筆者による書評（熊谷 (2011b)）がある。ほかには、Sheehan (1978) が安定感のある総合的叙述であり、Faber (1974) は思想史的感覚を示す小論となっている。また、Liberalismus の概念史については、Vierhaus (1982) が欠かせない。
(6) Gagern (1959), 133.
(7) Gagern (1959), 137; Rotteck (1845-8b), SL. Bd. II, 506; Pfizer (1845-8), SL. Bd. VIII, 523-5.
(8) Rotteck (1845-8b), SL. Bd. II, 508-10; Pölitz (1829), Bd. 1, 2-4. 英国と異なり、十九世紀後半に至るまで、ドイツでは議会内党派としての「政党」概念が定着することはなかった。三月前期における Partei 概念は広義の「党派」を意味したのであり、とりわけ自由派は「党派」を政府や既成権力に対する「進歩的・立憲的」な抵抗運動として理解した。この点に関しては、Schieder (1958c) が見事な見通しを与えてくれる。

これに対して、Gall (1968a) は、一八三〇年代以降、英国の政党政治に着目した論者たち（ヴェルカーやモールなど）の登場を指摘する。ロテックのように議会を「綜体意志」顕現の器官と捉え、政党を個別利害の表出

(「徒党」Fraction）として批判する「議会制イデオロギー」に対して､彼ら「穏健派」が Partei を近代的な「政党」の意味で理解したとする。Gall の議論は一次史料にもとづいた堅固な議論であるが、その図式の妥当性はバーデンやヴュルテンベルクといった西南ドイツ諸国に限定される点には注意が必要である。ダールマンやガーゲルン、ドロイゼン、ゲルヴィヌスといった北部ドイツ自由派は総じて、ロテック的な「議会制イデオロギー」の立場を批判する一方で、政党政治に対しても懐疑的であった。英国国制の「議会主義」化現象への理解も、自由派に限られたものではなく、保守思想家シュタールにも――批判的ではあるが――みられた。

(9) Stüve (1832), 12-4; Murhard (1845-8), SL. Bd. XII, 387-8. 官僚制研究には重厚な蓄積がある一方、思想問題として官僚制をあつかった研究は存外乏しい。 Wilhelm (1933) は小論ではあるが、同時代の思想家による官僚制像を再構成する優れた論考である。

(10) Pfizer (1845-8), SL. Bd. VIII, 535; Pölitz (1831-3), Bd. 1 , 11-6, 25-6.

(11) 国制像の面では、英国国制流の二院制を志向する一派（ダールマン、ジーベル、ヴェルカー、ゲルヴィヌスなど）と、フランス流の立憲制を好む一派（ロテックやムールハルトなど）に分けることができる。ただし、ペーリッツやモール、ドロイゼンのようにこの分類にあてはまらない論者も多い。自由派の国制像については、Boldt (1975) が詳しい。

(12)「民主派」の代表としては､「青年ドイツ派」やハイネ、ビューヒナー、ヴィルト、ジーベンプファイファーといった急進派文筆家、ルーゲやバウアー兄弟などの「青年ヘーゲル派」、マルクスを含めた初期社会主義者たちを挙げることができる。

(13)「復古派」の代表格は、プロイセンの「宮廷派」のゲルラッハ兄弟やラドヴィッツ、青年期のビスマルクであり、彼らの要求が合理的な官僚行政と相容れなかったことはよく知られている。

(14) Muhlack (2006c), 302-8.

(15) Waitz (1846)

(16) Muhlack (2006c), 308-9; (2006f)

(17) Hintze (1964), 490-3.

(18) 蜂起については、東畑 (1994b) を参照。

(19) ダールマン研究には十九世紀以来の蓄積があるので、ここでは代表的な文献に限って紹介する。現在では、第一人者による評伝研究 Bleek (2010) が研究の到達点を示している。

ダールマンの伝記にはほかに、浩瀚な Springer (1870-72) がある。こちらは未公刊書簡や建白書を多く引用するなど、史料集としての性格ももつため有用である。さらにダールマン自身による自伝草稿として、Springer による伝記に収録されたもの（青年期までを扱う）と、より政治的経歴を扱う Dahlmann (1993) が公刊されている。本書では、ダールマンの伝記的事実については以上の文献に拠る。

政治思想については、もともと主著『政治学』復刻版の序文として執筆されたふたつの論文、Bleek (1997); Riedel (1975) がすばらしい。前者は『政治学』の成立事情・内容・受容史・研究史を丁寧に解説し、後者は鮮やかな解釈によって政治学史のうえにダールマンを位置づける。部分的にダールマンの政治思想をあつかう研究は数多いが、言うべきことは両作でほとんど言い尽くされている。邦語では、東畑 (1994c) がある。

『政治学』を素材とする研究が過剰なまでに多いのに比して､歴史家としてのダールマンを正面からあつかった研究は乏しい。そのなかでは、Hansen (1972) が、ダールマンの歴史家としての業績を、政治思想をふまえたうえで史学史の側から的確に評価している。Bracher (1971) は、ダールマンにおける政治学と歴史学との関係を主題に据えているものの、歴史叙述への本格的な分析を欠いているのが残念。Christern (1921) は古い研究であるために乗り越えられた部分も多いが、ダールマンのデンマーク史観を詳細に分析した、すぐれた研究である。

個別論点に関する研究についてはその都度言及するが、生誕二百周年を記念する論文集、Bürklin, Kaltefleiter hg. (1985) からはダールマンの多様な側面が明らかとなる。

(20) Springer (1870-2), Bd. 1, 455; DaKS: 7-9, 29.

(21) Springer (1870-2), Bd. 1, 450, 452, 455.

(22) ヴォルフの業績の簡潔な紹介は、Horstmann (1978) を、史学史における位置づけは Muhlack (2006b), 168-70 を参照。

(23) ダールマンの歴史観については、他に本章三節も参照せよ。歴史学研究の分野におけるダールマンの業績については、Hansen (1872)（邦訳 , 30ff.）; Bleek (2010), 51-72; Springer (1870-2) Bd. 1, 65ff., 183-212 が詳しい。

比較されるべきドロイゼンの歴史観については第Ⅲ部一章二節、ジーベルの歴史観については、第Ⅳ部一章二節を参照せよ。

(24) Springer (1870-2), Bd. 1, 73-4.

(25) 十九世紀ドイツにおける政治学の諸潮流については、Bleek (2004) が参考になる。より通史的な著作としては Bleek (2001) がある。

(26) Springer (1870-2), Bd. 1, 72-3.　また、政論「政治的苦境」においても、ミュラーの『諸侯同盟史』を肯定的に引用している (DaKS: 161-2)。

(27) ダールマンの Volk 概念は多義的なので注意が必要である。ダールマンは以下の四通りに使い分けている。
①「統治」Regierung に対置される被治者（「人民」）の意味。
②ある歴史的な共同体に属する集団（「民族」）の意味。例：「民族精神」Volksgeist
③「国家的動物」として、アリストテレス的意味での「政治社会」を構成する「公民」の意味。例：Volksfreiheit「政治的自由」
④政治共同体に属する構成員全体としての「国民」の意味。
本書では便宜上、文脈に即して Volk 概念を訳し分けることとする。

(28) ダールマンは「教育」Erziehung、「初等・中等教育」Unterricht、「陶冶」Bildung の概念を厳密に区別している。「教育」は躾も含めた全人格的な養育、「初等・中等教育」はギムナジウムまでの学校や家庭教師による教育、「陶冶」はおもに大学での勉学と学生を終えた後の修養（生涯学習）を内容とする。

(29)「家族」、とりわけ母親の存在を「教育」に不可欠とみる観点から、スパルタの政体やプラトン、フィヒテに典型的な国家統制的な教育が徹底的に批判されることとなる。

プラトンの国家論（主に『国家』が念頭に置かれている）は「人間本性の強さ」を過度に信頼しており、「現実の生」から遊離した「道徳論」にすぎない。ダールマンによればプラトンの教説は、法はつねに「正しい法」でなければならない、「道徳」は「信条」Gesinnung を、「法」は「遂行」をともなってこそ有効であるといった真理を含んでいるものの、「自然法則」に反しており、とりわけ「家族」の自律性を否定した点で完全に誤っている (DaP: §210-1, 214-5, 261)。

子供を親元から引き離して国家が養育すべきとするフィヒテの議論（『ドイツ国民に告ぐ』）は、「公民の最良の部分を害」しているといわざるをえない。いかなる国家も「自己決定による素質と選択を考慮せずに」「好みのままに子供を教育する」権限をもたないのである。「良識は我々に対して、国家に魂を売り渡すことを禁じている」(DaP: §268)。なお、フィヒテの国家論・教育論について詳しくは、熊谷 (2010) を参照。

(30) ダールマンの「家族」観は、身分制社会で支配的だった「家」Haus ではなく、夫婦と子供を中核とするビーダーマイヤー的家族像に傾斜していた。ダールマンは、親の子供に対する無償の愛情（「家族の善意に満ちた暖かさ」）、とりわけ母親の母性を自明の前提としていた。一方の父親も、いかに外的生活では不徳な人物であろうとも、「家長」としては「息子がより善き人間」になるようにと「利己的な打算」と「利己心を捨てて」養育するとされている (DaP: §268)。また、ダールマン自身の家庭生活も典型的なビーダーマイヤー風だったという（Bleek (2010), 111ff.）。

(31) したがって、「国家」の本質を「地縁的共生」にみるダールマンは、ドロイゼンとは異なり、ひとつの「民族」がひとつの「国家」を形成すべきとする見解（民族自決論）を退ける。ただし、複数の「民族」が混合した後に地縁的な「祖国愛」を紐帯とする「公民」が形成されることを念頭においているのであって、現代政治思想における多文化主義とはまったく異なる。ダールマンが例として挙げるのは、「アッティカ民族」と英国（「ブリトン人、ローマ人、サクソン人、ノルマン人」の混合）である。アテナイとローマは「移住」によって、英国は「度重なる征服」によって「民族混淆」がなされたという (DaP: §72)。

(32) もちろん、個々の論点についてダールマンはアリストテレスを批判することもある。典型例としては、奴隷制擁護への反論 (DaP: §217) である。

アリストテレス的伝統をもっとも強調するのが、Riedel の研究である（Riedel (1975), 325-7)。さらに Riedel (1963) は、アリストテレス的国家観（「政治社会」としての国家）が、ランケやジーベルら、十九世紀のドイツ歴史家・政治学者たちにも広く共有されていたと指摘している。

(33)「国家」を「始原的」な「根源的秩序」とみるダールマンが、自然状態論に懐疑的だとしても異とするにはたりない (DaP: §1, 4, 5)。自然状態論は「国家の意識的な欠如」を論ずるための「証明の補助」としては役立つかもしれないが、人間本性の「非社交性・社交性・無関心」を仮定する論法は、「国家」を「人間の恣意の被造物」とみる誤謬を招いてしまう。たとえば、ロックの『統治二論』の自然法論に対してもダールマンは皮肉っている。ロックの「自然状態」は「あまりに快適な自由と平等」に満ちているので、「なぜ人類が自発的に共同体の自由意志にしたがって国家権力を設立したのか、よくわからない」と (DaP: §230)。

(34)「古代の流儀」にしたがって「国家を最高目的として設定した」マキアヴェッリは、ダールマンによって退

けられることとなろう。「国家の最高属性」を「権力」Machtに定めるマキアヴェッリの著作を読むことで「国家の道を一貫して私法の枠組で捉えようとする弱気を忘れることができるかもしれない」。だが、マキアヴェッリの教説は本質的に「転覆」を目指すものであり、「疑わしい外的成功」のかわりに事態の本質の「悪化」をもたらすとされる (DaP: §228)。

(35) 通例、Verfassungの語には公法の一種としての「憲法」の意味と、狭義の公法の枠組を超えた政治社会全体の仕組みとしての「国制」の意味がある。三月前期においてはふたつの意味は完全に切り離されてはおらず、どちらの意味に比重を置くかは論者によって異なっていた。たとえばペーリッツやロテックのVerfassung概念は公法的な「憲法」概念に接近するのに対して、メッテルニヒやシュタイン、ニーブーアなどはより広義の「国制」の意味で用いている。ダールマンのVerfassung概念はふたつの意味が込められており、文脈によって異なってくる。本書では便宜上、文脈によって訳し分けることとするが、両方の意味が重複する場合は「憲法」の訳語を選択した。

(36) キール時代の政治活動について詳しくは、Bleek (2010), 73ff. を参照せよ。ダールマンが当時の身分制構造のなかでいかなる具体的な議会像を構想していたかは、第二章二節で明らかにする。

なお、シュレスヴィヒ・ホルシュタイン問題におけるダールマンの位置づけを分析した研究としては、Scharff (1965) がある。

(37) Dahlmann (1814), 56.

(38) Springer (1870-2), Bd. 1, 104, 131. ダールマンがデンマーク政府に対して、シュレスヴィヒ・ホルシュタイン両公国の国制上の独立性を主張するとき、高位聖職者・騎士社団の特権、とりわけ課税承認権を援用した。だが、この事実から、ダールマンが特権社団の利益代弁者であったと結論するのは、理解を誤ることとなる。たしかに騎士社団の課税承認権が論拠として用いられているものの、それはダールマンにとって、両公国共同憲法に到達するための足がかりにすぎなかった。課税承認権を特権層にのみ限定することがいかに時代遅れであるか、私信でも、常任代表団宛の建白書でも、たびたび指摘している。「この邦で何かが生じるためには、古き権利は必要不可欠なのです」。「土地所有層〔騎士社団〕が課税承認権を万一、将来において単独で行使しようとするなどとは、おそらく誰も考えていませんし、まったく考えられないことでもあります。しかし、私の考えでは、今のところは危険を犯してでも、土地所有層が課税承認権を単独で用いねばなりません。将来、邦全体に課税承認権を確保するためにです」(ebd., 138-9, 142-3)。

なお、キール時代のダールマンの政論において、シュレスヴィヒ・ホルシュタイン両公国のドイツ性をめぐる議論は重要な位置を占めている。両公国が不可分一体でドイツ文化圏に属するという議論は、表面的には以上のごとき特権擁護論とも関連している。だが、その深層には、ダールマン特有の「ドイツ国民」意識が潜んでいるのである。この点に関しては、第三章二節で扱う。

(39) Rotteck (1845-8b), SL. Bd. II, 506-7; Gervinus (1839), 387-9, 407-10; Pfizer (1845-8), SL. Bd. VIII, 523-5, 527-8. また、村岡 (1981b); 南 (1986) も参照。

(40) Pölitz (1829), 2-5, 12.

(41) 政治家としてのダールマンの活動については、Bleek (2010), 109ff. が詳しい。

(42) Dahlmann (1993), 18. なお、DaP: §206には「あらゆる革命」に対するダールマンの不信感がよくあらわれている。

(43) Pölitz (1831-3), Bd. 1, 14-6.

(44) Häusser (1869), Bd. 1, 36-7; Zimmermann (1845) , 524-5; Wachsmuth (1840-4), Bd. 1, VI-VII.

(45) Pölitz (1831-3) Bd. 1, 11-3.

(46) Wachsmuth (1840-4), Bd. 1, 96-9.

(47) C. F. Schulze (1830), 134.

(48) ebd., 123, 125, 128, 133.

(49) Dahlmann (1845).

(50) 当初ダールマンはナポレオン時代まで執筆する予定であったが、『革命史』の成功にもかかわらず果たされることはなかった (Springer (1870-2), Bd. 2, 147)。これは外的な事情というよりは、ダールマン自身の共和政期に対する関心の低さに起因するとみるべきだろう。

(51) Bleek (2010) , 274-6.

(52) ダールマンは同様にボン大学での講義をもとにした『英国革命史』(一八四四年) の大好評をうけて、『革命史』の出版に踏み切った。『英国革命史』を含めた出版の経緯については、Bleek (2010), 270ff.; Springer (1870-2), Bd. 2, 144ff. を参照。

(53) Springer (1870-2), Bd. 2, 147.

(54) ダールマンはキール時代に、史料批判を応用したヘロドトス伝（Dahlmann (1823)）、ネオコルスの主著『ディトマルシェン史』の批判校訂版（Dahlmann (1827)）を出版している。ダールマンの史学史的位置づけについては、第Ⅰ部註(23)を参照せよ。

(55) Dahlmann (1823), 174-8. ダールマンの研究を、同時代のヘロドトス研究史の文脈に位置づけた議論としては、Momigliano (2000d), 52ff. がある。ただし、ダールマン自身がヘロドトスとトゥキュディデスの差異について、後者のほうがより政治的認識に秀でていたと強調するにもかかわらず、ダールマンのヘロドトス評のうちに、十九世紀ドイツ流「政治的歴史叙述」の代表者を見ようとするMomiglianoの見解はやや強引に思える。

(56) ダールマンが執筆にあたって利用した史料事情も、ミニェやロテックとかわらない（序註(15)）。同時代の歴史家に限定するならば、本文の記述からはミニェの『フランス革命史』とDroz (1839) を参照したことがわかる。また、Drozの作品は、一八四二〜三年にかけて独訳されている。

(57) 一八三〇年代の思想状況を論ずる本章において、一八四五年初版の『革命史』を引証することに対する反論が想定される。

以下のふたつの論拠から、本章で『革命史』を用いることは妥当であるように思われる。

第一の論拠はダールマンの思想的連続性である。まず、ダールマンは思想を不断に発展させてゆくタイプの思想家ではなかった。それは生涯の主著であり、彼の政治思想の核心ともいうべき『政治学』の性格によくあらわれている。政治学講義をもとにした『政治学』の骨子はすでに一八一五年の「憲法論」において完成していた。『政治学』において思想はより精緻に展開されているものの、それは体系書という性格に起因しているというべきである。

さらにダールマンは『政治学』の改版を『革命史』公表後の一八四七年に出版しているが、その思想内容はほとんど変わっていない。版の異同に関するBleekの考証によって、変更点は表現の細かい改変や説明不足だった部分の補充であることが明らかにされている。ダールマンは三月革命後の最晩年に再び『政治学』の改版を企図して果たさなかったが、仮に実現されていたとしても、この改版が内容に根本的な変更をもたらしたかどうかは疑わしい。

『革命史』のもととなった一八四四年のフランス革命史講義についても、ダールマンは同様の近代史講義をキール・ゲッティンゲン時代から継続的におこなっていた。以上の『政治学』改版事情を踏まえたうえで、ボン時代の革命史講義がそれ以前の講義内容と決定的に断絶していたとは考えにくい。少なくとも、三〇年代のゲッティンゲン時代と四〇年代のボン時代との間に断絶を認めることには無理があろう。

第二の論拠は、三〇年代と四〇年代におけるドイツ全体の政治的争点の連続性である。本書では「憲法」が最大の政治争点となる三〇年代における自由派歴史家の代表格としてダールマンを挙げているが、「憲法」の争点は四〇年代も引き続き中心的な論点のひとつでありつづける。実際に「憲法」問題を正面からあつかった『政治学』は四〇年代、さらには三月革命期においてさえも政治的議論のなかでつねに参照されたのである。したがって、『革命史』をここで参照したとしても、不当とはいえない。

(58) Dahlmann (1827), XXIII-XXIV.

(59) こうした「絶対君主政」批判を踏まえるならば、「政治的絶望の体系」を構築したとされるホッブズと、「王権の絶対性」を「宗教」にまで高めたとされるフィルマーら神授権論者に対するダールマンの否定的な評価もうなずける (DaP: §229)。

(60) ダールマンの「宗教」理解については、第三章三節で論ずる。

(61) たとえば、DaP: §54, 132, 142, 237, 259, 283 を参照せよ。

(62)「中間層」については第Ⅰ部註(121)を参照せよ。

(63) Schama (1989)（邦訳, 中巻, 168-70）

(64) 一八一五年の伯父イェンゼン宛書簡（Springer (1870-2), Bd. 1, 131ff.）には、政治参加を拒む絶対主義統治に対する不信がよく現れている。

(65) 改版『政治学』は、カント、フィヒテ、シェリング、ヘーゲルといった「我が祖国の哲学の第一人者たち」の「実践」的関心の乏しさ、あるいは現実遊離を嘆いている (DaP: §237)。

(66) ダールマンの「国民」問題に関する見方については、第Ⅱ部註(102)を参照。

(67) その後の改革の動向については、DaGR: 49ff., 57ff. で論じられている。ゲンツによって革命を決定づけた要因と評価される名士会については、ダールマンはさほどに重視していない。

(68) たとえば、DaGR: 141-2, 209-10, 211-3, 307-9 などを参照。

(69) 理想の国制像という視点からみた場合、三者間の差異は大きくない。三人のいずれにとっても――ゲンツは後に主張を変えることとなるが、少なくともオーストリア仕官前の段階では――英国国制（二院制による

制限君主政）こそが最善の国制だったからである。しかし、ゲンツが彼独自の「政治的建築術」から、ブランデスが詳細な英国の時事情報から英国国制を高く評価したのに対して、ダールマンの場合は根拠そのものが変わってくる。彼にとって英国国制の優越は、まさしく歴史によって証明されるのである。ダールマンの英国国制論について詳しくは、第三章二節を参照。

(70) DaP: §177 も参照。ダールマンは議員を「自治体」Gemeinde の代表として定義するが、同時に「宣誓によって国家に対して義務づけられる」とする。

(71) そのほかにも、課税への関与、立法参与権、行政への関与、議会召集の目的、財産資格、常設委員会の有無、議員手当、議長の意味などの点で比較されている。

(72) したがって、「現代」において課税を同意する相手は「政府」Regierung ではなく、「国家 Gemeinwesen、あるいは同意している人々自身」とされる (DaP: §172)。

(73) 伝統や歴史的基礎を重視する姿勢は、たとえば州議会 Provinzial-Stände をめぐる議論にも見出すことができよう。「地域の歴史とは、民の大部分の世界史である」がゆえに、「古来の自意識」は尊重されねばならない。州議会に対する全国議会の原則的優位を確言する一方で、ダールマンは州議会の構成や規則を地方ごとの伝統にゆだねている (DaP: §190-2)。

(74) ダールマンは詳しいミラボーの伝記的紹介をおこなっている (DaGR: 168-88)。ミラボーの伝記および政治家としての活動については、Nogaret (1988); Furet (1988a); Schama (1989)（邦訳 , 中巻 , 83ff.）を参照した。

(75) この評価は単なるレトリックではない。本来、王権に議会召集・解散権が属する以上、ミラボーの発言は主権に対する公然たる抵抗を意味したからである。「フランス革命の始まりは、まさしくミラボーが王命に抗して第三身分議員に居残るよう求め、それを貫徹した瞬間だった」(DaP: §180)。

(76) 以下、Träger hg. (1975), 411ff., 426-7, 654-5, 696; エッカーマン (1969), 下 , 315; 、ハイネ (1989), 187-90. なお、確認できた範囲では、七月革命から一八四八年の三月革命までの間に Schneidawind (1831); Mahir (1832); West (1839) といった、ミラボー関連の歴史叙述（革命史通史と断片的言及は除く）が出版されている。

三月革命後におけるドイツ知識人のミラボー人気については、第Ⅳ部註（95）を参照。

(77) ミラボーと宮廷との関係については、Schama (1989)（邦訳 , 中巻 , 366ff.）を参照。

(78) ダールマンによれば、近代的な権力分立論の祖はロックである。ダールマンはロックが「執行権」と「立法権」を区別した点を評価するが、両者が対立した場合の裁定権を「人民」Volk にゆだねる議論を退ける。この議論は現実には実行不可能であり、ロックは「有機的身体」である国家をあまりにも「人工品」として理解してしまったとする。要はロックの国家像は「フィクション」にもとづいており、せっかく発見した「国家諸権力」を「正しい相互関係」において理解せず、英国国制の奥義に関しても内在的説明を与えることができなかったとされる (DaP: §230)。

通例、ダールマンはモンテスキューの徒と考えられているが、モンテスキューに対するダールマンの評価は意外に手厳しい。モンテスキューはロック以上に英国国制の真の機構を理解する能力をもっていたにもかかわらず、この「新たな体系の栄光」に魅せられてしまった。政体論についても、統治者の数によって政体の精神を演繹する「古き誤謬」を繰り返している。また「執行権」・「立法権」・「司法権」の権力分類論も、「あたかも絶対的に切り離せるかのように」論じており、現実を捉えていないと批判されている (DaP: §231)。

(79) Bleek (1997) , 306; Riedel (1975), 309-10.

(80) 一七九一年憲法では議会は「常設」と規定されている（第一章一条）。

(81)『革命史』において、ダールマンは開戦・講和権の帰属をめぐるミラボーとバルナーヴの論争を紹介している (DaGR: 309ff.)。国王に開戦・講和権が属することを強硬に主張するミラボーにダールマンが賛同していることは、いうまでもない。

(82)「ゲッティンゲン七教授事件」を経験したダールマンは、『政治学』改版に際して、国王による憲法遵守宣誓の重要性をより強調している (DaP: §189)。

(83) キリスト教とともに「人権」の理念ははじめて登場した (DaP: §69, 224)。しかし、キリスト教は「類の政治的権利」を是認するが、それは「国家におけるあらゆる個人の自然的政治的権利」とはまったく別物とされる。つまり、諸個人の直接的な政治参加は認められないということになる。

(84) ダールマンは、ルソーが「一般意志」を理論上は全会一致としつつも、実際には多数決原理を容認したとして批判する。

(85) ペーリッツのシェイエス評――「フランス革命の理論家」――も芳しくない。「シェイエスは政治家にとって、歴史における反面教師としての意味をもつ。すなわち、国家有機体の変革のためには単なる理論だけでは

不十分であり、支持しがたい実験に行き着いてしまう。そして、しばしば国民はその高いツケを支払わねばならなくなるということである」。「政治家」にとって重要なのは、つねに「実践という現実」を視野に入れることなのである（Pölitz (1836), 256）。

(86) ペーリッツもまた、国民議会は英国とアメリカを範として二院制を導入すべきだったとする（ebd., 249）。

(87) たとえば、ダールマンは一八一八年の『キール公論』にド・ロルム『英国国制論』（初版一七七一年）の序盤を抄訳して掲載している (DaKS: 111ff.)。ダールマン自身の記述からは、数多い版のうち、de Lolme (1816) の参照が推定される。本書もこの版から引用する。また『政治学』中でも、「ロック、ブラックストン、バーク」といった「立憲政論の古典」と並んでモンテスキューや法制史家の議論が、しばしば引き合いに出されている。

ダールマンの英国国制像の「現実」との乖離についてはこれまでも指摘されてきた。この点については、Bleek (1997), 294-6; Riedel (1975), 318-20 を参照。

なお、十七世紀後半以来の英国国制論の伝統とダールマンとの関係は重要な論点ではあるが、本格的な論及は優に本書の問題設定を越えてしまう。煩雑な註によって叙述の流れを切断するのも、好ましくない。そのため、当該論点については、本書の問題設定と密接に関連する限りでのみあつかうこととする。「古来の国制」論、ブラックストン、ド・ロルムの英国国制観との比較、さらにダールマン自身の英国史観については別稿で論ずる予定である。

(88) 十九世紀ドイツにおける受容については、Wilhelm (1928); McClelland (1971) を参照。

(89) スパルタとアテナイの国制史については、伊藤 (1982)、ローマ国制史については Lintott (1999) を参照した。

(90) ほかにはスパルタの場合はクレオメネスの改革 (DaP: §36)、アテナイの場合にはソロンの改革 (DaP: §43) が挙げられている。

(91) 代議制（英国国制）の立場からする直接民主政批判は、ド・ロルムの叙述の中心をなしていた（de Lolme (1816), 256ff.; Kraus (2006), 188-9）。

(92) ゲルマン起源の強調はモンテスキューを想起させる。だが、後にみるように、ダールマンは英国独自の発展の決定的な原因を、「中世」――ノルマン人による「征服」後の時代――に見ているのである。なお、筆者のモンテスキュー理解は、川出 (1996) に負う。

(93) すでに述べたようにダールマンにとって議会はあくまで「立法権」の「共有」者にとどまるため、等族議会の「統治」への参与（たとえば、常設委員会の任命による行政干渉）は認められない (DaP: §84, 96, 140, 173)。こうした等族議会の行政関与が特に顕著だったのは、ヴュルテンベルク領邦議会である。この点については、成瀬 (1988c) を参照せよ。

(94) 復古派の代表的論客ハラーに対するダールマンの批判の論拠はここにある (DaP: §236)。

ハラーは、ダールマンと同様に中世を「公法」と「私法」が未分離だった時代、すなわち封建諸侯が統治を「所有物」として把握し、「私権」としての「統治」をおこなったとする。そこでの君主は直轄領（御料地）を基盤とした最強の封建諸侯であり、その権力によって貴族たちを主導する（ハラーの国家論の特質については、Faber (1978), 63-4 を参照）。

ダールマンは、ハラーが「原初的社会契約という幻影」や、「法原則」Rechtsgesetz のために国家が設立されるとする「カント以来支配的になった考え」を退けたうえで、「中世の発展における豊かな群雄割拠」を巧みに描き出したことを評価する。しかしダールマンによれば、ハラーは中世社会が近世へと移行してゆく契機となるべき等族議会の重要性を理解していなかった。それゆえ、「極めて一面的」な中世像にとどまってしまっている。つまり、君主が諸身分から「租税」を求めるとき、中世の割拠状態を止揚する「国家」という「全体」観念があらわれてくるとされる。もちろん、その典型例は英国だった (DaP: §73, 139)。

ちなみに、ハラーと並ぶ保守派論客としてしばしば扱われるシュタールは、『政治学』改版の追加箇所で辛辣に批判されている。シュタールの政治的立場は、立憲制導入を不可避と認める一方で、議会勢力の増大を警戒し、なるべく国王大権を温存しようというものであった（玉井 (1990-1)）。ダールマンの目には、極度の日和見と映った (DaP: §237)。

(95) このようにダールマンは、「善き国制」と「レーエン制」を対立的にあつかわない。むしろ、「従士」制から発展した「レーエン制」のゆえに、英国国制は古代的政体循環の轍をまぬがれるのである。ここで、「レーエン制」の原理たる「長子相続制」の重要性が指摘される。ノルマン人による「征服」が決定的瞬間とみなされるにしても、それは「隷属」を招いたがゆえではない。徹底的な「征服」の結果、「レーエン制」原理たる長子相続制が十全たる発展を示すことができたからである。この点で、英国国制の特殊性を擁護する議論、いわゆる「古来の国制」論 ancient constitution の伝統――「征服」以前のサクソン人の国制に英国国制の起源を見出そうとする――に忠実なブラックストンの理解（Blackstone (1803), 407-42）とも、「古来の国

制」論を退ける一方でノルマン人の「征服」を「隷属」の運び手としてしか見なかったド・ロルムの説明（de Lolme (1816), 1-60）とも、決定的に異なってくる。さらに、ダールマンにとっての「古来の国制」とは——モンテスキューが指摘したように——欧州の政治社会全般にあてはまるものだった。この意味で言えば、欧州の諸国家はいずれも「古来の国制」を引き合いに出すことができる。問題は、英国国制のように「純粋に」原理を発展させることができたかいなか、なのである。この論点については、紙幅の関係上、以上にとどめる。

なお、貴族嫌いのゲルヴィヌスは全体的には好意的な書評において、貴族制の政治的重要性の強調を批判している。ゲルヴィヌスによれば、貴族制が「持続的な国家権力」たりうるのは英国や古代ローマのように、「多様な諸部族」から構成されていてなおかつ、身分制と民族的断絶が重なっている政治社会に限られる（Gervinus (1839), 615-8）。ゲルヴィヌスの議論も含め、『政治学』の同時代および後代における受容については、Bleek (1997), 305ff. が詳しい。

(96) ダールマンは庶民院の大臣弾劾裁判権が制度的に整備されつつも、実際には使われていないという事態を高く評価している。また名誉革命はダールマンにとって、「正当性」は疑わしいにせよ、革命が最良の結果をもたらした稀有の例だった (DaP: §206)。名誉革命後の英国の発展は、単なる制度上の仕組みではなく、「国家君主」となることを承諾したウィリアム三世の人物、「家族への感覚」、「堅固な中間層の道徳的な力」、そして「全体を貫徹した洞察の巧みさ」に負っていた (DaP: §230)。アメリカ独立とフランス革命の余波を受けた混乱も、「実践的変革」によって乗り切ることができた (DaP: §234)。ダールマンの英国革命史観については、Ludwig (2003), 257-61 を参照せよ。

(97) この点、国王・貴族院・庶民院によって構成される「議会」Parlament に「主権」があるとしたブラックストンとは異なっている（Kraus (2006), 183-4; 小畑 (2010), 290-3）。

(98) 選挙法改正に関するダールマンとヘーゲルの見方を比較した論稿として、Skalweit (1995) がある。

(99) こうした論法の一例として、陪審制問題に対するダールマンの姿勢を挙げることができる。ダールマンによれば、陪審制の起源はノルウェーなどの北欧地帯であり、そこからノルマンディーに来て、さらに英国に到達したのである（Bleek (2010), 282-3）。他の自由派と同様、ダールマンもまた陪審制を立憲制に不可欠の要素、「真の公民の徳」を涵養する装置とみなしていた（西村 (2002), 106-7）。

(100) Dahlmann (1814), 57.

(101) ebd., 52.

(102) 三月前期のダールマンのプロイセン観についてはさしあたり、(DaGR: 419ff., DaKS: 221-30); Bleek (2010), 132-4, 254ff.; Springer (1870-2), Bd. 1, 282ff., 361ff., Bd. 2, 462-4 を参照せよ。ダールマンによれば、プロイセンはオーストリアと正反対の性質をもつ。すなわち、「プロイセンの基礎は、伝統 Herkommen からの最大限の逸脱」にある。それはルターの「宗教改革」Reformation の精神にほかならない。プロイセンは「宗教」を各人の「良心」にゆだねた。そして、そうすることによって、「国家をそれ自体として、より堅固に定立する」ことができたというのである。それゆえ、選帝侯のカルヴァン派への改宗（一六一三年）は、状況判断にもとづいた「政治的行為」にすぎない。プロイセン本来の精神は、あくまでもルターの精神でなければならなかったからである。このように、ダールマンにとってのプロイセンとは、第一義的にはもっとも有力な潜在的立憲国家であった。

ダールマンの「国民」観は、しばしば問題となる。

復旧期・三月前期を通じて、ダールマンがもっとも「国民」問題に敏感になったのは、解放戦争期（一八一三〜五年）である。引用した政治的処女作において、ダールマンは、いかに「デンマークのドイツ臣民」が本国の絶対主義統治——とりわけ王国銀行政策——の犠牲となってきたか、ドイツ国民同士の「真の内戦」という辛酸を舐めねばならなかったか、を訴えかけている（Dahlmann (1814), 12-47）。そのうえで、本国の絶対主義統治からの防波堤として、等族層の「古き権利」をもちだすのである（ebd., 53-6）。ここでの主たる関心は明らかに「国民」問題であり、「憲法」はその手段として位置づけられている。

こうした「国民」意識の根は、本文でも簡単に触れたように、出自と青年期の思想形成に求めるのが妥当であろう。

出自に関して言えば、ダールマン自身は小都市ヴィスマール、いわばドイツ文化圏の辺境に生まれ育ったのであり、シュレスヴィヒ・ホルシュタイン両公国とのむすびつきは、ようやくキール大学への着任（一八一二年）——母方の縁故をたどって——からである。そして、そこで彼ははじめて「デンマークのドイツ臣民」の実態に接したのである。つまり、彼は根っからの「デンマーク臣民」ではなかった。

青年期の思想形成については、解放戦争期の思想風潮、とりわけクライストの感化によるところが大きい。伝記資料からうかがわれるかぎりでは、もともとダールマンの政治的関心はそこまで強いものではなかった。むしろ、文献学を通じて古代の夢に遊ぶ青年だった。その後、ナポレオン支配下における屈従、アルントやヤー

ンの著作の影響、そして、彼自身が自伝でも強調しているように、クライストとの旅行を通じて、「国民」意識が根づいたとみることができる。こうした意識は、とりわけ解放戦争前後の政治的処女作や「ワーテルロー演説」によくあらわれている。

だが、この時期においてさえ、ダールマンは国民国家へのドイツ再編には冷淡である。シュタイン、アルント、ヤーン、ゲレスらが、旧帝国国制に代わるべき新帝国国制構想の熱烈な支持者であったのに対して、ダールマンは当初から、「憲法」に関心を抱いていた（Dahlmann (1814), 10, 51-2)。特に、「ワーテルロー演説」や「憲法論」では、主たる関心が「憲法」問題へと移り、シュレスヴィヒ・ホルシュタイン問題はその一環として位置づけられるようになるのである。ゲッティンゲン・ボン時代において、この傾向は強まり、やがて『政治学』へと結実する。プロイセンへの関心はもっぱら「憲法」問題に限られていた。

こうした傾向は、『政治学』における国家の「単一性」einfach と「複合性」Zusammengesetztheit をめぐる議論からも明らかである。ここでダールマンは、いわゆる多民族国家（「複合国家」）問題を論じている。結論を言うならば、一国を形成しうるほどの勢力をもつ国内居住民族を有する国家（「硬直複合国家」）においては、民族の「自然なありよう」Naturleben を尊重するためにも、少数民族に「憲法」を保証せよ、というものである (DaP: §196-7)。ここでは、シュレスヴィヒ・ホルシュタイン両公国やベルギーが念頭に置かれている (DaP: §198)。

だが、以上の議論から即座に少数民族擁護論者という像を引き出すことはできない。というのも、ダールマンによれば、多民族が共存する「混合国家」gemischter Staat 内で民族混淆が進行し、最終的に単一民族に収斂することは十分に考えられるからである。そして、「憲法」で自治権を保証すべきかいなかの基準は、理論的に策定しうるものではなく、あくまで「歴史」が示すものなのである。たとえば、ダールマンはオーストリアを典型的な多民族国家として紹介したうえで、国内のポーランド人やイタリア人に「憲法」を保証することは即座に帝国全体の崩壊を招くので、実質的には不可能であると論じている。さらに、英国の事例――アイルランド人やスコットランド人――にいたっては、ダールマンは英国の「統一形成力」を高く評価するのである。無論、いまだアイルランド人への権利保障は十分ではないにせよ、「古の不法は最終的には克服されうるだろう。新しい法・権利・富・陶冶、すでにたっぷりと蓄積された共通の記憶が、完成されるべき統一の助けとなろう」。対アイルランド政策をめぐるドロイゼンの激烈な批判（第Ⅲ部二章一節）と比較するならば、「国民」問題に対するダールマンの関心の低さがよくわかる。

また、『政治学』内のドイツ連盟をめぐる議論からも、同様の印象を受ける (DaP: §199)。次世代のドロイゼンやジーベルが、ドイツ連盟の政治体としての弱体ぶりを嘆くのに対して、ダールマンはむしろ、連盟議会決議による各邦憲法の制限・侵害を恐れるのである。したがって、ウィーン最終規約が連盟決議を全会一致制とし、各邦憲法が各邦憲法の規定に沿ってのみ改変されるべき旨を規定していることを、高く評価するのである。三月前期のダールマンを国民国家論者とみるには、明らかに無理がある。

このように、ダールマンの「国民」観は、「ドイツ国民」の文化的優秀性への自負を基礎としつつも、状況に応じて変化するものであった。第Ⅳ部一章一節で詳しくみるように、三月革命下のダールマンは国民国家論者となり、とりわけ、シュレスヴィヒ・ホルシュタイン併合を熱心に主張するようになる。だが、これは年来の主張とみるよりも、例外状況下での選択とみるほうが適切であろう。

以上の点については、ややダールマンの「国民」意識を軽視している感はあるが、Hansen(1972)（邦訳, 26-8)、特に『政治学』内の議論については Bleek (1997), 297, 301-2 が適切な主張を展開している。

(103) さらにダールマンは憲法自体の欠陥として、特に国民議会議員の立法議会における再選禁止事項を挙げている (DaP: §162)。再選禁止事項については、一七九一年憲法を原則として高く評価するミニェとロテックも批判的である。ミニェはそれを国民議会の「唯一の失敗」とする。ロテックも「一方には高貴な自己否定、他方には邪悪な政治がこの不幸な決議をもたらした。この決議は国民からもっとも高貴で賢い構成員の活動を、もっとも必要とされるときに奪ったのである」と厳しい (RAG, 9: 2, §14)。

(104)『政治学』改版に際して、ダールマンは「福音派内のいざこざ」――一八三〇・四〇年代に盛んになった自由プロテスタント派と正統派教会との対立が念頭に置かれている――について追加言及している (DaP: §298)。神学者による「自由な研究と教授」の重要性を指摘しつつも、「素朴な民衆信仰の尊ぶべき素朴さ」を徒に混乱させるべきではないとする。

(105) ダールマンの「宗教」概念は原則としてキリスト教とユダヤ教が念頭に置いている。古代の多神教は本来の「宗教」的問題を惹起せず、また「宗教」としての性質が後述するようにキリスト教徒とはまったく異なっていたと指摘されている (DaP: §291)。

(106) それゆえ、ダールマンはホッブズの唱える国家の宗教に対する優位も、ディドロの無神論も受け入れることができない (DaP: §290)。最晩年（一八五四年）の草稿（Springer (1870-2), Bd. 2, 458-64 に収録）にお

いても、ダールマンは「理念」を体現した人物として、キリスト、ルター、グスタフ・アドルフへの愛着を告白している（ebd., 458-62）。ダールマンにとって、キリスト教の核心は、「神への愛」と「人間愛」という「あらゆる徳のふたつの中心」の融合にある。この観点から、初期キリスト教的な極度の脱世俗化傾向、カトリック的位階制、そして十字軍に見られる宗教的熱狂が拒絶される。あくまでも「各人が素朴な内面的信仰を妨げられず、なおかつ、信仰を異にする他者と調和のうちに共存しようと努める」べきなのである。ダールマンは、敬虔なプロテスタントだった。また、最晩年のダールマンがカントの著作を愛読していたという証言もある（Varrentrap (1885), 499. Anm.）。

(107) 第一章二節を参照。こうした視点は宗教問題についても、「一般的寛容」とユダヤ人市民権問題に関するダールマンの姿勢によくあらわれている。ダールマンは「歴史」を重視する立場としてユストゥス・メーザーの議論を援用したうえで、「歴史」によって形成されてきた政治社会にとって「一般的寛容」は望ましくないとしている。ユダヤ人の市民権については個々別に対応すべきとしたうえで、「我々の社会秩序」に適応する意志を見せるユダヤ人は優遇すべきだが、なにより彼らが「利益だけを受け取る」ことは防がねばならないとする (DaP: §293, 298)。

ユダヤ人市民権問題に関するダールマンの姿勢については、Bleek (2010), 130-2 が詳しい。

(108) スパルタの軍国主義体制に対する批判は、DaP: §33, 262 を参照。キリスト教は、人類宗教たる性格ゆえに「アリストテレス的な意味での建築術」としての「国家」を排除することとなる。そのため「中世」において、政治学は一旦衰退して君主鑑に限局されるかわりに、奴隷制廃止や救貧事業、信徒団の形成、刑罰の緩和といった「キリスト教的信条」（「静かなる勝利」）が登場した。もはや「教育」は国家に独占されるべきものではなく、聖書が「公民の陶冶」Volksbildung の中核となるのである (DaP: §69, 221, 224-5)。政治学の復権は宗教改革とともにはじまるとされる。第一章二節も参照せよ。

(109)「古代人の基盤を欠くにもかかわらず、古代人の形式に則って理想国家を空想した」トマス・モアやハリントンは、ダールマンに一蹴されることとなる (DaP: §227)。

(110)「抵抗権」を「攻撃的な抵抗」と切り離してもなお、受動的な抵抗と「攻撃的な抵抗」との間の「微妙な境界」や、「緊急避難」Notwehr の基準の曖昧さがダールマンを逡巡させる (DaP: §204-5)。

(111) 事件の経過の詳細については、Bleek (2010), 159ff.; 東畑 (1994b) を参照せよ。

(112)「七教授事件」における「良心」と抵抗の論理について詳しくは、Bleek (2010), 213ff. を参照。

(113) たとえば、DaGR: 239-41, 341-4 などを参照。

(114) レヴェイヨン事件とは、パリの壁紙工場主レヴェイヨンが三部会開会直前（一七八九年四月末）に暴徒によって襲撃された事件である。レヴェイヨン事件の経緯については、Schama (1989)（邦訳 , 中 , 63-72）を参照した。

(115) 三月前期の革命史論における民衆の位置づけについては、第Ⅳ部一章二節も参照。

(116) ビューヒナー (1970), 316.

(117) ビューヒナー (2006), 165.

(118) ebd., 202-3.

**第Ⅲ部**

(1) Biedermann (1886), 24ff.

(2) Haym (1902), 93; Fenske hg. (1976), 21ff.; Springer (1870-2), Bd. 2, 99.

(3) ヨハン・ヤコービの文筆活動については、田熊 (2004); (2006b); (2006c); (2007); (2008).

(4) Schön (1842), 4-7.

(5)「ドイツ国民」の形成と展開に関する概説書としては、Dann (1993) がある。

(6) Biedermann (1886), 87.

(7) ebd., 80ff.

(8) Biedermann (1842), 9; Blasius, Gall, Segermann (1975), 137-40.

(9) Bleek (2010), 203ff.

(10) Biedermann (1842), 13, 15-6.

(11) Gschnitzer, Koselleck, Schönemann, Werner (1992), 342-7.

(12) 国家的実体をもたない「国民」への着目という点で、十九世紀にはじまる「国民史」は、十六世紀のドイツ人文主義者の歴史叙述とは一線を画している。帝国愛国主義 Reichspatriotismus は、「帝権移動」論と並ん

で、彼らの議論の中核をなしていた（Muhlack (1991), 99-107）。
(13) ゲルマニスト大会開催の経緯および内実については、西村 (2002) が詳しい。
(14) Hübinger (1984), 110ff., 138-45, 150-3.
(15) ebd., 43ff.
(16) 歴史協会の活動については、山田（欣）(1992); 若尾 (2005) を参照。
(17) Häusser (1856), VII-VIII, XIV-XV.
(18) Springer (1870-2), Bd. 2, 199-200.
(19) ドロイゼンに関しては、ダールマンやジーベルを凌駕する先行研究の蓄積がある。先行研究を大別するならば、基本的な伝記研究のほかに、三種類の研究動向――政治思想研究・歴史学方法論研究・古代史研究――がある。

ドロイゼンの伝記研究の基本として、息子による評伝（ただし、三月前期のみ）G. Droysen (1910) に加えて、直接の教え子世代による研究として、Meinecke (1968); Hintze (1964) を挙げることができる。とりわけ、G. Droysen と Hintze の作品は以後の伝記研究の基礎となっている。近年の研究成果を踏まえつつ全体像をコンパクトに描き出す優れた論稿として、Muhlack (1998) がある。また、Nippel (2008) は叙述の精彩を欠くものの、三月革命期以後の後半生を最新の研究・史料にもとづきつつ再構成した点で貴重である。Obermann (1977) は史料的制約をともなうにせよ、従来研究の乏しかった青年時代を解明した研究である。

ドロイゼンに関する政治思想研究の金字塔は、Birtsch (1964) である。Birtsch は政論を中心に幅ひろく史料を読解したうえで、ドロイゼンの国民国家観や同時代に対する応答の様子を見事に描き出している。Birtsch の研究によって、それ以前の代表的研究 Gilbert (1931); Hock (1957) の叙述のうち相当の部分が乗り越えられることとなった。

ドロイゼンの政治思想に関する研究は Gilbert、Hock、Birtsch の作品によって高度な水準に到達したのであり、その後の研究は基本的には前三者の研究の確認に終始している感が強い。Lewark (1975) は研究が手薄な三月後期も扱った点で貴重ではあるが、完成度の面で Birtsch に遠くおよばない。Southard (1995) は政治思想と歴史観の関連を主題とするにもかかわらず、『史学論講義』の分析を欠いており、政治論に関しても先行研究の確認の域を出ていない。

これに対して近年、ますます先行研究が蓄積しているのが、第二の歴史学方法論をめぐる研究である。これはドロイゼンの『史学論講義』や『史学要綱』を基本史料としつつ、体系や成立史、歴史叙述への反映を分析する。Rüsen (1969) が代表的な研究であり、研究史は Paetrow (2008), 11ff. に詳しい。この系列に連なる研究として、ドロイゼンの伝記作品に現れた方法論的特徴を分析したユニークな研究として、Schnicke (2010) がある。邦語では、竹本 (1984); 安酸 (2010); 岸田 (1976b) がある。ただし、この研究動向には、往々にしてドロイゼンの歴史叙述の内在的分析を欠く傾向がみられる。歴史家の思想を分析する手段として果たして適切かどうか。疑問が残る。

第三の古代史研究の流れは、古代史家・文献学者としてのドロイゼンの業績を学説史のうえに位置づけることを主眼とする。この分野に関しては、Momigliano (2000c) がなによりもまず参照されるべきである。Christ (1972) は Momigliano の議論を補充する意味で有用である。単著としては Wagner (1991); Bravo (1988) が代表的な作品である。個別論文としては、Mcglew (1984); 大戸 (1993) が部分的にドロイゼンをあつかっている。この研究分野において中心的な論点となるのは、「ヘレニズム」Hellenismus 概念の変化や、ドロイゼンの古代史像、ギリシア悲劇解釈論などである。

Rebenich, Wiemer hg. (2012) は、現在の代表的なドロイゼン研究者たちによる論文集であるが、歴史認識論と文献学的研究がほとんどを占めている。

以上のように汗牛充棟の感があるドロイゼン研究ではあるが、最後に本書の位置づけを付言しておく。本書におけるドロイゼン論の独自性は、フランス革命史論との連関を強調するほかに、『解放戦史』の具体的分析にある。もちろん、『解放戦史』自体は Birtsch の研究をはじめ、繰り返し言及されてきてはいるものの、作品の内的構造についての分析は乏しい。以下でみてゆくように、該書におけるドロイゼンの議論は、「旧き欧州」・「啓蒙」・フランス革命・ナポレオン帝国・「解放戦争」という歴史過程を単線的な発展史として記述するのではなく、弁証法的な構造として把握している。この弁証法的過程において、プロイセンはもちろんのこと、フランスの好敵手としての英国が重要な位置を占めることになる。先行研究では政論類や現実政治との関係が解明されてきたのに対して、本書のように作品の叙述構造まで踏み込んだ研究は乏しい。

また、政治思想に関する先行研究に関連する限り、隣接分野の先行研究を参照することとしたい。個別論点に関する研究については、その都度言及する。
(20) Nr. 214, an Arendt, 22. 4. 1847.

(21) Nr. 52, an Perthes, 30. 10. 1836.

(22) 文献学史におけるベークの位置については、Momigliano (2000b), 125ff.; 安酸 (2007); (2009) を参照。

(23) Obermann (1977), 87ff.

(24) ドロイゼンは批判学派——ニーブーア、ペルツ、オトフリート・ミュラー、ランケら——を「歴史学の仕事の技術しか見えていない」がゆえに、つまり方法的反省の欠如ゆえに批判するのである。実践の面において、ランケは「我らの世紀の最大の歴史家」と評されている (DrH, 1: 51-2, 247)。

(25) 本書ではドロイゼンの世界観・歴史観をより立体的に理解するために、三月革命後の作品であるが、『史学論講義』(一八五七年) を史料として用いる。ただし、類似の議論が三月前期に登場している場合には、そちらを優先する。また、Birtsch (18ff.) もドロイゼンの世界観に関する優れた要約になっている。

こうした歴史学的認識自体への関心という点で、ドロイゼンはダールマン (第Ⅱ部一章二節) やジーベル (第Ⅳ部一章二節) からは明確に区別される。

(26) Gemeinsamkeit は本来、ドロイゼンの用法では、「人格」と他者との協働によって生まれる広い意味での共同体的関係性を意味している。それは、「国家」「部族」「家族」といった組織的な「共同体」のみならず、それよりも緩やかな共同性、つまり「言語」や「藝術」、「法」や「市民社会」をも包摂している。したがって、本書では「共同態」の訳語を当てる。

(27) ドロイゼンによれば、「人格」の中核たる「良心」は不可侵の領域であり、歴史学の方法では解明することができないとされる (DrH, 1: 192-4)。

(28) この九つの「理念」は、それぞれ九つの「共同態」(DrH, 1: 291) と対応している。ドロイゼンの「史学論」に対するヴィルヘルム・フォン・フンボルトの史学論の影響がしばしば指摘される (たとえば、安酸 (2010), 186ff.) が、この指摘はドロイゼン自身の自己理解に照らしても妥当である (DrH, 1: 52-3)。

(29)「神」と「歴史学」の関係が完全に定式化されるのは一八四〇年代であるが、すでに三〇年代においてドロイゼンは、私信で歴史における「神」の位置づけを論じている。たとえば、DrBW, 1: 103-4, Nr. 52, an Perthes, 30. 10. 36 を参照せよ。ドロイゼンの宗教観と歴史観との関係については、Fleischer (2009); Nagel (2012) が詳しい。特に前者は、『史学論講義』を中心にドロイゼンの「神」概念を綿密に分析し、ドロイゼンにとっての「神」とは、「歴史」が混沌に陥らないため、すなわち「進歩」としての「歴史」を弁証するための究極的統制原理にほかならないことを明確にした。

(30) 同様の言い回しは『史学論講義』でも繰り返される (DrH, 1: 34-5)。ただし、すでに引用文にあらわれているように、ドロイゼンが「弁神論」を唱えるとしても、あくまで経験的・実証的研究と密接不可分なものとして捉えている点には注意が必要である。この点を軽視すると、ドロイゼンがなぜ執拗にヘーゲルに代表される歴史哲学を——アプリオリに歴史の道行きを決定しているとして——批判するのか、理解できなくなる (DrH, 2: 143-4)。本書では便宜上、詳細に論ずることができなかったが、「史学論」構築の動機は、自然科学的実証主義と哲学・神学的枠組の双方から歴史学を解放することであった (DrH, 1: 4ff., 19-22, 32ff.; Meinecke (1968), 161-2; 岸田 (1976b), 13ff.)。また実証主義との関係については Birtsch (1964), 16. Anm. 11 を参照。

(31)「歴史の権利」概念についての詳しい分析は、Southard (1995), 33-9 を参照。

(32) ドロイゼンは古典古代を理想化する類の文献学者に対して、三月前期 (DrH, 2: 230-2) から『史学論講義』(DrH, 1: 63-4) に至るまで一貫して批判的であった。逆に文献学を歴史学まで高めた恩師ベークの業績を高く評価している。

(33)「人類の教育」概念の典拠がレッシングの著作『人類の教育』(一七八〇年) であることはいうまでもない。ドロイゼンは、世界史を通じた人類の進歩発展という普遍史派——中世の普遍史論者、とりわけレッシング、カント、ヘーゲルの歴史哲学、フンボルト——を高く評価する。一方で、古典ギリシアは優れた個々の歴史叙述を生み出したにもかかわらず、「歴史の目的」としての「人類の教育」という世界史観に到達しえなかったとされる (DrH, 1: 252-6)。ただ興味ぶかいことに、観念論的体系の枠内ではあれど歴史学の自律性の弁証をこころみ、フンボルトの史学論にも明白な影響を与えたロマン派——シュレーゲル兄弟やシェリング——について、ドロイゼンは一切言及しない (第Ⅰ部註(10) も参照せよ)。

(34) 三月前期における表現——『史学論講義』では消えてしまった表現——を用いるならば、「世界史とは人類による自己自身についての回想 Erinnerung である」(DrH, 2: 140-1, 176-7)。

無論、超時間的存在としての神は人類の歴史全体を直観することができる (「永遠の現在」)。一方で空間と時間に制約された有限な存在である人間は、「生成」の相のもとにしか歴史を認識することができないのだ。ドロイゼンは、「現代」およびそこに埋め込まれた「人格」にはそれまでの世界史の発展が凝縮されているとみるがゆえに、人間を神の「似姿」と呼ぶのである (DrH, 1: 61-3, 254)。

さらにドロイゼンは、「我々がいわゆる神の概念から導出する理想的表象」Idealvorstellungen（「最終的な全体性」Totalität）として、「人類の理念」Idee der Menschheit を挙げている。この「人類の理念」は「共同態」の性質――「自然的」・「実践的」・「理念的」――によって顕れ方こそ異なるものの、いわば「経験」を超越した、歴史が目指すべき理念的秩序を意味している。たとえば、「実践的共同態」の領域における「人類の理念」は、世界全体を包摂する平和的国際秩序としてあらわれてくる。この点については、第Ⅲ部註（111）も参照。

(35) ドロイゼンにとって、ヨハネス・フォン・ミュラーもポリュビオスもタキトゥスも優れた歴史家ではあるが、あくまで他の歴史家たちのうちの one of them にすぎなかった。「実用的」歴史叙述の「逸脱、実用的考察、政治的応用」――その代表格はグッチャルディーニとマキアヴェッリとされる――は、時代錯誤とされている。ドロイゼンは、レトリック重視の歴史叙述に対する厳しい批判者だった (DrH, 1: 239-42)。

また、ポリュビオス、さらにはトゥキュディデスでさえも、歴史叙述の対象を「政治的なるもの」に限定した点が批判に晒される (DrH, 1: 46)。ドロイゼンは歴史叙述が政治教育と重なることを強調したが、「政治史」絶対主義者であったわけでは決してない。この点を考慮せずに、ドロイゼンを単に「政治的歴史叙述」の代表格、あるいはトゥキュディデスの後裔としてのみ片づける姿勢は、テクストに対する誠実さを疑わせるに足る。

ドロイゼンのトゥキュディデス観については、第三章二節を参照せよ。十九世紀のロマン派、ニーブーア、ランケらにとって、歴史叙述の模範はポリュビオスやタキトゥスからトゥキュディデスへと移っていった（Momigliano (1990), 48-50, 130-1; Pires (2006)）。

(36) つまり、ドロイゼンにおける「人倫」sittlich, Sittlichkeit 概念はこうした「進歩」への信念とあわせて理解されるべきである。『史学論講義』で「人倫的」sittlich と「歴史的」geschichtlich が同義的に用いられていることからも、「人倫」とは複数の「人格」間に取り交わされる「関係」といった意味合いをもつ。ただし、純粋な「関係」概念とは異なり、「歴史」は「進歩」するので、そのかぎりにおいて「人倫」にも実体的な内容が込められることとなろう。ドロイゼンによる、歴史の進展による「悪」の減少はこうした意味で限定的に捉えられるべきである。

(37)「実践政治学」は「実践政治学講義序論」（一八五〇年）においてのみ使用される概念である (DrH, 2: 322ff.)。「講義序論」と同内容の議論は一八五七年の『史学論講義』にもみられるものの (DrH, 1: 272ff., 355ff.)、そこでは「政治の学問」Wissenschaft der Politik、「政治研究」politisches Studium、「国家論」Staatskunst など、用語が統一されていない。「政治学」Politik 概念の用法もやや混乱しているが、とりあえずドロイゼンは伝統的な国制・行政論を「政治学」と定義しているので (DrH, 1: 356)、本書では国制・行政論を「政治学」、以下で論ずる歴史的政治学を「実践政治学」として区別する。

Hübner (1917) は、ドロイゼンの政治学講義の内容を部分的に紹介した貴重な業績だが、国家本質論の部分は近年公刊の批判版『史学論』第二巻に収録されている。

(38) ダールマンとドロイゼンの国家観の相違は、シュレスヴィヒ・ホルシュタイン問題への関わり方からもうかがうことができる。すでにみたように、ダールマンは国制史的知識を踏まえたうえで、デンマーク王権に対する両公国の自治と立憲制への権利を主張していた。この政治的立場は三月前期の両公国における自由派の多数派を占めた。ところがドロイゼンは、立憲制と自治をあくまでも、ドイツ統一の手段として位置づけるのである（Birtsch (1964), 218-26; Hoffmann (1994), 79-84）。

ダールマンとドロイゼンの関係については、第Ⅳ部一章一節を参照。

(39) ドロイゼンの世界観における理論と実践との関係については、踏み込んだ解説が必要である。この問題について、ドロイゼンは『史学論講義』において、はじめて体系的な説明を展開している。

すでにみたように個々の人間（「人格」）が活動する世界をドロイゼンは「人倫世界」と位置づけており、それは自然科学的実証主義、哲学・神学的認識とは認識範疇が異なるとしていた。つねに運動し生成発展をつづけている「人倫世界」を「生成」Werden の相の下に「理解」する営みが歴史学であるが、一方で「人倫世界」は実践的な側面（「技術的側面」）ももっている。この「技術的側面」technische Seite をあつかうのが、個々の「実学」technische Wissenschaft なのである (DrH, 1: 37-40, 56)。逆にいくら歴史学的な知識を豊富にもっていたとしても、それが実践における成功に直結するとは限らない。たとえば、諸々の法律の歴史的来歴や法制史に通じていたとしても法実務には不十分である。法実務の基礎はやはり法律の「技術的側面」を扱う実定法学でなければならない。また、判例の参照行為は「歴史的」な営みではあっても、「歴史学」とは認識対象が異なる。同様に、行政実務にたずさわる際には、「実践政治学」とは別の、政体や行政体系を解説する――つまり政治の「技術的側面」をあつかう――「政治学」の知識が求められよう。

ただし、歴史家も「技術的側面」と無縁でいられるわけではない。たとえば、軍事史を扱う際に軍事に関わる実践知や勘は不可欠だからである (DrH, 1: 174-5, 181, 183)。また、実践のなかで歴史学に類似の認識が

求められることもある (DrH, 1: 168-9)。

したがって、ドロイゼンのいう「実践政治学」は、純粋な歴史学と「実学」としての「政治学」(国制・行政論) との中間に位置づけられるとみてよい。

(40) ここでも Birtsch (1964), 54ff. は、ドロイゼンの「国家」概念を十全に解説してあますところがない。

(41) 十八世紀末から第二次世界大戦までの「法治国家」Rechtsstaat 概念については、モーンハウプト (1999), 156ff. を参照せよ。ただし、十八世紀末から三月前期については、玉井 (1990-1), II, 24-35, III, 2-12, 27ff. がはるかに充実した議論を提示している。

(42) Southard (1995), 61ff.

(43) ドロイゼンの「国家」Staat 概念の連続性はしばしば疑問視される。「実践政治学講義」の内容に早くから着目した Hübner は、国家の本質を「権力」に求める議論が三月革命の挫折、および三月後期の「現実政治」Realpolitik 論隆盛の影響下にあったと主張する。だが、Hübner 自身も部分的に認めているように、表面上の断絶は実際には体系的な構成や用語法の変化によるものである。すでに三月前期において、ドロイゼンは権力分立論・「法治国家」論に代表される「粗野な自由主義」を鋭く批判しており、国家の本質を「権力」とみる見解をうかがわせている。実際に三月革命初期から、ドロイゼンは繰り返し国家の本質を「権力」とする議論を展開することとなる。また、三月前期のドロイゼンは時論や歴史叙述に埋め込んだかたちで国家論を展開していたため、体系的な構成をとりえなかったことも、断絶の印象に寄与したといえるだろう。以上から、「権力」本質論が三月後期に形成されたとする断絶論には、賛同できない。三月革命を境としてドロイゼンの国家観が「権力的」になったとする論者（Hübner、Gilbert、Hock など）に対して、Birtsch は説得的な反証を提示している（Birtsch (1964), 59-72)。

(44) 講義では一八四〇年まで扱われたという (DrBW, 1: 336, Nr. 204, an Arendt, 15. 8. 46., 345, Nr. 209, an Varnhagen von Ense, 20. 12. 46)。

(45) モールはフランス革命を、民族大移動、宗教改革、アメリカ大陸発見と並べている（Mohl (1825), III)。

(46) Carové (1834), 114ff.

(47) 三月前期のドロイゼンの世界史観については、Southard (1995), 39-43 を参照。

(48) 本書では立ち入ることができないが、こうした世界史観のもとにおけるドロイゼンの「古代」および「中世」理解は興味ぶかい問題である。とりわけ、時期に応じた時代理解の変遷は今後、より詳細な研究が待たれる。

ドロイゼンの「古代」理解については、Bravo (1988), 317ff.; Birtsch (1964), 227-30、「中世」理解については Opgenoorth (2004) を参照。

(49) ドロイゼンは主として三月前期には「国家の理念」、三月革命後は「権力の理念」と表現しているが、三月前期にすでに「国家の理念」を「権力理念」Machtidee と表現している箇所もある (DrH, 2: 190)。

また、ドロイゼンは三月前期、とりわけ『解放戦史』において、「国家」Staat と Macht の概念を峻別している。ここでの Macht は、君主個人の「王朝的利害」の道具としての国家、いわば恣意的権力や暴力装置といった意味合いで用いられる。すでにのべたように、三月革命勃発後、ドロイゼンは「国家」の本質を「権力」Macht として定式化するようになるが、概念内容の変化には注意すべきである。本書では用語上の混乱を避けるために、「国家」Staat の本質としての Macht を「権力」と訳し、三月前期的な意味における Macht 概念については、「恣意的権力」や「暴力装置」など、その都度文脈に応じて訳し分けることとする。

(50) ドロイゼンの Volk 概念については、『史学論講義』を中心に Birtsch がその特質を解説している（Birtsch (1964), 30ff.)。ただし、後述するように『史学論講義』の Volk 定義をそのまま三月前期にあてはめることには、大きな危険がともなう（第Ⅲ部註 (87))。

(51) この関係を反映する政策の実例として、コルベールに代表される「重商主義」Mercantilsystem が論じられている。それは、従来「私的な性質」と考えられてきた経済・生産・商業領域を「体系的」に動員した「はじめて」のこころみであった。これによって十八世紀国家は国力増強の目的を達成することができた一方で、「個々人の福祉」は富国強兵という「目的のための手段」とされ、臣民の一部は「目的」のために犠牲にされたと指摘される。「重商主義」が強調された結果、「あらゆる自由な取引の禁圧」にまで至り、「貴金属以外の公共の福祉に関する諸要素は忘れられてしまった」(DrVF, 1:79-83)。

(52) 啓蒙絶対主義の特質、とりわけその典型としてのフリードリヒ二世の統治については、改めて第三章二節で詳論する。

(53) この言説はフランス革命の同時代、すでに一七九四年のパンフレットに登場している（Voss (1983), VIII-IX)。また、三月前期においてはロテック (RAG, 9: 1, §2) やペーリッツの議論（Pölitz (1830), Bd. 4, §602) が好例といってよい。また、直接の比較ではないが、宗教改革とフランス革命の「後」を比較する議論として、C. F. Schulze (1828) がある。

(54) たとえば、Bretschneider (1832), 99, 102ff., 115ff.

(55) 直接にフランス革命と関係する箇所ではないが、ドロイゼンは一八五七年の『史学論講義』において、歴史学における「起源」や「原因」をめぐる議論の恣意性を指摘している (DrH, 1: 159-161)。そもそも、「起源」や「原因」といったものは無限に遡及可能であるがゆえに、客観的な確定は不可能である。この議論はフランス革命にも十分にあてはまる。たとえば、フランス革命の「原因」は直近で求めるならば財政破綻に帰せられようが、より長期的に見た場合には絶対君主政そのものの構造、さらにその原因をたどるならば中世封建社会といったように無限に遡及できてしまう。

無論、ドロイゼンは「原因」や「起源」をめぐる議論一般を無意味と主張しているわけではない。少なくとも、そういった場合には議論の前提自体の恣意性、「原因」や「起源」も絶えず主観的に構成されていることにつねに自覚的であるべきというわけである。また、とりわけ「原因」論は、ある歴史的現象を「必然」とみなす議論（「必然」論）にむすびつきやすい。しかし、歴史学は対象を「理解」verstehen することはできるが、自然科学のように厳密な因果法則によって「必然」を「説明」erklären することは認識の性質上、できないのである。あくまでも歴史的現象の諸条件の解明が歴史学の認識限度であり、さらに「人倫世界」は因果法則ではなく、人間の「意志の行為」によって「生成」するからである (DrH, 1: 161-3)。ドロイゼンはミニェに直接言及することはなかったが、ティエールの革命史叙述における「必然論」Fatalismus を取り上げて、「不毛かつ浅薄」と評している (DrH, 1: 248)。

(56) こうした「理性法」一辺倒の姿勢に対比されるのが、「歴史の権利」論であることはいうまでもない。この点については、本章二節を参照せよ。

(57) 後年、ドロイゼンはティエールの長大な革命史叙述をこの点で批判している (DrH, 1: 248)。革命期という「近代におけるもっとも破局的な局面」を主題とするにもかかわらず、ティエールの叙述はあくまでも「フランス史」中心にとどまっていたからである。

(58) 研究の蓄積にもかかわらず、国際秩序論の観点からドロイゼンの国家論・歴史論を分析する議論はほとんどない。Gilbert (1931), 61; Birtsch (1964), 102ff などは、ドロイゼンの議論における内政と外交の相互作用を指摘しているが、具体的な史論分析には乏しい。

確認したかぎりでは唯一、Muhlack (2006d), 336-44 が、ドロイゼンの国際秩序論に関する秀逸な分析をみせている。Muhlack の叙述の基本ラインについてはほぼ同意できるものの、やはりあくまで部分的な言及であるため、史論の内容に立ち入った分析はなされていない。とりわけ、ドロイゼンの『解放戦史』における英国とナポレオンの重要性についてはほとんど触れられていない。

(59) Staatensystem を主題とする歴史叙述は、十八世紀を通じて形成された。この経過については、Caemmerer (1910); Schlenke (1955); Muhlack (1991), 123-9 などが参考になる。

(60) ヘーレンは十八世紀史学と十九世紀の「歴史主義」をむすぶ重要な歴史家であるにもかかわらず、研究は乏しい。出版された単著としては唯一、Schaum (1993) のみである。Seier (1982) は、ヘーレンの著作と業績に関する明快な概観である。

(61) Heeren (1821-6), Bd. 8, 6-12; Schaum (1993), 238-44.

(62) Heeren (1821-6), Bd. 8, 12ff., Bd. 9, 48-67, 88-92, 164-72; Schaum (1993), 250-8.

(63) ただし、ヘーレンの Nation 概念は「被治者」の意味で用いられている点に注意。

(64) Pölitz (1826); (1831-3), Bd. 3, 104-44; Bülau (1832), 227ff.; (1837-9)

(65) ヘーレンの理解では、革命戦争後の「国際体制」は、「世界国際体制」Weltstaatensystem に拡大する傾向を見せていた（Schaum (1993), 238-44, 265ff.）。

(66) ランケ史学の理解については、Muhlack (1988); (1995); (2006d), 320ff. に全面的に負う。

(67) 一八五七年の『史学論講義』では、「国際法」および「国際体制」の形成のためには、「国家」外の「諸々の大きな人倫的共同態」の国際的発展が不可欠とされている (DrH, 1: 359-60)。

(68) ゲンツの英国擁護論については、GS, 2: 154ff., 169ff., 177-85 ; 熊谷 (2011a), 309ff. も参照せよ。

(69) ヘーレンの英国観については、Seier (1981) が決定的に重要である。とりわけ、英国の外交政策をめぐってはebd., 60-4、ゲンツとの関係についてはAnm. 71 が詳しい。

(70) ダールマン同様、ドロイゼンも英国貴族制の独自性が「長子相続制という真に封建的な制度」にもとづいていたと指摘している。

(71) 革命戦争からナポレオン戦争へと戦局が激化するにつれて、英国国内の支配構造は「貨幣主権」へと転換してゆくこととなる。この点については、第三章一節で詳しく扱う。

(72) アイルランドに関する記述と並んで、イングランド・スコットランド合同（一七〇七年）後におけるスコットランドの部族制度、いわば彼らの「国民生活」の中核の破壊をドロイゼンは批判している (DrVF, 1: 210-3)。

(73) Gilbert (1931), 62. Anm. 2が示すように、こうした英国観はダールマンに代表される英国讃美の論調をまったく転倒させたものであり、実際にドロイゼンはこの点について意図的である (DrBW, 1: 345, Nr. 208, an Varnhagen von Ense, 20. 12. 46)。

(74) Schama (1989)（邦訳, 下, 33ff.）; Blanning (1986)

(75) ただし、亡命貴族の影響力と列強の好戦姿勢に加えて、フランス側の「挑発」も原因のひとつとニーブーアはみる。戦争回避の道を最後まで模索したレオポルト一世は、「平和への愛」に満ちていたのみならず、干渉戦争そのものの危険性を熟知した「賢君」として高く評価されている (NGR, 1: 253-4, 274)。

(76) すでにみたようにダールマンは英国国制の崇拝者であったが、バークに対する評価は微妙である。『省察』において、バークは「フランス人民の窮状」や「政府による無数の失政」に言及することなく、すべてを「軽率な民衆」と「扇動者の悪」に帰してしまっている。また、バークによる名誉革命とフランス革命の対比に関しても、英国といえども現在の混合政体が安定するためにはピューリタン革命の惨禍と長い時間を要したと、ダールマンは反論する。つまり、バークの著作は、ひたすら「革命によって不毛となり力を失った貧しいフランス」像を繰り返すだけであるがゆえに、「歴史叙述」としては不毛なものに終わっている。ただし、バークはフランス革命の「世界的事件」としての性格を誤認したものの、革命政権の弱体についての洞察は鋭いとされている (DaGR: 423-6)。

(77) フリードリヒ大王没後からイェナの敗戦に至るまでのプロイセン政治――とりわけ、ヴェルナーらの宗教令にみられる諸政策――に対して、ダールマンは辛辣な批判を浴びせている。大王は「力強い性格を備えた男たち」ではなく、「飼いならされた従者」しか後に残さなかったというのだ (DaGR: 422-3)。

(78) この点、「列強」の「王朝的利害」を暴露しようとするドロイゼンの姿勢は徹底している。たとえば、ルイ十六世の二枚舌は冷ややかに論評される (DrVF, 1: 395-6, 405)。また、平和路線の追求者とされているレオポルト一世も、革命にともなう混乱に乗じて、オーストリアの権勢を回復する真意があったと評されている (DrVF, 1: 399, 407)。

(79) たしかに『史学論講義』において、ロベスピエールは「血に餓えた冷徹で急進的なデマゴーグ」とされており、ダントンやマラーに対する評価も低い (DrH, 1: 190, 200)。しかし、これは当時の史論家たちによる強烈な山岳派・ロベスピエール嫌悪に比べれば、はるかに穏やかな調子といってよい。

(80) Nr. 64, an Welcker, 24. 6. 1837.

(81) したがって、ドロイゼンは「偉人」の私人としての側面にはまったく関心をもたない。「偉人」はあくまで「理念」と「精神」の化身であるがゆえに「世界史」的意義をもつのである。「偉人」の行動の客観的な意義こそが重要なのであり、逆に私的な「動機」などはどうでもよいとすら断じられている (DrH, 1: 391)。アレクサンドロス大王や「解放戦争」で活躍したプロイセン軍人ヨルク将軍を扱ったドロイゼンの政伝も、徹底してこうした観点から描かれている（Schnicke(2010))。

(82) Wachsmuth (1840-4), Bd. 3, 203.

(83) Häusser (1869), Bd. 1, 60-1.

(84) 三月前期のナポレオン関連文献は膨大な数にのぼるので、問題設定上も三月前期のナポレオン観を本書で扱うことはできない。ただし、フランス革命観に劣らず重要な論点であることは疑いなく、今後の研究課題としたい。また、本書では文学作品を取り扱うことはできないが、ドイツ近代文学におけるナポレオン表象問題に関する最新の研究書としては、Beßlich (2007) がまず参照されるべきである。

(85) 政治思想に焦点を当てたニーブーア研究としては、Walther (1993); Kraus (1996); 熊谷 (2015) が重要である。

(86) 三月前期の段階でドロイゼンはすでに、政治史に絶対的優位を与える立場を批判し、ある種の文化史叙述の必要性を指摘している (DrH, 2: 278)。『解放戦史』の叙述からも明らかなように、ドロイゼンにとって政治・社会・文化の領域は総体として理解されねばならなかったのである。この点で、あくまでも「政治」（あるいは「国家」）こそが歴史叙述の主対象たるべきとするゲルヴィヌスは、批判されざるをえない (DrH, 1: 281-2)。

(87) 国家とその他の「圏域」との関係をめぐる理解は、三月前期と『史学論講義』とでは異なっている。

三月前期における整理も一定しない。「十八世紀初頭以来のドイツ文化史講義序論」（一八四一年）では、「政治」Politisches、「社会」Sociales、「精神」Geistiges の三分類が採用されている (DrH, 2: 279)。ここでは「民族」と「教会」の両方が「社会」領域に分類され、「精神」領域は「文学」・「学問」・「藝術」を包摂する。ところが、本文でも引用した「ヴェルダン演説」（一八四三年）によれば、人間の活動領域は「国家」Staat、「民族」Volk、「教会」Kirche に大別され、「国家」が「公」、「民族」と「教会」が「私」の領域に分類されている。さらに『解放戦史』（一八四六年）においては、「国家」（「公」）と社会領域（「民族」Volk、「私」）の二分法が採用されており、社会領域の中には学問・教育・経済・文化などが一括して包摂されている。

このように分類法が不安定である三月前期に対して、一八五七年の『史学論講義』では体系的な分類が確立している。本文でもすでに述べたように、ここでは「自然的共同態」・「実践的共同態」・「観念的共同態」の三分類が採用され、「自然的共同態」には「家族」Familie・「部族」Stamm・「民族」Volk、「実践的共同態」には「福祉」Wohlfahrt・「法」Recht・「国家」Staat、そして「観念的共同態」には「藝術」・「宗教」・「学問」が配置されている。諸領域の定義が曖昧であった三月前期に比べて、この時期にはすでに各「共同態」の特質も明確に定義されるのである。したがって、定義の連続性を確認できる「国家」概念は別にしても、『史学論講義』における「民族」概念を三月前期に適用するBirtschの議論（第Ⅲ部註(50)）にはやや無理があるといわざるをえない。たとえば、三月前期のドロイゼンには「法の理念」Rechtsidee, Idee des Rechtsの概念が散見されるが(DrH, 2: 198-9)、その内容は曖昧で『史学論講義』における定義とは重ならない。

また、このような議論が事実上、国家の歴史的現実を扱う「実践政治学」の課題から逸脱し、ドロイゼン流の理想国家論になってしまっているとするBirtschの批判は、支持することができる（Birtsch (1964), 81ff.)。

本書の分析対象があくまでも三月前期のドロイゼンであること、テクスト自体の完結性と体系性の理由から、本文では「ヴェルダン演説」における理解を前提に議論を進めることとする。

(88) すでにテルミドール九日事件後のフランスは「諸民族」を「固有の自由」に導く方向から転じ、侵略戦争(「権力拡張」）の傾向を示しはじめていた(DrVF, 2: 4-5)。さらにフリュクティドール十八日のクーデター後は対外強硬路線が固定化し(DrVF, 2: 59-61)、ラシュタット会議の頃には交戦国に対する「報復権」を主張し、侵略地の「略奪」に耽っていたとされる(DrVF, 2: 77-81)。

(89) こうしたナポレオン政権の構造的な不安定性については、同時代からすでに指摘されていた（熊谷(2011a), 332)。

(90) ドロイゼンの叙述では、英仏に加えロシアの権力政治も強調されている。ただし、英仏が本章第二節で詳説する真の国家原理に必要なふたつの側面——「市民的自由」（英国）と、「国民」・「国家の理念」（フランス）——を体現しているのに対して、ロシアは後に見るように「固定した十八世紀」的国家として低い評価を与えられている。そのため、ナポレオン戦争を英仏の覇権抗争とみたとしても不当ではない。なお、ドロイゼンのロシア観については本章三節を参照。

(91) Nr. 415, an Schön, 9. 3. 1850.

(92) Nr. 186, an Arendt, 6. 3. 1845.

(93) Heeren (1821-6), Bd. 9, 82-5, 88-9. ちなみにダールマンのフリードリヒ大王観は微妙である。プロイセンを一挙に列強の地位にまで高め、「プロイセンの国民感情」を形成した統治手腕、あるいは「地方的傾向」を従属させた一般ラント法は、たしかに高く評価されるべきである(DaGR: 420-2)。だが、一方で大王は臣民に政治的自由を与えず、官僚的統制にゆだねた。そして、なによりポーランド分割に協力してしまった。青年期から一貫して、ダールマンはポーランド分割を大王の統治上、最大の汚点と見ている（Springer (1870-2), Bd. 2, 462-3)。

フリードリヒ二世観の変遷はそれだけで巨大な思想史的テーマであるが、本書では論点を指摘するにとどめたい。フリードリヒ二世の同時代以降の受容史については、Bußmann (1973b); Schlachta (2012) が詳しい。

(94) つまり、大王の力をもってしてもポーランド分割を阻止できなかった事実に、同時代の「不合理な関係」がよくあらわれているとみる。このような時代精神の下では「保証された現状維持の体制」は不可能であった(DrVF, 1: 186-8)。

(95) プロイセン一般ラント法に関しても、ドロイゼンは「極めて自由だが、極めて合理的な国家観」と評している(DrVF, 2: 278)。

(96) ただし、フリードリヒ二世は「機械的方法」の適用範囲を「軍と行政」に限定していた。これに対してナポレオンは全人民を「機械化」し、地方政治・学問・教育・宗教といったあらゆる領域を「集権化」してゆくことで、はるかに徹底した体制を創出したのである(DrVF, 2: 351-2)。

(97) ロマン派文士フリードリヒ・シュレーゲルによる告白体の実験小説（一七九九年）であり、自由な性愛を讃美したとして一八〇〇年前後のプロイセンで話題作となった。

(98) プロイセン改革において、実際にシュタインが政権を握った時期（一八〇七～一八〇八年）は短い。その後、復旧期半ばに至るまでプロイセン政治の主導権を握った人物が、ハルデンベルクである(DrVF, 2: 406-7)。ドロイゼンはハルデンベルクを一概に否定することはせず、シュタインの敷いた路線を尊重して改革を続行した点を評価している。

しかし、一方でドロイゼンは、シュタインとハルデンベルクでは「人間に関する事柄について完全に異なった理解」をもっていたとする。すでにみたように、シュタインは「民族精神」を根底から理解し、国家像の点で「新しきもの」「預言者的なるもの」を備えていた。対してハルデンベルクの国家像は「合理的で行政面に

傾斜」しており、政治家としての資質の点でも状況への適応能力に優れていたとする。それゆえ、ハルデンベルクの事績は「偉大かつ本質的」かもしれないが、「他所ですでに達成されたこと」をプロイセンにもたらしたにすぎないと評されることとなる。この点については、ハルデンベルクの導入した「宰相」制度に対するドロイゼンの批判（次註）も参照せよ。

(99) ましてや、フランスの劣化複製版たるライン連盟諸国の統治体制などは論外である。ドロイゼンは、ライン連盟諸国の憲法にはフランス本国同様「集権化」と「恣意的に寄せ集められた諸領域の可能な限りの洗練」の傾向がみられたとする (DrVF, 2: 353-7)。また、ライン連盟自体もドイツ国民の歴史に「深く悲しむべき断絶」をもたらしたと手厳しい (DrVF, 2: 188-90)。

また、ハルデンベルクによって導入された「宰相」Staatskanzler 制度についても、ドロイゼンはフランス的国家像の模倣として批判する (DrVF, 2: 435-7)。執政面での権限を集中させた「宰相」は、「統一性と活力の集中」によって「外交・財政の困難」を打破するために不可避だったのかもしれない。しかし、こうした過度の権限集中は「動揺」・「実験」・「官僚的形式」に陥る危険があり、なにより「民族的要素」populäre Elemente から乖離しかねない。ドロイゼンはこのようにハルデンベルクを、フランス的国家像の信奉者とみるのである。同様の議論は、DrPS: 89-93 でも展開されている。

(100) ドロイゼンが原子的個人ではなく、「自治体」Gemeinde を国家の構成要素とした点は、十分に強調されてよい。アテナイの自治制に関する文献学的研究もこうした問題関心に規定されていた（Gilbert (1931), 59. Anm. 2)。「人民主権」および原子論的国家観に対するドロイゼンの批判は、Birtsch (1964), 77-81, 85. Anm. 13 に詳しい。

(101) 本書の問題設定上、ドロイゼンの一八一二〜一八一五年戦役への具体的な評価について論ずることはできない。スペインについても詳しく論ずることは避けるが、ドロイゼンはスペインの反仏闘争とスペイン革命政権による一八一二年憲法を高く評価している (DrVF, 2: 393ff., DrH, 2: 285-6)。

(102) 現在の通説は、一八一五年の神聖同盟をあくまで、ロシア皇帝の個人的パフォーマンスにすぎなかったとみている（de Sauvigny (1960))。

(103) 具体的な戦争・交渉過程の点でも、ロシアは一貫して「王朝政治」の化身として描かれている (DrVF, 2: 103ff., 232ff., 303, 306ff.)。

(104) 三月前期のドロイゼンのドイツ統一構想については、Birtsch (1964), 122ff.; Gilbert (1931), 57ff.; Southard (1995), 49-52 が詳しい。

またプロイセン中心のドイツ統一を唱えた自由派知識人の議論については、Gilbert (1931), 54-7 を参照。

(105) ドロイゼンの政治論・ドイツ統一観が一八三〇年代の文献学的著作にどの程度反映されていたかについて、研究者の議論は分かれている。

特に『アレクサンドロス大王伝』で描かれるマケドニアによるギリシア統一が、プロイセンによるドイツ統一のアナロジーになっているという理解は一般的である。たしかにドロイゼンが一八三〇年代初頭からプロイセン中心のドイツ統一を夢想していたことは事実である (DrBW, 1: 39-40, Nr. 16, an Arendt, 31. 7. 31)。だが、Birtsch が正しく指摘しているように、作品中にはギリシアとドイツを重ねる描写はみられるものの、大王とプロイセンを直接重ね合わせる記述箇所は存在しない（Birtsch (1964), 234-6)。また Birtsch と Gilbert は、アカイア同盟に対するドロイゼンの好意的な態度を指摘している（Gilbert (1931), 59. Anm. 3)。むしろ、ドロイゼン自身が後づけでマケドニアとプロイセンのアナロジーを強調した可能性が高い。Momigliano と Christ は、『ヘレニズム史』の初版と第二版（一八七七〜八年）の差異を指摘している。結論的には、第二版においてはギリシアの統一や政治秩序形成におけるマケドニア王権の意義が、より強調されているという（Momigliano (2000b), 129-34; Christ (1972), 61)。

したがって、マケドニアとプロイセンを短絡的に結びつける発想に対しては慎重でありたい。史料的裏づけ無き連関を探るよりも、むしろ後年の世界史観や国家観などの思考枠組の形成過程を古代史関連著作に読み込むほうが、生産的な議論となろう。たとえば、『ヘレニズム史』における「国民国家」像（Birtsch (1964), 227-30, 231ff.）や、アテナイの自治制度論に現れるドロイゼン自身の「自治」論などを挙げることができる。もちろん、このことは近代史への転向後もドロイゼンが文献学・古代史を教養の源泉としつづけたことと矛盾しない（Birtsch (1964), 63ff.; Momigliano (2000c), 151-3)。

(106) Muhlack (2006d), 342-4.

(107) この点については Gilbert (1931), 59. Anm. 3 が先駆的に着目している。

(108) 史論家たちがアメリカ独立戦争とフランス革命の関係を論ずる場合、「共和主義思想」の大陸への伝播——肯定的に評価するか、否定的に評価するかは論者による——と、参戦によるフランスの財政状態の悪化の二点が定番の論点となった (GGS, 5: 161-4, NGR, 1: 92-3, RAG, 9: 1, §9, DaGR: 63ff.)。ドロイ

ゼンもアメリカ独立戦争による「啓蒙」の活性化を指摘しているが (DrVF, 1: 289)、力点は圧倒的にモデルケースとしてのアメリカ像に置かれている。なお、十九世紀ドイツのアメリカ国制観についてはまず、Dippel (1994) が参照されるべきである。

(109) ドロイゼンによれば、アメリカの独立後は、古典古代以来の「東西」の対立にかわって、「旧世界」対「新世界」の構図が今後の世界史を決定づけるようになるという。

(110) Muhlack (2006d), 327-30.

(111)『史学論講義』においても、「神の概念から導出」される「理想的表象」として、「地球を包摂する国際体制」が挙げられている。それは「世界商業」と「国際法」によって各国が平和的に共存しうる「人類の理念」のための秩序である。この秩序は「経験」として与えられるものではなく、歴史の目標として定立される理念的世界にほかならない (DrH, 1: 213)。

(112) Nippel (2008), 52.

(113) 三月革命の挫折後でさえも、『解放戦史』に示された近現代史理解は維持されている (DrH, 2: 381-8)。その後、最晩年のドロイゼンは書籍商ペルテスの要望に応じて、改訂作業に着手したものの、自身の死によって作業は頓挫した。『解放戦史』で描かれた「根本思想については、今日でも変わっていない」、最晩年のドロイゼンはそのように語っている (DrBW, 2: 974-5, Nr. 1324, an G. Droysen, 12. 1. 1884)。結局、『解放戦史』の改訂第二版は没後の一八八六年、縮約版は一九一七年に出版された。

(114) Nippel (2008), 140-2.

## 第Ⅳ部

(1) 本書の問題設定上、三月革命の事件史叙述を展開することはできない。革命の経過については、序註(1)で挙げた概説書のほか、Stadelmann (1948) を参照した。

(2) Dahlmann (1993), 24.

(3) Ruttmann (2001) は、三月革命期のフランス像を精査した、優れた研究書である。フランス革命をめぐる言説については、ebd., 177-230 が詳しく扱っており、本書の以下の叙述はこれに多くを負う。ただし、Ruttmann の叙述は、重心がやや民主派に偏っている印象を受ける。

(4) ebd., 184.

(5) ebd., 194-9, 204ff.

(6) ebd., 187-8.

(7) ebd., 199-200.

(8) ダールマンとドロイゼンの政治活動に関しては、すでに多くの研究があるので、ここでは概略にとどめる。ダールマンについては、Bleek および Springer の伝記叙述、ドロイゼンについては Nippel による伝記のほか、Birtsch (1964), 137ff.; Southard (1995), 112ff. などを参照せよ。

(9) 三月革命挫折後でさえ、ダールマンにとって、英国は立憲制の模範でありつづけた。「政治的統一によって強力になった、政治的自由を備えたドイツ」実現の希望を英国との外交的連携に託したほどである (Springer (1870-2), Bd. 2, 464)。

(10) Droysen (1850), 301-9.

(11) ebd., 306-7.

(12) 三月前期のダールマンは、立憲改革の文脈でプロイセンをみていたが、三月革命が勃発すると、小ドイツ主義的統一を最良の選択肢とみるようになる (Bleek (2010), 298-302)。

(13) Ruttmann (2001), 192-3.

(14) これは三月革命の急進化についての感想ではない。ベルリンの三月諸事件についてのものである(Bußmann (1958), 108)。

(15) Ruttmann (2001), 190-2, 206-7.

(16) Holbraad (1970), 54-5.

(17) 確認できたかぎりでは、三月革命直後から「反動」時代の間に以下のフランス革命史論が出版されている (本章で扱うジーベルの『革命時代史』は除く)。また、ダールマンの『フランス革命史』も『英国革命史』との合冊版として、一八六〇年までに三版を重ねた。Lochner (1848-50); Jahn (1849); Springer (1849); Raumer (1850); Opitz (1850); L. Stein (1850);, Arnd (1851)

以上の作品中、自由派に属する著作は Springer のものである。Lochner と Arnd の作品については、

Völker (1978), 112ff., 130ff. に内容紹介がある。ただし、両者が「小ドイツ派歴史叙述」に属するという Völker の分類は、分類基準と枠組の粗雑さ、概念操作の稚拙さゆえにまったく支持できない。

(18) Springer (1849), VI.

(19) 実際、新しい方法論によって時局的関心を革命史叙述へと反映させた、ジーベルとシュタインの作品は現在も価値を失っていない。

(20) ダールマン・ドロイゼン研究の蓄積と比べて、ジーベル研究はまだまだ手薄である。ここでは回想録などを除き、研究文献のみを紹介する。

伝記研究としては、Varrentrapp (1897) が唯一、本格的なものであり、経歴と業績についての紹介論文としては、Bußmann (1968); Seier(1973) の二点を挙げることができる。

政治思想を扱った研究のうち、Dotterweich (1978) は前半生の政治思想、Seier (1961) は帝国建国期におけるジーベルの動向を詳細に跡づけている。とりわけ後者は前半部分で、ジーベルの「政治学講義」(未公刊) の内容を紹介しているため、有用である。Haferkorn (1976) は、ジーベルの「社会」観をめぐる優れた研究であるが、青年期の著作と晩年の作品の文脈の相違や思想形成過程への配慮の乏しさが残念ではある。また、ジーベルとトライチュケの政治思想の比較研究として、Schleier (1965) がある。Schleier は教条的マルクス主義の立場から、両者の思想のうちにひたすら「大ブルジョワ的歴史イデオロギー」のあらわれを見出そうとする。四十年以上の後世から振り返って、やや滑稽なこころみである。

ジーベルのフランス革命理解に焦点を絞った研究としては、Kohlen (2001) があるのみである。ジーベルの歴史叙述を丁寧に読み込んで紹介する好論文であるが、紙幅の関係上、個別論点の指摘にとどまらざるをえず、ジーベルの全体的な国家像や同時代批判との連関を十分に解明するにいたっていないのが、残念である。

以上が代表的な研究であり、個別論点に関する研究はその都度言及する。なお、本書では歴史学の組織化に関するジーベルの業績を扱うことはできない。この問題については、Dotterweich (1978), 219ff. が詳しい。

(21) 三月前期におけるジーベルの政論のなかでは、「封建主義」派と教皇至上派に対する「立憲派」擁護の書としての『ラインラントの政治的諸党派』(一八四七年) (SPP) がもっともまとまっている。個別論点に関しては、講演記録である『今日のトーリー』(Sybel (1846a)),『我々の大学と公共生活の関係』(Sybel (1847a)) が重要な議論を提供してくれる。

(22) ダールマンについては第Ⅱ部一章二節、ドロイゼンについては第Ⅲ部一章二節を参照せよ。

(23) 史料批判にもとづく歴史学を「藝術」的営為――「現実」の背後に「理念」をみる――として理解する姿勢は、クロイツァー、シェリング、シュレーゲル兄弟といったロマン派にまで遡る。すでにみたように、ロマン派に端を発する十九世紀ドイツ歴史学――ニーブーア、ランケ、ドロイゼン――はトゥキュディデスを歴史家の理想としたが、それはなにより、トゥキュディデスが「藝術家」的であったからにほかならない。この点からみるならば、ジーベルはいかにも、十九世紀ドイツ歴史学の正嫡といえよう。

(24) 実際にこの点では、積極的に政治活動に参加するジーベルの意見が、実践と学問との分離を強調するランケと一致しないときもあったという (SVAb: 303-4)。

(25) Sybel (1846a), 6. 後年の「ジーベル・フィッカー論争」にも、この点は顕著である。ジーベルの歴史叙述における過去と現在の関係については、Dotterweich (1978), 126-31 が詳しく論じている。

(26) Sybel (1847a), 12-3. また、ジーベルは「祖国全体の強力な統合」と「民族精神の政治的覚醒」の瞬間たる「解放戦争」が学問世界におよぼした影響も高く評価している。つまり、かの時代に「神学」や「法学」にかわって、「歴史学と政治学」が「中心的位置」を占め、「政治と国民性に正しい関係をもたらす」ことに主眼が置かれるようになったというのである (ebd., S. 8-11)。

(27) Sybel (1846a), 6.

(28) ebd., 6-8 では名誉革命を例にとって、国制と「当時の状態」(「既存の文化」) との対応が論じられている。また、ebd., 21-2 では、「人倫文化」ではなく「国民文化」nationale Cultur の語が用いられている。このように用語法が一定しないので、本書では「人倫文化」に統一する。

なお、名誉革命および英国国制論については、第三章二節で詳しく論ずる。

(29) 国制の下部構造としての「人倫文化」の重要性を強調する立場から、三月革命期の政論『十七人委員会の帝国基本法草案』(一八四八年) の議論もよく理解することができる。つまり、ジーベルは帝国基本法草案の掲げる世襲皇帝制を退けるのだが、それは世襲皇帝制自体への批判というよりも、むしろドイツに根付く「地域・土着精神」(分邦主義) の伝統ゆえに、世襲皇帝の地位は諸侯の嫉妬心を煽る可能性が高いとして退けられるのである。ここでも「人倫文化」のありようが政体を規定するという思考が、鮮明に現れている (Sybel (1848), 5-6, 11-5)。

(30) ここで意図されているのは、あくまでも「産業」化された「農業」であることに注意 (SKS, I: 397ff.)。ジー

ベルの「農業」に対する評価は、彼の「貴族」観とも連動している。この点については、第Ⅳ部註(92)も参照せよ。

(31) ジーベルの経済変動観と「市民」Bürger概念については、Haferkorn (1976), 87-92, 174-80も参照せよ。ジーベルの「市民」概念が基本的に、身分制社会的「都市市民」概念（貴族・都市市民・農民）ではなく、「財産」（と部分的には「教養」）を指標とする「〔シェイエスの〕第三身分」的、「普遍身分」的「市民」概念の特徴を備えている、さらにはジーベルがいまだ「中間層」Mittelstandを「市民層」の中核とみているという、Haferkornの指摘は正しい。ただし、『ラインラントの政治的諸党派』には両概念の混合がみられるという指摘（ebd., 176-7）には史料的根拠が乏しく、賛同できない。また、ジーベルは「市民層」を、「財産と教養」によって区別される「普遍身分」として描いたことは確かだが、一方で同時代の社会構造を「資本家」と「労働者」との対立にみていることも見逃されてはならない。この意味で、「普遍身分」的な「市民」（「中間層」）概念を堅持したダールマンやドロイゼンとは異なり、ジーベルは世紀後半の階級社会化にも対応することが――部分的にせよ――できたのである。ジーベルは「市民層」を、「有産者」Besitzendeあるいは「ブルジョワジー」とも呼んでいる。三月前期の「中間層」の二大メルクマールである「財産」と「教養」のうち、ジーベルはダールマンやドロイゼンと異なり、「所有の力」(SPP: 80)を重視している。ただし、「産業の機械的・利己的側面」に対する防波堤としての「教養」が軽視されているわけではない(SPP: 78)。

(32) 同じ表現は、後年の論稿「プロイセン絶対君主政の発展」（一八六三年）にも現れる(SKS, 1: 533)。

(33) すでにこうした議論で示唆されているように、ジーベルにとって「国家権力」と「個人の自由」は対立的ではなく、むしろ補完的な関係に立つ。三月前期においては、この点に関して理論的な基礎づけがなされることはなく、政論や史論で断片的に言及されるだけである。

一八六〇年の政治学講義（未公刊）が唯一、国家理論を体系的に論じている。そこから明らかなように、ジーベルの「自由」Freiheit概念は、選択的意思ではなく、理性的な自律を意味するのである。いわば、典型的な「積極的自由」であり、「国家目的」は構成員の理性的自律、すなわち「自由」を促進することにあると説明される（第三章三節、あるいはSeier (1961), 32-4; Haferkorn (1976), 58-62)。また、ジーベルは、この意味での「自由」を、「国民の性質」にしたがって生きることとも定義している（第二章三節）。

(34) このように、三月前期から一貫してジーベルは「国家」を「私的利害」を超越した、「共通善」を担う共同体として捉えている（Haferkorn (1976), 57-60)。後年の政治学講義で展開される下院構想において、命令委任が徹底的に退けられているのも、うなずける（Seier (1961), 57)。

(35) ジーベルの「主権」概念については、Dotterweich (1978), 147-9も参照。

(36) Haferkornも正しく指摘するように、ジーベルはVolk概念を慣用的な意味も含めて、文脈に応じて使い分けている（Haferkorn (1976), 48-50)。ジーベルが特別な意味合いを込めるのは、Nation概念である。Nation概念については、第Ⅳ部註(100)を参照せよ。

(37) Dotterweich (1978), 199ff.; Kohlen (2001), 237-45は、『革命時代史』を要約している。

(38) Häusser (1869), Bd. 2, 531. また、『革命時代史』に対する同時代的評価については、第Ⅳ部註(45)を参照せよ。

(39) ジーベルの「革命」観については、Haferkorn (1976), 198-206が適切に要約している。

(40) ジーベルによれば、三部会における第三身分議員の国民議会設立宣言、すなわち「独力による」「立法権」樹立の宣言は、許容範囲内であった(SGR, 1: 10-2)。たしかにこの行動は「簒奪」そのものであり、「革命」であった。だが、後に詳しく論じるように、当時、旧体制は完全な「腐敗」状態にあったのである。なおかつ、第三身分議員に「不法」か「政治的死」かのいずれかを迫った失政の責任を、ジーベルは政府側に帰している。つまり、政府は「不明」と「無為」のためにみずから「殲滅的攻撃」を招いてしまったのである。

(41)「封建国家」の存立基盤が失われたにもかかわらず、「封建国家」の再興を目指す「キリスト教的ゲルマン的国家論」を、ジーベルは一貫して攻撃する(SPP: 33ff., SKS, 1: 362-4, 388ff.)。また、この問題についてはDotterweich (1978), 118-26; Haferkorn (1976), 77-9が詳しい。

(42) ジーベルは「現代の最善の勢力」（自由派）を、十八世紀の「啓蒙」思想の後継者として高く評価している。たしかに、十八世紀の「啓蒙」には「ある程度の一面性」があったことは否めないが、「革命時代の嵐」を通じて「激しい精神」は「純化」された。「批判と進歩衝動」はより「公正かつ洞察力に満ちた」ものとなった。十八世紀の「啓蒙」が「革命的」であったの比して、十九世紀のそれは「伝統の価値」を知り、より「改革」志向になったとされる(SDS: 81-2)。

(43) この点で十分の一税廃止は、「歴史的必然性」をともなわない「不法で恣意的な攻撃」であり、「教会への敵視と国際法の軽視」であったと批判されている。

(44) ジーベルは三月前期においてすでに、「実践・忍耐・行動」を旨とする「立憲派」を「一七八九年と

一七九三年の教説」に対置している (SPP: 76)。また、三月前期におけるバークに対する好意的評価からもフランス革命批判が垣間見える。

(45) Baumgarten (1894), 326. 『革命時代史』への反響については (SVAb: 61ff.); Dotterweich (1978), 213-8 が詳しい。

(46) 前川 (1956), Ch. 6, Ch. 7.

(47) ジーベルの『革命時代史』自体が膨大な分量であるため、本書では問題設定上、外交史的な論点分析は断念せざるを得ない。そのため、外交史的議論はフランス革命の展開に関連する限りでのみ扱うこととする。Kohlen (2001), 246ff. は、『革命時代史』における外交的議論の重要性を手際よく紹介している。

(48) この一八五〇年代の知的変動については、Pankoke (1970); Lees (1974) が同時代背景も含めて見事な叙述を提供してくれる。

(49) Conze (1970) がこの問題に関して、広い展望を示す。ただし、Conze が例として引き合いに出す思想家の選択は、やや恣意的であるように思える。たとえば、当時のドイツ社会が圧倒的に農業社会だったことを鑑みれば、ハーコルトのようなラインラントの思想家は自由派の代表として適当かどうか。以下でみるように、もっとも有名なドイツ自由派論客であるダールマンは「社会問題」に終生、ほとんど関心を示さなかった。また、ヴェルカーやロテックといったバーデン自由派が「大量貧困」を認知していたとしても、その解決策は「中間層」を主体とする無階級政治社会の思考枠組から生まれてきたものとみるべきだろう（南 (1987), 12ff., 19ff.; 玉井 (1990-1), III, 12-26)。

(50) 谷口 (2001b).

(51) 無論、ダールマンのように「賤民」への忌避感を倍加させた者もいた。「大衆、とりわけ第四身分はどうしようもない。もし大衆が、公論に働きかける代わりに、みずから政権を取るようなことがあれば、政情はたちまち独裁と多数者の支配との間をゆれうごくこととなろう」(Nr. 115, an Gervinus, 24. 12. 1852. in: DaBW, 2: 342)。ダールマンが「第四身分」を一貫して忌避したというハンゼンの指摘は正しい（Hansen (1972)（邦訳, 42-3))。

(52) Momigliano (2000e), 183-8 は、ブルクハルトを同時代のローマ史家、テオドール・モムゼンと並んで、古典文献学の「古事学」的伝統――通史的発展ではなく、横断的歴史叙述を旨とする――の正嫡として捉えている。この点からすると、ビーダーマンの叙述もまた、「古事学」的である。三月後期における横断的歴史叙述の登場という主題に関しては、別稿を期したい。

(53) ローレンツ・シュタインのフランス革命観については、Möller (1979) が、史論家としての性格については、Blasius (1971) が優れている。 ただし、Möller の議論は、三月前期ドイツのフランス革命史論の伝統をほとんど考慮していないので、シュタインの位置づけはやや偏っている。

(54) Sybel (1847a), 13-5.

(55) Haferkorn (1976), 72-4 は、ジーベルの「社会」Gesellschaft 概念の用法を分類しているが、国制の基礎となるべき「社会状態」(「人倫文化」）という用法と、いわゆる「近代市民社会」としての用法を区別する説には賛同できない。ジーベルは現代の概念史研究とは異なり、「社会」概念が歴史的に生成したものとはみていない。むしろ、どの時代にも国制の基礎となる「社会」(「人倫文化」）が存在するのであり、その属性が「土地所有」を基盤とする身分制社会から、「動産」と「貨幣」が支配する「近代市民社会」へと変わったと捉えるのである。

(56) 三月前期のジーベルの「社会問題」観については、Haferkorn (1976), 116-129 が詳細に論及している。特に、ジーベルが当時、読んでいたと確定される社会主義文献の列挙（ebd., 116-7）は有用である。

(57)「封建主義」に対して「営業の自由」(「市民的・経済的自由」）を擁護する姿勢は、ジーベルの思想を一貫していた (SKS, 1: 541ff., 544-6)。「経済世界におけるすべてが、自由な運動と活発なコミュニケーションを目指している。貨幣は土地よりも強力になり、信用は貨幣よりも強力となる」(SDS: 82-3)。とりわけ、一八六〇年前後までのジーベルは、経済発展による「社会問題」の自然解消を主張している (SDS: 284)。手工業者の窮乏問題は過渡期特有の現象と考えられたのである（Haferkorn (1976), 130-5)。

フランス革命との関連においても、事情はかわらない。本章二節で述べたように、ジーベルは八月四日決議がもたらした「労働の自由」を高く評価していた。「一七八九年の偉大な原理」は、「労働と所有の自由」、「あらゆる労働者および所有権者への国家保護の平等」であり、これらは八月四日決議をはじめとする「自由放任」(「自由競争」）のための立法で完成していたのである (SGR, 1: 186-7)。この原理こそ、「窮乏化」と「非道徳化」に帰結する「封建国家の諸原理」の正反対にほかならなかった。「一七八九年の偉大な原理」からの逸脱は、「君主、貴族、資本家、プロレタリアート」のいずれの側からであっても、許されない。営業の自由と「自由競争」への原理的な支持は、ジーベルの思想を一貫している (SGR, 1: 213ff., 440ff.)。

ただし、ジーベルは自由放任を是とする古典派経済学、あるいは「マンチェスター主義」の立場に固執するわけではない。階級社会化を見通す一方で、普遍身分的な「市民」概念を堅持したように、ここでもジーベルはみずからの国家観を経由して、「自由放任」を修正するのである。この点については、第三章三節を参照せよ。

(58) Haferkorn (1976), 109; Seier (1961), 57-8.

(59) 三月革命期のジーベルの政治活動については、Dotterweich (1978), 167-94 を参照。

(60) 後年の『ヴィルヘルム一世によるドイツ帝国建国史』においても、契機としての三月革命が強調されている。ジーベルによれば、ドイツにおける「産業」発展の始点は関税同盟結成であるが、三月前期において「社会問題」に着目した知識人は、マルクスやエンゲルスら少数に限られていた。だが、「三月革命において、共和派は非常に強力に社会主義的要素をもって貫徹した」(SBR, 7: 116-7)。

(61) Sybel (1846b), 21-3.

(62) Sybel (1847a), 7-8 も参照。

(63) ジーベルが、トクヴィルによって提示され、イポリット・テーヌが継承した「中央集権化」テーゼを批判するのはこの点である。つまり、「中央集権化」自体は事実であるが、トクヴィルは自治精神の衰退を嘆くあまり、「絶対君主政」の功績をあまりにも軽視しすぎているというのである (SKS, 3: 240ff.)。

(64) Sybel (1946a), 12ff.「中央集権化」に対するジーベルの見方をトクヴィルの影響に帰する、Haferkorn (1976), 84 の議論には、賛同できない。

(65) フランスの「国民の性質」に関するこうした見解は、後年になっても維持されている (SVAu: 342-4)。

(66) この点と関連するのが、「兵隊王」として名高いプロイセン王フリードリヒ・ヴィルヘルム一世に対する評価である。フリードリヒ・ヴィルヘルム一世もルイ十四世も典型的な「絶対君主」であるが、前者は「立憲国家」(「自由な国家」) への健全な発展をもたらし、後者の統治は最終的に「封建主義」を克服することができなかった。ジーベルによれば、プロイセンの場合、支配者の恣意から独立した「官僚制」が整備されたがゆえに、「自然必然」的に「絶対主義」からの脱却を達成することができた。逆に、いかに君主が「共通善」を志向していようとも、制度的基盤を欠く場合、「王朝的、封建的あるいは個人的利己心」に陥る可能性があるのである (「プロイセン絶対君主政の発展」) (SKS, 1: 524-6)。

ちなみにジーベルは、フリードリヒ二世の治世を「絶対主義」Absolutie から「自由な立憲国家」への移行期とみている。たしかに統治機構の面で、大王は父王のものを継承し、臣民に「政治的自由」を認めることもなかった。だが、出版の自由や信教の自由、あるいは司法改革への姿勢において、「個人の精神的道徳的自由」の重要性に対する認識がよくあらわれているとする (SKS, 1: 538ff.)。

無論、「官僚制」が君主の恣意の制限、あるいは「立憲国家」への発展にとって有用であろうとも、あくまでも「個人の自由の発展と確立」のためには「政治的自由」(「代表制」) が不可欠である (SKS, 1: 548-51)。そのため、ジーベルは復旧期のプロイセンを「穏和で善意に満ちた絶対主義」であると認めつつも、低い評価しか与えない。Haferkorn (1976), 79-86 は、プロイセンの啓蒙絶対主義に対する見方も含めて、ジーベルの「絶対君主政」観を分析しており、参考になる。

(67) ジーベルは、関税や輸出規制による穀物価格引き下げ政策が、逆に農村・農民の利益を損ねたと批判している (SGR, 1: XLIV-XLV)。こうした政策の背後には、「我々の時代の社会主義者」のごとき「民衆」Volk を「都市労働者階層」と同一視する誤謬が潜んでいるとする。

(68) 三部会の採決方式という「もっとも重要な国制問題」を「諸身分の意向と不和」にゆだねたのは大きな失策だったと、ジーベルは見る (SGR, 1: 5-12)。頭数採決に踏み切らねば、三部会の「実質的な目的」を逸することとなろうし、採決方式決定の「形式的権限」は政府に属していたはずなのだから。実際に第三身分の議員も内心は不安であったため、王権が断固たる態度をとっていれば、すぐに崩すことができたという。

それゆえ、国民議会成立後に提示されたネッケルの改革案は「もはや遅すぎた」のであり、王権は最後の機会を逸したといえよう。ジーベルによれば、個別争点における譲歩にもかかわらず、身分別採決に固執した親臨会議の改革案は「貴族のための王の退位」であり、「フランスを特権身分の意にゆだねた」ものにちがいなかった (SGR, 1: 12-4)。こうした論法自体はすでにゲンツやダールマンの議論において、周知のものであった。

(69) 無論、ラファイエットが「社会共和国」を志向していたわけではないことは、ジーベルも認めている。ラファイエットが目指していた政体が「議会主義的国制」(「民主国家」) であったことは、疑いない。むしろ、「みずからの行動の共産主義的意義」にまったく気づいていない点が、一層ジーベルを苛立たせるのである (SGR, 1: 38-9)。ジーベルがラファイエットを現実政治における反面教師としてみていたことは、明らかである (この点については、第三章一節で詳説する)。

(70)「第六条：法は一般意志の表現である。市民はすべて、自分自身で、あるいはその代表者を通じて、その形成に協力する権利をもつ」、「第十四条：市民はすべて、自分自身で、あるいはその代表者を通じて、公の租税

の必要性を確認し、これに自主的に同意し、その使途を注意ぶかく見守り、またその分担額、基礎、徴収および機関を定める権利を有する」。

(71) ただし、ジーベルは一七八九年と「現代」との「本質的なちがい」も見て取っている。つまり、当時は「工場労働者」や「結束した労働者の群れ」は存在しないかわりに、「手工業職人と小親方」が同じ役割を果たしたとされる。現代の労働者が「機械制」による組織化のために、デマゴーグの煽動に免疫力がある一方で、一旦、過激化すると沈静化が困難になった。一方で当時の群集は「政治的無知」と非組織化のため、煽動に弱い一方、興奮から冷めやすい傾向があったとする。

(72) ジーベルによれば、能動市民と受動市民の区別、すなわち「優遇された階層」の創出と、人間の平等を掲げる人権宣言の論理は「内的矛盾」をきたしてしまう (SGR, 1: 92-3)。ただし、こうした論理的矛盾以上にジーベルを苛立たせるのは、能動市民の財産資格基準——四百万人ほどを創出した——が低すぎるということである。つまり、それは「普通選挙権に対するまったく取るに足らない制限」であり、「転倒した体系」になってしまっているというのである。「デクレは選挙権を一定の収入に結びつけた。そのことで当時の状況下では、無産者の有産者に対する怒りを燃え立たせずにはおかなかったのだ。だが、にもかかわらず、事実上〔財産資格基準の低さゆえに〕、大部分は政治的権利を、貧しく餓えた者たちに与え」てしまった。

(73) この点でジーベルとほぼ同時期に「政治クラブ」の重要性に着目した個別研究として、Zinkeisen (1852-3) が注目されるべきである。

(74) こうした文脈のもとで、ジーベルは、労働者たちによる自発的な結社組織、ストライキや暴力を用いた賃上げ要求を、「法の侵害」として厳しく批判している。それゆえ、労働者の団結を禁止するル・シャプリエ法と、公営作業場の閉鎖措置が、「親方たちの所有権」・「都市の福祉」・「国家の存続」を救った政策として高く評価される (SGR, 1: 218-20)。

(75) ジーベルにとって、「中間層」は秩序維持のうえで重要な位置を占めるのである（第Ⅳ部註（31）を参照せよ）。

(76) この点で、ジーベルが「ジャコバン派」内部の抗争を、「根本的に社会経済的に条件づけられた相違や対立」としてではなく、単なる権力闘争として扱うことで矮小化させたとする Schleier の批判は、一面的である（Schleier (1965), 59）。ジーベルは、社会運動の「法則」に関心を持たない。この点で彼は「古事学」的伝統とは異なり、あくまでも言葉の真の意味における「歴史」を書こうとする。ローレンツ・シュタインと、道を違えるのである。ジーベルはランケの弟子であり、「社会問題」が起爆剤となる「政治」を描こうとした。いわば、ジーベルは「初期自由主義者が革命について抱く全体像を転倒」させるどころか、むしろ自由派史論の文法にしたがいつつ、より整合的な解釈を求めたといえるだろう。

(77) 従来の自由派史論家たちのジロンド派評価は、やや中途半端な印象を与えるものである。君主政を敵視するも、「粗野な大衆、あるいは賤民の支配」を憎み、「政治的才能」と「雄弁」をもって対抗しようとした党派というダールマンの理解は、最大公約数といってもよい (DaGR: 400-1)。ニーブーアのように「卓越した才能と圧倒的雄弁をもつ人々だが、一方で行政への理解をまったく欠いたソフィスト」(NGR, 1: 269-70) とみるか、ドロイゼンのようにジロンド派の「自由への献身」に同情的か (DrVF, 1: 451-4)、ロテックのように多くの誤りを犯したものの、「動機」の「純粋」さと「歴史的権利」に対する徹底抗戦の姿勢の点で救済余地があるとみるか (RAG, 9: 4, §1)、議論の分かれるところであった。

(78) 八月十日事件以前の段階において、ジーベルはジロンド派と山岳派（あるいはコルドリエ派）との間に行動原理の点で区別を設けていない (SGR, 1: 290-2, 386)。しかし、その党派の本質として、一方が「規則正しい秩序」を備えた「共和国」を求めたのに対して、他方は「あらゆる秩序と責任」そのものを攻撃したとされる。雄弁だが浅薄で夢想的なジロンド派の指導者たち——ブリソ (SGR, 1: 242-3, 292-4)、ロラン夫人 (SGR, 1: 294-5)、シェイエス (SGR, 1: 295-6)、バルバルー (SGR, 1: 329)——と、残忍で享楽的で破壊的な山岳派・コルドリエ派——ロベスピエール（本章三節を参照）、ダントン（次註を参照）、マラー (SGR, 1: 207, 2: 396)、ビヨー・ヴァランヌ (SGR, 1: 432-3)——との対比は鮮明である。

(79)『革命時代史』における記述のほか、ジーベルが『国家事典』に執筆した項目「ダントン」も、その政治的経歴を簡潔に批評している（Sybel (1857)）。

(80) 自由派史論の枠組のなかでは、ロベスピエールと比較した場合、ダントンにやや同情的な見解が多くみられる。ただし、両者ともにあくまでも「ジャコバン派」に属する人物なので、究極的には同じ穴のむじなということになってしまうのだが。ダントンとロベスピエールに対する評価が、革命史全体の理解を二分するようになるのは、十九世紀後半、とりわけ第三共和政下のフランスを待たねばならない。

本国フランスでも一八五〇年代に至るまで、ダントン評価は低かった。この後、ダントンとガンベッタを重ね合わせて共和国の英雄とする見方があらわれてくる。その代表格が、オラールであることはいうまでもない。この「ダントン伝説」の形成過程、さらにはマティエによる殲滅的なダントン批判については、前川 (1988)

が詳細に紹介している。

(81) ロベスピエールは、急進派にとっては英雄そのものであった。本書では急進派・民主派のロベスピエール観に立ち入ることはできない。三月前期から帝国創建期までの間に、確認できたかぎりでは以下のロベスピエール伝が出版されている（F. A. Schulze (1837); Elsner (1838); Opitz (1850)）。いずれもロベスピエールに好意的な立場からの作品であった。

(82) Lees (1974), 77-80.

(83) ただし、ジーベルは陪審制の導入に関しては改革の成果を高く評価している。

(84) Sybel (1861), 182.

(85) ebd.

(86) 実際に、ジーベルは、ラファイエット率いる国民衛兵によってオルレアン派の活動が抑止されていたことを、繰り返し強調している。

(87) Sybel (1846a), 6-8.

(88) ebd., 8-12.

(89) Sybel (1846a), 14-7; Dotterweich (1978), 159-66. なお、英国独自の「自治」の伝統への着目は、すでにプロイセンの改革官僚フィンケの著作（L. Vincke (1815)）にみられる。同書に序文を寄せたニーブーアや、保守派のアンシヨンも、英国国制の基盤となる「自治」に着目している（Ancillon (1838), Bd. 1, 408-11)。ただし、三月前期における英国国制論の主題は、基本的には混合政体としての英国国制、あるいは「立憲主義」に集中していた。こうした論調の典型は、無論、ダールマンである。

一方、三月後期の知識人たちは、狭義の政体よりも英国独自の「自治」Selbstverwaltungの伝統に着目するようになる。とりわけ、グナイストによる英国法制史研究が画期となった。グナイストの「自治」制度研究は、その後のドイツにおける「自治」論争に圧倒的な影響力を及ぼすこととなる。そこで「自治」は、自律化する「社会」の領域を、「国家」へと統合し接続する装置として捉えなおされる。この点、簡潔な指摘とはいえ、ジーベルがすでに三月前期の段階で「自治」の重要性を指摘していたことは、注目されてしかるべきである。

こうした「自治」論の下では、「議会」や政党制の位置づけも当然、変わってくる。「議会」はもはや混合政体の一部としてではなく、むしろ「自治」制度の帰結として読み換えられるのである。したがって、十九世紀後半において、すでにダールマンの英国国制論は時代遅れ、グナイストに始まる新潮流に比して「社会」への視座を欠いたものとみなされるようになっていた（Varrentrap (1885), 500-1; Nase (1885), 26-7; Weiland (1885), 7, 13-5)。

英国の「自治」制度の概略と十九世紀ドイツにおける受容史をあつかった好論文として、Kraus (2008) のほか、グナイストの「自治」論および十九世紀後半の英国国制論については、Lamer (1963); Ludwig (2003), 345-66が参考になる。

(90) 有能な英国の政治家の例として、ジーベルはバーク、小ピット、ロバート・ピールらを挙げている。なかでもバークは、三月前期の論文「エドマンド・バークとフランス革命」（一八四六年）と「エドマンド・バークとアイルランド」（一八四七年）で詳しく取り上げられている。ジーベルによれば、バークはその本性から「保守的」であり、「比類なき賢慮をもって、個々の事実に内在する法則を感じ取ろうと努めたのである」(Sybel (1846b), 5-6)。ジーベルのバーク評価については、(SKS, 1: 455-62); Dotterweich (1978), 137-44を参照。

(91) ジーベルによれば、「自治体」Gemeindeの本質は「隣人関係の力」にある。それゆえ、「自治体」に下院選挙をゆだねてもかまわない。むしろ、下院が「孤立した個人」によって構成されること、「孤立しているがゆえに攻撃的な権力」になることを予防するためには、英国のように「自治体」が「法的かつ政治的意味で自意識をもった存在」になること、「目的に適った自治行政」によって自治体民を結束させ、「地域関係における〔政治的〕成年状態」へと導き、国政参加の能力を養うことが重要なのである (SPP: 47-8)。ちなみに、ジーベルはフランスの欠点を、「自由な自治体」の欠如に見ている。

逆に行政の「中央集権化」は「自治体」から「社団意識」を奪い、結果として「議会の腐敗」を生むだろう。「社団意識」を涵養するための最良の手段は、ここでも「自治体業務における自治」Autonomieであるとされる (SPP: 65, Anm. 1)。さらにジーベルは「自治体内の義務」を怠る者から選挙・被選挙権を剝奪するという規定を「有用」とみる (SPP: 77, Anm. 1)。

(92)『ラインラントの政治的諸党派』には、大ブルジョワ（「大資本」）は現代における「唯一の実体的な貴族」とまで書かれている (SPP: 65, Anm. 1, 83-4)。また、「金権政治Plutokratieそれ自体は、他のいかなる政体と同様、必ずしも政治的不幸ではない。それどころか、貨幣の力が事実上、社会における権力として存在しているところで、貨幣の力から政治的権利を奪おうとするほうが倒錯している。貨幣の力が、国民の状態や性質に適合した地位と制度を獲得しうるかどうかが、重要な問題なのである」(Sybel (1846b), 22)。貴族といえば

世襲大土地所有層を念頭においていたアンシヨンやダールマンとは異なり、ジーベルの「貴族」はあくまでも「社会」内の選良――したがって、その基準は歴史的条件によって変化する――を意味していた。

ただ、Seier や Haferkorn が正しく指摘するように、三月後期のジーベルは「土地所有」と「農業」を以前よりも高く評価し (SKS, 1: 397-400)、「自治」に携わる社会層の第一に「大土地所有者」を挙げるようになる（Seier (1961), 53ff.; Haferkorn (1976), 170-4)。ここでは「産業」化した「農業」が、「保守的性格」を鍛錬する「政治家養成所」として最適とされるのだ。無論、ここでの「農業」はあくまで「産業」化を経たものであり、功績原理と不可分一体である。封建貴族や封建的「土地所有」が問題とされているわけでは決してない。無論、「市民層」が歴史的発展を背負っているという認識に変化はない (SKS, 1: 539-43)。また、一八七〇年代におけるプロイセンのユンカー層批判からも、「自治」にふさわしい「大土地所有者」とは、英国的な大貴族とみるべきであろう（Haferkorn (1976), 173-4)。だが、三月革命を経て「市民層」の政治的能力への信頼が弱まったこともまた、否定できない。Seier と Haferkorn は下層民の政治的権利の要求に対する防波堤として、ジーベルが改めて強調したとみる。この点、Dotterweich (1978), 157-9 は三月前期だけに当てはまる議論であり、賛同できない。

(93)『ラインラントの政治的諸党派』において、ジーベルは英国の「議会主義統治」を明言しているわけではなく、あくまでも註でその傾向を示唆するのみである (SPP: 69, Anm. 1)。だが、『十七人委員会による帝国基本法草案』において、ジーベルはすでに現実の英国が議院内閣制であると明言している。ジーベルはダールマンやヴェルカーの「権力分立」論を退けたうえで、英国の「国家実務」においては庶民院が「事実上」、立法権と行政権を掌握し、国王による組閣は庶民院の意向に左右されるとしている。庶民院は「至るところで決定権をもつ」のである（Sybel (1848), 6-9)。

Dotterweich はジーベルの描く英国国制が理想化されたものであり、なおかつ君主権力と議会権力の「調和」を楽観的に信じるあまり、両者が衝突する事例を考慮に入れていないと批判する（Dotterweich (1978), 154-7)。しかし、本書の論旨から明らかなように、ジーベルは両権力間の権限をめぐる「抽象的な境界線」や「絶対的な指標」についてあえて沈黙していると考えるべきであろう。というのも、ジーベルにとって「立憲国家」の指標は統治権力と議会権力との「調和」にあるのであり、「調和」の具体的なありようについては国家ごとの歴史的条件や「人倫文化」に大きく依存するからである。英国国制やフランス革命初期のように議会に権力の重心がある場合もあれば、ドイツ諸邦のようにいまだ強大な君主権力が存在している世界とでは「調和」のありよう自体が異なってくるのは当然である。

また、『ラインラントの政治的諸党派』における議論の前提は、あくまでプロイセンに期待される憲法であるがゆえに、立憲制の導入が君主権力の弱体化を必ずしもともなわないことを特に強調していることも考慮に入れる必要があろう (SPP: 69-72, SGR, 1: 89-90)。実際に、『十七人委員会の帝国基本法草案』の中では、英国国王の政治的権限の多くはすでに庶民院に移っており、現在では国民統合の象徴的機能――「輝きと活力ある人格」によって「祖国と国民統一の思想」を喚起する――と、庶民院の解散権に限定されていることが強調される (Sybel (1848), 8-9)。

(94) Sybel (1846a), 14ff.

(95) 三月革命後も依然として、自由派のミラボー人気は高かった。三月後期において、はじめて本格的な――いずれも未完に終わったが――伝記が登場することとなる。言うまでもなく、ミラボー礼賛の立場から書かれたものである（Pipitz (1850); Lewitz (1852))。ミラボーの書簡集の独訳版の出版（一八五一～二年）が、こうした人気に拍車をかけたであろうことは容易に予測できる。ジーベルと同時代における好意的なミラボー評については、さらに Zinkeisen (1852-3), Bd. 1, 477ff.; Häusser (1867), 198 を参照せよ。

(96) 道徳的側面について、たしかにミラボーは「利己的」だが、彼の利益は「国王と国の安寧」と一致しているのだから、むしろ「ミラボーの支配欲は愛国的」といいうるとまで、ジーベルは評価する。ミラボーは左派が批判するような「革命に対する裏切り者」ではなかったし、「民主的無秩序」と「共産主義」を断固排し、ヴェルサイユ行進事件に関与するどころか、その危険性を誰よりもよく理解していたとされる。

(97) この点と関連するミラボーの政策として、戒厳令とアッシニアの発行をジーベルは挙げている。前者はパリを牛耳る「主権的な個人の恣意」を抑えるために必須であったとされる。ジーベルは、後者について、ミラボーの意図は「強力な統治形成のための一瞬の自由な時間を得るため」であったと解釈している。「考えうる最良の憲法」でさえも財政が危うければ十分な改革ができないのだから、時間稼ぎのための「強力な財政措置」が必要というわけである。ミラボーはアッシニアを「健全な財政の再建」手段とはみていなかったのだから、アッシニアによる経済破綻の元凶とみる見解も誤りとされる (SGR, 1: 82-7)。

(98) また、拒否権問題についても、ミラボーや「中央派」が国王の絶対拒否権を主張したのに対して、ラファイエットとネッケルの短慮が制限拒否権を招いたのだと評される (SGR, 1: 47-50)。「つねに君主政は新たな敗

北を喫し、ますます人民の原理は国家生活の実践へと埋め込まれていった」。

(99) 同時期の「政治学講義」の「党派」理解も同趣旨とみてよい。個人の自律を重視する「自由主義」Liberalismusがともすれば「個人主義」に堕してしまう一方で、「保守主義」Conservatismusは「統治」に重きを置くあまり、個人の自由を軽視しがちである。それゆえ、ジーベルは両派の「中道」Mitteこそが望ましいとしている（Seier (1961), 23-7)。「自由主義」と「保守主義」がここでは、国家のふたつの目的、すなわち「個人の自由」と「共通善」を代表していることはいうまでもない。

また、ジーベルによれば、「歴史的発展」を踏まえることこそが、「真に歴史的な、したがって真に保守的な立場」である (SKS, 1: 545)。したがって、中世とは社会構造が根本的に異なる「現代」において、「封建国家」の復活を目指す「キリスト教的ゲルマン的国家論」などは、「保守」どころか「革命的」な危険思想として位置づけられることとなる (SKS, 1: 388ff.)。

(100) ジーベルはいわゆる「国民的歴史叙述」の代表格とされることが多いが、実際に「国民」Nation概念に着目するようになるのは、一八五〇年代後半からである。

無論、三月前期のジーベルが「国民」Nation概念を用いなかったわけではない。だが、当時は、「国民」を政論・史論の中核に据えることに対して否定的であった。ジーベルの定義する「国民」Nationとは、「血統・言語・歴史」の共有によって定義される運命共同体であるが、ロマン派的な「民族精神」論とは無縁である。三月前期においてすでに、ジーベルは国民形成における混血の重要性を評価することで、純粋な「血統」を重視する類の「民族」論を退けているからである（Dotterweich (1978), 103-7)。こうした「国民」定義はその後も変わることはない (SDS: 79-80, SUN: 187-8)。「解放戦争」を国民意識の解放として高く評価する部分はあるが、『ラインラントの政治的諸党派』その他の政論において、基本的に国民問題が言及されることはない。当時のジーベルにとって、最大の論敵は「封建派」（貴族勢力や教皇至上派）であったことも、その一因であろう。この点は、当時、『ケルン新聞』に寄稿された政論の内容からもうかがいしることができる（Buchheim (1931), 99-108)。

ジーベルは三月革命期から徐々に「国民」Nationを政治論の中核に据えるようになる。とりわけ、一八五〇年代後半以降、この傾向が顕著となる。Haferkornはジーベルの Nation 概念を精密に調査しているが、参照される史料がすべて一八五〇年代後半以降の作品であることは、注目されてよい（Haferkorn (1976), 50-6)。

こうしたジーベルの姿勢の変化は史論に顕著である (SUN: 8ff., 163-7)。なかでもミュンヘンにおける講演を元にした論文「欧州の反ナポレオン決起」（一八六〇年）や「ドイツ皇帝期に関する最新の叙述」（一八五九年)、論争的史論『ドイツ国民と帝国』（一八六二年)、「ボンのアルント記念碑」（一八六五年）などは、「国民性原理」の観点からの叙述となっている。近代史に限定した場合、「国民性」の重要性を理解した人物として特にシュタイン (SKS, 1: 288ff., SVAu: 361-2)、シュタディオン (SKS, 1: 294ff.)、ウェリントン (SKS, 1: 267-8)、アルント (SVAu: 269-70) らが高く評価され、ハルデンベルク (SKS, 1: 311) は低く評価されることとなる。

なお、本書では、中世史における神聖ローマ帝国の位置づけをめぐって、ジーベルとフィッカーとの間で戦わされた論争（「ジーベル・フィッカー論争」）を詳しくあつかうことはできない。論争の概要と史学史的位置づけについては、Brechenmacher (2003) が最新の研究成果を反映しており、叙述も公平である。

(101) 政治家としてのジーベルの活動を詳細に跡づけることは、本書の課題ではない。すでにミュンヘン時代の政治活動についてはDotterweich (1978), 219ff., 339ff.、「プロイセン憲法紛争」から帝国創建までの政治活動についてはSeier (1961), 75ff. が詳しい分析をおこなっている。

(102) Seier (1961), 100.

(103)「現在のところ、プロイセンにおいて成長可能な国家生活の唯一の形式は、王権による理性的な指導のもとでの議会主義統治です。王権の指導を欠いた議会は、まだ統治の任に耐ええませんし、議会を欠く王権はとうの昔に不可能になりました」(Nr. 66, an R. v. Mohl, 13. 7. 1862. in: Heyderhoff, Wentzcke hg. (1925), 106)。

このモール宛書簡の内容と、上記のミラボーおよび英国国制観を鑑みれば、ジーベルが「議会主義統治」を退けたとするSeierの指摘は、修正を要する（Seier (1961), 44-5)。「政治学講義」が念頭に置いたのはドイツの政治状況であり、たしかにその点で、ジーベルは「議会主義統治」のドイツへの即時移植については否定的だった。しかし、だからといって、ジーベルが政体としての「議会主義」を全否定したわけではない。本章三節の議論からも明らかになるように、ジーベルは統一ドイツの「議会主義」化の可能性を十分に見通していたのである。

ただし一方で、ジーベルが同時代の英国国制を盤石とみていたわけではない。むしろ、行政の専門分化にと

もなう「自治」の衰退と、選挙権の拡大傾向が、英国の「議会主義統治」を揺るがすとして危惧している。というのも、ジーベルは「議会主義」の安定的運用のためには、「自治」を通じた「統治層」の形成が不可欠と考えるからである (SVAu: 326)。

(104) Nr. 106, an H. Baumgarten, 26. 5. 1863. in: Heyderhoff, Wentzcke hg. (1925), 153; Seier (1961), 106.

(105) 一八六六年を思想問題として扱った論文で、Faber (1966) に勝るものはない。一八六六年の諸事件が、ドイツ知識人の思想的「結晶化」を促したという指摘は正しい (ebd., 39-40)。

(106) ここでひとまず、ジーベルのオーストリア観を整理しておく。

三月革命当初、ジーベルは反オーストリアではなく、むしろ大ドイツ主義的解決を志向していた (Sybel (1848), 15-6)。しかし、一八四八年後半から一八四九年初にかけて、大ドイツ主義的解決が絶望的になるにつれて、ジーベルは強固な小ドイツ派へと転ずることとなる。一八五〇年十一月以降に『ケルン新聞』に掲載された、小ドイツ派的論説も参照せよ (Buchheim (1931), 111ff.)。

親普・反墺の政治姿勢は、『革命時代史』における外交史的評価にも如実に反映されている。前述の史論「欧州の反ナポレオン決起」では、シュタディオンと一八〇九年の戦役がドイツ全体の「国民」的利益の発露として高く評価される一方で、メッテルニヒは宮廷外交に退行した反「国民」的政治家として批判されている (SKS, 1: 309ff., 325ff.)。

ジーベルがオーストリアを批判する論拠は二点ある。ひとつは、オーストリアが中世後期以来、「ドイツ」から、すなわち「国民」的利害から離反し、独自の勢力を築いてきたという点 (SUN: 238-42)。いまひとつは、諸民族の集合体という、オーストリアの内政構造に因る「国家思想 Staatsgedanke の不在」である (SUN: 250-2)。

(107) 歴史における「力」Kraft と「法」Recht との関係についての柔軟な見方からも、この対応は自然であった (SDS：86-8)。表面上、ジーベルは、「力」が「法」に優越するとする「現実政治」Realpolitik を退けているが、多くの留保ゆえに、それが実質的な批判たりえているかは疑わしい。

(108) 一八六〇年代および帝国建国期における、連邦国家像をめぐる議論については、飯田 (2013) が詳しい。

(109) 三月革命期の『帝国基本法草案』論文と同様、晩年のジーベルも三月革命の失敗原因をしぶとい諸邦割拠の伝統 (「分邦主義」Particularismus) の軽視にみていた。

(110) Baumgarten (1894), 327.

(111) 本書では紙幅の関係上、ジーベルのナポレオン三世論に立ち入ることができない。ジーベルはナポレオン三世の政治を、性格や資質の面の相違はあるものの、基本的にはナポレオン一世による「普遍支配」の復活のこころみと見ていた。

(112) Nr. 391, an H. Baumgarten, 27. 1. 1871. in: Heyderhoff, Wentzcke hg. (1925), 494.

(113) こうした問題関心を反映して、『革命時代史』続編における、教皇領とバブーフに関する叙述は、「教皇至上派」と「共産主義」に対する痛烈な批判となっている。さらに、後年の『帝国建国史』においても、「共産主義運動」と「教皇至上派」という「世界市民主義的勢力」は、「個人の自由と国民的独立の拒絶という否定的思想」を奉じる党派として警戒されている (SBG, 7: 114ff.)。

また、すでに『ラインラントの政治的諸党派』において、「共産主義」とキリスト教の親和性が示唆されている (SPP: 82, Anm. 1)。

(114) Heyderhoff, Wentzcke hg. (1925), 494.

(115) ジーベルの「教皇至上派」批判は三月前期以来のものである (Dotterweich (1978), 59ff)。

(116) 帝国建国直後のジーベルは、「今日の社会主義と共産主義の教説」(一八七二年)、「社会経済問題における国家権力の実効性」(同年) といった論説において、マルクスやラサールの経済学説を批判している。本書では問題設定上、この問題を詳説することはできないが、すでに Haferkorn (1976), 135-55 は、ジーベルの議論を鋭く分析している。

(117)「所有権」問題に関して言えば、すでに『ラインラントの政治的諸党派』において、「純粋な国有財産」も「純粋な私有財産」も——例外的な時代を除いては——存在しないとされている (SPP: 80. Anm. 1)。ジーベルによれば、「政治権力」に対してと同様、「私有財産」に対しても、「全体」は「個人」と同様の権利をもっているからである。このように、立法による「私有財産」制限に対して、当初からジーベルは否定的な姿勢をとらなかったのである。

ジーベルが晩年に至るまで「社会問題」の根深さを憂慮していたことは、事実である (SVAb: 139-40)。第二帝政期におけるジーベルの「社会問題」観については、Haferkorn (1976), 155-66 が見事な分析を示している。

なお、ジーベルの国家観における「自由」の位置づけについては、第二章二節を参照せよ。

(118) 本書では第二帝政期の自由派の動向まで扱うことはできないが、帝国建国直後の自由派、とりわけ国民

自由党は、政治の「議会主義」化を目標としていた。この観点からすると、一八六六年におけるビスマルク政治の承認は戦略的に妥当なものとされ、自由派の衰退の画期はむしろ一八七八・九年に求められることとなる。たとえば、Langewiesche (1988); ヴィンクラー (1992) などはこうした図式にのっとっている。なお、Langewiesche の概説書の内容については、熊谷 (2011b) を参照せよ。

この点でジーベルの立場は微妙である。前述したように、ジーベルは新帝国の「議会主義」化の可能性を否定しない。だが、一方で中下層民による政治参加拡大の要求や、「社会」構造の複雑化を、今後の「議会主義」化を阻む要因として挙げている (SVAu: 325-7)。

(119)『帝国建国史』の第六・七巻に対するビスマルク自身の校閲経緯については、Pöls (1976) を参照。

(120)『帝国建国史』の史学史上の位置づけについては、Fehrenbach (1997), 385-7 を参照。

## 結

(1) ドロイゼンについては Birtsch (1964), 204-8; Lewark (1975), 151-7、ジーベルについては第Ⅳ部三章三節を参照せよ。三月前期から「国民」統合を希求していたドロイゼンだけに、ビスマルク主導の小ドイツ主義的解決に対しては、ジーベル以上に肯定的であった。

(2)「国民自由主義の先駆者」としてのダールマン像は、Treitschke (1861) をはじめとして、Springer の浩瀚な伝記、さらには生誕百年記念(一八八五年)に発表された諸論稿(Waitz (1885); Varrentrap (1885); Nase (1885); Weiland (1885)) の中で定着することとなる。

(3) この点で、ホイザーによる一八六〇年の革命史講義は注目に値する。ホイザーは内外のフランス革命史研究動向に敏感で、フランスにおける業績を積極的に紹介してきた歴史家である。そのホイザーによる革命史講義で言及される論点は、ほぼダールマンやジーベルの革命史叙述に登場していたものであり、視点の斬新さはほとんど見られない。これはホイザー自身の能力というよりも、すでに当時のドイツにおいてフランス革命史に読み込みうる論点がほぼ出揃っていたことを意味する (Häusser (1867))。なお、ホイザーの革命史講義の概要は、Völker (1978), 178ff. がまとめている。

また、第二帝政期の代表的な革命史研究のひとつである、Schmidt (1874-6) も、「社会問題」の分析というジーベルの問題関心に沿った個別研究にとどまっていた (Völker (1978), 189ff.)。第二帝政期における革命史研究については、Dippel (1992), 99-101 も参照。

(4) Schulin (1971), 135-6.

(5) Fehrenbach (1997), 381-3.

(6) Muhlack (2006d), 345-50; 岸田 (1976c)

(7) Schieder (1962), 133ff., 152ff.

(8) Ganz (1982), 72-3.

(9) Burckhardt (1988), 289.

(10) ebd., 297.

(11) Burckhardt (1974), 19. 同時代の混乱やドイツ問題の未解決にもかかわらず、欧州文明全体の「発育、改善、成長」を信じて疑わなかった一八五九年のジーベルとは対照的である (SDS: 84ff.)。

*